Me and the Fish Blues

Story of Fishmans

Daisuke Kawasaki

East Press

僕と魚のブルーズ

評伝フィッシュマンズ

川﨑大助

イースト・プレス

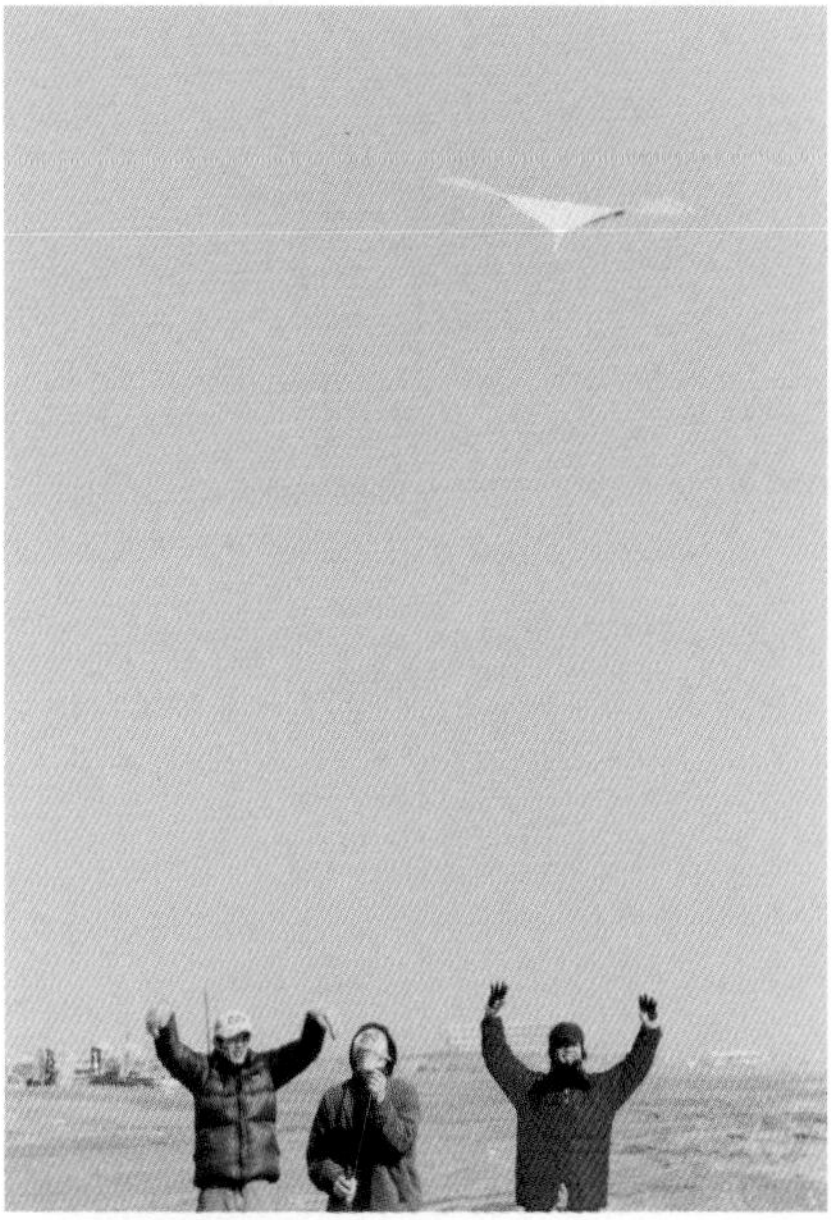

マリン
売店

EARL'S

P1-13　『米国音楽』6号（1996年4月発売）用に企画された、千葉県九十九里浜での撮影より（写真：茂木綾子）。第9章「空中のシーズン」参照
P14-16　アルバム『ORANGE』（1994年発売）ロンドン録音時のオフショット（写真：山本玲彦）。第7章「夕焼けの色だよ」参照

僕と魚のブルーズ

評伝フィッシュマンズ

二〇二一年のまえがき

幾度も振り返ることになる体験、というものがある。だれにでもある。たとえば、ただ一度だけの「とくべつな」夏休みの思い出、といったようなものだ。

言うまでもなく、「そこ」に留まりつづけることは、だれにもできない。歳月は人を待たない。だからまったくもって「とくべつ」ではない、そのほかの平板な時間と同様に、驚くほど足早に目の前を通り過ぎていく。あっという間に。

いまから僕は、本書のなかで、自らにとっての「その場所」を訪れる。そう、みなさんもご存じの、あの時空間――フィッシュマンズという、きわめてユニークなバンドがばりばり活動していた、そのころの宇宙と日本と（世田谷を含む）東京だ。

一九九〇年の年末から、九九年の三月まで、足掛け九年にわたって僕は、彼らの活動を目撃しつづけた。その「記憶」を再構成し、批評を加えるという形の評伝を、二〇一一年の晩冬に上梓した。それは『フィッシュマンズ 彼と魚のブルーズ』と題された一冊となって、同年二月、河出書房新社から発売された。そこから十年経ったいま、同書に大きく手を加え、増補版としてリニューアルしたものが本書となる。

どのようなリニューアルか、というと、レコードやCDの「デラックス・エディション」を思い浮かべていただきたい。十年前に世に出たアルバムの「オリジナル」ディスクの各トラックにリマスタリングとリミックスをおこなった新ヴァージョンに加えて、ボーナス・ディスクがセットになったような、しつらえだ。後者の盤には、ボーナス・トラックなどが収録される。この「まえがき」と、新たなる最終章となる「さらに、それから」、そして巻頭の写真ページ、巻末の付録などが、ちょうどそれにあたる。

新たなる最終章では、旧版では書ききれなかった事柄について、とらえることを試みた。それは九九年の三月以降、つまり佐藤伸治《さとうしんじ》が他界したあとのフィッシュマンズの活動についても回顧および批評をおこなう、という行為だ。

また本書では、当初案だったタイトルを書名とした。最初に僕は、ロバート・ジョンソンに倣って「俺と魚」としていた。これを今回は、自分の文体に沿って「僕と魚」とした。つまり、当初案の方向性に沿って修正（リミックス）をおこない、さらに加筆（追加トラックの作成）をして、スリーヴ・デザインをも一新したものが、本書となる。

ゆえに、旧版（彼と魚）をすでにご覧いただいたかたにも、本書からかなり違った読み味を感じていただけるはずだ。また今回初めて手にとってくれる人、とくに「あの時空間」のなかにいたフィッシュマンズを体験したことがないような人にも、本書を通して、一種のタイム・トラベルをおこなってもらえるよう、僕は強く意識した。目論見どおりの方向で、読者であるあなたのお役に立てたならば、嬉しく思う。

なぜならば、レコードや本などの記録物とは、元来、受け手側の意識を「現在とは異なる時空感」へと旅立たさせるためのもの、だったからだ。過去のひとかけらを真空パックして、媒体のなかへと固着させる。そして幾度も「再生」することを、可能とする——そんなちょっとした仕掛けを、人類は開発した。

だからいつでも、あなたは「そこ」を再訪してみることができる。「記録」されているもの、その大本の存在に無限の命は宿り得ない。だがしかし、訪れる人それぞれの内部においては、幾度も幾度も、いとも容易に蘇り得る。そのありさまの、かなり永遠性に近いところまでを渇望するひとりの凡夫として、僕はこのデラックス・エディションの制作に取り組んだ。

そう、フィッシュマンズが、かつてそうであったように。いまもなお「そうである」ように。

二〇二一年晩春　川﨑大助

はじめに

一九二二年のニューヨーク・シティを語るように、一九二四年のパリを語るように、一九四六年のイスキアを語るように、一九九〇年代の渋谷について語る者はいない。おそらくそれは、とても困難なことなのだろう。ひどくみっともないことでもある、のかもしれない。

しかし僕は、いまからそれを試みてみたい。ひとりの男の姿を通じて、あの時代と、そこに息づいていたものの一部について、書いてみたいと思う。うまくやれる自信はあまりないし、そもそも、僕自身が目撃したこと、体験したこと、つまり一次情報を最も重視して書いていくことになる。だから自然と、狭隘《きょうあい》なものの見方というものが、すべての記述の出発点となってしまうはずだ。だがしかし、そうしながらも、唯一自分に課しておきたいことがある。それは、あの男、佐藤伸治をすこしでも知っている人たちにとって、有益となるだろうと思える情報を、最大限に伝えるということだ。

佐藤伸治という人物は、フィッシュマンズというバンドのフロントマンだった。このバンドが結成されたのは、一九八七年。そしてメジャー・レコード会社からデビューしたのが、九一年。佐藤が他界し、バンドの活動がいったん停止したのは九九年の春だった。

僕がフィッシュマンズの存在を知ったのは、九〇年もほぼ終わろうかという冬の夜だった。そこから九年間、奇妙な縁によって、このバンドの活動を見つづけることになった。ときに佐藤とも、個人的な付き合いをすることにもなった。

あの当時、僕の職業は、区分すると「ミュージック・ジャーナリスト」のようなものだったのだが、だんだんとそれは、曖昧なものになっていった。元来は中立性を旨とすべき職業のはずが、なんというか、バンドに、あるいは佐藤伸治に接近し過ぎてしまい、準スタッフのような立場でものを考えるようになってしまっていた、と言えばいいだろうか。それは自ら望んだことではなかったのだが、だからといって、不思議とそれは、居心地が悪いものではなかった。そういうのは、てっきり、とてもいやらしいものだと僕は思い込んでいたのだが。

あの時代、音楽ライターと称される職業は、批評家ではなく、コピーライターのような存在だった。そうした傾向は、とくに日本のミュージシャンを対象とした場合に顕著《けんちょ》だった。だからレコード会社の依頼を受けて「オフィシャル」ライターとなるや、リリース作品の資料作成やら、「インタヴュー原稿の書き分け」やら、そういったもろもろを手がける書き手も多かった。座付きの「書き屋」として、いかにもっともらしく提灯を膨《ふく》らませられるか、というのが問われるべき技量の第二であり、もちろん第一は、いかに「ミュージシャンに気に入られるか」というものだった。

こういった原理原則は、音楽専門雑誌の編集方針にもよくあらわれていた。たとえば「記事にしてほしいなら、広告を出してください」といった取り引きが、ごく普通におこなわれるような業界だった。こうした産業構造の萌芽が見られたのが八〇年代、そしてそれが、レコード業界に未曾有《みぞう》の好況がおとずれる九〇年代において、大きく大きく発展していくことになった。

九〇年代初頭、フリーランスのライターとして音楽専門雑誌にかかわっていた僕は、そろそろ引退しようと考えていた。北の果ての大地かどこかで、レコード店でアルバイトでもしながら、のんびりと暮らしたいという思いが、日に日に強くなっていた。プロのライターとして、つぎからつぎにインタヴュー原稿などを上げながら、その記事が存在する意味のほとんどが「広告のバーターのため」という実情に、ひどい疲れを覚えるようになっていたからだ。だからといって、レコード会社や、特定のバンドに取り入って、より安定した収入を得るという方向に進む気持ちにもなれなかった。ただただ、情報的配管工のように、稚拙《ちせつ》な修辞をつらねた文章を量産しつづけていた。すべては寝床とパンのために。

そんななか、僕はフィッシュマンズと出会った。いまから思えば、その出会いによって、僕は人生の舵《かじ》を大きく切ることになってしまったようだ。まず第一に、「音楽ライター」として、あのころ僕は事実上廃業した。そして自分で発案し、出資して、〈米国音楽〉という雑誌を創刊した。いわゆるインディー・マガジンだった。これが世に出た九三年の前後、ものすごい勢いで「インディペンデント」なレコード・レーベルも増えていった。世に「渋谷系」と呼ばれるブームがこのころスタートした。

フィッシュマンズとの関係は、奇妙なことに、よりいっそう深くなっていった。なぜ「奇妙」かというと、〈米国音楽〉を創刊してからというもの、僕はほとんど、そこにしか原稿を書かなくなっていたからだ。ごく普通に考えて、「座付きの書き屋」を選ぶとしたら、いろいろなメジャーな音楽専門雑誌などで、顔がきく者のほうがよかったはずだ。こんな、まるで手作りのとうふ屋を始めて悦《えつ》に入っているかのような、とんちきなライターくずれよりも。

そんな関係が継続しているあいだ、僕は佐藤伸治と、なんというか、まるで同じ公立小学校を卒業した者どうしのように、よく顔を合わせていた。たとえばそれは、僕が自宅キッチンでカレーを作っていると、突然呼び鈴が鳴って、玄関のドアを開けてみるとそこに佐藤がいる、といったようなものだった。「や、近くまで、来たからさ」と、そんな場合、いつも彼は言うのだが、こうした行動様式や我々の関係性が「小学生みたいだな」と思ったものだ。お互い徒歩圏内に住んでいたという事情があるにはあるのだが、だからといって、事前のアポイントもなく、というか、とくに訪ねてくるべき理由もなく、佐藤は僕の家にやって来るのだった。そして、たらふく煙草を喫ってから、帰っていった。そんなことが、よくあった。

彼のことを知る多くの人と同じく、僕はいまだに、彼の急逝という事実から、立ち直ることができていない。たぶんこのまま、僕の意識があるかぎり、この痛みのようなものから、回復することはないのだろう。あの日以来、僕自身のなかから、なにかが抉《えぐ》りとられてしまったような感覚が継続している。大きな空洞だけが、そこに残っているように感じる。もはや自分も、この世にいないのでは、という気がすることも多い。いかに人生というものが、二度とは取り返しがつかないことの連続体なのだとしても、これればかりは耐えられないと、あのときからずっと、僕は思いつづけている。

本書の底本となったのは、九九年発行の〈米国音楽〉第十三号から僕が書きつづけていた連載原稿「Recollections of Sato」だ。同誌は〇五年発行の二十三号を最後に発行が中断しているので、とても中途半端な形で、連載もストップしていた。これまで活字になった十一回の連載原稿をもとに、全面的に改稿し、完結部を新たに書きおろしたものが本書だ。ただ、じつは、このような形で一冊の本にするという考えは、僕の頭のなかにはまったくなかった。

というのも、あの連載というのは、きわめて個人的な思いから書き始めたものだったからだ。贖罪《しょくざい》のようなつもりもあった。取り返しがつかないことを前にして、うろたえて、なにかを取り戻そうとしたのだろうか。埋め合わせようとしたのだろうか。いまもって、それはとても情けないことなのだが、あの原稿を書き始めた動機というものを、自分のなかで正確に位置づけることができないでいる。

フィッシュマンズは、きわめてすぐれたバンドだった。レゲエを解体して、再構築して、東京にしか生まれ得ないポップ・ミュージックを打ち立てようと、努力に努力を重ねたバンドだった。佐藤が去ってから、これほどの時間が経ったにもかかわらず、いまだにその評価は高まる一方だと言っても、過言ではないだろう。ロックにおけるヴェルヴェット・アンダーグラウンドのように、何年経とうが、ある特定の、しかし少なからぬ層にとっては、まるで教科書のように、通過儀礼のように、どうあっても体験しなければならない作品を、フィッシュマンズも残したのではないか――最近僕は、そう考えている。そして、こんな形で慕われつづけるバンドは、日本のポップ音楽の歴史において、おそらく前例はなかったはずだ。

そんなバンドの中心人物だった佐藤伸治について、たった九年間ではあるが、あの九〇年代がつづいているあいだ、僕がこの目で目撃したことがある。いままで、一度も書いていないこともある。それらの事柄が、もしあなたにとって、フィッシュマンズを、佐藤伸治を、より深く知ることに役立つのなら、この上なく嬉しく思う。さらにもし、あなたがなにか、すでにとても大切なものを失ってしまったと感じていて、「取り返しがつかない」と感じることがあるのなら、少々おこがましいかもしれないが、僕はこう申し上げたい。

最初っから、まるで空襲の焼け跡のような場所から、「いやいやいや」なんて、飄々《ひょうひょう》と、軽やかに歩いてきたような男が、佐藤伸治だったと僕は思うのだ。なにもかもが「失われた」土地こそが、彼のふるさとだったと思うのだ。僕らはやっと、いま初めて、彼が見ていたのだろう、凄惨《せいさん》にして、しかもそれが「フツー、フツー」と毎日つづいていくような、無情の荒れ地に立たされているのではないだろうか。

そこはおそらく、ジョン・レノンが、ボブ・マーリーが、カート・コベインが、そのほか多くのすぐれたミュージシャンが、出発点とした場所でもあったはずだ。最も狭義のロックンロールが産声を上げた場所のはずだ。

そこにいる、ということを認めよう。

ある意味とても難儀で、そしてもちろん愛すべき人物だった佐藤伸治について知り、そして、考えることは、とくにあなたの人生を豊かにしたり、華やかにしたりはしないだろう。しかし、そこに「欠落」があるのなら。あなたが、自らのなかに「欠落がある」と感じるのだったら、佐藤伸治が、フィッシュマンズが身を賭《と》して作り上げた作品の数々は、きっと役に立つはずだ。「穴ぼこ」をかかえたあなたこそが、だれよりも、彼らが見た光景を「かけがえのないもの」として、胸の奥に抱きしめることができるはずだ。

古来、最も狭義のロックンロール――もちろん、そこにはレゲエも含まれるのだが――は「そういった場合に役に立つ」ことこそが、その効用の第一義だったのだから。どんな荒れ地でも力づよく踏みしめて進む、ベドウィン族の頼りになるラクダのようなものだったのだから。

ではみなさん、旅に出かけましょう。これから、ごいっしょに。

フィッシュマンズがいた、あの時代へと。

僕と魚のブルーズ　評伝フィッシュマンズ　もくじ

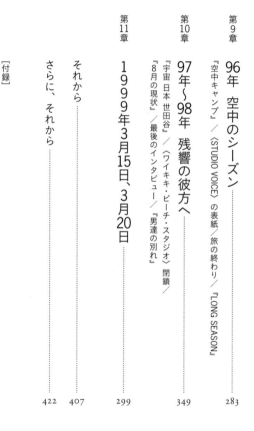

第1章
90年12月「今日は、ジンジはいません」

〈ラママ〉での出会い／バンド・ブーム／「ひこうき」

その夜のことでまず思い出すのは、真っ暗な坂道だ。一九九〇年の十二月二十二日、つまりクリスマスの直前の一日の、まだ夜浅い時刻だった。僕はひとりで、足許も定かではない急な坂を上っていた。

あのころのクリスマスなのだから、きっと街は華やかだったのだろう。同じ渋谷でも、公園通りの西側や宇田川町あたりなら、幾千もの電飾の光が十重二十重に塗りつぶすせいで、闇は日没後の主役ではなく、まるで真夏の白昼に間違って流れ込んできた靄《もや》の断片のように、街ゆく人々の一張羅の靴に蹴り散らされていくだけのものだったろう。

だが僕は、坂の途中で、すっぽりと夜につつまれていた。

そこは井の頭線の渋谷駅から道玄坂の頂上あたりまで延びていく、線路脇の急坂だった。上れば上るほど暗がりの深さは増していくようで、東急プラザの裏通りから聞こえてくる酔客の喧噪はあっという間に漆黒へと飲み込まれ、坂の左手にひっそりと灯るバーのネオン・サインが虚空に投げ出す赤や青のおぼろな光ですら、行路をうっすらと照らしてくれる誘導灯に思えるぐらいだった。

道玄坂一丁目にあるライヴ・ハウス〈ラママ〉を僕は目指していた。そこで僕は、初めてフィッシュマンズのライヴを観ることになっていた。彼らはワンマンで〈ラママ〉2デイズ・ライヴをやることになっていて、この夜がその初日だった。

といっても、このときの僕には、フィッシュマンズにかんしての予備知識はなかった。数時間前までは、バンド名すら耳にしたことがあったか、どうか、あやしいものだった。だから、観る前にとくになにか期待をしていたということは、まったく、完全に、なかった。

この日の午後、僕は渋谷の桜丘にあった〈ロッキング・オン〉の編集部に顔を出していた。原稿の納品でもしたか、仕事の資料や素材を受け取ったか、そういった日常的なやりとりのため、そこを訪れていたはずだ。

僕と会話をしていた〈ロッキング・オン・ジャパン〉の編集者のデスクの上に、何枚ものインヴィテーション・カードがあった。コンサートなどライヴ・ショウの招待状が、当時はハガキで送付されていた。音楽専門雑誌の編集部ともなれば、毎日毎日、それはかなりの量となって、デスクの上にうずたかく積みあげられているものだった。

つまり招待状が「うずたかく」なるほど、当時は数多くのライヴ・ショウがおこなわれていたということだ。そのほとんどがバンド形態であり、つまり、一般的に「バンド・ブーム」と呼ばれた時代の、残り香のようなものが、このころはまだあった。日本のレコード産業始まって以来、最も多い「デビュー・アルバム」が発表されたのは、この翌年の九一年だったという説もある。

このデビュー・ラッシュは、ちょっとしたゴールド・ラッシュであり、また一方で、既存の音楽専門雑誌、なかでもロックをおもにとりあつかう雑誌にとっては、すでにして逐一対応することは不可能な状況ともなっていた。浜辺に寄せつづける無数の波をすべて、テニス・ラケットで打ち返そうとするかのごとく。

なぜならば「バンド・ブーム」以前の時代、日本の音楽産業の主役は歌謡曲だった。あるいは、七〇年代前半までの洋楽の遠い影響下にあるフォーク調やロック調の日本語ポップス、「ニューミュージック」という不思議な呼称にあてはまるものこそが強者だった。日本人による「ロック」は、ごく一部の例外をのぞいて、ほとんどビジネスにはならないもので、はざま商品のようなものだった。日本のロック中心の音楽専門雑誌というメディアは、その「はざま」だけをテリトリーとしていた、きわめて限定的なものだった。

そんなところに、未曾有のデビュー・ラッシュが起こって、無数の招待状が送りつけられてきたわけだ。歌謡曲もニューミュージックも演歌も、どこかにかき消されてしまって、人知れず地下へと潜行し、ただただ「バンド」と名のつくものだけが、まるで燎原《りょうげん》にはなたれた劫火《ごうか》のように、レコード・ショップの陳列棚や、ロック音楽メディアの郵便受けで、無限に増殖していくかのようだった。

「もし、今日、時間があるんだったら」

その編集者は、一枚の招待状を手に、僕にそう言った。

彼が手にしたハガキには、出演バンドについて、「フィッシュマンズ」とだけ書かれてあった。変な名前だな、と僕は思った。

「忙しいんだったら、べつにいいんですけど」と編集者は言った。

いや、とくには、と僕は答えた。

実際問題、そのころの僕は、劇的に暇だった。時間だけなら、売りたいほど、いくらでもあった。

そもそも、もとより僕の毎日がそんな具合だったので、編集部が対応しきれない招待状を消化することは、期待される役目のひとつともなってもいた。ただ観に行くだけではなく、そのかなりの数を、ライヴ・レヴューという形で原稿化もした。予備知識がないバンドのライヴでも問題なかった。どんなバンドが対象だろうが、記事としてまとめ上げることができる自負はあった。四百字詰め原稿用紙、四枚までなら。

またそれは、編集部から求められていたことでもあった。「どんなバンドでも対応できてこそ、プロのライターだから」と、ある編集者から訓示を受けたことすらあった。そうやって、高校野球部の千本ノックのように、つぎからつぎへと、そのころの僕はライヴ・ショウばかりを観ていた。

しかし、このときはとくに「あとでライヴ評を書いてもらうから」といったことを、編集者は口にはしなかった。それどころか、行きたくなければ行かなくてもいいよ、という態度ですら、あったかもしれない。当面記事化する予定はない、といった雰囲気だった。

クリスマス前だけど、予定はないの?と、編集者からさらに気遣われたような記憶もある。予定は、なかった。この日はなにも。

そんなわけで、じつにたまたま、僕は初めてのフィッシュマンズ・ライヴを観ることになった。たぶん僕は、午後さほどおそくない時間帯に編集部を出て、おそらくは書店で時間をつぶして、それから〈ラママ〉へとつづく坂に向かっていったはずだ。

そこで初めて見た佐藤伸治は、なんとも言えず、面妖だった。

より正確に言うと、当初、佐藤はそこにいなかった。ライヴがスタートしてからも、彼の姿は、なかったのだ。〈ラママ〉のステージの上に。つまり、ヴォーカリストが、フロントマンが、どこにもいなかった。

この日の〈ラママ〉には、全部で百人強ほどのお客さんがいただろうか。店のキャパシティからすると、入りはまあまあ、といったところだった。僕のような招待客は、あまり多くはなかったようにも感じられた。

急坂の脇道、雑居ビルの地下一階にあるその店内は、壁面の片側がすべて、高さがあまりないステージとなっていた。そのステージのすぐ前に、十五人前後の女性客が詰めかけていた。全員が十代後半から、二十代最初ぐらいのようだった。ベレー帽をかぶった若い女性も何人かいた。彼女たちは、「バンド・ブーム」期における、熱心なファンの典型のように、僕の目には見えた。

そもそも僕は、フィッシュマンズについて、まったく予備知識はなかったと書いた。メンバーが何人で、どんな音楽を演奏するのかすら、知らなかったわけだ。だから僕が、「フロントマンがいない」ことを知り得たのは、それを教えてくれた人がいたからだ。ステージ上から、ギタリストが、それを告げた。

まず最初に、ステージの上に、四人のミュージシャンがあらわれた。ドラムス、ベース、キーボード、そしてギター。四人が四人とも、若く、まるで学生バンドのような風体だった。一曲めの演奏が始まって、すこしして、ギタリストがマイクに向かって話し始める。彼はたとえば、草サッカーのフィールドや、サーフィンができるビーチなどで、かならず人気者となるようなタイプの好青年に見えた。その彼が、歯切れのいい、快活な口調でこう言った。

「サトウは風邪ひいちゃってー。休み！」

えーっ、と、最前列の少女たちのあいだから、あまり大きくない声が上がる。

コード・カッティングをしながら、ギタリストはつづけて言った。

「だから、今日は、シンジは、いません！　かわりに僕が、全部歌います！」

やはり最前列だけは、すこしざわざわしただろうか。しかし壇上の四人は、少女たちのざわめきを意に介さず、淡々と演奏を進めていく。

と、その曲が終わろうかというころ、ふいにステージの下手《しもて》から、ひとりの男が壇上へとあらわれてくる。

それは、ふらふらふら、といった歩調だった。薄笑いを浮かべているようにも見えた。なによりその姿の全体から、ある種、異様なものを僕は感じた。

その男は、帽子をかぶっていた。濃紺のベレー帽か、山高帽のどちらかだ。オーヴァー・サイズの白いシャツの前をはだけて、そのなかには、横縞の長袖Tシャツを着ていた。つまり服装は、「かわいったらしい」と言ってもいいものだった。問題は、それを着用していた中身のほうにある。

奇妙なほど、首が長いように見えた。なで肩から、ひょろっとした首が伸びて、その上に乗った小さな顔に薄笑いが浮かんでいた。見ている側が、どうとっていいやら、わからないような表情とでも言おうか。その顔つきは、おじいさんのようにも、小さな子どものようにも見えた。しかし子どもといっても、それは僕などが行ったこともない、見たこともない国の、子どもの顔だ。戦火が絶えない中南米やカリブ海の小国、あるいは北極圏の人里離れた廃村などにひとりとり残されて、しかしなんの気がねもなく、自分のペースで生きている子どもの姿を僕は連想した。あるいは、リスやハムスターといった、げっ歯類の動物が変化した妖怪。

その男は、いえーっ、おーっ、いえーっ、と、ステージ上で声を上げたかもしれない。最前列の少女たちが、彼に声援を送っていることに僕は気づいた。

つまりこれが、「サトウシンジ」だった。ようやくここにいたって、さっきのギタリストのステージ・トークが、演出だったということがわかった。

そしてそれは、まったく、面白くなかった。

ヴォーカリストを加えたバンドは、つぎつぎと演奏を進めていった。演奏そのものは、決して上手くはなかったが、悪いものではなかった。

何曲か聴いているうちに、「ブルービート」という言葉が頭に浮かんだ。彼らの音楽性に、六〇年代のロンドナーが好んだ、軽い味わいのスカからの、遠い流れのようなものを感じたのだろう。楽曲のテンポはあまり速くないにもかかわらず、ロックステディという言葉が浮かんでこなかったのは、バンドのリズムに粘りをあまり感じなかったせいだろうか。ベースの存在感は低くなかったのだが、アンサンブルの全体が腰高であるような気がした。とはいえ、だからといって、お客さんのあいだでポゴ・ダンスが始まるような類の、アタックが強い性急なビートだというわけでもない。つまり、レゲエ系統の楽曲とサウンドではあるのだけれども、この時期まだ世に多かった、2トーンもしくは、フィッシュボーン、アンタッチャブルズといったアメリカ西海岸のスカ・パンク勢の邦訳を目指しているバンドじゃないことは、すぐにわかった。くっきりした日本語の歌詞があることも、わかった。レゲエ由来のリズムを取り入れつつ、日本語ロックの正統な文脈の上に、自らの軸足を置いてみようと試みているバンドなのだ、ということは、わかった。

わからなかったのは、「それをどうとらえてほしいのか」ということだった。

踊ってほしいのか。いっしょに歌ってほしいのか。聴き手の情感をゆさぶって、涙をあふれさせたい、のか。こぶしを突き上げて、憤懣《ふんまん》を宙に解き放つ契機となりたいのか……そういった、受け入れ側にとって「わかりやすい」糸口となるような装置が、いったいどこにあるのやら、それが滅法「わかりにくい」と僕は感じた。

わかりにくくしている張本人が、ステージの中央にいる「サトウ」なる男であることは間違いなかった。細い声で、ヴォーカル・ラインが不安定だったせいだけではない。

ステージに登場してきたときからずっと、あの奇妙な薄笑いが、引っ込んだり、出たりを繰り返しながら、のべつ彼の口元をふらついているのだ。擬音を与えるとしたら、「ニターリ、ニタリ」といった感じだろうか。そんな笑いを浮かべながら、曲と曲のあいだで、彼はこんなことを言うのだった。

「みなさん、楽しんでますかあ?」

「いやいやいや。楽しんでもらおうと思って、やってるんですよねえ」

そんなことを、そんな表情で言われて、楽しめるものではない。

それどころか、僕はどんどん、居心地が悪くなっていった。ライヴ・ハウスのなかに、自分の居場所がないようにすら感じた。さりげなく店を出て、家に帰りたいような気分にもなった。いかにハードコアなパンク・バンドのショウを観ても、そんなことを感じたことは、それまで一度もなかったのだが。

すでにこの夜、デビュー・シングルとなる「ひこうき」は演奏されていた。イントロダクションにおける、印象的なピアノ・リフの青っぽさ、清浄な響きは、強く心に残った。ハッピーな「いなごが飛んでる」と合わせて、短いセンテンスで明瞭な情景を描写していく歌詞の優秀性にも、すぐに気づいた。であるから「一度聴いただけで、気に入った」と言ってもいいようなものなのだが、そう言ってはならないような、簡単に、安易にそんなことを言ってしまうと、本質的なものをなにか見逃してしまう／見過ごしてしまうような、そんな葛藤を僕は感じていた、と言えばいいだろうか。

こっち側のそんな心理を見透かして、ステージ上のあの妙な男は、ニターリ・ニタリと薄笑いを浮かべつづけているような、そんな気すらした。

要するに僕は、混乱していたのだと思う。

この時期、つまりバンド・ブーム最末期のこのころは「わかりやすい」ものこそが至上であり、そこを目指すことこそが、すなわち音楽活動というものなのだ、という無言の圧力が世を覆いつくしていた。そのバンドの曲を聴くと、「盛り上がる」のか。そのバンドマンの話術は、「面白い」のか。そいつらは「お洒落」なのか。「笑える」のか。「男泣き」なのか。「女の子に大人気」なのか……音楽も、人物も、とにもかくにもカリカチュアされた「わかりやすさ」こそが、なによりも重要視されていた。

もちろん僕も、そうした世間の動向には、しっかりと毒されていた。「どんなバンドの」ライヴ評でもインタヴューでも量産できたのは、僕がどこか優秀だったわけではない。ただたんに、当時の日本語ロック業界で繰り広げられていた「ゲームのルール」を、ごく普通の尺度で理解していたからに過ぎない。たとえばそれは、投手が投げて、打者が打つ、といったような。野球とはそういうものだ、といったレベルでの、わかりきった／わかりやすい「ルール」だけが、そこにはあった。

しかし「ルール」というものは、かならずそこに、抑圧のメカニズムを内包することになる。逸脱者は、屈服するか、頭からすっぽりフードをかぶって、正体を隠していないと、その場の全員によって、苛烈な手段で追いたてられることすらあるだろう。なぜならそこは「球場」であり、「ゲーム」をおこなうための場所なのだから。

そうした「ルール」からはみ出している部分は、僕のなかにもあった。しかし普段は、なるべくそれが表に出ないようにしていた。「フードをかぶって」いたわけだ。それは邦楽を対象に、プロのライターとしての水揚げを維持しつづけるためには、必要不可欠なことだった。

僕のなかで「はみ出し」ていたのは、なによりもまず「子どものころから、洋楽ばかり聴いていた」ということが最大だった。そんな要素が「はみ出し」になるなど、とても不可解な話なのだが、これは事実だった。

「日本人は日本人が作った日本語の音楽だけを聴いていればいい」とする風潮は、かなりむかしから、この国のなかに根強くあった。それは、ときに強まり、弱まり、ちょうど鎖国と開国を繰り返すかのように、交互にずっとつづいていた。そして、バンド・ブームだった時代というのは、かなり強固な「鎖国状態」だった。であるから、書き手が日本のバンドについて考察する際、その音楽性のオリジンとなる洋楽への敬意や知識は、とくに求められないどころか、邪魔ですらある、といった考えかたが支配的だった。

売文業者としてデビューした当初は、洋楽についてのみ書くつもりだった僕は、時代の要請というよりは、生活費のため、そういった「ゲーム」に巻き込まれることを選んでいた。しかし出自は隠していても、そこから派生する問題はいろいろとあった。

「洋楽ばかり聴いていた」わけだから、原稿を書いて、売ることを始める前、僕は日本のポップ音楽についてては、ごくごく一部の例外をのぞいて、まったく興味はなかった。知識もなかった。本当に数少ない——たぶん、両手の指で足りる程度の——日本人ミュージシャンの作品についてだけは、自主的な興味から追いつづけていた。

追いつづけていた日本人ミュージシャンとは、つまりは「開国」派の人たちだ。アメリカおよびイギリスという英語圏にその起源をもつ、「ロック」を中心としたポップ音楽、つまり「洋楽」としてのそれを信奉し、つねに学び、自らに厳しい戒律を課し、修練を積んで、海外のそれを「どうにかして」日本のなかに／日本語世界のなかに転生させようと、悪戦苦闘していた人々――僕がいちリスナーとして、レコードを聴きつづけていた、数少ない日本のミュージシャンとは、そんな人たちだった。

フィッシュマンズというこのバンドが、その系譜に入ることは、すぐに理解できた。これまでに聴いたこともないような形で、レゲエを解釈しようとしているのだから、それは間違いない。しかし、それまでに僕がファンとして、またはときには仕事として観てきたいかなるバンドとも違っていた点が、なんとも居心地の悪いあの感じ、あの「わかりにくさ」だった。

それはいったい、なんなのか。

ライヴのあいだじゅう、いたたまれなさに耐えながら考えつづけていたのだが、結局のところ、答えなど出るはずもなかった。

元来は、「もっとよくわかる」はずのものだという皮膚感覚があるにもかかわらず、どうにもこうにも、あまりにも「わかりにくい」。そんなわけで、僕は意地になっていたのかもしれない。この夜のあとも、「あれはなんだったのか」と、折に触れて、この奇妙なバンドについて、思い出しては考えつづけることになった。

これが、僕が初めて観た、彼らのライヴだった。そんなふうにして僕は、「フィッシュマンズ」という名の、巨大なクエスチョン・マークと出会ったのだった。

ドラムスは、茂木欣一《もてぎきんいち》だった。そしてベース、柏原譲《かしわばらゆずる》。キーボード、ハカセ。そしてギター、小嶋謙《おじまけん》介《すけ》。ステージ貢献度への星取りは、まず小嶋に一票を投じたい。「憎めないロックあんちゃん」然とした彼のたたずまいは、女性客の視線を一身に集めているように感じられた。まだこなれていないバンド・アンサンブルの全体に、つねに的確な色彩を加えつづけたハカセのキーボード・プレイにも一票。そして、それらすべてを、どういうわけだか、三次元以外の場所へと放り投げつづけるヴォーカリストが佐藤伸治——という五人組だった。

ライヴを見終えたあと、受付のあたりで、この2デイズ・ショウのタイトルが目に入った。「君のギターが泣いている」——ちなみに、この「君」のところには、「ちみ」とルビが振ってあった。もちろん僕は、わっかんねえよ、とひとりつぶやいた。

また、この不思議なバンドが、来年メジャー・デビューするということも知った。つまりこの夜のライヴは、デビューが決まったお披露目という意味合いのものだったのだろう。であるから、あの編集者は「儀礼的に」僕をライヴ・ハウスに派遣したかったのだろう。受付の芳名帳に「ロッキング・オン・ジャパン　ライター　川崎大助」と書くことが、この日ただひとつ、僕に課された任務だったということだ。

店を出ようとするとき、ささやかなおみやげをもらった。クリスマス・カードだったのだろうか。ポスト・カード大の用紙の片面に、単色のクレヨンで描いたようなシンプルな線画が印刷されていた。のちにこれは、佐藤が描いたものだと判明したのだが、楕円と線で表現された、帽子をかぶった人物が、片手に酒瓶、片手にワイン・グラスを持って、がに股で路地を行く、という構図だった。カードには「MERRY X'MAS」という一文と、それからなぜか、「テヤンデエ」とカタカナで書かれていた。

帰り路も往路と同様に暗かった。井の頭線沿いの急坂を照らす光源は少なかった。まだ線路の上にマークシティがなかったせいだ。桜丘にセルリアンタワーもなかった。インフォスタワーもなかった。センター街の入り口に〈TSUTAYA〉のビルもなかった。

そのほか、このころ「なかった」ものとしては、まず、インターネットがなかった。携帯電話はどこかにあったのかもしれないが、そんなもの、だれも見たことはなかった。ポケットベルと呼ばれる通信機器をみんな使っていた。ベルリンの壁はもうなかったが、ソヴィエト連邦はまだあった。この年の三月に大統領に就任したゴルバチョフは世界中の人気者で、ノーベル平和賞を受賞した。平成は始まったばかりで、天皇の即位の礼が十一月におこなわれた。その同じ月、渋谷のワン・オー・ナイン・ビルのなかに〈HMV〉の日本一号店が進出していたのだが、まださほどの存在感はなかった。

前年の八九年十二月に三万八九一五円の史上最高値をつけた日経平均株価は、この年の十月一日にはすでに二万円台を割り込んでいた。タクシー・ドライバーは「今年は景気が悪いねえ」と言い始めていた。忘年会のシーズンなのに、客足が伸びないとのことだった。翌年の年末にも、やはりタクシー・ドライバーは「ずっと景気、悪いよねえ」と言った。そのつぎの年は、こちらから訊かないかぎりは、ドライバーは景気の話題を口にしなくなっていた。彼らも僕も、これは「景気が悪い」というものではないのでは、と、薄々感じ始めていたからだ。これは良くなったり、悪くなったりする性質のものではなく、つまり循環しているものではなく、もしかすると、このままずっと、この国の経済活動は低迷したままではなかろうか、と感じ始めていた。そしてその予感は当たった。

しかしまだ、九〇年の十二月は、未来を憂慮するには早過ぎた。僕自身、フィッシュマンズのメンバー同様、学生に毛が生えたようなものだった。おそらく日本も、世界の一部もまだ若かった。渋谷では「チーム」と呼ばれる集団や風俗が、全盛期を迎えようとしていた。土曜日の夜ともなると、井の頭通りの西武ロフト館のあたりでは、車高のたかいぴかぴかのピックアップ・トラックが何台も集まってきて、ちょっとした『アメリカン・グラフィティ』みたいになっている、こともあった。エア・ジョーダンはVが発売されたばかりだった。イングランドではマッドチェスターがレイヴ・オンしていたようで、アメリカではア・トライブ・コールド・クエストがデビューしていたのだが、ニュー・ジャック・スイング勢はまだまだ強く、またこの年はパブリック・エネミー『フィアー・オブ・ア・ブラック・プラネット』が目の前のすべてを踏みつぶしながら進撃していた。日本でニルヴァーナの存在に気づいていたのは、まめに輸入盤を買っている人々だけだった。すでに功成り名を遂げていたブルーハーツはレコード会社を移籍して「情熱の薔薇」をヒットさせていた。フリッパーズ・ギターは『カメラ・トーク』を発表していた。

すでにイラクはこの年の八月にクウェートに侵攻していた。そして翌九一年一月に湾岸戦争が勃発する。東西冷戦の終結以降、世界はどんどん平和になっていくに違いないと夢想していた層は、この戦争の開始に甚大なるショックを受けた。しかしその開戦直後、世界情勢の緊迫した空気をまったく読まずに海外へとレコーディングに向かう、とぼけたバンドもいた。

だれあろう、それがフィッシュマンズだった。

第2章

91年、らしくない大器、デビュー

こだま和文／『チャッピー、ドント・クライ』初インタヴュー／『コーデュロイズ・ムード』／フリッパーズ・ギター解散

この年の二月三日から三月一日まで、ほぼ一か月間にわたり、フィッシュマンズはオーストラリアのメルボルンに滞在して、ファースト・アルバムのレコーディングをおこなった。彼らがそこにいるあいだ、あるいは、もしかしたら空を飛んでいるあいだに、僕はフィッシュマンズについての最初の原稿を書いた。それは〈ロッキング・オン・ジャパン〉の三月号に掲載された。

結局のところ、このときにいたってもなお、フィッシュマンズのライヴを観たことがある者は、編集部関係者では僕だけだった。そこでごく自然な流れとして、僕が「フィッシュマンズ番」ということになった。これは番記者みたいなもので、新聞社などにあるようなシステムとほぼ同じものだ。自民党番、巨人番、警視庁番、みたいなものだ。

そして僕は、九一年の十二か月のあいだに、フィッシュマンズの原稿を合計三度、〈ロッキング・オン・ジャパン〉に書くことになった。ひとつのバンドについて、これほどの頻度で書くということは、めずらしいことだった。

とはいえこれは、僕の熱意の産物だったというわけではない。僕の身分は出入りのフリーランス・ライターでしかなかった。だれを記事にするか、いつ載せるか、といったことについての発言権や決定権は、なにもなかった。つまり、この年三度もフィッシュマンズの記事を掲載するということは、編集部がそう判断した、ということにほかならない。編集部として、フィッシュマンズを応援しようとしていた、彼らに力を入れていた、と、見えなくもない。

しかしこれは、正確に言うと違う。「フィッシュマンズが期待されていた」わけではなかった。もしそうならば、僕のような外部ライターではなく、編集部内のだれかが「フィッシュマンズ番」をつとめていたことだろう。期待されていたのはバンドそのものではなく「彼らが所属することになったレコード会社」のほうだった。

フィッシュマンズと契約して、彼らをメジャー・デビューさせたレコード会社は、設立されたばかりの〈ヴァージン・ジャパン〉だった。同社の邦楽アーティスト作品リリース第一弾のうちの一枚が、フィッシュマンズのデビュー・アルバムだったのだ。

まずもって「ヴァージン」というレーベル名は、このころの洋楽ファンにとって、特別な響きがするものだった。マイク・オールドフィールド『チューブラー・ベルズ』はもちろん、セックス・ピストルズ、XTC、カルチャー・クラブ、ネナ・チェリー……カッティング・エッジなレコードをつぎつぎと世に放ち、それを大ヒットさせては、音楽シーンを塗り替えつづけるレコード会社——そんなイメージだ。まごうかたなき、当時世界最強の独立系レコード会社の雄、それこそが「ヴァージン」ブランドであり、そんな会社の日本法人として設立されたのが〈ヴァージン・ジャパン〉だったわけだ。後年、佐藤はこんなふうに言っていた。〈ヴァージン・ジャパン〉からデビューが決まったとき、「いいよなあ。うらやましいよなあ、って言われたよ。友だちから」と。もちろん、へらへらと笑いながら。

ちなみに〈ヴァージン・ジャパン〉の代表取締役は、フジテレビのプロデューサーでもあった横澤《よこざわ》彪《たけし》さんだった。一度僕は、同社の廊下で、フィッシュマンズ関係者から、横澤さんに紹介されたことがあった。『オレたちひょうきん族』の牧師さんと同じ笑顔で、横澤さんは僕に言った。「フィッシュマンズを、よろしくお願いします」と。

こうした周辺状況は、音楽専門雑誌をして、盛り上がらせるに十分だったということだ。もちろんそこには「予算が潤沢にあるだろう」との下世話な期待もあったのだろう。予算とは、広告予算のことだ。

それはあったに違いない。なぜなら、インディー時代にさしたる実績もない新人バンドのデビュー作を、いきなり海外レコーディングさせてしまうほどの予算もあったのだから。

フィッシュマンズ番となった僕は、彼らについて、おくればせながら勉強した。そして、バンドの基礎的な情報を知った。こんなことだ。

ハカセをのぞく全員が、明治学院大学の音楽サークル出身であること。

佐藤と小嶋が同じ歳であり、メンバーのなかでは最上級生であること。

八八年ごろから〈ラママ〉など、ライヴ・ハウスに出演していたこと。

単独でのインディー・リリース作はなく、唯一の既発表音源は、雑誌〈宝島〉が主宰していたレーベル〈キャプテン・レコード〉から発売されたオムニバスCD『パニック・パラダイス』に提供した二曲、「いなごが飛んでる」と「Special Night」だったこと。

ちなみに、同作に参加したほかのバンドは、KUSU KUSU、ムスタングA.K.A.、ポテトチップスだったこと。

ハカセは当初、ムスタングA.K.A.のメンバーであり、引き抜かれてフィッシュマンズの一員となったこと。

RCサクセション、井上陽水のマネージメントとして一時代を築いていた〈りぼん〉が、フィッシュマンズの所属事務所となっていたこと。

これらの情報と、レコード会社から渡された資料を参考に、僕はフィッシュマンズについての最初の原稿を書いた。それは〈ロッキング・オン・ジャパン〉内の、バンドの短信情報を伝えるページ「Japan Times」に掲載された。こんな内容だ。

「らしくない大器、フィッシュマンズ・デビュー」

気づかぬうちに近くに引き寄せられて一緒にプカプカ漂ってええ気持ち!という特異な磁力を持つバンドを発見した。フィッシュマンズ。インディー・シーンでは以前から注目株だったから、その名を聞いた事がある人も多いだろう。(中略)

まず曲がいい。レゲエを下敷きにしながら、必要以上にビートに頼る事なく、日常の断面を切り取った詞を、ビートと適度な距離を保ちつつ進行させていく、という作り。人肌感覚の、実にいい具合のクールさを持つポップ、なのだ。元ミュート・ビートの小玉氏が惚れ込んで、サウンド・プロデュースを担当していたりもする。僕としては、真心ブラザーズが開拓した「ぶっちゃけた話を聞ける平成庶民」層の世代歌と化すのではないか、とさえ思っている。

あと、メンバーのキャラクターも味がある。ボーカルの佐藤は憂歌団の木村のテイストを20代前半にして獲得しているし、ベースは修行僧の風貌だし、キーボードは改心したテクノ少年ソウルに目覚めるだし、ドラムスはゴハンよく食いそうだ。(中略)

今年はフィッシュマンズ、これです。

この原稿を書いた時点で、彼らのファースト・アルバムはまだ完成してはいなかった。つまり、僕のなかにあった「フィッシュマンズの音楽」というものは、〈ラママ〉のライヴのときの記憶だけだった。気に入ったは気に入ったが、「わかんねえよ」とも思った、あのときの印象を、なんとか肯定的に処理しようとして、この記事のタイトルにおける「らしくない」という表現につながったのだろう。

では、「大器だ」という点は、いったいどこから僕は思いついたのか。

そう書いてもいい、と、この時点で思った最大の理由は、プロデューサーのこだま和文さんの存在だったはずだ。

こだまさんが所属していたバンド、ミュート・ビートは、八〇年代の日本における「開国派」急先鋒のひとつだった。ロンドンにも、ジャマイカにもあり得ない、東京独自のクールなインストゥルメンタル「ダブ」サウンドは衝撃的だった。「ミュート・ビート」という名と存在は、強靭かつ最前衛のポップ音楽のアイコンとして、少なくとも、僕らのまわりでは畏怖されていた。そのミュート・ビートの中心人物のひとりであるトランペッターが、こだまさんだった。そして、彼が初めてプロデュースする「目下のバンド」こそがフィッシュマンズだったのだ。これはかなり、というか、すごく、わくわくさせられる話だった。

あの、なんとも頼りなく、取り付く島もないようなライヴを繰り広げていた若いバンドが、一体全体、オーストラリアでどんなふうにこだまさんの指導を受けているのか？――そんなことが、このときの僕の頭のなかを占めていたというわけだ。

その「こだま指導」の成果を、まず僕はライヴにて確認することになった。三月二十六日の〈渋谷クラブ・クアトロ〉がそれだった。彼らにとっての初のクアトロ・ワンマンであり、僕にとっては二度目に観るフィッシュマンズのライヴだった。

驚いたことに、これが、かなりよくなっていた。日本の日常と隔絶された環境でのレコーディングが、一種の強化合宿のような効果を生んだのだろうか。とくにドラムスとベースのコンビネーションには、長足の進歩がみられた。オープンハンド・スタイルが個性的なドラマーの茂木欣一、ずっしりと重い低音を放つベーシストの柏原譲、彼らはすごいプレイヤーになるのでは、という予感を抱かせられた。

音楽用語で「リズム・セクション」と言った場合、それはドラムス、ベース、リズム・ギターあたりをおもに指す。これらが一体となってリズムを刻むのだが、レゲエ音楽の特徴は「ベースが動く」ということだ。アンサンブルの最も低域にあたる位置から、グルーヴを沸き立たせるようなメロディ・ライ

TAMA

ンを繰り出しつづけることを求められるのが、レゲエにおけるベーシストの役割だ。それゆえ、レゲエのこうした流儀の強い影響下にあった七〇年代後半のブリティッシュ・パンクおよびニューウェイヴ勢のバンドにおいて、ベーシストは花形パートのひとつとなった。たとえば、初期のポリスなど、その典型だったろう。シャープなドラムス、そして「動くベース」、この二つが十全に機能したそのあとの空間で、それ以外の楽器やヴォーカルが呼吸する――それこそが「レゲエ通過後」のバンド、つまり「現代的なビート感覚と音響空間認識をそなえたミュージシャン」の基本的なマナーだった。

つまり、それはこんな感じになる。全員で音は出しているのだが、全員でひとつの楽曲を奏でているのだが、それぞれのプレイヤーが、空間の広がりのなかで「独立したまま」全体へと奉仕している、という考えかた――これが理解できていないようなバンドは、すなわち「オールド・ウェイヴ」であり、滅びゆく種であると見なされていた。少なくとも、七〇年代後半に新しい音楽の洗礼を受けたリスナーのあいだでは。

ひるがえって、それを「理解して」いて、さらに「実践できていた」日本のバンドというのは、さして多くはなかった。もちろんミュート・ビートは、国際的に第一級のレベルでそれを実践していたが、日本の若いバンド――端的に言うと「バンド・ブーム世代」のバンドで、そんなことに興味を持っている者など、僕は見たこともなかった。

しかしこの夜のフィッシュマンズは、明確に「その場所」に乗り出そうとしていた。もちろん、そこはまだ、駆け出し級ではあったのだろう。上手いか下手かというと、まだまだ下手ではあった。とはいえ彼らの演奏は、あのとっちらかった〈ラママ〉の夜からすると、見違えるような点も多々あった。

なにより、そこには「空間」があった。「レゲエの考えかた」から生み出された、鳴らされている音と音のあいだに無限の広がりがあるような、およそ「日本の歌ものポップ音楽」では聴いたことがないようなサウンドスケープの発端、そのひとかけらと呼ぶべきものが、この日のステージ上にはあった。

とはいえ、しかしやはり――あのなんともいえない「取り付く島がない」間の悪い感じのほうも、健在だった。

この夜、お客さんの入りは上々だった。もちろん、デビュー直前ということで、メディアや関係者への招待状も数多く出されていたはずだ。しかし、ちゃんと実券を買ったファンの熱気らしきものも、決して少なくはなかった。〈ラママ〉のステージ前にいた若い女性たちのようなファンが、その数を数倍増にして、この夜を満喫しているかのようだった。少なくとも、「音が鳴っている」あいだだけは。

フィッシュマンズにとって、ひとつの宿命となっていたのが、「バンド・ブーム世代だ」ということだった。大学のサークル出身だというところも、じつに「バンド・ブーム」的な出自でもあった。であるから、この時点での彼らのファンは、「バンド・ブーム時代のライヴを楽しむマナー」にのっとっているようなところがあった。

バンド・ブームとは、まずこれは、ある意味で「カレッジ・バンド」のブームだった。ちょうど八〇年代のアメリカで、カレッジ・ラジオ局や大学街のレコード店などをそのバックグラウンドとして、数多くのバンドやレーベルが生まれてきたようなものと、部分的に似通ったところが、日本のバンド・ブームにもあった。

肯定的な面としては、「バンド・ブーム」期のバンドの一部には、洋楽をアイデア元とする集団もいた、ということだ。否定的な面としては、あくまでそれは「アイデア元」であって、たとえばミュート・ビートのように、国際標準の世界へと求道者的に突き進んでいくようなバンドは、ほとんどいなかった、ということ。大多数のバンドは、オリジンの研究もそこそこに、既存の成功例を参考に「わかりやすく」なることを最大目標としていた。なぜなら、そこには「ブルーハーツ」という超巨大な成功者がいたから。

日本語のロック・ソングを作るということにかんして、まぎれもない天才が甲本ヒロトだった。おそらく、どれほどの時が流れようとも、この分野にかんして、彼の評価は高まりこそすれ、減じることは一切あり得ないだろう。

そんな存在が、突如として全国区の成功を手に入れたせいで、まずバンド・ブームとは、「ブルーハーツのエピゴーネン」の大量発生だった、とも言える。もっとも、これはこれで、悪いことではない。ロンドン・パンク勃興期のシーンも、似たようなものだ。

悪かったのは「あまりにもマーケットが大き過ぎた」ことだろう。「ホコ天」全盛期のころ、代々木公園脇の都道四一三号線では、ほぼ二、三メートルの間隔でバンドがセットを組み、それぞれが演奏をしていた。セットとセットのあいだでは、音がまじりあってひどいことになっていたのだが、バンドの真正面に立てば、小さなPAセットから飛ばされる音で、その楽曲の内容を認識することが、かろうじてできた。そして「それぞれの」バンドのセットの前には、「それぞれの」ファンがいた。演奏に合わせて、必要なところで、必要なことをして、いっしょに盛り上がっていた。振り付けといったほどのものはなかったとしても（ある場合もあった）、決まった声援の上げかたや、コール・アンド・レスポンスとか、そういったものだ。

バンド・ブームのバンド、というわけではないのだが、この時期、コレクターズというバンドのライヴにおける「必要なこと」というのが、僕の記憶に強く残っている。彼らの楽曲で「リグレイ・チューインガム」というナンバーがある。これが演奏されると、ファンはかならず、文字どおりそのガムを、ステージ上に投げ入れるのだ。スペアミントやダブルミントの、まだ古式ゆかしい長細いパッケージだったころのアメリカ製のガムが、パッケージごと、雨あられとバンドの上に降り注ぐ……これが、コレクターズのライヴにおける、ひとつの「見せ場」となっていた。

さてそこで、フィッシュマンズだ。そんな「見せ場」のようなもの、ファンとバンドが、お互いを盛り上げ合って、楽しい時間を共有できるかのような、そんな仕掛けを考えるということは——少なくとも、このときのバンド側には、一切なかった。それゆえに、ファンの側としても、「どこでどうしたらいいのか」「なにをどう受け取ったらいいのか」つかみかねているような雰囲気があった。

たとえばこの夜も、客席が一番沸いたのは「いなごが飛んでる」が演奏されているあいだだった。速いビートに合わせて、お客さんがポゴ・ダンスをすることは、この時代「タテノリ」と呼ばれていたのだが——そもそもこの様式も、ブルーハーツが布教したものだったのだが——初期のフィッシュマンズの楽曲のなかで、最もその「タテノリ」に適していたのが、このナンバーだった。だからファンにとっては、ライヴ参加におけるひとつの糸口となっているようだった。

その逆に、お客さんとの交歓という点で最低だった曲は、やはり「くつ下」だろう。これはレコード化されていない楽曲で、手元に資料もないため、記憶のみにしたがって書くと「洗濯されていないくつ下の感情」を歌ったようなものではなかったか。マイナー・コードで、おそいビートで、ダークな曲調だった。〈ラママ〉でもこの曲は演奏されていたのだが、これが鳴り出した途端、客席がしーんとするのが、わかるのだ。「バンドの音が鳴っている」最中であるにもかかわらず、お客さんがみな口をつぐみ、いたたまれないような表情で、うつむいて、水を打ったような静寂が客席の隅々まで広がっていくのが、僕のところにまで伝わってくるのだ。

なぜかそのような曲を、フィッシュマンズはライヴの中盤に演奏するのだった。ただでさえ居心地が悪い空気がただよう曲間の時間が、この「くつ下」のあとはまた格別だった。例によって佐藤は、へらへらへらと、冷笑ともとれるような笑いを、ここでも浮かべていた。楽しんでますかあ、などと、また言っていたかもしれない。

バンド・ブーム期の、「バンド・ブーム世代」のバンドとしての宿命を背負ったフィッシュマンズは、ひとまずこうして、プロフェッショナルとしてのスタート・ラインに立った。この時点で、彼らのプランの、そのすべてが成功していたとはとても言えないが、少なくとも「だれかのエピゴーネンとなる」ことだけは、執拗に、意固地に拒絶しながら、そのキャリアを始めようとしていた。

そんな彼らの現状からすると、でき過ぎともいえるのが、ファースト・アルバムの『チャッピー、ドント・クライ』だった。この作品は、九一年の五月二十一日に発売された。それに先行する形でシングル・カットされたのが「ひこうき」で、こちらは四月二十一日にリリースされた。

このアルバムには、ちょっと、驚いた。ライヴにおける「フィッシュマンズのいいところ」だけを凝縮して、真空パックしたかのようだった。ニートで、よくまとまっていて、品がよく、繊細かつ、明るく呑気で、人好きがする、キュートなアルバムだった。たちまちにしてこれは、僕の愛聴盤となった。アルバムでの演奏やヴォーカルは、ライヴ同様、まだまだ未成熟で、青くさく、ひょろりとした軽量級のものだった。しかしそれが、楽曲の性格から導き出されるべきアレンジメントとしては、一定の効果を発揮していたと言っていい。

収録曲は、どれも甲乙つけがたい、キャラクターがはっきりしたナンバーが並んでいた。「Special Night」「Future」「Go Go Club ですれ違い」「チャンス」、小嶋が歌う「Good Morning」、もちろん「いなごが飛んでる」「ひこうき」、そして「ピアノ」。唯一のカヴァー曲である、学校唱歌のスタンダード「夏の思い出」も印象ぶかかった。佐藤の吹くコルネットをフィーチャーしたインストゥルメンタル・レゲエ・ヴァージョンで表現されたこの曲のなかで、「聞こえる?」という彼のひとことだけが拾われている。これは実際、スタジオで佐藤がそのように訊いたときの声が録音されていて、楽曲のなかで使用されたということだった。それが、じつにいい効果を生んでいた。「少年ミュート・ビート」という言葉が、僕の頭のなかに浮かんだ。

メルボルンで録音した成果が、具体的にどんなものだったのかは、わからない。そのスタジオがどんなものなのかも、僕はよく知らない。ただひとつ、もしかしたら、最大の成果といえるものは、「夏だった」ということかもしれない。レコーディング期間は、日本では晩冬から初春へと向かう季節だった。しかし、南半球であるオーストラリアは、季節が逆だから、きっと盛夏だったのだろう。その季節の感じが、レコーディングの際に、彼らの内面にも影響したのではないだろうか。

どこにもない、あるはずもない「夏の思い出」が想起され、詰め込まれたようなアルバムこそ『チャッピー～』だったのではないか。そして、そんな魅力が凝縮された一曲が、「ひこうき」だった。ライヴで親しんでいたにもかかわらず、レコーディングされた「ひこうき」を聴いて、僕は深い感銘を受けた。

これはシンプルなナンバーだ。歌詞もシンプルだ。青い空に飛行機が飛んでいって、ひこうき雲がそこに残されていった。それを二人で見上げていた――ストーリーらしいストーリーといえば、それぐらいのものだ。多少ドラマチックな部分といえば「消えない飛行機雲も　あの日のままだよ」「いくつもの時がたっても」という語り手側の主観が垣間見えるパートだろうか。「こんどもここでずっと会える」と、歌うところだろうか。

しかし奇妙なのが、この歌に「想い」を重ねている者、歌のなかの主格ともいえる「語り手」の視点が、どこにあるのやら、判然としないところなのだ。空を見上げていた二人のうちのどちらか、であるようにも思える。が、「そんな二人」を、後方から、あるいは天上から見守っている存在の視点であっても、じつはおかしくはない。

なおかつ、この「二人」というのは、恋人どうしともとれるし、親友どうしのようにも、もしかしたら、おじいさんと孫だったのかもしれない、とも思える。はっきりしていることは、ただひとつ。「ひとりではなかった」ということについてのみ、ここでは歌われている、ということだ。つまり「ひとりではなかった」ということが、「だれかといっしょにいられた」ことが、それほどにまで大きなことだった。たったそれだけのことが――いや「それだけのこと」だからこそ「かけがえのないものだった」。

その「かけがえのない」ものの象徴として、「飛行機雲」がある。それは記憶のなかにしか残らないものだろう。しかし物理的には「消えてしまう」ことが必定のものであるがゆえに、逆に、その事実の記憶の重要性は、いや増していくことになる。この「重要性」の部分を否定することは、だれにもできない。いかにしても、否定することはできない。つまりその「否定できない」ことだけを、純粋かつ美しいものへと昇華しようとしたナンバーなのだ、と分析することができる。

さらに言うと「二人でいた」ということも、記憶のなかにしか残っていないことかもしれない。もしかしたら、その記憶すら、なにかの勘違いであって、そもそもが白昼夢めいた幻想だったのかもしれない。しかし「だからこそ」そこにある想いだけは、だれにも奪うことはできない、「否定することはできない」ものなのではないか――。

おおよそ、「ひこうき」が伝えてくれるのは、このようなことだ。

きわめて、きわめて高純度の叙情性が、そこにはあった。それを成立させうる、これまたきわめて透明度の高い情景スケッチが、あった。これらすべてを一筆書きのようにさらりと描き出した佐藤伸治の話法に、僕は少なからず驚きを憶えた。アメリカ文学の掌篇小説の名作にも通じるような、才気を感じた。当然ながら、こんなユニークな話法で語られた日本語のポップ・ソングは、このころ、ほかに一曲たりとも聴いたことがないとすら思った。

小学生の子どもが夏休みに描いていた絵日記を、ふと目にしたときのような。日なたで長く伸びてなごんでいる老猫を目撃したときのような――そんな瞬間に、だれの胸のうちにも自然に湧き上がるような感情のごときものがミックスされた心の状態を、「ひこうき」に代表されるこのアルバムから僕は感じた。断じてこれは、この素晴らしい作品は、将来において名盤と呼ばれるものとなるに違いない、とも思った。

問題は「将来」などと、このときすでに僕は感じていたということだ。それはひとつの不安感に根ざしていた。

この興味ぶかいバンド、そのポテンシャルの片鱗が見え隠れし始めている若きフィッシュマンズについて、自分のなかでの評価が高まっていくにつれ、ひとつの不安が、僕のなかに芽生え始めていた。このバンドの美点を、はたして世間は理解することができるのだろうか?と。そもそも、美点があっても、そこに惹かれている僕ですら「わっかんねえよ」と言いたくなる要素が、いたるところに顔を出すような、このとらえにくく、その意味で不安定きわまりないバンドが。

早々と僕がそんなことを考えてしまうぐらい、『チャッピー〜』は逆に見事に「よくできた」アルバムだったわけだ。

そんな興奮と、同時に不安も抱えながら、僕は佐藤伸治に初めて会うことになった。四月ごろのことだ。彼にインタヴューするためだった。もちろん僕は、ひどく肩に力が入っていて、そのせいばかりではなく、たいそうな空振りをした。

渋谷区桜丘のビルのなかにある喫茶店で、僕は佐藤にインタヴューした。そしてそれは「さんざん」と言ってもいい内容となった。しかしその責任が僕にばかりあったわけではない。もちろん佐藤も、ひどいものだった。なにを訊いても「いやいやいや」などと言いながら、お茶をにごしているというのが、このときの彼の基本姿勢だった。もちろん、へらへらと笑いながら。

カッコ笑い、という表記法がある。「(笑)」というやつだ。インタヴュー原稿などで、人物の発言を文字に書きおこす際、「そこで笑い声が上がった」ような状態を示すときに使用されるものだ。このときの僕は、「(ニタニタ笑い)」という書きかたをして、インタヴュー中の佐藤の態度を表現せざるを得なかった。佐藤の傍らにいた女性マネージャーが、ずっと彼を叱りつづけていたことを憶えている。

「佐藤くん、駄目じゃない！　ちゃんと答えないと！」と彼女は強い口調で言っていた。

もちろん佐藤は、「いやあ」などといって、ニタニタと笑っていた。

この記事は、〈ロッキング・オン・ジャパン〉九一年六月号に掲載された。まだ化粧が非常に濃かったころのＸのＹｏｓｈｉｋｉが、その号の表紙を飾っていた。


「聴き流されつつ引っかかる、みたいのが、いいんだよなあ」

踊れないレゲエにスーパー・レイドバック心象風景を託す、半魚体ポップ・バンド、デビュー。


「『おじいさんみたい』ってよく言われますよ。何でかなあ（ニタニタ笑い）。僕、前はね、ニューエスト・モデルの中川みたいだったんですよ。ホントホント。で、（インディー・レーベルで）レコードなんか出しちゃったから、いそがしくなっちゃって。いやいやいや。昔はホント、キビキビしてたんですよ。フレーズとかも考えて、『君、このフレーズはこうなんだよ』つって言ってたんだよ。でも最近もうみんな成長したし、そういうやり方もよくないかなって」

――全然信じられませんが、どれぐらい昔の話なんでしょう。

「2年ぐらい前かな。最近はね、ちょっと、何でかなあ（ニタニタ笑い）。俺方針変えたんだよな、ちょっと」

「ま、バンドの雰囲気っていうか、何となくはあるんだけど。やりたい音ってのかな。それにそぐわない時は、『いや、ちょっと違うな』って言うんだけど（ニタニタ笑い）。もうちょいこんな感じだあ、とか言って――全然伝わんないいんだよ」

「そんな真面目なフレーズ弾いちゃダメだ、とか。もうちょい笑わしてくれよとか。俺は勝手に思ってるんだけど、何か口にできないんだなあ」

――要するに、すべては佐藤さんの内にあって、フレーズなり何なりが少しでも違うテイストになっちゃうと、その世界全体が崩れてしまうという、そういう感じ？

「あ、そうそう。だからもう大変。あのー、物事進むのがのろいのろい。そのねえ、理想像みたいなのを俺がここで言えたらねえ、バンドはもっと上手くいってんですよ」

――そんな事俺に言っても（笑）。

「だからね、これは演奏者にありがちなんだけど、『これはファンク』とか『これはレゲエ』とかワクにはめたがるとこってありますよね。でもそういうんじゃないんだよなあ」

――確かにスカとかやっても、フィッシュマンズの場合異常にないもんね、躍動感。

「躍動感!! それについてはね、ちょっと考えてるんですよ（ニタニタ笑い）。ノリが第一だとは思ってなくて。スカだ何だっていう決め事なんて、どうでもいいんですよ。リズムが先にあってそこから曲を作ってく、とかいうのが。まあ、バンド内ではそれでちょっとモメてまして（ニタニタ笑い）」

――（笑）だからフィッシュマンズって、別にレゲエ・バンドを目指してるわけじゃないでしょ？

「あー、そういうのはないなあ。レゲエの雰囲気とか空気は好きなんだけど。でも好きなアーティストって、ボブ・マーリーぐらいなんですよね。何か聴くと『おぉーっ』ってなるんですよ。『きてるきてる』みたいな。あとT・REXとか、ケニー・ドーハムなんて知ってます？ ジャズの人なんですけど、それなんかも『おぉーっ』ってくるのね」

――でも、そういう「おぉーっ」みたいな事を直接的にやりたがってるわけでもないよね。

「押しつけがましいのが駄目なんだなあ。そういうのって何か、家で聴いてて腹が立つんだよね。P・

ファンクは許さないぞ!!みたいな（ニタニタ笑い）。何かね、聴き流されつつ引っかかる、みたいなのがいいんですよね。真心ブラザーズなんかは最初に見た時ね、ちょっといいなと思って。でもやっぱり違ったんですけど」

「だからね、小玉（和文）さんともちょっといろいろあったんですよ。僕が『うーん、ちょっと違うなあ』とか言ってたら、『それはわからんよ、佐藤君の言ってることは』って（ニタニタ笑い）」

――デビュー作にして早くもプロデューサーと衝突したの？

「いやいや、最後はね、すごい上手く行ったんですよ。僕らの感じも失われないで、すごいいいバランスだったんですよ。もう思った以上で。ドラムなんかもう、奇跡かなっていうぐらい。いやホントホント。アルバムは実力以上だな。ボーカルは実力ですけど（ニタニタ笑い）」

――急にポジティヴな事言ってますが。

「いやあ、だってホントですよお。ここ1〜2年のレコードの中じゃ、いいと思うんだけどなー。アルバムはね、何回も聴けるって事と、こう、閉じた感じにしたかったんですよ。囁きかけるっていうか」

――レイドバックしてるなあ。

「いや、そんな（笑）。そうかなあ。売れると思うんだけどなあ」

――囁きかけてて？

「それがいいんですよ。それがいいんだけどなあ。だから俺、人説得すんのも嫌いだもん。人から何か言われて、『お前は何だ何だ!!』って、例えばね。すっとね、反撃もしないもん。反撃する、何かあれもないっていうか。あーわかったわかった、みたいな（ニタニタ笑い）」

――自信のあらわれですか、それは。

「自信――そうだなあ。自信はあるなあ」

——無理しなくっても頑張んなくっても結局最後は俺の勝ちだ、とか考えてません？

「うん、ちょっと（笑）。ちょこっとだけね」


こんなありさまだった。

なにかはっきりと明確なステイトメントを口にするわけではなく、ただただ、「ではない」ということだけは、なんやかんやと言いつづける、ふにゃふにゃした奇妙な男——インタヴューのあいだじゅう、だいたいそんなもので、もちろん、かなり、いらいらさせられた。

それが佐藤伸治と初めて会話したときの、僕の感想だった。

この〈ロッキング・オン・ジャパン〉の記事が世に出たころ、音楽専門雑誌の新譜紹介ページや、インタヴュー・ページなどで、フィッシュマンズおよび『チャッピー、ドント・クライ』は、一応、各誌いっせいにフィーチャーされたはずだ。日本の音楽専門雑誌の慣例として、記事というものは、作品の発売月に載せるものだから だ。

それらの記事の、あまり多くを僕は目にしなかった。そもそも、僕はプロになる以前から、日本の音楽専門雑誌を読む習慣というのが、ほとんどなかった、というのが理由のひとつ。もうひとつは、このとき、そういった雑誌において、フィッシュマンズに対して、あるいは、アルバムに対して述べられている言説について、あまりにもぴんとこないものを最初に目にしたせいで、それっきり、読むのをやめてしまったからだ。どうにもそれは流れ作業的な、まるで賃仕事の効率を優先させるためだけのような、書き流しの原稿のように思えた、という、ぼんやりとした記憶がある。

「ああ、こんなふうに言われてしまうんだ」という、軽い落胆のようなものを、そのとき感じたことも憶えている。

また同時に、「だから言わんこっちゃない」とも僕は思った。「いやいやいや」とか、曖昧なことを言ってないで、もっとちゃんと、ミュージシャン自身が毅然とした強い態度で、ライターの思考を先んじて操作するぐらいのことをやっておかないと、こんな具合に、いいように書かれてしまうんだよ、とも思った。へらへらした佐藤の表情を思い浮かべながら。

聞くところによると、「レゲエの魂がない」とかいったような、ほとんどいちゃもんのような批評すら、あったらしい。そのほかは、「かわいいバンド」「ほのぼのした音楽」といったものが、大半を占めていた、とも聞いた。

レゲエの魂については、まあ僕もよくはわからないので、知ったことじゃないのだが、問題は「かわいい」「ほのぼの」といった、「流した」意見のほうだったろう。僕が目にしたものも、似たような感じだった。

なぜこのように「かわいいバンド」呼ばわりされることが、問題なのか？

それはつまり、だれひとりとして、力いっぱい、声をかぎりに「かわいいっ！」と叫んではいないことを、意味するからだ。本当にかわいいのだったら、そうなったはずだ。なぜならば、この時期、「かわいい」ものというのは、社会的にとても勢力が強いものだった。誉めたたえられ、力づよく称揚されるべき「善きこと」の象徴たるものだったからだ。

このころ順調に売れつづけていた〈オリーブ〉誌を例にとるまでもなく、八〇年代の全体をとおして整備された日本の消費材デザイン市場は、直後の巨大なジャンプ・アップを目前に控えて、その熱量をどんどん深く蓄えている段階だった。それは音楽市場においても同様で、バンド・ブームの減衰期を経て、ここにきて「お洒落」であることの重要性、「最新」という言葉を冠せられることの重要性が、急ピッチで高まりつつあった。

であるから、「かわいい」という言葉は、本来的には「お洒落」と結びつくにいたるステップ・ボードとなるべきフレーズだった。「最新のお洒落」と見なせるほどの高みには到達していないものの「でも、これも、いいよね！」と愛でられるもの――力づよく表現される「かわいい！」というのは、こっちだ。その逆に、「なんだかよくわからないけど」「まあ、かわいいとでも言っておけば、いいんじゃないの？」といった、きわめて投げやりになにかを処理する場合の「かわいい」という用法もあった。異性にもてる女の子や男の子が、もてない女の子や男の子の友だちのことを、控えめにだれかに推薦するようなときに使用する意味での「かわいい」――とでも、言えばいいだろうか。フィッシュマンズに対しての「かわいい」は、明らかにこっちのほうだった。

つまり早い話が、ほとんど遠まわしに馬鹿にされていたに等しかった。そんな物言いの集中砲火を、まるでなにかの洗礼でもあるかのように、デビューしたてのフィッシュマンズは、四方八方から浴びせかけられていたのだ。

なぜそんなことが、起こってしまったのか？

まぎらわしかったからだ。「お洒落」だと自らが主張しているような類のものと。

そうした誤解を生んだ要素は、アルバムのなかに多々あった。その最たる例をひとつ挙げると、『チャッピー～』のスリーヴ・デザインだろうか。あれはなんというか「お洒落でなくもない」ようなものだった。濃い赤をバックに、ダーク・カラーの帽子と黄色い帽子が、寄り添うように並んでいる写真を掲げたスリーヴは、シンプルかつ都会的だったと素直に認めてもいい、ものだったろう。

しかし、この程度の「さりげない」感じだったら、とくに力を込めて「お洒落だ！」と、だれかが支援したくなるような性質のものではない。まあ、だったら「かわいい」ぐらいで、いいんじゃなかろうか――おそらくはそんな意識のもと、フィッシュマンズの最初のアルバムは、右から左へと、受け流されていったのではないか。

なぜならば、このときすでに、「お洒落」なるものは、日本のポップ音楽市場においては、フリッパーズ・ギターの専売特許となっていたからだ。「彼らがやるようなこと」こそがお洒落であって、それ意外は間違いですらある、という合意事項が、まるで踏み絵のごとく世を覆い始めていたからだ。

すでに前年の九〇年、アルバム『カメラ・トーク』でレコード大賞の関連賞まで獲っていたフリッパーズ・ギターは、大変な人気者になろうとしていた。つい一、二年前まで、バンド・ブーム系のバンドが占めていたような席――つまり、流行中の音楽やスタイル、といったものの象徴となるようなメディアの特等席――を、またたくまにリプレイスしようとしていた。同じく九〇年にデビューしたスチャダラパーとともに。

つまり当たり前の話ではあるのだが、デビュー作でのフィッシュマンズは、こう思われてしまって、軽く処理されてしまったのではないか、ということだ。

「フリッパーズ・ギターと見比べると、べつにお洒落じゃない」

「スチャダラパーのように、『新しい!』という感じでもない」

「なんだかよくわからないなあ。だったら……」

あまりにもこれは、粗雑な分類だったとは言えるだろう。しかしこの時代は奇妙な端境期《はざかいき》で、こと音楽市場においては、全部で三種類ぐらいのカテゴリーしかなかった。「バンド・ブーム」系なのか、「もっと古いもの」なのか、「お洒落な新人類」なのか、といった――。

さらにこの九一年は、フリッパーズ・ギターが、前年以上のインパクトを時代に刻印しようとしている真っ最中でもあった。まずその第一弾が、シングル「グルーヴ・チューブ」。これはフィッシュマンズのデビューにすこしだけ先立つ、三月二十日に発売された。いわゆる「マッドチェスター・サウンド」あたりをやっきになって追っかけている洋楽ファンですら、瞠目に値するぐらいはっきりと「世界の音楽シーンの最新動向」と読み解くべき記号を、これでもかと叩き込んだようなダンス・チューンだった。

そしてアルバム『ヘッド博士の世界塔』の発売は七月十日。古今の洋楽の剽窃《ひょうせつ》や引用だらけだったとはいえ、これは「グルーヴ・チューブ」と同根の音楽的試行のヴァリエーションを限界まで広げきったコンセプト・アルバムとして賞賛された。そして同作の発表直後に、突如彼らは、ツアーの予定をキャンセルして、解散した。

解散直前のフリッパーズ・ギターのライヴでは、メンバーの二人にパーカッションがひとりという編成のステージで、ダンサブルなバックトラックはプログラミングされていた。できたばかりの渋谷〈ON AIR〉でのライヴでは、オープニングDJは瀧見憲司さんだった。十一月、彼が主宰するインディー・レーベル〈クルーエル・レコード〉が、リリース第一弾となるコンピレーション・アルバム『Blow Up』を発表した。そこにカヒミ・カリィ、ブリッジなどと並んでフィーチャーされていたヴィーナス・ペーターのツアーでは、日本全国いたるところで、ライヴ後には地元DJによる小規模なクラブ・パーティが開催されつづけていたという。ディスコや古典的なソウル音楽の強固な縛りから自由になった、ヨーロッパ型のDJスタイルと文化が、急速に日本でも広がり始めていた。

そうした風潮が付帯的な影響を与えた最も極端な例は、電気グルーヴの奇妙な形でのメジャー・デビューだった。この年の二月一日、電気グルーヴは、小室哲哉率いるTMネットワークあらためTMNとのカップリング・シングルでメジャー・デビューを果たしていた。ここで彼らはTMNの楽曲「RHYTHM RED BEAT BLACK」を奔放にカヴァーしていた。電気グルーヴが英マンチェスターでレコーディングしたアルバム『フラッシュ・パパ』がリリースされたのは四月十日のことだった。

矢継ぎ早に、複合的に、同時多発的に、いろいろなことが起こり始めていた。

時代は急速に変わりつつあった。二十世紀最後のディケイドは、こうして、かなり騒々しく、その相貌を明らかにし始めていた。

そんなか、フィッシュマンズは、あまりにも、あまりにも、独立独歩であり過ぎた。だれに媚びることもなく、どこかのムーヴメントに属することもなく、「自分たち」のセンスだけに基づいて、ふらふらと、この世にあらわれ出たのだった。それゆえに、大騒動の大音声だけに耳をとらえられていた人々からは、ほぼ黙殺に近いあつかいを受けてしまった、わけだった。この大切な、バンドにとって一度きりしかない――かもしれない――メジャー・デビューというその瞬間に。

しかし、動き始めた歯車は止まらない。バンドの内実と、世間での受容のされかたとのあいだに大いなる齟齬《そご》を抱えたまま、フィッシュマンズは精力的な活動をつづけていくことになる。

アルバム発売の前後から、フィッシュマンズは全国ツアーに乗り出していた。その合間を縫って、雑誌の取材はもちろんのこと、イベント出演、ラジオ、テレビ出演、ファンとの交流会、学園祭、店頭イベント――まさに「メジャー・デビュー一年生」のバンドとして、働きに働いていた。

その姿のいくつかを僕は目撃したのだが、最も強く記憶に残っているのが、九月七日に新宿アルタ前の広場でおこなわれた野外イベントだった。これは新宿の丸井のなかにできたレコード店〈ヴァージン・メガストア〉の一周年を記念するもので、すなわち〈ヴァージン・ジャパン〉所属の日本人アーティストが一挙出演するというものだった。

ここにフィッシュマンズも登場したのだが、忘れがたいのは、この日の司会者が、おそらくアフリカ系アメリカ人らしき男性だったこと。彼はまるでラッパーかソウル・ショウのMCのように、大きく大きく抑揚をつけた英語で、出演バンドの紹介をする――はずだったのだが、そこにちょっとした悲劇が生じた。

司会者の彼が、どうやっても、「フィッシュマンズ」と言えないのだ。まあ、そりゃそうだろう。そんな変な英語、普通あるわけがない。ざ、ねくすと、ばんど、いぃぃーず！と司会者の彼は盛り上げようとするのだが、そこでつい「フィッシャーマンズ！」などと言ってしまう。遠目に見ていた僕にも、彼の両目がちょっと動揺したように思えた。あれっいま俺、違うこと言ってしまったのかもしれない、と。

「漁師たち」なんてバンド名、いくら日本人でも変過ぎるんじゃないか、しかもそれはそれで、英語的に間違っているではないか、と。気をとりなおした彼は、つぎに高らかにこう言い放った。「ザ・フィッシュメーーン！」

ライヴの中身自体も、佐藤を始めみんなののびのびと楽しそうで、悪くはないものだったのだが、僕はあのかわいそうな司会者の目が忘れられない。妙なバンド名のせいで、そこに、被害者がひとり出てしまったという一例だ。

と、そんな多忙なスケジュールの、いったいどこでどうやっていたのか、フィッシュマンズはレコーディングも進めていた。今度は国内録音で、バンド自らによるセルフ・プロデュース。これはミニ・アルバムとして十一月七日にリリースされた。四曲入りだったから、EPと呼ぶべきサイズだったと思うのだが、あくまでこれは「ミニ・アルバム」だと主張されていた。また「別冊フィッシュマンズ」とも銘打たれ、毎年冬にリリースされていく、スペシャル・アルバム・シリーズの第一弾だ——ということだった。もちろん、第二弾は発売されてはいない。

このミニ・アルバムの内容がとてもよかったのだから、世の中わからない。あの充実した『チャッピー～』の直後に、しかも、プロデューサーも立てずに、まったく違う切り口でバンドの可能性を垣間見させた一枚が、これだった。「夏」というイメージが強かった『チャッピー～』と対を成すかのように、こちらのテーマは「冬」。一応タイトルは『コーデュロイズ・ムード』だったのだが、「気分はコール天」という、おくれてきた〈POPEYE〉少年みたいなサブ・タイトルが、帯正面にまで、でかでかと大書されていた。キャッチ・コピーは「抱いて眠ると、あたたかい。」。

これだけではない。スリーヴの表面は、カード式で差し替え可能なカヴァー五種。そのほとんどが……「かわいったらしい」と言うほかないイラストだったのだが、最もその傾向が強かったのは、メンバー五人の写真がフィーチャーされたメインのヴィジュアルだ。赤いベレー帽をかぶり、白シャツにマフラーを巻いて、はにかんだように横を向いている佐藤を始め、全員が全員、「かわいったらしい」服装で並んでいる、という図だった。

たしかに佐藤は普段から、トカゲのワンポイント刺繡がついた〈アニエスベー〉のシャツを愛用していて、クラシカルな帽子も好んでいることは、ライヴなどで目撃していたので、すでに僕は知っていた。とはいえ、これは……と、そのときまず思った。これは「やり過ぎ」ではないのか？　ただでさえ、「かわいいバンド」などと言われ、なめられていたわけなのに、よりいっそう、自ら率先して「かわいったらしく」アピールをして、いったいなにをどうしたいのだ？

そんなことを、僕は最初に思った。先に気をまわして、心配しているかのつもりだったのだろう。いつのまにか僕は、このバンドに対して、なにか近しいもの、親しみのようなものを感じるようになっていた。つかみどころのない佐藤伸治という男に対しても、そんな感情が生まれ始めていた。

しかし、この『コーデュロイズ・ムード』は、僕のそんな考えは、まったくの杞憂だとばかりに、『チャッピー～』のとき以上に、「自分たちのありかた」を、率直に開示したような内容だったと言える。

前作からの変化で最大のものは、まず「レゲエなし」という点だ。アナログ・レコーダー調の、もこもことこもった音作りで、スローからミディアム・テンポの、アコースティック基調のナンバーが並んでいた。あたかもクリスマスや、ヴァレンタインをモチーフにしたかのような、「あたたかい」手触りのサウンドであり、楽曲ばかりだった。「聖なる日」についてのみ考えながら作られた四曲だ、と聞いたら、僕はそれを信じただろう。とくにクロージング・ナンバーの「救われる気持ち」から、僕は賛美歌を連想した。

つまり、これは安直な季節商品めいた企画盤などではなかった。「かわいいでしょ？」「お洒落でしょ？」と、だれかの承諾を上目づかいで求めているかのような、そんな心性から生み出された一枚ではなかった。『チャッピー〜』以上に、真っ正面から、真っ正直に「大事なもの」について、訥々《とつとつ》と伝えようとしている一枚だった。

とくに僕が強く感じたのは、全編に漂う「ホーリーな」空気の奥のほうに、その下部構造のさらに下に、すさまじいまでの寂寥感《せきりょうかん》が沈殿しつづけていることだった。焼け野原となった中世の町に、たったひとつだけ残っていた教会の塔から鐘の音が聞こえてきて、近づいてみたら、それは無人の雪山から吹きおろしてきた風が鳴らしたものだった——というような光景を、僕は思い浮かべた。

このミニ・アルバムから一曲を選ぶとするなら、それは「あの娘が眠ってる」だろう。小嶋謙介の作詞・作曲によるこのナンバーについて、僕にはひとつの思い出がある。

あれは『コーデュロイ〜』がリリースされた直後だったはずだ。その日僕は、友人のライターといっしょに、自分の部屋で作業をしていた。〈i-Dジャパン〉という雑誌のために、翌日の朝までに、四ページだか六ページだかの記事を書かなければならなかった。材料はなにもなかった。だから僕の発案で、架空のコミカルなストーリーを捏造して、ページを埋めることになっていた。こんな話だ。

「ニューヨーク在住の国際派ジャーナリストが、著名な霊媒師にインタヴューする」

「その霊媒師は、複数の霊を一度に降ろすことができるため、物故したロック・スターがつぎつぎとあらわれては話し、座談会状態になる」

まあそんな、ひどい代物だ。

彼と僕とは、筆談状態で原稿用紙を回しながら、テーブルをはさんで、深夜まで作業をしていた。

そのときに僕は、部屋にあったCDをいろいろとかけていた。それが『コーデュロイズ・ムード』になって、「あの娘が眠ってる」が流れ始めると、最初のサビが終わったあたりで、友人はやおら顔を上げて、こう言ったのだった。

「いやあ！　これ、しみるなあ……しみるっすよ！」

いつもは物静かな男だったので、僕はそのとき、ちょっとばかり驚いた。この曲、いったいだれが演ってるの？と彼が訊くので、フィッシュマンズの名を僕は教えた。そうかあ、フィッシュマンズかあ、と彼は応えたあとで、「しみるなあ」とまた言った。ほーっ、と深いため息をつきながら。

その友人も、僕も、このときは二十代の半ばから後半へと入ろうかという年齢で、両者とも、ひとり暮らしをしていた。ガールフレンドがいたり、いなかったり、半同棲のようなことを試みたり、失敗したり——彼も僕も、そんな経験を重ねているような時期だった。そんなところのどこかに「しみた」ということなのだろう。

フィッシュマンズの『コーデュロイズ・ムード』とは、そんな一枚でもあった。

このミニ・アルバムについても、僕は佐藤にインタヴューした。インタヴュー・ページにフィーチャーされた佐藤の写真は、撮りおろしだった。被写体は彼ひとりで、寄りのショットで、白いシャツの胸をすこしはだけて、僕の記憶が間違いではなければ、佐藤の顔や胸のあたりに、霧吹きで水滴が散らされて——いたかもしれない。挑むような目をして、彼はファインダーを直視していた。佐藤伸治唯一の、セクシー・ショット、だったのかもしれない。そこに大きなゴシック体で、タイトルの文字が乗っかっていた。「あたりさわりはあるんですよ、実は」——サブ・タイトルは「驚異の60％人間・佐藤伸治、（ちょっとだけ）赤裸々になる」。この記事は、〈ロッキング・オン・ジャパン〉十一月号に掲載された。

——かなり変わりましたね。とくに詞が。

「かなり？（ニタニタ笑い）。僕は『ちょっと』っていうつもりなんですけど。今まではですね、考えてる事とか、思ってる事とかあるでしょ？　それをキレイな形で常に出そうとしてて。60％ぐらいのホラ、『包んだ感じ』で。それをまあ、今回は70％ぐらいまで包みを取ったような。ちょび

っとね。半歩ぐらい前に、出ようかなと（ニタニタ笑い）。例えばね、（歌詞カードを指して）ここ
とかね。今までだったら言わないな、という気はしますけどね」
――「むらさき色の空から」の「ひとりで行きなよ　悲しくなっても／ひとりで行きなよ　遠くの
ほうまで／君がねらうあの時まで」。ビートパンクの歌詞ですもんね、詞だけ見ると。
「そうそうそう（笑）。それはファーストだったら言ってないだろうな、というかね。そもそもこ
ういう曲を書かなかったかも知れないような気はする。うん。もうちょいさ、曖昧――イージーな
ラヴ・ソングっていうの？　そういうのが好きなんだ、僕は、非常に」
「変わったっていうか、それを出す勇気というかね。それだけの事で。あるんですよ、家にもう、
全開の歌詞が眠ってんですよ。あるんです、家に（ニタニタ笑い）」
――どうしてそれをそのまま出さないんですか。
「それはホラ、夜中の勢いとか、あるじゃない？　夜バーッと書いて朝フッと見ると、『ちょっと
昨日は無理したな』とか。それを冷静に見ると『これは違うな』とかさ。『これは一時的な勢いだな』
とか。却下ですよ。そういうのをやってた時期もあるんだけどね、高校生の頃とかね。何か向いて
なかったっつうか、自分で見てて『バカだなーっ』とか思って（笑）」
――何でですか。
「恥ずかしい、つうのもあるしさ。歌ったときに楽じゃない、とかさ。僕はホラ、人間性100％で身
を削って音楽やる気もないし、例えば60％、70％ぐらいのあれの方が普通のポップ・ミュージック
として聴いたら、よっぽど何かさ、かっこいいっていうか。音楽なんて自分に合ってりゃいいって
いうか、楽になれる、無理のない状態のものがいいんですよ。対人面なんかでもね、全開でいたら
つらいかな。ちょいと。以上（笑）」
――それはわかるんだけれども。そういうやり方をしているせいで、フィッシュマンズというバン

ドは非常に誤解されやすいんですよね。実際。

「うん、わかりにくいのもわかってんですよ」

――その割には、雑誌や何かの評価に関してはご不満がおありだという。

「いやいやいや（笑）。ロッキング・オン・ジャパンはいい事書いてんじゃないですか、いつも」

――それはいいですから。

「いやー、だってみんな『気持ちのいい』何だかとか、あれですよ。犬でも書けるような。ねえ？」

――でもみんな、好意的は好意的だったでしょう。

「うん、まあ。でも最初に書いた人のをさ、単に写してるだけのようにしか俺には見えなかったよね。100人いればさ、30通りぐらいの意見はあっても。みんなあたりさわりなくさ。まあ『気持ちいい』っていうのは基本なんだけども。『佐藤の飄々とした』って、わかんないよそんなもん！（笑）」

――ただ、そういう受け止められ方で終わらせたって事は、バンド側にも責任あるよね。

「あ、それはあると思いますよ、俺も。実は」

――分析しましたか。

「多少は。だから、ファースト作る当初はね、ものすごいキッチリしたさ、あたりさわりのないものを作りたかったのよ。それはすごいいいとこもあるじゃん？　でも結果的には、それをわかってくれた人はすごく少なかったな、というか」

――「あたりさわりのない」ものが何でいいの？

「いや、それだけだったらね。だから『あたりさわりのない』という言葉の中には、100万の意味が入ってるんですよ（ニタニタ笑い）」

――だからそれを説明してよ。

「あんまり言いたくないな、自分では……あたりさわりはあるんですよ、実は。ファーストのさ、サウンドも、詞も、曲もね。ただ、それをあまりにもキッチリとキレイにやってしまったがために。若干の……物足りなさも……感じたりして（笑）。やっぱり包み込みすぎちゃったのかなあ、というか。本当はね、何か欠落した、骨っぽい——骨格だけ、みたいなものが好きなんだよね、僕って」

——その「欠落した」っていうのは、例えばアイドル歌手の「あたりさわりのなさ」ってあるよね？　自分の武器になるようなキレイなところだけ出して、他は全部捨てちゃうという。それとは違うわけね。

「うん。そういうのはそれはそれで、すごくかっこいいと思うけど」

「まあだからね、今回は半歩前に出ようと。作る前からね。インパクトとか、そんな事はどうでもいいってのは同じなんだけど、骨っぽくね」

——唐突ですが、佐藤さん死にたいと思ったことありますか。

「え、大学の時はありますけどね。ある一時期。最近は全くないなあ」

——その時は何でそう思ったんですか。

「何か、『やることないな』って。あのー目的とかやる事、したい事がなくなった時期というのがあってね。希望もなければ何もないっていうか。自殺とか、そんな事は考えなかったけど」

——死んでもいいかあ、的な。

「うん」

——その時の気分というのが、フィッシュマンズのほとんどの曲の背景には流れてませんか。

「素晴らしい！　川崎君、いいところ突くじゃないか（ニタニタ笑い）。て言うか、それから変わりましたよね。大いに」

——全開の高校生が、こんなんなっちゃったという。

「なっちゃったっていうと、何かなれの果てみたいだけどさ（笑）。まあでも、死とかね、暗いじゃない。あんまりそういうのを直結して考えるのは良くないよ。それはやめましょう」

——でも、背景の話しとけば聴き流してる人達にも引っかかりやすくなると思うよ。

「いやー、そういうのは方針に反しますから。ハッタリだけで押すのと、風格だけで聴かせちゃうバンドは嫌いですから」

——フィッシュマンズの方針ってのは、じゃあ何なんですか？

「僕らはね、楽曲と欠落感。それだな。それで持ってくんです（ニタニタ笑い）。それしか手はないよね。手があってもやんないし」


半歩ほどは、僕もこの男に詰め寄ることができたのだろうか。

このとき以降、こうしたインタヴューの席で、佐藤はよく「自分たちに対する評価への不満」を口にした。しかしそもそも、そんなことを僕に言ってもしょうがないわけで——文句があるなら、その相手に直接言えばいいわけで——考えるに、おそらく、彼にとっての僕は「そういう類の愚痴を言いやすい相手」だったということだろう。のちにこれは、毎回恒例の、ほとんど掛け合い漫才のような域にまで達することになった、のではないだろうか。

このインタヴューのとき、初めて僕は、佐藤と雑談をした。インタヴューの席で、カセット・テープレコーダーが回っているあいだに交わす会話ではない、なんというか、もうすこしは人間どうしらしい会話、といった程度のものだ。

それはインタヴュー場所へと向かうエレベーターのなかだった。くっくっくっ、と、なにか含み笑いのようなものが背後で聞こえるので、振り返ると、それは佐藤が発していた音だった。僕のほうを見て笑っていた。

「なにかおかしいわけ？」と、僕はむっとしながら訊いた。

「いや、ポロシャツ着てるからさ」と、彼は答えた。

「それがおかしいわけ？」

「いやいや。いやべつに」などと言いながら、さらに佐藤は笑いつづけるのだった。

たしかに僕は、この日、〈ラコステ〉のポロシャツを着ていた。そもそも、着ているものについて、そのように笑われるというのは、さすがに不愉快なものだ。心外だった。

しかし取材が終わって、彼と別れてから、ふと思い出したことがあった。それは、前回のインタヴューのときの、自分の服装のことだ。

最初に佐藤に会ったころの僕は、一年のうちの大半を、〈ショット〉のライダーズ・ジャケットを着て過ごしていた。そこに二十六インチの〈ピカデリー〉のブラック・スリム・ジーンズを合わせていた。そのころ僕は、開局したばかりの〈スペース・シャワーTV〉で、構成作家として仕事をもらっていた。担当していた番組のワン・コーナーで、出演してすこし喋ることも、求められた。そこで僕は困った。

番組のメイン・パーソナリティーだった女性陣は、毎週毎週、とっかえひっかえ、じつにいろいろな洋服で登場していたのだが、僕にはとてもそんなことはできなかった。そこで思いついたのが、ライダーズ・ジャケットだったら、「着たきり」だとは、だれも思わないのではないか、ということだった。ラモーンズ・ファンのように見えるのではないか……その流れというわけでもないが、髪は肩甲骨のあたりまで伸ばしていた。

佐藤と二回めに会ったとき、つまりこのときは、その格好にも飽きて、僕は髪を切り、ブルー・ジーンズにスニーカー、そして、ポロシャツを着ていた。笑われていると気づいたときは、「俺だって、ポロシャツぐらい着るよ」と、少々腹が立ったのだが、よく考えてみると、佐藤がおかしがるのには、それなりの理由があったということだ。

佐藤にとっての僕の第一印象が「ラモーンズもどき」だったとしたら、この日の僕は、なにやら突然転向して、ロッカーあらためどうにかなってしまった、妙な奴だなと思われたのだろう。それがおかしくて、含み笑いをしていたのだろう。

まあ、ある意味、彼がとても正直な男なのだということは、このときよくわかった。

この忙しかった年の締めくくりに、〈ヴァージン・ジャパン〉のフィッシュマンズ・チームから直接の依頼を受けて、僕は彼らのイベントを手伝うことになった。十二月十三日のことだ。

それは『コーデュロイズ・ムード』発売記念のイベントで、同盤の購入者から四百人を抽選で招待するものだった。会場は〈インクスティック鈴江ファクトリー〉。これは変わった内装のヴェニューだった。高い位置にほぼ円形のステージがあって、一番下のフロアからは、お客さんはかなり上を見上げるようにしないと、なにも見えない。さらなる問題は、そのステージの真下が、ぐるりと全部、バー・カウンターになっている、ということだった。つまり、フロアに立って正面を見ると、ほの明るいカウンターの奥にバーテンがいて、酒壜が並んでいる。仰ぎ見れば、そこにバンドがいる——という作りとなっているわけで、ごく普通に考えて、これは六〇年代のロンドンかどこかで、ミニ・スカートを穿いたゴー・ゴー・ガールを下方から眺めるための設計であるように思われた。しかし、そこで演奏するのはフィッシュマンズなのだった。

このイベントで、僕は司会をした。相方は、〈スペース・シャワーTV〉で僕が構成を担当する番組のメイン・キャスター、小澤亜子さんだった。この当時「現存する世界最古のオール・フィーメール・バンド」と評されていた、ZELDAのドラマーだ。〈スペース・シャワー〉も、〈ロッキング・オン・ジャパン〉同様、かなり早い時期からフィッシュマンズを熱心に追っていたから、そうした縁もあって、僕までもが、この日の司会に呼ばれたのだろう。

イベントだということで、通常のライヴとは違った構成で、ファンとの触れ合いコーナー（コーデュロイを着てきたお客さんのなかから、メンバーが気に入った人を選んで、プレゼントを手渡した）や、カヴァー・ソング・コーナーなどもあった。シュガー・ベイブの「DOWN TOWN」を、茂木欣一がドラムスを叩きながら歌ったりした。

こうしたなごやかなイベントだったにもかかわらず、僕はこの日、全身に電流が走るようなショックを受けた。

ライヴ・ショウの最初に披露された一曲。それを聴いた瞬間に、電流は走った。

その曲は、僕がそれまでに聴いたことがないものだった。新曲だった、というだけの意味ではない。その曲には、これまでのフィッシュマンズからは想像つきかねるような、強烈なグリップ力があった。たったひと呼吸で、無明の曇天を虹きらめく青空へと転化させるがごとき、ポップかつキャッチーなコード進行とメロディをそなえた、まっすぐな8ビートのロッカ・バラードだった。そしてなによりも、歌詞の優秀性が光っていた。

ひとつひとつのセンテンスが、肺腑の奥にまで突き刺さるのだ。そのひと刺しごとに「せつない記憶」が肚《はら》の底からつぎからつぎへと呼び覚まされていく、そんな切れ味のよさがあった。

もっともそれは、これまでよりも一層、間接話法的ではあった。たとえばそこに、恋人との出会いや別れなど、具体性の高い描写やストーリーがあるわけではない。しかしストーリーに頼らずとも、すぐれた詩人ならば、このように「言葉の威力そのもの」で、聴く者の耳から心臓へと、やすやすと侵入できるものなのだ。まるで魔法のように……といったようなことを、そのナンバーは、まるで僕の目の前で実証してくれているみたいだった。

なにがどうなったのかわからないが、非常に稀な化学反応が起こって「わかりにくく、地味」ですらあったフィッシュマンズというバンドが、大化けに化けたようにすら、僕には感じられた。

これは、すごい。これが売れなければ、嘘だろう。

ゴー・ゴー・ガールのような立ち位置で歌う佐藤を見上げながら、ぶるぶると僕は武者ぶるいをしていたと思う。

それは「100ミリちょっとの」と題された一曲だった。

第3章

92年 涙ぐむような音楽

「100ミリちょっとの」／佐藤伸治の作詞術／『キング・マスター・ジョージ』

「100ミリちょっとの」は、音楽業界用語で言うところの「短冊」、つまり長方形のパッケージにおさめられた8cmCDシングルとして、九二年二月五日にリリースされた。フィッシュマンズにとって、アルバムと関連づいていない、録りおろしシングルとしては、初めてのものだった。

制作時における、この曲の最大の特徴は、「発注を受けて作った」という点だ。テレビ番組のプロデューサーから、フィッシュマンズのもとに、「新しく放送するドラマのテーマ・ソングを作ってほしい」との依頼があったのだという。

そのドラマとは『90日間トテナム・パブ』と題されたものだった。この年の一月からフジテレビ系列で深夜に放送されるものだった。ロンドンのイースト・エンドを舞台に、坂井真紀やフランク・チキンズのホーキ・カズコらが出演した。

ちなみに、このドラマの前に同じ枠で放送されていたのが、高城剛監督の『バナナチップス・ラブ』だった。これは全編ニューヨーク・ロケで、藤原ヒロシと元ミュート・ビートのダブ・マスターXが音楽を手がけ、スパイク・リー監督の弟のサンキ・リーが出演していた。当時の〈宝島〉誌周辺などでは大きな話題となっていた。主題歌はオリジナル・ラヴの「月の裏側で会いましょう」で、ヒットした。

フジテレビ側が「つぎはロンドンだ！」と思ったのかどうか。『トテナム・パブ』も大規模な現地ロケを敢行したものだった。バブル経済はとっくに崩壊していたのだが、テレビ局の予算となるぶんは、まだまだ潤沢に流れていた、ということなのだろう。

そういった、「期待されていた」枠のテーマ・ソングが、フィッシュマンズに回ってきた、というわけだ。のちに聞いたところでは、この曲を完成させるまでには、いろいろ紆余曲折《うよきょくせつ》もあったのだという。佐藤いわく「サビ始まりで、とかさあ」といったレベルでの「注文」が、つぎからつぎへと、打ち合わせのたびに、先方から湧いて出てきた、のだそうだ。バンドにとって、これもある種の「洗礼」だったと言えるだろう。

「他者が所有権をもつ、ある程度大きな資金を動かしてもらい、それを利用しながら、自分たちの芸術をまとめあげ、商品へと転換する」そんなときに、周囲から受けるプレッシャーや制約——つまり、プロフェッショナルの表現者として、かならず一度は通り抜けなければならない種類の、洗礼のひとつがこれだった。

こうした洗礼を受けながらも、佐藤伸治は、フィッシュマンズは、とてもよく頑張った。おそらく初めてだっただろう「周囲から」創作にあれこれ口を出してくる声に、無意味に妥協することなく、また逆に、反発して卓袱台《ちゃぶだい》を引っくり返してしまうこともなく、本当に見事な着地点を、よくぞ見つけられたものだと思う。そして、着地したその地点とは、彼ら自身の歩調では、これほどにも早く到達できる場所ではなかったはずだ。

「100ミリちょっとの」とは、そういった外的要因のなか、メンバー全員が獅子奮迅《ししふんじん》の努力をして生み出した、名曲だった。

そしてシングルのカップリング曲は、「あの娘が眠ってる」の別ヴァージョンだった。「P・W・Mヴァージョン」と名付けられたそれは、たぶん、この当時、最初の全盛期をむかえていたハウス音楽を意識したものと思われる、手動打ち込みのトラックだった。これはこれで、味わいぶかいものとなっていた。

つまりこのシングルは、フィッシュマンズの楽曲のなかでも「歌もの」としての許容力が最も大きな二曲のカップリングだったということだ。ギターで弾き語りしようが、うろ憶えの鼻歌であろうが、「それ、いい曲だね」と傍らにいた人が思わず口にするような、そんな種類のものを「いい歌もの」と呼ぶのであれば、この二曲は、このカップリングは、フィッシュマンズの全歴史のなかでも、どう考えても最強の俊足ツートップを揃えたものだった——と言うほかない。サッカー用語で言うところの「得点の匂いが、ぷんぷんしますねえ」というやつだ。

つまり、僕はすでに、勝ったような気分でいた。このシングルの発売と、その結果を待たずして「フィッシュマンズが華々しくブレイクした瞬間」のようなものが、すでに脳内には浮かび始めていた。

そんな気分のまま、佐藤にインタヴューをした記事が、〈ロッキング・オン・ジャパン〉三月号に掲載された。こんな最強のシングルがあるのだから、あとは、佐藤伸治という、くせのある人柄を、お客さんにとって理解可能なものとして描き出しさえすれば、完勝間違いなし——だと僕は思い込んでいた。だからインタヴューにおいて、楽曲についてはほとんど訊かなかった。佐藤の人格についてのみ、自己言及してもらった。タイトルは「抜けがらの自分を正当化してしまったんですよ、僕は」。この記事については、リード文の途中から、ここに引いておこう。

(この曲は)初めてのタイアップ企画にメンバー全員はりきって「シングル向けのをここらで一発」と頑張ったその成果である。これ聴いてなにも感じんかった人は、今後一生川崎大助の原稿読んでくれなくっていい。そう断言できるだけの、名曲である。あまりにも見事な、泣きの歌メロ。乾ききった視線が根底にあって初めて成立する、贅肉ゼロの「やさしい言葉」。ブルーハーツが登場してきたときのことを憶えているか？「人にやさしく」が波紋を広げたときのことを憶えているか？状況と規模は全く違うが、この曲を聴いていると同質の興奮を僕は感じる。誰もが知っていて、でもあまりに簡単で率直なものであるが故に、「恥ずかしい」とか思ってついつい言葉にできなかったある種の想い。それを明快な形で発表してくれる存在が、ポップ・シーンには順ぐりに現れてくることになっているのだけど、現時点でその最新型がフィッシュマンズの「100ミリちょっとの」なのである。悪いことは言わない。聴け。

が、そこで思うのは「何でブルハとは状況と規模が全く違うのか？」ということである。何で「かわいくって、気持ちのいいレゲエ」と軽く受け流される余地があったのか。そもそも「最初っから、これやってりゃよかったのに」――ということなのである。

（中略）

――どうも見てると、こういうのが昔からやれたのにわざとやらなかったっていう気がするんスけど。

「そんな気もしますね（笑）」

「だからね、『禁じ手』っていうのが、実はあるんですよ。最近どかされつつあるんですけど。ファースト作った頃だったらね、この曲は多分、出さなかったと思うんだよね。ただ最近ねえ、違うんだよねえ（ニタニタ笑い）。例えばこれだったらね、歌が出すぎなんですよ。あの当時は、ちょっと『こんなこと聞かしたくねえよなこんな奴らに、恥ずかしくって』っていうか（笑）。それが最近……すっかり何か……出ちゃうな（ニタニタ笑い）」

――気持ちいいっスか。

「うん。全然。昔は耐えられなかったですけどね。こう一歩一歩禁じ手がとれてきて」

「ねえ？　何だったんだろうな俺は、っていう。意固地のカタマリだったもんね、ファーストの頃って。まあ今でも意固地なんだけど（笑）」

――何が佐藤伸治をそうさせたのか、その歴史について今日は訊きたいんですけど。

「困るなあ……そんな（笑）。『人生』とかさ……」

「（笑）。そういうのさ、誇らしげに語る奴いるじゃん？　嫌なんだよなぁ（ニタニタ笑い）。1のこと強引に10にして、何か喋ったりして」

――そういう曲作んのを極度に嫌がってたのも、ファーストの頃だよね。

「深読み的な音楽をやってたつもりだったんだけどね。ま、読んでたのは川崎さんぐらいだったんだけど（笑）」

――そこで思うんですけど、「ラクになんなきゃ」っていう強迫観念ってない？「リラックスしたがりんぼ」みたいなさ。人間普通に歩いてりゃ自然に適度な力が入るものを、こう身体中の力抜いてグニャグニャになって歩こうとしてる、みたいな。

「（爆笑）。そんなことないって！」

――変なのよ。ファーストとか佐藤伸治の態度全般に俺は、逆に不自然なものを感じるんだけどね。人生を語ったり理解してほしいとか君と友達になりたいとかは決して言わずにさあ、そうすると揚げ足とられたりカッコ悪い失敗こきにくいじゃん？　そういうことをやりつつ、曲だけは人に気に入られるようなものを作って、みんなに好かれたい、みたいな。結局そういうことなんじゃないですか。

「はっはっは。なるほどね（笑）」

――周到に周到に生きてますよね。

「それはありますよね。まさに。とりあえずビシッと固めたつもりだったし、ファーストは」

――そうそう。「固める」って感じだよね。でですね、そういうややこしい人格が形成されたのは、この前の話にもあった「今までに一度だけ『死んでもいいかあ』という気分になった時期」。その頃に起因しているように思うのよ。

「あれはねえ……あとで読んで『失敗したな』と思ったんだよ……」

——もう1回失敗して下さい。いつ頃の話ですか、あれは。

「……大学……2年ぐらいですね。よく憶えてないんですけど」

——何もすることがなくなってそうなった、とこの前言ってましたけど。

「うん。フィッシュマンズの前にやってたバンドがあるんだけど、僕はそれに賭けてたんですよ、実は。で、それが丁度なくなって。仲たがいのせいで（笑）。僕とドラムの人と2人でやってたようなもんだったんですけど、そこが割れましてね。『なんか俺は、こういう結果の出ないことを延々くり返すのはやだなー』って彼が言い出して。ゴールもないし、って。それで解散しましてね」

——その人にそう言われて、どう思いました？

「うん？　その通りだなって（笑）。その人は音楽もやめて、今は普通に働いてるはずなんだけど」

——力抜けちゃったと。

「うん。野望があっただけにね……それから『プレイヤー』とかでメンバー募集して、いろいろやったんだけどね。『じゃあ僕は紫の帽子被って、横浜の駅で待ってるよ』なんつって。よくやったんだけど、ロクな人集まんなくて（笑）。『俺はジョン・レノン命でさあ』とか、なんかよくわかんない人が多くって。そういうのが結構、半年ぐらいあったのかな」

——なんか徒労感に……。

「まみれて（笑）」

——で、その泥沼からどうやって立ち直ったんスか。

「いや、立ち直ってないんですよ。だから」

——……今、現にフィッシュマンズやってるわけじゃない。

「でも回復できないんだよね。意気込みっていうか、あれほどのやる気。あるじゃない？　矢沢永吉の『成り上がり』みたいなさ。あの頃ほどのあれは、回復できてないんだよな。バンドに限らないんだけどね、なんかその頃から、なんか回復できないような。こう、人と会ったときの感動っていうの？　とかさあ、人との付き合い方とかさあ。何か回復できてないような気がするんだよなあ、そのへんから。何か抜けてんじゃないのかなあ、っていうかさ（笑）」

――失望するたびに、何かがプチンプチンつぶれてって、抜け殻みたいな人間になっちゃったと。

「うん。その当時、きっと。で俺は思うにねえ、その回復期に大して苦労しなかったんですよ。だからその時に、自分を正当化してしまったんじゃないかなっていう（ニタニタ笑い）。ホラ普通はさあ、何か自分に強いて『よくしてこう』みたいにするじゃない？　それがその頃なかったから。だから『そのままきちゃったかなあ』みたいな気が、しないでもない」

――失業しても再就職せずに、「ホームレスでもいいかあ」みたいなもんですか。

「かな？（笑）。でさあ、最近はもう、そういうことさえ考えないんですよ。大学生の時は、何かあれだなあっていうか。『何か欠けちゃったんじゃないか』とかさあ（笑）。不安みたいなのもあったんだけどね、最初の頃は。『違うんじゃないか』とか思ってたんだけど、今はないですもんね。人から言われると『ああ』って思うけど、『ゴメン！』って思うけど、『しょうがないんだよ』みたいな」

――何が欠けちゃったんですかね。覇気？

「覇気ねえ、覇気は大した問題じゃねえなあ」

――他人への愛情、とかさあ。

「そんなとこかなあ。そういうの、ちょっとあんじゃないのかなあ……」

――成功への野心、とかさあ。

「ん？　そういうのもあんのかなあ……」

――性欲、とかさあ。

「あるかも知んない」

――欠けまくってんじゃん（笑）。

「まあね（笑）」

――で、どうですか。この前のミニ・アルバム以降、今回のシングルとか、徐々にリハビリしてるような感覚はありますか。欠けたところをとり戻しつつあるような。

「そりゃないんですよね……だから、それを言い出したようなもんで、最近」

――あー、「穴ぼこがあるぞ」って。

「うん。ファーストはそれさえも言ってなかったんだけど（笑）」

――なるほどね。しかし「ここにもここにも穴ぼこがある」とかうたって、一体何を成そうとしてるわけなんですかね。「穴があってもいいじゃん」と許してもらおうとしてるとか。

「いや、そんなことはない！　そんな甘いもんじゃないっスよ、やっぱ」

――じゃ何なんですかね。

「ねえ？『誰のためにうたってるのか』とかさ。思うんだけど、よくわかんないんだよね。ただ、さあ、『元気が出る』とは言われるけどね。聴いてくれた人から」

――何、最近？

「ううん、前から。それはファーストの頃からだよなあ。なんか」

――いい形で伝わってるっていう、現れじゃない。

「かな？」

――で、どうですか。穴ぼこを示しつつ希望をうたう、というのは、今後アーティスト・佐藤伸治のテーマとなり得ますかね。

「うん、まあね。そんなところじゃないですかね。僕らみんな、そんなもんじゃないかっていう気もするし」

結果から先に言うと、「点は入らなかった」。ゴールすることは、まったく、全然、なかった。このシングルは、さっぱり売れなかったのだ。

さらに言うと、『チャッピー〜』も、『コーデュロイズ・ムード』も、売れてはいなかった。完敗だった。完敗つづきだった。

このとき、「100ミリちょっとの」が売れなかったと知ったとき、かなり僕はがっくりきた憶えがある。「穴ぼこ」に落ち込んだような気分すらした。これほどのポップ・ソングが、なぜに、ヒットしなかったのか？　その理由は、まったくもって、わからない。僕にはわからない。

これは、「売れなければならない」一曲だった。

僕がフィッシュマンズを好んでいるから、言っているわけではない。この「100ミリちょっとの」を個人的に気に入ったから、そう言うわけではない。

この曲は「すぐれて」いるからだ。圧倒的な優秀性があるから、それ相応の評価を受けるべきだし、多くの人に好まれて、口ずさまれて、のちの世代にも影響を与えるべき、そんな一曲だったからだ。

人の好みは千差万別、であるのかもしれない。しかしたとえば、格式の高い美術館に収蔵されて「人類の遺産」と呼ばれるような芸術作品は、それは「好み」などとはまったくべつの、より高次の普遍的価値判断基準にもとづくものでなければ、嘘だろう。ポップ音楽においても、同種の価値基準は、もちろん明確にある。

そうした観点から見てみると、歌詞ひとつをとってみても、この「100ミリちょっとの」が、じつにとんでもないものであることがわかる。歌われている内容はもちろん、まずもって、作詞技術的に、きわめて洗練されていることがわかる。クオリティという点で、とてつもない高みに、軽々と到達している一曲なのだ。そこは佐藤がやることだから、あまりにも普通な顔をして、飄々と超高空にたたずんでいるだけなので、ついついこの事実は、見過ごされがちになってしまうのだが。

佐藤伸治の歌詞の特徴、その優秀性の源と構造について、ここで見てみよう。具体的かつ、科学的に検証してみよう。

彼の作詞術は、当初より、ファースト・アルバムのころより抜きん出たものがあったのだが、この「100ミリちょっとの」において、見事にひとつのスタンダードな「型」を完成させた、と言っていい。では、それはなにか？

その特徴を端的に表現すると「英訳しやすい歌詞」だということが言える。

ものはためしに「100ミリちょっとの」を、僕がここで英訳してみよう。歌い出しの部分、「笑いを忘れた恋人たちには　新しい明日が見えてくる／涼しい顔した2人の気持ちは　今もゆっくり進むのさ」これは一瞬で、こんな英語にもできる。

「Smileless lovers / can see a brand-new tomorrow / The feeling of the cool faced pair is / Still, going forward slowly」

これは単純に直訳しただけで、詩心もなく、韻律《いんりつ》もない、たんなる「説明」でしかない英文だが、およそ十秒で、僕は訳することだけはできた。これほどまでに、「英訳しやすい」日本語の歌詞というのは、きわめて稀である、と僕は思う。なにしろこの詞は、文型も変えずに、そのまま英訳すれば、「英語の詞」として成立してしまうのだ。

しかもおそろしいことに、佐藤の書く詞というのは、そのほとんどすべてが、この調子なのだ。この徹底ぶりから推察するに、こうした特徴というのは、よほど彼の本質と一体化していたものなのだろう。

嘘だと思うなら、佐藤伸治の詩集を手にとって、どのページでもいいから、適当に開いてみればいい。どの歌詞であろうが、ものの見事に「英訳しやすい」ということに気がつくはずだ。フィッシュマンズの歌詞とは、ほかの日本人アーティストとは比べものにならないほどのレベルで、訳しやすいものばかりなのだ。ときにそれは「英米アーティストの訳詞だ」とだれかに言えば、それで通じてしまいそうなものも、少なくはない。

たとえば、ファーストから「訳詞っぽい」ものを選ぶとするなら、まず「Future」、「チャンス」、そしてじつは、「ひこうき」もそうだと言えるだろう。これらが、もとは英語で書かれた歌詞であって、それを見事に日本語訳したものであった、と聞かされたら、信じるほうが普通だというぐらい「訳詞っぽい」。

そう感じさせられる大きな理由のひとつとして、まず、佐藤の歌詞には、「倒置法」が多用されているということが挙げられる。それを詩的に、うまく利用しているものが目立つ。「僕はお腹が減っているのでなにか食べたいです」と言うのではなくて、「食べたいなあ／なにか／ご飯／ご飯／あのとき僕は、お腹が減っていたんだ」そんな感じと言えばいいか。

なぜ「倒置」するのかというと、「最も『強い』言葉」で行を開始するためだったり、または最初に「謎めいた」仕掛けをして、聴き手の耳を引っ掛けるための釣り針（フック）を仕込んでおいたり、するためだ。

つぎに、佐藤の詞には「曖昧な表現」というものが、じつはほとんどない。曖昧な日本語というものが、ほとんど使用されてはいない。日本語の日常語のなかには、発語者側が、じつのところは正確に「言いたいこと」を把握していないにもかかわらず、「ぼんやり」と「なんとなく」使われているような言葉や表現手法が、きわめて多い。だからもちろん、日本語のポップ・ソングの歌詞にも、その程度の言葉が多い。そうしたものとは、はっきりと一線を画しているのが、「佐藤が歌詞で使う日本語」なのだ。

たとえば「つまらなそうな顔をしている男と女」ではなく、「笑いを忘れた恋人たち」とする。ソリッドで、マッシヴな「ほかにどう勘違いしようもない」すっきり、かっきりとした簡潔な言葉だけを使用するのが、佐藤の歌詞だ。

こうした日本語は、とても翻訳しやすくなる。「曖昧さがない」からだ。使い手側がなぜその言葉を使わざるを得なかったのか、という、「意志」と「意図」が明瞭だからだ。その言葉自体が「意味性」という名の強力な電波を発信しつづけることになり、それゆえに、他言語の「どういう言葉に置き換えられる」べきなのか、まるであらかじめ設定されているかのように、翻訳者の手をとって導いていってくれるような、そんな機能をそなえることになるからだ。

抽象的なモチーフであったり、間接話法的であったとしても、佐藤の歌詞が、強くゆたかなイメージを瞬時に容易に引き起こせるのは、そのせいだ。であるがゆえに、とくにストーリー性を前面に押し出してはいない、「100ミリ〜」や「ひこうき」といったようなナンバーでも、情感の喚起力が尋常ではないレベルとなる。

そうした大枠があった上で、「日本語にしかできない」表現方法も佐藤はよく使っていて、「主格をはぶく」というのがそれだ。英語における「I」をはぶいても、日本語ならさりげなく成り立たせることができる。「英詞のような」全体像のなかで、彼はこれを、じつに自在に、巧妙に使いこなしている。「ひこうき」同様、ここでもその効果は見事に発揮されている。

とはいえ、そういった佐藤伸治の歌詞の特性、優秀性は、なにもすべて、彼がひとりだけで開発したものだったわけではない。それどころか、彼の手法そのものは、とてもオーソドックスなものだ、とすら言える。日本語のポップ・ソングの歌詞として、ひどくまっとうというか、古典的とも言える骨法を、完全に自分のものとした上で「やけに間接話法的」だったり、「かなりアブストラクトに」展開させていくというのが、フィッシュマンズの歌詞なのだ。

佐藤のような日本語作詞術の源流とは、まずは五〇年代から六〇年代にかけて、アメリカン・ポップスを日本人シンガーがカヴァーして、ヒットさせたころのものだった、と言えるだろう。原詞の英語を日本語訳したものを、当時の日本人歌手は歌っていた。つぎに、「洋楽のスタンダード・ポップス」を学習し、さらに「洋楽ロックの歌詞」をも研究した上で、日本語として落とし込み、自らのオリジナル・スタイルを作り上げた人々が活躍した時代もあった。はっぴいえんど、キャロルの時代、七〇年代の初頭だ。

であるから「作りが似ている」ということで言うなら、佐藤の歌詞は、松本隆作品の一部や、初期の荒井由実にも似ている。ファースト・アルバム準備時のこだまさんは、佐藤の声も、アレンジも、ユーミンやはっぴいえんどに似ていると思ったそうだ。言うまでもなくそれは、日本語を使う日本人によって描かれた、ゴールデン・ポップスの最高峰、都市型ポップの原形質のようなものから脈々と流れる、地下水脈のようなものが感じられたということだ。

佐藤の歌詞における効果的な倒置法、「まぎれもない」意味をつかまえた上で的確に起用された日本語、といった特質は、明らかに、こうした先人たちのゆたかな遺産の上に成り立っているものだ。だから僕は、佐藤の詞を、そのひとまずの完成型とも呼べる「100ミリちょっとの」を指して、「すぐれている」と言ったのだ。これは広く支持されるべきだし、次代へと継承されるべきで、それが当然だと確信していたのだ。

また同時に、佐藤が駆使した日本語作詞術は、少なくともその「骨法」のところまでなら、だれにでも学べるものだ、とも僕は思う。だれでも、ある程度はそれをマスターすることができる。泳げるようになるとか、自転車に乗れるようになるとか、つまり「基礎および反復」によって身につけることができる技術と同じで、合理的で科学的なメソッドの上に立脚しているのが、フィッシュマンズの歌詞なのだ。

ところが、これほど基本的で「そうでしかあり得ない」ような作詞術をマスターしているミュージシャンが、なぜか伝統的に、日本ではとてもその数が少ない。さらには、七〇年代、八〇年代と、その数はどんどんと減っていき、この九〇年代初頭においては、すでにそれは、忘れ去られた伝統芸能の継承者のようにすら、なっていた。

佐藤が異色なのは、そんな時代のなかに、突如として「日本語歌詞の黄金律」を自在に使いこなして「新しい表現」をおこなうソングライターとして登場してきた、というところだった。そして、その「自在ぶり」は、このころひとつのスタイルを確立したあともなお、どんどんと進化と発展をつづけていくことになる。

「100ミリちょっとの」リリース直後、二月二十四日の〈渋谷クアトロ〉でのフィッシュマンズ・ライヴでは、茂木欣一がヴォーカルをとるという形で、カヴァー・ソングが一曲披露された。南佳孝の「スローなブギにしてくれ」だった。いかにも茂木らしい選曲なのだが、このナンバーが主題歌となった映画の原作というと、片岡義男の同名中篇小説だ。「英語と日本語」についての彼の考察、ひいては、「英訳できるような日本語をきちんと使えるようにならないと、英語はおろか、日本語もまともなものにはならない」といった彼の持論とも見事に合致しているのがフィッシュマンズの歌詞だ、とも言える。佐藤が片岡義男を読んでいたかどうかは、僕にはわからないのだが。

穴ぼこに落ちた者には、通例として、上から砂がぶっかけられる。わざわざ、だれもそんなことをしなくとも、穴のなかにいるのだから、なにかのはずみで、自然とそこには、ばらばらと「ひっかぶりたくはない」ものが降ってくることになる。

このころ、突如〈ヴァージン・ジャパン〉が消滅した。〈ヴァージン・グループ〉総帥のリチャード・ブランソンが、レーベルをまるごと、英ＥＭＩに売却したのだ。「航空事業に力を入れるため」の措置であると、当時、経済新聞などには書かれていた。

　しかしこんな大掛かりな売却話が、一夜にして決まるわけはない。ごく普通に考えると、〈ヴァージン・ジャパン〉が設立されたころから、ブランソンの頭のなかにあったプランだったのだろう。フジサンケイ・グループから出資を受けて、日本法人を作り、日本人アーティストをデビューさせたりしたのも、「本体のヴァージン」を高値で売り抜けるための戦略の一環だったのではないか、とすら僕は思った。

　この売却劇のせいで、急遽設立されることになったレコード会社が〈メディア・レモラス〉だった。横澤社長以下、僕が見知った邦楽チームの人々は、そのままこの会社へと移籍することになっていた。アーティストについても、それは同様だった。

　しかし、どうにもこうにも、これは気持ちのよくない話だった。「レモラス（＝コバンザメ）」という、諧謔《かいぎゃく》に満ちた社名も、魚のロゴマークも、正直言って、気に食わなかった。最も僕が不快だったのは、洋楽セクションが解体されたことだった。いったい洋楽部の何人が、〈メディア・レモラス〉に残ることができたのか。あるいは、よそのレコード会社に、再就職することができたのか。

　航空事業のために、レーベルを売っぱらうような人間がいる、ということを僕は知った。自らの人生の前半を、その栄光と資産、ほとんどすべてを生み出してくれたレーベルを、そこが版権をホールドする幾多の名盤とともに、売却してしまうという「ビジネス上の判断」ができるような人がいる。そんな人が運営していたレーベルが、これがまた、素晴らしいものだった、ということ。そんなことがあるのだ、ということを、僕は深い穴のなかで学んだ。

　この一連の騒動の影響は、フィッシュマンズの周辺について言うと、チーム編成が多少変化することになった。レコード会社の制作ディレクターや、宣伝担当者に、移動や、入れ替わりなど、すこしあった。

　そうした変化のせい、ということもあったのだろう、リニューアルされたフィッシュマンズ・チームから、僕に仕事のオファーがきた。

「佐藤がパーソナリティーをつとめる、FM番組の構成をしてほしい」というのがそれだ。

ラジオ番組の構成は、多少ではあるが、僕は経験を積んでいた。また〈スペース・シャワーTV〉でも、いくつかの番組で構成をしたことがあった。テレビはともかくとして、FMにかんしては、子どものころから、最大の音楽情報源として僕は親しんでいた。だからこのオファーに、僕は二つ返事で応えた。

このFM番組の話は、すこしあとにしよう。九二年の七月に番組がスタートする直前、フィッシュマンズはセカンド・アルバムのレコーディングを始めていた。今度は国内でのレコーディングで、五月から六月まで、山中湖で合宿をして、録音をしていた。プロデューサーは、元パール兄弟の窪田晴男さんだった。こっちの話を、先にしよう。


このアルバム『キング・マスター・ジョージ』は、九二年の十月二十一日に〈メディア・レモラス〉より発売された。

これについては、僕にはすこし反省がある。よくわからなかったのだ。当時も、そのあとも、かなりずっと、「よくわからないところがある」と、思い込んでいたのだ。いい曲は、もちろんたくさん収録されているのだが、その全体像が、自分のなかで、うまく消化できない、じつに珍妙なアルバムだというふうに、長いあいだ、固定的な見解しか持つことができなかったのだ。

だがいまは、言い切ることができる。「これは、面白い」と。「じつに面白いアルバムであり、バンドの一時期を、ドキュメンタリーのようにとらえきった作品ではないか」と。

同作の最大の特徴は、フィッシュマンズとしては、トラック数が多いことだ。全十六トラックもある。それでいて、トータル・タイムは、五十一分とすこししかない。つまり、とても短いトラックと、きわめて短いトラックが、含まれている。

このアルバムに収録されているナンバーは、大きく三種類に分けることができる。まずは第一群「フィッシュマンズ・クラシックとして、そののちも長く、ライヴなどで親しまれることになった名曲の数々」——こちらはまず、アルバム・オープニングの「いい言葉ちょうだい」「なんてったの」「頼りない天使」「土曜日の夜」、そしてもちろん「100ミリちょっとの」……ちょっとこれは、打率が高過ぎるほどの、ストロングな名曲ぞろいだと、言うほかない。「影ドロボウ」も、ここに加えても、いいかもしれない。

こうした楽曲だけなら、話は簡単なのだが、そうではないところこそが『キング・マスター・ジョージ』なのだった。ゆえに僕は、混乱させられたわけだ。

第一群の極北にあたるようなものが、第二群だった。これはなんというか、ラジオのジングルというか、（笑えない）コミック・ソングというか——「ハンバーグ」「君だけがダイヤモンド」「教育」、そして、これも曲として数えるならば「なんてったの」のトラックをバックに窪田晴男さんがラジオDJふうに語る「曲目紹介」……。

そして第三群、これは一群よりも、どちらかというと二群に近いと言うべきもので、明朗なポップ・ソング「誰かを捜そう」はまだいいとして、いまさらスカ・パンクを表面的に模倣した（ネタにした？）かのようなサウンドにコミカルな歌詞の「シーフードレストラン」、ビートパンクのパロディのような「雨男憎まれる」、シュールな「ミネラルウォーター」と「ダイビング」、ジャム・セッション調の「トナカイ」……こうした二群と三群が、第一群と織り交ぜられるようにして配置されていたのだった。

一聴して僕は、「第二群のギャグのようなものは、いらないのではないか」と感じた。合宿中の、身内ノリの笑いを、そのままの勢いでレコーディングしてしまったのではないか、とも思った。

のちに僕自身、身をもって知ることになったのだが、この推測は、ある部分当たっていた。プロデューサーの窪田さん自らが、まるで中学運動部の合宿にやってきたOBみたいな立ち位置で、バンドと付き合っていたらしい。「みんな酒飲んでから、夜中にスタジオ集合！」とかいった指示も出していたそうだ。完全なる下戸《げこ》の佐藤が、そのときどうしていたのかは謎なのだが、しかしこれは、じつに的確にして、見事なプロデュース術であったと言うほかない。

なぜなら、いまにして僕が思うのは、この時期のフィッシュマンズにとって、そうやって、わいわいやりながら、多様なトラックを仕上げていくということが、どうあっても必要だったからだ。彼らは、「バンド」になりきる必要があった。ほんものの、バンドに。

この章で引いた、「100ミリちょっとの」リリース時の佐藤の発言を、思い出していただきたい。彼はまず、「賭けていた」バンドがなくなり、そのあとのメンバー募集も空振りで、どんどんと「欠けてしまった」と語っていた。

彼が賭けていたバンドは「時間」という名前だった。いい名前だ。僕はこのバンドの音を聴いたことはないのだが、この時代、パンク系には「いい名前」のものが多かったから（『市民』というバンドもあった）、おそらくはこの「時間」もパンクだったのだろう。

そして佐藤いわく、この「時間」が崩壊してから――「時間が崩壊」というのは、なにやら意味深な響きもするのだが――彼自身のなかの、いろいろなものが欠落してしまって、そのまま「立ち直ってはいない」とも言った。立ち直らないままの状態で始めたバンドが、フィッシュマンズなのだ、とも。

これは大袈裟な話ではなく――そもそも、なにによらず、大袈裟な話だけはしない男が佐藤なのだが――まったくの彼の本音だということは、フィッシュマンズの結成時の状況を見てみればわかる。

資料によると、フィッシュマンズの結成は、こうなっている。

「八七年初夏、大学のサークルの定期演奏会のため、結成」

最初期の編成は、佐藤がヴォーカルとベース、小嶋がギター、茂木がドラムス。佐藤と仲がいい「ナイスガイ」の小嶋と、後輩の茂木。まずはメンバーは、それだけ。当面の目標は、定期演奏会……これはどう考えても「意気込んで結成したバンド」とは言えないだろう。「野望に燃え」たり、していたわけはないだろう。男どうしの結束の象徴として、たとえば「互いの手のひらを切って、血の握手を交わした義兄弟」とかいった描写がギャング映画によくあるが、たとえばそうした類の「絆」らしきものが、この結成当初に、あるほうがおかしい。あったら気持ち悪い。

なによりも、そもそも佐藤はこのサークルに在籍中だった時期に、〈プレイヤー〉誌にメンバー募集広告まで出していたのだ！（そして、失敗した）

いかに大学時代の佐藤が、当初「サークル周辺の人脈でバンドをやる」ということを、重視していなかったのか。一連の彼の挫折エピソードから、よく見えてくるではないか。

ごく普通に考えて、結成当初のフィッシュマンズは、「気軽な感じで」始まったものだったと見るべきだろう。「欠落しまくった」ばかりの佐藤が、なんとなく、一応は人間界へと接点を持った、記念すべき一歩ではあった——のかもしれない。が、なんというか「なりゆき」で結成されたバンドだったように、僕には思えてしょうがないのだ。

しかし最初のきっかけがなんであれ、フィッシュマンズは進化して、メジャー・デビューまでしてしまった。佐藤のみならず、メンバー全員の力量も向上し、ライヴも数をこなして、「バンドらしいバンド」へと近づいてきた……つまりこの時期が、『キング・マスター・ジョージ』の録音時期と符合するのではないか、と僕は推測する。

それでは「バンドらしいバンド」の条件とはなにか？

そう問われたら、僕は迷わずこう答える。「メンバーのだれひとり、ほかに替えがきかないような、『個人』の集合体であること」と。このときの彼らは、合宿をとおして、そうなろうとしていたのではないか。

おそらく、そんな呼吸を、プロデューサーの窪田さんは読んだのではないか。ギャグ大会や、夜中のセッションなどが「バンドらしさを高める、『結束』を高める、早道なのだ」とOBらしい勘で見抜いていたのではないか、と。最近僕は、ようやくにして思いいたったのだ。

そうした観点から見ると、第三群の「シーフードレストラン」「雨男憎まれる」は、非常に効力が高いナンバーだったと言えるだろう。演奏者が、プレイしながら「発散」できる、典型的なタイプの曲だ。実際これらの楽曲は、この時期のライヴでは、お客さんに大変よく受けていた。そう、まるで「バンド・ブーム」のころのバンドのライヴのように、お客さんがタテノリをして、ステージになにかを投げ入れるとか、そんなことまでもが、このころには起き始めていたのだ。フィッシュマンズのライヴは、徐々に「ウケる」ようになってきていたのだ。

もちろん、そうしたパフォーマンスは、世間の風潮や、音楽シーンの流行といった観点からみると「退歩」でしかなかったかもしれない。しかし「欠けまくったまま回復しない男」が、これまでは引っ張りつづけた（あるいは、引っ張っていなかった）バンドこそが、フィッシュマンズだったのだ。これぐらいのリハビリテーションは、許容されて然るべきだろう。そもそもが、なにかというと「ライヴのあいだ、お客さんが地蔵のようになっていた」バンドがフィッシュマンズだったんだし。

音楽的な話をしよう。ファースト発表後、「レゲエ」とカテゴライズできる楽曲はひとつも録らなかったフィッシュマンズだが、ここでは第一群の三曲（「いい言葉ちょうだい」「頼りない天使」「土曜日の夜」）までもがレゲエだった。しかも、初めて「ダブ」を試みていて、それが随所で効いている。そしてドラム・パターンが、ループするブレイク・ビーツにかぎりなく近い「なんてったの」は、明らかなる新機軸だった。「フィッシュマンズ流のソフトR&B」という路線がここで生まれた。この曲および、「影ドロボウ」のドライヴするベース・ラインも、素晴らしい。

また、「レゲエの曲」と「そうではない曲」のあいだに、ほとんど差異がなくなってきたのも、このころだ。前者では、彼らの楽曲とアレンジ、そして歌詞の独自性が、「それがレゲエ由来のビートであること」ことを、ふと忘れさせる。はたまた、それが「8ビートのロック」調の曲であったとしても、ベースの重い音色、そこから生じる強い「うねり」が、まるですぐれたレゲエ・ソングのような推進力を楽曲に付与することになる。「レゲエを解体し、効果的に取り入れた」フィッシュマンズ印のついたポップ・ソングが大量に生まれ始めたのがこのころであり、第一群の楽曲すべてがそれにあたる。

第一群の歌詞にも注目したい。ここにいたるまで、いつもいつも、恒例のように「すこしずつ、禁じ手がはずれていく」と言っていた佐藤だったが、このアルバム以降は、そんな話はしなくなった。つまり、ここここそが「禁じ手をもう、基本的に全部やめてみるか！」と決意した瞬間だった、と見ることもできるはずだ。第一群の楽曲の歌詞における、言葉の精度、それぞれに設定された趣向、その「とっつきやすさ」——どれをとっても、あの「100ミリ〜」と並べても一切の遜色がないのだから、この時期の佐藤がいかに好調だったのか、よくわかろうというものだ。

ただおそらく、彼個人にとっての最大の難点は、たとえばこの第一群のような楽曲「だけ」が並べられたとしたら「ちょっと恥ずかしい、かな」といったところだったのではないか。その照れ隠しのための、マッシュ・アップされた構成であり、「笑えないギャグ」の挿入だったのではないか、とも考えられる。

いずれにしても、本作はある種の高いトータル性をもったアルバム——たとえば、『サージェント・ペパーズ〜』と『スネークマン・ショウ』を足したものを一発録りで作ろうとしたかのような……そんな一枚なのではないか、と、僕はようやくにして思いいたるようになったというわけだ。

そもそも所属レーベルのごたごたやら、「100ミリ〜」の商業的な無風状態の直後に、このような「中学運動部の合宿」めいたレコーディングにフィッシュマンズが挑めたということ自体、ひとつの僥倖《ぎょうこう》だ

ったと言えるだろう。さすがに「周囲のそんなこと、気になってなかった」わけはないと思うし。

いや、でも、もしかしたら……?

このアルバムについてのインタヴューは〈ロッキング・オン・ジャパン〉十一月号に掲載された。以下、それをここに引く。


——最初の質問なんですが、非常に評価が高かったシングル「100ミリちょっとの」。ああしたキャッチーな曲で統一したアルバムに、どうしてしなかったんでしょうか。

「いやあ(笑)、読めてた動きというかさ。みんながそれを期待してるのは百も承知だったわけだ、僕らも。でもさ……だからさ、わりとオーソドックスにやってきたわけじゃん? これまでって。それがことごとくカスッただけでさ(笑)。で、プロデューサーの窪田(晴男)さんとも話し合ってさ、とりあえずここで目標を立てたわけ。1万人をターゲットにしよう、という大胆なアイデアを出して(笑)。限られた人だけど、その人たちに満足してもらえるレコードにしようというか。これまでがすごい中途半端だったっていう気がしてさ。客の目で見ればね。だからライヴに来てる人なんかにもわかりにくいっていうかさ。そういう人たちに『君たち!!』みたいなさ(笑)、『ここへ来なさい!』じゃないけど。で、『100ミリ〜』みたいなのは来年でいいかあ、みたいな。『勝負は来年かぁ』というか(笑)」

——その順序は普通逆じゃないかと思うんですけど。

「いやいや! 売れてからこんなことをやるっていうのは、それはヒキョウなんです!! (中略)まあ、『26の今これをやんなきゃいけない』っていうのは——そうなんですよ(笑)。僕ってほら、夢見がちなナイス・ガイだから(笑)」

――あのー、唐突ですけど佐藤君って、下ネタ・ギャグとか絶対言わないですよね。

「え僕？　言わない言わない（笑）。なんかそういうのさ、オヤジ臭いっていうか。すっごいイヤなんだよね。あとコレ（手でしごくマネ）の話とかも、ヤだよね」

（中略）

――「大人の男」的なものが全般ダメですよね。就職してる姿なんか想像できないというか。

「うん。それについては昔考えたんだけどね、まず夜の暮らしっていうのが、耐えられないと思ったんだよ。のんべえライフっていうの？　『今日は課長のおごりだ！』とかさ（笑）。ウチのメンバーは打ち上げとか強要しないからいいんですけど。なんか『男のつきあい』っていうのがね、ダメ。もう圧倒的に女だよね。別に恋人とかじゃなくってさ、ただの友達なんだけど、女の子とばっかり遊んでるよね、僕。男と比べると、100対5ぐらいで女の子といる」

――女の子といた方がラクですか。

「ラクですかって、自分だってそうなクセに（笑）」

――（笑）で、今回のアルバムはそういう「男失格」だか「大人失格」だかの男の子と、そんな男の子の友だちやってるような女の子のために作られたメッセージ・アルバムだと思うんですよ。

「え？　いやいやいや（笑）、それは新しい意見だな」

――「やんなきゃいけなかったこと」っていうのはそれでしょう。日本で初めて、そうした層をちゃんと見て「がんばれよ」って言った画期的なレコードですよね。

「いやー（笑）……でもまあ、あんまり大したこっちゃないんじゃないの。だってさ、そうじゃない人って多いんだしさ。体育会系っていうの？　『男っぽいヤツ』とか多いんだしさ。『先輩ッ！』とかってさ、飲んで語るぞ！みたいな（笑）。そういう人って、女に対しても気合い入っててさ。バリバリでさ。なんか嫌いなんだよね。別に何されたっていうわけじゃないんだけどね、そういう人にさ。ただ見くだして見られてんな、みたいなのは感じる。そういう人と会うと。でも関係ないっていうか、僕はそこらへんの人切ってますから。最初っから。だから腹も立たないんだけどさ、実際。（中略）だから自分のことああだこうだ、今さら悩まないよね。この歳になったら変わりようもないし」

——でも今、佐藤伸治という人はミュージシャンやってるからいいけども、そうじゃなかったとしたら、この社会の中に居場所ってあんまりないよね。

「うん、ない」

——だから居場所がない人が多いんだよ。佐藤くんみたいになりたくって、でもなれなくってみたいな人がさ。

「ああ。それはときどき言われる『いいよなあ』って」

——何、ライヴのお客さんとか？

「うん。サラリーマンみたいな人もいるし。会社帰りみたいな人とか。なんか僕のこと自由みたいに感じるのかな」

——自由になれない、居場所がない人にとってのヒーローがフィッシュマンズであり佐藤伸治なんだよ。

「素晴らしい！（笑）。まあ考えてみれば、そもそもそういうバンドなんだよな、僕らって」

——ですよね。ただこれまでは、あなたたちのことを求めてる人に対して「自分で何とかすれば？」みたいなさ。高圧的っちゃ高圧的な態度だったですよね。

「確かに（笑）。でも今回のアルバムは一番開かれてるっていうかさ。僕らのことまったく知らない人が聴いても、それはわかるんじゃないかな。『ちょっとこれは……』みたいなこともさ、結構頑張ってやったんだよ（笑）。曲とか詞とかもさ」

――そう思う。で、さっき「1万人」という風に佐藤君は受け手を限定したけれども、このアルバムを必要としている人はもっと多いと思う。

「そうかな?」

――そうだって。聴き手をもっと信頼しなよ。ていうか奥の奥では信頼してるから、今回みたいなアルバム作ったんでしょう。例えば歌詞をつなげてくと、「ちょっぴり曲がった君」や僕だけど、「100ミリだけのカラッポ」を大事にしていたら、何にも「変わりゃしない」けれども「いい言葉」をいつかつかまえられて「こんな世界のまんなか」で「天使」と邂逅することができる。今はまだ「土曜日の夜」でそのときじゃないけど、「待ってなよ」と勇気づける歌。「誰かを捜そう」と提案するレコード。になってるわけじゃない、これは。

「すごい!!(笑)。一体家で何やってんですか?」

――実は今こういうことをやるのが一番過激なんだ、という実感というか――。

「自負? ちょっとね(笑)。他にこういうことやった人はいないんじゃないかな、っていうのはね。ちょっぴり(笑)。ロックの人って『俺はこうなんだ!』ってのが多いじゃない? 『俺の自我でどおだあ!』とかさ(笑)。そういう人にはできないようなさ、『涙ぐむような音楽』っていうの? 今は僕、それに意固地になっててさ。例えばさ、最近ジャワカレーのCMの曲とかも好きなんだよね。『いつも二人で~』って、岩城滉一夫妻が出てるヤツ、あるじゃない。TVの前でうたっちゃうんだけどさ(笑)。聴いてる人の暮らしに入っていけるっていうの? やってる側の自己顕示欲じゃないところで悲しかったり、よかったりする曲。そういうのを作りたかったんだよね」

――「どおだあ」とかやっちゃうと、結局体育会系と同じになるもんね。

「そう。でもそれ抜いちゃうとさ、そんなのは決してアッパーな曲にはならないんだけど、なんか救われちゃうような、さ。坂本九とか、天地真理とかもあるじゃん。最近好きなんだけど。ウソじゃん、あんなの。あんな世界があるわけないじゃん?」
――現実には絶対にないぐらい、愛と勇気と希望に満ち溢れてる世界ですよね。
「うん。あるわけないいんだよ。だけどさ、ハマる瞬間ってあると思うんだ。外でいろいろあって、疲れて部屋に帰って来たときなんかに『ウッー……』ってくるっていうかさ。そういうの必要としてると思うんだよな、みんな。俺なんか必要としてるしさ」

正確な数字はわからないが、おそらく、この『キング・マスター・ジョージ』は、一万人には届かなかったはずだ。少なくとも、発売当時は。

しかし特筆すべきことは、このとき佐藤が「お客さんのほうを見た」と言っていることだろう。その「お客さん」とは、まず、ライヴに来てくれている人、だったろう。そしてさらには、「潜在的なお客さん」つまり、「フィッシュマンズの音楽を必要としているはずの人」に向けて、そこのみに特化して、アルバムを作ろう、と彼が考えたことだ。

なんともこれは、大きな心境の変化だ。ファーストのころは、「こんなこと聞かしたくねえよなこんな奴らに、恥ずかしくって」などと、もしファンが耳にしたらショックで卒倒してもおかしくないようなことを、しれっと考えていた男が、このセカンド・アルバムでは、「限られた人だけど、その人たちに満足してもらえるレコード」を作ろうとした、というのは、ほぼ百八十度にも近い意識転換だったと言うべきだろう。

しかも、その人たちに伝えたいものが「涙ぐむような音楽」だというのだ。自分にとって、それが「必要なもの」だったから。そして、それを伝えることに「意固地になっている」というのは、ファースト時の意固地ぶりとは、そのベクトルの方向とエネルギーの色調が、まったく逆のものになっている。

この変化は、こうも言えるだろう。「佐藤伸治が『やさしく』なった」と。同時にそれは、自らが傷つくことをいとわなくなった、ということでもある。

自分にとって大事なものを、わかってくれるだろう人々に、わかってほしい人々に伝える——こうした作業にともなうストレスを、いかに軽減するか、巧妙に回避するか、ということにかんして、あらかじめ限度いっぱいに考え過ぎていたのが、デビュー当時の佐藤だったと言える。しかし、このセカンド・アルバムの時点では、ほぼ「ノーガード」にも近い体勢になり始めている。ガードがないのだから、当然、打ち返されたときのダメージはひどいことになる。

しかしそれよりも、自分のダメージのことを先に考えるよりも、このときの佐藤は「意固地にまでなって」フィッシュマンズを必要とする人たちに、身を捧げるかのような覚悟を決めた、ということだ。肚をくくった、ということだ。

佐藤伸治が佐藤伸治であるだけに、きわめて面倒な経路をたどってしまったのだが、ここにおいて、ようやく、やっと「ミュージシャンとしての佐藤」が、その自意識をはっきりと持ち始めた、と言ってもいい。「ほんもののバンド」になり始めたフィッシュマンズの一員として。彼らをたばねる、フロントマンとして。

もうひとつ、『キング・マスター・ジョージ』について言えることは、ラジオの影響が大きかった、ということだ。この前年の九一年七月から九月まで、短期間ではあるが、フィッシュマンズは、FMラジオ番組のパーソナリティーを体験していた。これは〈TOKYO FM〉がキー局となるJFN系列で全国放送されたもので、『フィッシュマンズのヨコワケで決めて』という番組だった。同ネットワークには、ウィークデーの毎日、午前二時から四時まで、「FMナイトストリート〜ピュア・ミュージック」と名付けられた帯番組の枠があった。その枠では、日替わりで、ミュージシャンがパーソナリティーをつとめることになっていた。ここでフィッシュマンズは、火曜日の深夜を担当した。

たとえば、『キング～』に収録されているショート・コントのようなもの、あれはまさに、番組用のジングルなどを多数録音した体験から、思いついたものだったのではないか。アルバムの終盤に「曲目紹介」を置いて、そこまでの「全体の流れ」に沿って、多様なトラックをまぜこぜに置いていくようなやりかたなど、「ラジオ・フィッシュマンズ」といってもいいような感覚だったのだと思う。

この『ヨコワケで決めて』は、メンバー全員が選曲をし、喋りもする、という作りだったそうだ。するとごく自然にだれもが想像するとおり、仲間の背後にうまく隠れて「サボる」奴が出てくる。もちろんそれは、佐藤だった。「佐藤はほとんど喋っていなかった」という説もあった。

その彼をつかまえて、「たったひとりでパーソナリティー」をつとめさせる、というのが、この九二年にスタートした新番組の、そもそものコンセプトだった。そこに構成作家として呼ばれた僕は、おそらくフィッシュマンズが体験し、大いに刺激を受けたその現場を、まさに追体験することになった。

それは同じＪＦＮネットで、同じく火曜日深夜の午前二時から四時まで生放送されるものだった。この年の七月に番組がスタートしてから、それが終わるころまで、僕は佐藤と、最低でも週に一回は顔を合わせつづけることになった。

その番組は、『フィッシュマンズのアザラシアワー・ニジマスナイト』と題されたものだった。

第4章

92年ラジオ・デイズ

『アザラシアワー・ニジマスナイト』／〈現音舎〉の横田さん／音楽漬けの日々

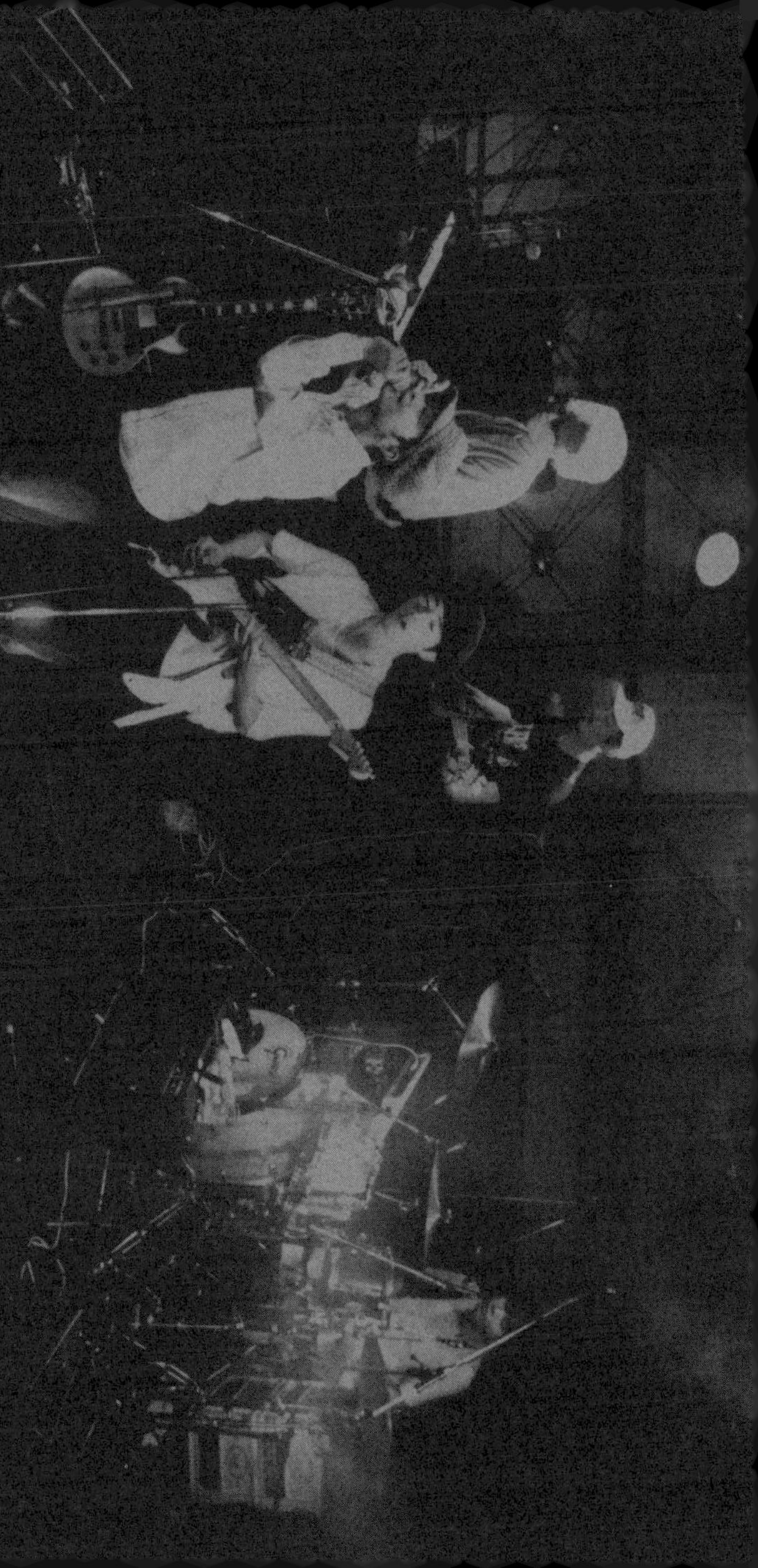

ラジオにおける構成作家、放送作家という職業は、具体的になにをするものなのか。その業務内容をひとことで言うと「番組の構成を考えて、その設計図を作る」ことだ。

たとえば彼は、番組の放送時間が二時間なら、その二時間を、棒グラフのように割って、内容を決めていかねばならない。どこでどんな曲を、どれぐらいエアプレイするか。コーナー分けなど、どうするのか。そして、曲と曲の合間のトーク部分では、どのような話を、パーソナリティーはすべきなのか。構成原稿の書きかたは、人それぞれであり、また、番組の方向性によって、パーソナリティーのタイプによって、千差万別となる。

僕はあまり細かく構成するほうではなかったが、場合によっては、パーソナリティーが話すべきことを、前もってすべて原稿として書いて、それを台本として手渡すこともあった。パーソナリティーが「喋りのプロ」であるときは、この方式をとることが多かった。つまり台本に書かれていることを、一字一句間違えずに、必要なことを、必要なだけ明瞭に伝える能力がある喋り手だった場合は、こうなる、ということだ。

さてそこで、佐藤伸治だ。そんなことが、彼にできるわけがない。

というよりも、彼は「そんなことが、滅法苦手」であるがゆえに僕が呼ばれた、という事情が、そもそもあったようだった。

たとえばライヴ・ショウをおこなっているときの、ステージ・トーク。これも佐藤が苦手としていたことの、典型的なひとつだ。最低限の義務は、彼も果たそうとするのだが、それでもときおり、いや、しばしば頻繁に、場内がいたたまれない雰囲気になったり、ときには凍りついてしまうようなことを、なにげなく口走ってしまう男こそが、佐藤だった。それとは逆に、ほがらかに、なごやかに、お客さんに語りかけたりするというのは、すでにしてこのころ、茂木欣一の役目となり始めていた。

しかしこれは、レコード会社側の考えでは「とても、まずい」事態だったようだ。なぜならば佐藤はヴォーカリストであり、ほとんどの楽曲を書いているソングライターであるから、バンドの顔として、「フロントマン」としての職責をまっとうしなければならない――レコード会社は、そう考えていた。フロントマンとして「ちゃんと喋れる」ようにならないと、いけない。そういうところから、きちんとしていかないと、バンドの人気は高まってはいかないのだ、と。

これはこれで、ゆえなき発想だったというわけではない。バンド・ブーム以降、「喋ることが上手なミュージシャン」というのは、人気者の条件のひとつとなっていたからだ。大槻ケンヂを筆頭に、「喋りのほう」だけでも、個性的なプロとしての地位を確立したミュージシャンも、少なくはなかった。スチャダラパー、電気グルーヴ、そしてフリッパーズ・ギターなども「喋るときに垣間見えるキャラクター性」によって広がっていった人気、獲得していったファンの数というのは、馬鹿にできないものがあった。

そこまでいかずとも、なんとかもうすこしぐらい、上手に喋れるように、なってはくれないか――〈メディア・レモラス〉のフィッシュマンズ・チームは、かなり切実に、佐藤に対してそんな願望を抱いていた、というわけだ。

ライヴなどで、不特定多数の人に、うまく語りかけられるように、なってほしい。インタヴューの席で、初めて会った人とでも、ちゃんと会話できるように、なってほしい。ラジオのパーソナリティーとして、「ひとりで喋る」訓練を積めば、こんな佐藤伸治だって、なんとかなる、かもしれない――そもそも、そんな深慮遠謀《しんりょえんぼう》のもと設定された機会こそが、『アザラシアワー・ニジマスナイト』だった。

つまり、僕が構成として呼ばれた最大の理由は「佐藤がやりやすそうだから」ということにつきていた。それまでの僕の、構成作家としての仕事を評価されての起用ではなかった。ただただ、ひとえに、僕なら「これまでに何度も佐藤をインタヴューしていた」から、彼も構えずに、構成原稿をこなせるかもしれない。「慣れている人が相手だったら、なんとかなるかもしれない」というか。

ほとんどこれは、どうしても歯医者に行きたがらない子どもを前にして、「だったら、行きつけの小児科の先生に診てもらいましょう」と考えるような発想に近い。あるいは、すぐに引っ掻いたり、噛みついたりする野良猫をつかまえてきて、どうにかして人間になつかせようとする試み、というか。

しかしオンエアの初日からして、その試みは、うまくはいかなかった。いくはずもなかった。佐藤とは、それほど甘い男ではなかった。

この番組の放送スタジオは、麴町の〈TOKYO FM〉ビルのなかにあった。ミキシング・コンソールなど、機材があって、ディレクターがいる調整用の部屋があり、そことは分厚いガラス窓で仕切られた、収録用のスタジオがある、というのが基本的な作りだ。収録室には、デスクと椅子と、マイクロフォンとヘッドフォンがある。壁一面に吸音材が貼られていて、分厚いドアも遮音性の高いもので、ガラス窓からのみ外を見ることができる作りから「金魚鉢」などとも呼ばれる、典型的な収録スタジオというものだった。

この密室で、佐藤と僕は、二人だけで、さしむかいで坐っていた。デスクの上には、構成台本があった。僕の役目は、佐藤の前で控えていて、彼が台本を読みやすいように、ときに応じて、そのポイントを指し示したり、なにかを書き加えたり、することだった。

台本といっても、このときのそれは、「喋る内容」をこと細かに書き記していたわけではない。彼の表情を見ながら、打ち合わせをして、話題となるべき大まかな事柄を、事前に記していたに過ぎない。

「今日、なんの話がしたい？」

「いやー、とくには、ないかな」

「……じゃあ、バンドの、近況とかさ」

「あ、近況ね。近況、かあ……」

「欣ちゃんが、なにか言ってたとか、小嶋くんが、どうしてたとか、そういったことでいいから」

「あー。あー」

「それなら、あるよね？　話題は」

「あるかな。うん。あるある」

「そんな内容なら、喋れるかな？」

「うん大丈夫。喋れる喋れる」

たとえばまあ、そんなやりとりが事前にあったとしよう。すると僕は、構成台本にこんなふうに書く。「フリートーク／フィッシュマンズの近況：メンバーそれぞれの面白い話など。欣ちゃん、小嶋」——この一行を目にしたら、打ち合わせのときのことを思い出してもらって、落ち着いて、この話題について喋ってもらえばいい。規定の秒数以内で。ただそれだけの話だ。

それだけの話だったのだが、それは、あっけなく、あっという間に、破綻した。

番組オープニングのジングル明けで、すぐにそれは、起こったのかもしれない。

フィッシュマンズの、アザラシアワー・ニジマスナイト、ぐらいのことは、佐藤はなんとか言えたはずだ。つづいて「こんばんは。佐藤です」まで、言えたかもしれない。そのあとは、なんというか、ぐでぐで、だった。

いやー、あー、うーん、など、いろいろ言いながら、一向に話題が進まない。おそらく僕は、構成台本の「フリートーク、一分三十秒」などと書いてあるあたりを、人差し指でとんとん叩いていたはずだ。

生放送のプレッシャーというのも、あったのだろうか。打ち合わせなら、放送直前のミーティング以外にも、あらかじめべつの日にも、綿密なものをおこなっていたはずだ。佐藤も協力的な態度であり「なんだ、大丈夫そうじゃないか」と、僕も楽観視していたところもあった。

しかしなんのことはない、それは一分三十秒も保たない「大丈夫」だったのだ。

なにより始末に悪いのが、佐藤が僕に向かって、のべつ話しかけてくることだった。

いちいち、なにかひとこと言うたびに、「だよね？」と、念押しのように訊いてくるのだ。最初僕は、無言でうなずいていた。それが安心感を与えてしまったのか、彼の「だよね？」は、どんどんひどいものになっていって、「これで合ってるんだっけ？」とか、「いやー、わっかんないや。つぎ、これでいいの？」とか、そんな具合になっていき、ついに僕が我慢できずに「ああ」と声を出して返事をしてしまったのが、放送開始から数えて、約二十分後ぐらいのことだった。

そこからあとは、さらに頻繁に話しかけられて、結局この日の放送が終わるころには、僕はほとんど、喋りの「相方」のような立場となっていた。佐藤の話に相槌を打つだけではなく――なにしろ、台本の無視がはなはだしかったので――「じゃあ、つぎはこれね」と、リードしていくという役割も負った。

こうして僕は、佐藤とともに、『アザラシアワー・ニジマスナイト』で喋る人ということに、初日からなってしまった。

歯医者を嫌う子ども、なつかない野良猫のペースに、僕までもが巻き込まれて、いっしょになって「大人の深慮遠謀」を踏みつぶしてしまった、というわけだ。とはいえ、結果的には、これはこれで、多少なりとも、佐藤にとって「喋る練習」にはなったのではないか、という気がしないでもない。このころから、ステージ上での佐藤の発言は――迷言も含めて――その数が増えていったようにも感じられた。

番組内容の話をしよう。『アザラシアワー・ニジマスナイト』は、音楽情報番組という位置づけのものとなった。放送開始当初は、その方向性は、すこし曖昧なものだった。あくまでもこれは、「フィッシュマンズの番組」なのだから、ファンにアピールするために、佐藤およびメンバーのみんなが「なにか面白い話」をすべきだ、という雰囲気も、当初は、あった。

この方向性が色濃かった時期、僕が体験したものが、つまり、「フィッシュマンズが『キング・マスター・ジョージ』レコーディング時の合宿で、なにをやっていたか」を、彷彿させるものだった。ちょうど番組の放送開始の直前に、その合宿はおこなわれていた。ゆえに、その余波は、いろんなところに残っていた。もちろん、「笑えない」ギャグという面でも、それはあった。

そういったコントやギャグは、あらかじめ録音されて、生放送中に挿入された。僕が一番印象に残っているのは、佐藤と小嶋がメイン・キャストとなった寸劇調のもので、これは、劇画『ゴルゴ13』の吹き出しや擬音を、二人で音読する、というものだったはずだ。佐藤も小嶋も、なるべくドラマチックな声色を作って、おれのうしろに立つんじゃねえ、などと言い合うのだが、もちろんこれは、面白くなかった。

しかも、どうやらそれらのギャグやコントの背景には「これを放送すれば、リスナーにウケるだろう」といった意識が、ほとんどないようにも感じられた。合宿のときにやっていたことを「またやろうぜ」と仲間うちで話して、いいね、となって、やった——ただそれだけのものであるように、僕には感じられた。

そうした姿勢は「ラジオ番組のパーソナリティー」としては、もちろんかなり欠陥があると考えられるのだが、それはそれとして、僕が興味ぶかかったのは「みんな、仲がいいんだなあ」ということだった。このとき以前にも、僕は佐藤以外のメンバー全員と会ったことはあったのだが、「彼ら」がこうやって仲間うちのノリでなにかをしているところを、横から覗いたことはなかった。このときの僕は、どこかの運動部のロッカールームに、部外者がまぎれこんでいたようなものだった。

そんな立場から見えてきたのは、まず最初に、「フィッシュマンズとは、とても民主的なバンドなのだ」ということだった。佐藤伸治は、圧倒的なカリスマなどではなく――というよりも、ほんのすこしでも「カリスマ」となりそうなことは、極力避ける男だということはわかっていたのだが――そのかわりに、これほど強固な「民主制」を敷いていたとは、このとき初めて知った。佐藤が望んでいたものは、ワンマン・バンドのまったく逆、メンバーが五人なら「五権分立」とでもいうような体制だったのだろう。フロントマンの職責から逃げたいからそうした、といったレベルの話ではなく、もっと根深い部分で、表現の本質にかかわる部分で、佐藤は自らの身を無条件でゆだねられるかのような「信頼できる、自立したメンバーたち」の存在を、強く求めているように見えた。

さて、そんな「面白い話」模索期を過ぎて、番組は音楽中心のものへとシフトしていった。佐藤はもちろん、ほかのメンバーが番組に登場する際も、たんなるトーク・ゲストといった形はほぼなくなって、かならず「なにかレコードを持ってくる人」「その音楽について語る人」という役割が求められるようになった。こうなると、結構いい話がつぎからつぎへと出てくるというのが、フィッシュマンズらしい。構成作家としての立場から見ても、彼らが思う「面白い話」をさせてみるよりも、「好きな音楽」について喋ってもらったほうが、間違いなく実りある内容になると感じさせられた。

番組のなかでは、毎回、特集コーナーがあった。それとはべつに、一枚の名盤について解説する「いいレコード講座」というコーナーもあった。これらのコーナーに、フィッシュマンズのメンバーは、それぞれが所有するレコードを持ってあらわれては、その魅力について語った。

そんなときにエアプレイされたレコードについて、記憶に残っているかぎりを、列記してみよう。まず、レゲエだと、カールトン&ザ・シューズ、リコ・ロドリゲス、ローランド・アルフォンソ、アルトン・エリス、オーガスタス・パブロ、といったあたり。ここらへんは、柏原が「レゲエ特集」でエアプレイしたほか、ほかのメンバーによっても、何度も選曲された。「いいレコード講座」で、ハカセがジャッキー・ミットゥを選んだこともあった。

フィッシュマンズとレゲエの関係について、僕の謎が解けたのも、この番組をとおしてだった。ボブ・マーリー&ザ・ウェイラーズは別格として、そもそもは、メンバー全員、自身の音楽指向のなかでのレゲエのプライオリティは、さして高くはなかった、ということ。それは佐藤も同様だったのだが、彼はミュート・ビートの大ファンだった、ということ。そして、こだまさんとフィッシュマンズが『チャッピー〜』のレコーディングにのぞむ際、こだまさんからメンバーへ、一本のカセット・テープが手渡されたのだという。それは、こだまさんが選曲したもので「フィッシュマンズのみんなが聴いておくべき、レゲエ名曲選」が収録されていたのだという。「このテープは、決して上書きして消してはならない」というのが、こだまさんからバンドに、そのときに下された厳命だったそうだ。それはじつに、素晴らしいテープだった、と、茂木から僕は聞いた。もちろん茂木は、番組放送当時も「こだまテープ」は大事にとってあるよ、とのことだった。つまり「こだまテープ」の滋養を吸って、すくすくとフィッシュマンズはレゲエを学んで伸びて『アザラシアワー・ニジマスナイト』では、レゲエ名盤紹介などもできるようになっていた、ということだ。

レゲエ以外では、小嶋がカーティス・メイフィールドについて、熱く語っていたことも憶えている。「カーティス独自のギター・チューニングがいいんだよ」と彼は言っていた。茂木はポップ博覧強記というか、邦楽から洋楽まで、ポップ音楽ファンとして最もバランスがとれた形で、全方位的に知識と愛情があるように感じられた。また、喋りも含めて、メンバー中最も「ラジオに向いている」のが彼だった。

最も「ラジオに向いていない」にもかかわらず、メイン・パーソナリティーとなっていた男・佐藤が持ってくるレコードでは、T・REXなどのロック系、あとは七〇年代UKパンクのクラシックな名盤が印象に残っている。それは僕のバックグラウンドとも共通するものであり、なおかつ彼のほうが、より硬派なものを好んでいたように思えた。クラッシュ、ジャムはいいとして、突然、佐藤がストラングラーズの『ブラック・アンド・ホワイト』を持ってきたときは——そのレコードのことを、僕は忘れきっていたので——とても驚いた。これは本人から聞いたと記憶しているのだが、学生時代の佐藤はヴェスパに乗っていて、自称するところによると「モッズだったな」とのことだった。そうした流れで、スペシャルズなど2トーン勢も、選曲されていた。邦楽ロックでは、「いいレコード講座」で、RCサクセション——たしか『初期のR・C・サクセション』だったと思うが——を推薦していたこともあった。

ソウル／ファンク音楽では、最も愛情を込めて語っていたのが、ジャクソン5だった。また、Pファンクにかんしては、肚に一物ある様子だったのだが、それはどうやら「Pファンクこそが至上だ」とするような思想への反発、だというふうに僕には見受けられた。「Pファンクだったら、俺はスライだな」とも彼は言っていて、実際、スライ&ザ・ファミリー・ストーンはよく選曲していた。意外なところではボブ・ディランで、詞ではなく「ディランのメロディが、いいんだよね」と佐藤は言っていた。そんなことを言う人を、僕は佐藤以外には知らないのだが、考えるに、佐藤も「詞先の人」——つまり、曲ではなく詞を先に書くことが多かったそうだから、ディランにおける「詞にメロディを合わせていく方法」が、興味ぶかかったということなのだろうか。

そして、あとは、ヒップホップだった。この番組にかかわることをとおして、僕は、そして佐藤も、ヒップホップを学んでいった。教えてくれた人は、番組の制作ディレクターである横田太朗さんだった。

この番組が放送されている期間を通じて、僕は佐藤およびフィッシュマンズのメンバーと近しくなっただけではなく、フィッシュマンズの周囲にいて、彼らを見守っているかのような、キー・パーソンとも呼べるような人々とも多く出会った。横田太朗さんも、そんなひとりだった。

横田さんは、外苑前にある音楽制作会社〈現音舎〉に所属していた。彼は、佐藤と僕と、ほとんど歳は違わなかったはずなのだが、ずっと大人であるかのような、落ち着いた物腰の人だった。穏やかで、もの静かで、やさしげに話す人だったのだが、佐藤いわく「横田さんってさ、ああ見えて、まわりは超不良ばっかりなんだぜ」とのことだった。たしかに、名を挙げられただけで戦慄が走ってもおかしくはない、東京のハードコア・パンク・シーンで雷名をとどろかせていたような猛者が、普通に身のまわりにいるような人だった。この横田さんのことが、佐藤はとても好きだった様子で、よくいっしょに、釣りに行っていた。音楽的な人、音楽によって、世界観も人格もねじまげられて、支配されているような人を、佐藤は強く好むところがあって、横田さんは、僕の目から見ても、まさにそういう人だった。横田さんの話をするとき、佐藤がいつもにこにこしていたことを僕は憶えている。「いいよね！」と、じつに嬉しそうに。

なんでも、横田さんは小学生時代から、〈現音舎〉の社長であるお父さんに指示されて、ラジオ番組の選曲をさせられていたそうだ。そのころからの蓄積が、とてつもないことになっていた。

横田さんと、佐藤と、僕の偏愛が一致したという点で、最も記憶に残っている一枚は、クラッシュの『ブラックマーケット・クラッシュ』だった。これはクラッシュのシングルB面曲やレア・トラックを集めたコンピレーション盤だったのだが、なかでも、インストゥルメンタル・ダブの数曲を、何度かエアプレイした。横田さんいわく「レゲエの連中は、クラッシュのことを『白人のレゲエ・バンド』だと思ってますよ」とのことで、なるほど、佐藤のレゲエ観の根底には、クラッシュの流儀も入っているのかもな、とも僕は思った。

横田さんは、UKのパンク／ニューウェイヴから始まって、そこから派生したり、関連していった音楽の全域――片やノイズ、インダストリアルから、片やレゲエ、ワールド・ミュージック、そしてヒップホップ、ハウス、テクノまで――じつにいろいろと、くわしい人だった。なかでもヒップホップについての横田さんの知識から、じつに多くのことを、佐藤と僕は学んだ。

佐藤も僕も、ヒップホップというと、あまりにも有名なものしか、このときまで知らなかった。そこで、佐藤と僕が「横田さんからヒップホップを教えてもらいたい」という動機で「こわくないヒップホップ特集」というものを企画して、放送したりもした。このとき以外にも、いろいろと折に触れて、教わった。ヒップホップの見取り図を、最初に横田さんから教えてもらっていなければ、僕が自力で、たとえばステッツァソニックまでたどり着くには、このあと数年はかかってしまったはずだ。

また、このころ、九二年から九四年ごろというのは、ヒップホップ黄金期の真っ只中でもあった。ひとたび目を開かれると、毎週のように輸入盤店に入荷してくる新譜の山が、すなわち宝の山のように見えてくるのだった。

番組放送期間内に、輸入盤店に行けば新作を手にすることができた、ヒップホップ・アーティストの顔ぶれを、思いつくままに挙げてみよう。まず、ファーサイドのデビューは大きかった。それからディゲブル・プラネッツ、アレステッド・デベロップメントのデビュー。グールーのジャズマタズ。ビートナッツ。ピート・ロック&CLスムース。デジタル・アンダーグラウンド。スピアヘッド。マッドキャップ。デル・ザ・ファンキー・ホモサピアン。サイプレス・ヒル。ハウス・オブ・ペイン。KMD。メイン・ソース。ファンクドゥービエスト。トゥパック・シャクール。スヌープ・ドッグとウー・タン・クランのデビュー。ONYX。モブ・ディープ。TLC。ブランニュー・ヘヴィーズの『ヘヴィ・ライム・エクスペリエンスVol.1』も……まだまだ、ほかにもたくさんあった。まさに百花繚乱といえる、実り多い季節だった。こういった新譜以外では、ジャングル・ブラザーズ、ア・トライブ・コールド・クエスト、デ・ラ・ソウルといった「ネイティヴ・タン」系がよく番組でエアプレイされていた。とくに佐藤はデ・ラ・ソウルが気に入ったようで、ツアー・タイトルに引用したり(『De La GELDOF 哀愁のMONDAY』ツアー)、ついにはデ・ラ・ソウル来日ライヴのオープニング・アクトも、のちにはつとめることになった。

このころから、フィッシュマンズの楽曲におけるドラムスのリズム・パターンが、ループするブレイク・ビーツにどんどん近いものになっていったのは、すべてとは言わないまでも、その少なからぬ部分に、番組における「佐藤とヒップホップとの本格的な出会い」が影響したのでは、というのが僕の見立てだ。

この『アザラシアワー・ニジマスナイト』について、僕はこんなふうに感じていた。『キング・マスター・ジョージ』のレコーディングが、フィッシュマンズにとって「中学運動部の合宿」だったとしたら、僕にとってのこのラジオ・プログラムは「高校放送部の部室」みたいなものではないか、と。もしくは、放課後に、音楽にくわしいマスターがいる喫茶店にたむろしては、なにかレコードを聴かせてもらうかのような。佐藤にとっても、遠からずそんなものだったのではないか、と僕は思う。

最初あれほど放送中に固くなっていた彼は、どんどんとリラックスして、エアプレイされる音楽を楽しみ、また自分が好きな音楽について語ることも、楽しむようになっていったように見えた。それと同時に、なんというか、ラジオ業界的にはあり得ない速度と密度の会話が、佐藤と僕のあいだで交わされていくことになり――つまり、「喋るのがおそい」ということなのだが――放送事故一歩手前となるようなことも、よくあった。

あまりにも長く（といっても、数秒単位だったはずだが）無音状態がつづくと、ラジオ放送では問題視されてしまう。そこでディレクターの横田さんは、そんな場合にはいつも、調整卓の機能を使い「無音を消すための音」を挿入して、事故を未然に防ぐため、つねに用意をしておくようになった。たしかそれは、波の音だったはずだ。

佐藤も僕も、日常会話と比較すると、ぐんとペースを上げて喋っていたつもり、ではあった。「曲終わりまで、二十秒です」とヘッドフォンから聞こえてきたなら、そこでギア・チェンジをして、彼も僕も「さあ、喋るぞ」と姿勢を整えて、お互いの役割分担をもとに、「ラジオっぽく」軽妙にやっていたつもり、だったのだが――「波の音」が流されてしまったことも、何度かあった。

九二年の七月から、番組が終了する九四年三月の終わりまで、毎週火曜日の夜は、こんな感じで過ごしていた。

集合時間は、たしか、午前〇時半ぐらいではなかったか。最終電車に近い地下鉄銀座線に乗って、外苑前まで僕は行く。ときには、 がらがらの車内に、佐藤がぽつんとひとりで坐っていることもあった。おー、とか、あー、とか、お互い適当な挨拶を交わして、そのままいっしょに、地下鉄に乗っていくこともあった。

集合場所は、駅を出てすぐ近くにあった、〈現音舎〉が入っているビルの一室だった。そこで、それぞれが持ってきたレコードなどをチェックしたり、当日の番組の打ち合わせをしたりする。そこから麴町の〈TOKYO FM〉までは、横田さんのクルマか、フィッシュマンズの所属事務所である〈りぼん〉スタッフのクルマに、乗せていってもらうことが多かった。これらのクルマは、どちらもトヨタのハイエースだった。どちらも、機材車として使用されるものだった。とくに横田さんのハイエースには、後方の荷物スペースいっぱいに、いつも音響機材が満載されていた。スピーカーや、アンプや、ターンテーブルなどいろいろと積まれていて、聞けば「いつでも、どこでも、野外DJパーティができるだけの機材は積んでいます」とのことだった。

番組が終了すると、午前四時だったので、帰りもまた、佐藤と僕は、クルマで送ってもらうことが多かった。これは〈りぼん〉のハイエースが多かった。佐藤はいつも、北沢公園のあたりでクルマを降りた。井の頭通りから茶沢通りへの抜け道沿いにある、この小さな公園の近くに佐藤の家はあった。そのまま僕は、下馬のあたりまで送ってもらって、クルマを降りていた。

こうした日々だったので、いろいろなことを、佐藤と話す機会があった。そのころに僕がよりくわしく知った、佐藤伸治という人物について、すこし書いてみよう。

まずもって、彼が「いいやつ」だということが、僕はよくわかった。仕事を離れたときの佐藤というのは、まったくもって、なんの嫌味も他意もない、偉ぶることも、だれかの悪口を言うこともない、まるで小学生男児のように無垢な「いいやつ」だった。なにごとにおいても、構えることのない、純粋なるノーガードの生きものだった。

冗談もよく言った。口数も少なくはなく、笑顔を絶やさず、周囲への気遣いもそれなりにできる、ナイスガイだった。

彼が釣りを好んでいたという話は書いたが、それ以外の趣味というと、まず、プロレス。お笑いも好んでいた。この時期は、とくにダウンタウンの松本を気に入っていた様子だったが、新しい動きにもつねに気を配っていたようで、ふかわりょうの名を最初に僕が聞いたのは、佐藤の口からだった。

ペットは、なぜかリスだった。逃げてしまうので、ペットショップで何度かリスを購入した、ということだった。なぜ逃げるのかというと、部屋のなかで放し飼いしているからで、これについては、当人もすこし悩んでいた。

「部屋にいてもさ、どこにリスがいるのか、わかんないんだよね」と。飼っていても、面白味がないのだという。佐藤いわく、家具と家具のあいだを、ぴゅんぴゅんぴゅんぴゅん、リスが自由に跳んでいたりするだけで、ということだった。しかし、だからといって、かごに入れて飼うつもりはない様子だった。

動物ということでいうと、野良猫の話も聞いたことがある。このころの佐藤の部屋は一階だったのだが、窓が開いていると、近所の野良猫が、勝手に入ってくるのだという。佐藤は佐藤で、それをとがめることもせず、また、とくに構いもせずにいると、猫は適当に毛づくろいなどしたり、寝たりして、また勝手に、窓から出ていく、のだという。

佐藤の口ぐせというのも、かなり僕は、うつされてしまった。

たとえば、「地味に」という形容を、彼はよく口にした。僕にもうつってしまったそれは、こんなふうに使用されるものだ。「お腹減ってる?」と訊かれたならば、「あー、減ってるかな、地味に」とか。「微妙に」というのも、ほぼ同じ意味で佐藤は使っていた。似て異なるものが、「じつは」で、これは、よりきっぱりとした表現をおこないたいときに、彼は使っていた。「結構頭きてたんだよね、あのとき。じつは」といったふうに。これらは、日常会話においても「佐藤ならでは」の倒置法が徹底されていた、その証しだとも言えるかもしれない。微妙に。

こうした穏やかな空気が、普段、佐藤のまわりでは流れていた。しかしもちろん、そればっかりではなかった。とくにそれは、レコーディング期間などに、顕著だった。

『アザラシアワー・ニジマスナイト』の放送時期にレコーディングされたアルバムは、フィッシュマンズにとってサード・アルバムとなる『ネオ・ヤンキーズ・ホリデイ』だった。このレコーディングは、九三年の五月におこなわれたのだが、この期間の佐藤は、かなり、ぴりぴりしていた。

周囲の者にとって、正直ややこしかったのは、気にしないでいると、とくに機嫌が悪そうでもない「のんびり佐藤」のようにも、外見的には見えることだった。ちょっともの静かではあるかな、ぐらいの感じだった佐藤が、突然、なんだかよくわからないところで、怒り出すのだ。

たとえば、こんなのをよく憶えている。

『アザラシアワー・ニジマスナイト』のオープニング・パートでは、出たばっかりの洋楽新譜から、僕が選曲したものを三曲ほどエアプレイする、ということになっていた。そのころ僕は、ほぼ全方位的に米英の新しいポップ音楽を追いかけていたから、そのなかには、アメリカのオルタナティヴ・ロックなどが、入ることもあった。これが佐藤伸治は、基本的に好きではないようで、ある「ぴりぴり」の一日、その曲を聴き終わったあと、彼にこう言われたことがある。

「こんな音楽が好きだなんて聞くとさあ。川崎さん、ほんとにフィッシュマンズのことわかってんのかなって、思うよね！」

僕のほうは見ずに、スタジオの壁の、どこかあらぬところを見つめながら、手元など、ぷるぷるさせながら、そのように佐藤は、神経質そうに言うのだった。オンエア中に、こんなふうになることすら、ままあった。

そういったことがたびたびあるので、こっちも嫌だから、一応そんな「ぴりぴり」期間らしきときには、気を遣おうとはした。しかし困ったことに、彼が爆発してしまう、そのポイントというのが、じつに読みにくいのだ。どこに埋まっているのかわからないものこそが「佐藤地雷」なのだった。

結局のところは「気をつけながら、気にしない」というのが、一番いい付き合いかたなのではないか、と僕は思うにいたった。昭和のカミナリおやじと付き合うコツと、似たような方式とでも言おうか。

また、ときにはこの「佐藤地雷」を番組のなかに生かすことも、僕は考えた。「佐藤伸治ゴング・ショウ」というコーナーが、それだ。これは、洋楽・邦楽問わず、僕が持ってきたレコードを、それがなんであるかを伝えずに、ブラインドで佐藤に聴いてもらって、好きか嫌いかを判断してもらう、というものだった。好きだったらチャイムを鳴らして、嫌いだったらブザーを鳴らしてもらう。そしてそれぞれ「なんでそう思ったか」という、忌憚のない彼の意見を聞く、というコーナーだ。佐藤はじつに、毎回毎回、なんの気がねもなく、「忌憚のない」ことだけを言ってくれた。これは人気コーナーとなった。

もっとも、こんなコーナーを平気でやれたというのも、『アザラシアワー・ニジマスナイト』が、ちょっと変わった全国ネットだったから、というところが大きい。

たしか、二十局から二十三局ぐらいのネットワーク放送だったと思うのだが、全国七大都市は、きれいにそのネットから外されていた。たとえば九州地方だったら、福岡では聴けなかったはずだ。もちろん、東京でも聴けなかった。

佐藤が言いたい放題していたあのコーナーを、もしどこかのレコード会社の担当ディレクターが聴いていたら、そこで自分が担当していた作品が、佐藤に「ブブーッ」とか鳴らされていると知ったら、ちょっと傷ついてしまうような場合も、あったはずだ。日本では、とかくそうした業界内での波風というものを嫌う風潮が強いので、「なんなのだ、あの佐藤という奴は！」と、だれかから問題視されていたかもしれない。

そんなことが決して起こり得ない、深夜のエアポケットのような空間で、佐藤と僕は、部活のようなラジオ・ショウを繰り広げていた、というわけだ。ときに仲よく、ときになんだかよくわからないままに、地雷を炸裂させたりしながら。

九二年という年も、日本においては、ある種のエアポケットのような期間だった。凪《なぎ》のような一年だった。前年までつづいていた、ポップ音楽のモードにおける「新・前・旧」それぞれの勢力のせめぎあいのような状況が、すべてひと段落して、落ち着いてしまった——かのようでもあった。少なくとも、大局的には。表面的には。

実際には、このころすでに、より新しい音楽的な文化は、いたるところで胎動を始めていた。前年の〈クルーエル・レコード〉誕生につづくかのように、数多くのインディー・レーベルが、九二年にはスタートしていた。〈ポリスター・レコード〉のなかでは、すでに〈トラットリア〉レーベルが立ち上がっていた。

しかしこういった動きは、まだこの時点では、世間の耳目を広く集めていたわけではなかった。「フリッパーズ・ギターが解散した」という一大事件の余波が、まだ醒めやらぬころだったせいだ。新世代となるべきだった「波」が、形にもならないうちに、引いてしまったかのように見られていた時期だった、ということだ。

また、「バンド・ブーム」が完全に終息したといえるのも、このころだった。勝ち抜けたバンド、ビッグ・バンドとなった一部の存在を除いては、まるで戦争犯罪者でもあるかのようにメディアから排除されていって、畢竟《ひっきょう》、それらのバンドの活動も緩慢になっていった。そこで空いたヒット・チャートの枠を埋めていったのは、男性ソロ・シンガーたちだった。〈スペース・シャワーTV〉でも、そういったシンガーのMVが流される機会が増えていった。それらは音楽的背景どころか、歌われている日本語の意味すら、僕にはまったく理解できないものばかりだった。おそらくこれは、「日本語フォーク寄りのニューミュージックの逆襲」と解釈すべき現象だったのだろう。

また、それまでは「酒場の片隅に置かれているもの」だったカラオケ・システムが、それそのものを主役として、カラオケ・ボックスと呼ばれる店舗形態となり、日本全国津々浦々にまで増殖していった、その起点となった時期も、このころだ。

つまりこの九二年は「八〇年代に発生した音楽ブーム」のようなものが、こと芸能業界的見地からみればすべて用済みとなって、捨て去られていった年だった、ということだ。結局のところ、「バンド・ブーム」は、「ロック」ブームとは成り得ないまま終焉した。かつての「エレキ」ブーム、「GS」ブームと同様、その外形的なフレームのみがメディアによって喧伝され、広く模倣されて、ビジネスになっただけで、継承されていくべき文化的な種子は、やはり、ほとんど残すことはなかった。

日本におけるポップ音楽産業の動向と盛衰にかんして、最も特徴的な点は、「焼き畑農業的だ」ということだ。ひとつひとつの流行やブームが、それが終わったあとに「堆積地層」となって、次世代の健全な成長と発達を育むにいたる、ということが、ほとんどない。ひとつの森林を焼き払って、そこで一度収穫を得たならば、「さあ、つぎ行こう、つぎ」――基本的に、そんな感じだ。

しかし、このときばかりは、少々事情が違った。

芸能業界は、あるいはレコード業界は、すでに「つぎ」へと目を移していたのだろう。ニューミュージックへの先祖返りのような男性シンガーたちこそ、彼らが「つぎに」儲かりそうだと踏んでいたものだったのだろう。ところが、彼らが焼き払ったと思い込んでいた場所、もう収穫するものは生えないと思い込んでいた土地において、幾多の生命力あふれる種子は、すでにこのとき、芽吹くための準備を、ほぼ終えようとしていた。

そのことを当たり前のように認識している人々も、数多くいた。たとえばそれは、レコード店の店員、ライヴ・ヴェニューのスタッフ、クラブのスタッフ、書店員、洋服店の店員、カフェのウェイターやウェイトレス、学生、なにをしているのかよくわかないが「レコード好き」の若者……そんな人々の、口コミや、人的ネットワークは、洋邦問わず「同じ感覚を共有できるミュージシャン」の周囲などで、小さな輪を、いくつもいくつも、いたるところに生み出していた。

そんな「輪」のなかでは、フリッパーズ・ギターだった二人は「終わって」はいなかった。小山田圭吾は、ほとんどこの年は資生堂〈uno〉のCMに出たぐらいしか世間的に目立った話題はなかったにもかかわらず、九二年十二月九日号の〈宝島〉誌は彼を表紙に掲げた。そのカヴァー・ストーリーのインタヴュアーは僕だった。表紙には「フリッパーズ・ギターの解散について、全部話そう」といった意味のキャッチ・コピーがあったのだが、これが誇大宣伝だったということは、僕が一番よくわかっている。いかに僕がしつこく訊こうが、肝心の話は、のらりくらりとかわされてしまっていた。

しかしこの号は、発売直後に完売となった。担当編集者が、満面の笑みを浮かべていたことを憶えている。それぐらい——世間のごくごく一部かもしれないが——飢餓感が高まっていた層がいた、ということだ。フリッパーズ・ギターへの飢餓感だけではない。要約すると、それはきっと、こんなものを、魂の底から欲するという意志だったはずだ。

「洋楽とまったく同じような感覚で聴くことができる、『わたしたちの』音楽」

「『わたしたちの』毎日の生活に密接にかかわりながらも、それ固有の文化的強靭さによって、『目の前の風景を塗り替えてくれる』ような音楽」

「日本的現実に閉ざされ、閉じ込められているような毎日から、『わたしたち』を解放してくれる、水先案内人となってくれるような音楽」

こうしたものの萌芽が、フリッパーズ・ギターの楽曲の一部には、あった。それゆえ、その突然の解散は惜しまれたし、彼らのつぎの動向を気にする人々が、この時点になっても数多くいたということだ。少なくとも〈宝島〉を完売させてしまうぐらいには。

が、同誌の編集者は、笑顔のかたわら、このようなことを僕に言ったのだった。

「読者アンケートの結果を見ないと、わからないんだけど。たぶん、俺はね、小山田圭吾の記事が目当てで買った人が多かったと思うんだけど――」その編集者いわく、〈宝島〉のその号は、初めてヘアヌード写真を掲載したのだそうだ。「そっちのせいで、売れたかもしれないんだよね」と、彼は言うのだった。

僕の記憶では、アンケートの結果は、「小山田圭吾の勝ち」だった気がするのだが――編集者から、そう教えてもらったような記憶はあるのだが――結局のところ、このあと〈宝島〉は、ヘアヌードの方向へと傾斜していく。コンビニエンス・ストアでも、一般雑誌のコーナーから、アダルト雑誌へのコーナーへと、置かれる場所が変化していった。

翌九三年には、〈シティロード〉誌がなくなった。原稿料の未払いぶんは、僕はあまりなかったのだが、数十万円にも上ったという知人もいた。一度休刊したあと、よくわからない会社に買われて、再刊して、そして消滅するという、この種の話によくありがちな行く末を同誌はたどっていった。

七〇年ごろに端を発する、ひとつの文化。アメリカを発信源とした「意識革命」の和訳から始まった、遠い遠い子孫だったともいえる文化の全体が、このころ、ここ日本では一度「根絶やし」になった。それはアメリカでは「カウンターカルチャー」として文字どおり社会の主流と衝突し、その一部領域を変革したものだったのだが、日本では「サブ（傍流）カルチャー」と呼ばれていたものだった。

日本におけるそれは、傍流だったから、とりあえずは気楽で、自由なものだったのだろう。たとえば芸能業界的なヒエラルキーや、企業間のパワー・ゲームや、政官財含めた談合体質、などといったものとは、ひとまず無縁なものとして、呑気にやってこられた部分があった、のだろう。しかしバンド・ブーム以降は、そういうわけにもいかなくなっていた、のかもしれない。純日本的な社会から「お目こぼし」をもらいつつ、勝手気ままに遊びつづけるには、すこしばかり、お金を儲け過ぎたのかもしれない。すこしばかり、資本主義原則のなかに片足を突っ込んだまま、遊び過ぎていたのかもしれない。

つまり九二年の焼け野原は、こんな領域にまで、およんでいたということだ。

当然のことながら、そこには大量の離職者を生んだ。バンドの「追っかけ」からライターとなって、そしてこの畑が枯れたと知るや、始まったばかりのJリーグのライターへと転身した者も少なくなかった。

世の中がそうなる、と予見していたわけではなかったのだが、僕は僕で、新しい動きを始めようとしていた。自分で出資して、自分で編集する雑誌を作ろうとしていた。僕の耳と目でとらえることができた「飢餓感」に応えることができるメディアを作りたい、との一心で、九二年の後半は、ずっとその準備をしていた。それは〈米国音楽〉という名の雑誌となる予定だった。


この九二年を締めくくるかのように、フィッシュマンズの楽曲が、テレビ番組のテーマ・ソングとして起用された。フジテレビ系列で、所ジョージが司会をしたその番組のタイトルは『わんわんバラエティー　スターはポチだ』。

つまり、明るく楽しいペット番組であって、フィッシュマンズの楽曲も、「明るく楽しい」ものが求められた。そこで起用されたのは、オープニングに「いなごが飛んでる」、エンディングに「Walkin'」だった。これらのトラックは、翌九三年の二月十九日に「短冊」のシングルとして発売された。この二曲にプラスして、大瀧詠一の「青空のように」をカヴァーしたトラックも収録された。スリーヴ裏では――番組のトーンに合わせたのだろう――またしても「かわいったらしい」フィッシュマンズとして、彼らはその姿を披露していた。温泉街などにあるような、顔の部分だけくり抜かれていて、それ以外には絵が描かれているようなパネル（この場合は、「ちんちん」している犬の絵が五つ並んでいた）から、メンバー全員が顔を出している、というものだ。ああ、またやってしまったんですね、こういうことを、と、僕はなかばあきれたような気持ちで、このシングルのヴィジュアルについて受け止めたという記憶がある。

とはいえ、よく考えてみれば、この激流ともいえる九二年から九三年にかけて、フィッシュマンズぐらいの「売り上げ枚数」のバンドが、こんなとぼけた感じでいられたというのは、いかにそれが「ツキに恵まれていた」ものだったのか、と感嘆せざるを得ない。たとえば彼らのデビュー前後のころ、盛んに後塵をあびせかけていた「バンド・ブーム」期の人気者たち。あるいは、人々に無意味な「お洒落勝負」を強いて、ひいては『チャッピー～』を埋没させたフリッパーズ・ギター。そのどちらも、このときはもう、地上に残ってはいなかった。

そんな状況下において、この独立独歩状態は、異常だと言っていいのではないか。こんな状態が、つづけばつづくほど、僕はそう思いいたるようになっていった。

こんな時代に、部活のようなレコーディングと、部活のようなラジオ番組などをやりながら、「ぼくらは歩く　ただそんだけ」と「Walkin'」で歌っている佐藤というのは、いかにそれが、空恐ろしくも「幸運」なことだったのか。ぽよよん、ぽよよん、とした、まさに「フィッシュマンズの歩調」としか言いようのない、このあっけらかんとしたナンバーから、僕はそのような静かな驚きも感じた。

もし〈ヴァージン・ジャパン〉があのまま存続していたら、どうだったろうか？　九二年の彼らは、こんな具合でいられたろうか？　さらに言うと、九三年以降は……？

じつに不思議なことなのだが、とくに「ブレイク」もせず、とくに音楽評論家などから「評価が高まった」りもしない、フィッシュマンズというこのバンドは、ここにいたるまでのあいだ、「世の荒波」を、まるで魚のように、するりするりとかわしつづけているかのようだった。あるいは、相撲用語で言うところの、「土俵際の粘り腰」というか。ぎりぎりまで追いつめられていたとしても「決して徳俵は割らない」というか。

そういえば、この時期の佐藤は、こんなことをよく言っていた。

「バンドってのはね。つづけてれば、つづけてるほど、よくなるんだよ」と。

彼の目標というのは、まず第一に、バンドをずーっとつづけることだ、とも。

なにを都合いいことを言ってんだよ、と僕は思った。「つづける」ためには、売れなきゃいけないだろう、とも。世の中もっと厳しいんじゃないか、とか。

僕が予言者ではないように、佐藤も決して予言者ではなかっただろう。

しかし、それとはなく、なんとなく、彼も僕も、これだけは、すこしだけは、感じ始めていた。ラジオ番組に寄せられた、決して数多くはないハガキを読みながら。レコード店で、ライヴ・ヴェニューで、クラブで、お客さんやスタッフの顔を眺めながら――言葉にするとすれば、こんな感じとなるだろうか。

「『波』はなくなったわけじゃなくって、いまは、沖合いまで引いているだけなんだよ」と。

事実それは、そのとおりだった。「寄せては返す」のが、そもそも「波」というものだ。ときには、はるか沖にまで引いて、大きな大きなビッグ・ウェイヴとなって、戻ってくることだってある。たとえば、津波のときなど、そうなるように。

「Walkin'」のシングルが店頭に並び、そしてやはり売れなかったころ、それは戻ってきた。最初は、静かに。そして最終的には、僕などが想像できるわけがない規模で。

ちょうどラジオで、言葉がとぎれてしまったときのように。佐藤も僕も、その波の音のなかへと、巻き込まれていった。

第5章

93年新しいヤンキーたちの夜明け

『ネオ・ヤンキーズ・ホリデイ』／初の〈ZOO〉出演
〈米国音楽〉創刊／「いかれたBaby」／渋谷系の始まり

このころの渋谷を、歩いてみよう。こんなふうに、当時の僕は、渋谷を歩いた。レコード店とレコード店のあいだを、決まった順路で。

まずは、井の頭通りに出る。センター街からだったら〈アービーズ・サンドウィッチ〉の角を右折する。最初に向かうのは、西武ロフト館だ。そこに〈WAVE渋谷〉があったからだ。ここは〈六本木WAVE〉や〈WAVE池袋〉ほどの売り場面積があるわけではなかった。しかし、それでもなお、井の頭通りに近いほうの西武ロフト館の入り口から、公園通り側の入り口まで、一階のフロアの半分以上を〈WAVE〉が占めている様は、圧巻だった。僕はとくにヨーロッパ発の、マイナー・レーベルからリリースされた新しいレコードやCDの存在を、ここで知ることが多かった。

ひととおりの棚を〈WAVE〉で見終えたら、井の頭通りをさらに西へと向かう。オルガン坂を上って〈FRISCO〉、そして〈CISCO〉。ここで〈WAVE〉と同じ商品があれば、ほぼ間違いなく、こっちのほうが安かった。ただ、そのときの目当てがアメリカ盤で、メジャー流通しているものだった場合のみ、ふたたび井の頭通りに出て、〈タワーレコード〉をチェックしなければならない。それが〈タワー〉にある盤であれば、そこで買うのが、一番安かったからだ。このころの〈タワーレコード〉は、〈CISCO〉前の坂を下ったところ、渋谷ビレッジ80ビルの二階と三階に入っていた。

これとは違う流れで、〈WAVE〉のあと、〈ZEST〉へと歩くこともあった。ノア渋谷ビルの五階、マンションの一室のようなドアの向こうが〈ZEST〉だった。ここに行くと、ほぼかならずなにか買っていた。店に顔見知りが多かったし、ほかにはないレコードが、いつも数多くあったからだ。とはいえ、ときには〈ZEST〉で買ったあとに〈CISCO〉に行ったら、同じレコードが、ほんのすこしだけ安い値段がついていることもあった。そんなときは、くやしかった。

安い高いといっても、あって二、三百円の差でしかなかったはずだ。しかし「できるかぎり安く買わねばならない」というのは、当時、僕のなかではひとつの行動規範となっていた。少なくとも、それが輸入盤の新譜であれば。なぜならば、安く買えれば買えるだけ、お金をセーヴできるから、さらにまたべつのレコードが買えるからだ。

このころ、まだ相変わらず、インターネットは普及していなかった。海外の音楽シーンの情報を得るには、輸入レコード店の店頭を回るのが、一番手っ取り早かった。

もちろん日本のレコード会社も、ある程度の情報網は持っていた。海外のレーベルとの資本関係や、ライセンスなどの関係があった場合は、日常的に、情報のやりとりというのは、おこなわれていたのだろう。テレックスや、FAXや、国際電話などで。

そうした情報の一部は、音楽専門雑誌にも伝えられた。最もわかりやすい例が、「白カセ」と呼ばれる試聴用のカセット・テープ、およびそれに付随する紙資料だったろう。日本盤で作品がリリースされる一か月半前ぐらいまでには、レコード会社から、これが各方面に支給された。音楽専門雑誌の編集部はもちろん、宣伝ディレクターが名刺交換した、ライターのもとにも送られてくる。

また音楽専門雑誌のなかには、ロンドンやニューヨークなど、海外の拠点に特派員を置いているところもあった。しかしこれは、その特派員がいかに現地の音楽業界なり、音楽シーンなりに「入り込んでいるか」によって、情報の深度や精度、新鮮度などに、質的なばらつきがあった。すでに現地で発売されている雑誌の記事などを、そのまま「最新情報」としてFAXで日本に送ってくる、ということですら、当時は普通だった。

であるなら、日本にいながら〈NME〉や〈メロディ・メーカー〉や〈ローリング・ストーン〉や〈スピン〉や〈ザ・ソース〉などなどを定期購読し、現地の音楽業界や音楽シーンのどこかにうまく入り込んでいる友人のネットワークがあって、なおかつ、大手レコード会社や、大手雑誌の網の目にはかからないような、アンダーグラウンドな動きにまで通じているような友人がいれば——すなわちそれは「日本で最も耳が早い人」だということになる。少なくとも、特定のカテゴリー、ジャンルにおいては、そうなる。

こうした人物が集い、独自の情報がプールされるターミナルのごときものになっていたのが、僕が挙げたような有力輸入盤店だった。こうした店に勤務する人々がつかんでいる情報は、ごくごく普通に、日本のいかなる音楽専門メディアよりも、その精度と鮮度が、桁違いに高かった。なぜなら、こうした店はその性質上、インポーターをとおして、あるいは、レーベルと直接、コンタクトをとりつづける必要があったからだ。「荷動き」をとおして、つねに「生産者」側とコミュニケートしつづけなければならなかったからだ。注文書に書かれている事柄、レーベルの担当者がふともらした情報——それらはこの上なく「新しく」「生々しい」世界の音楽シーンの動向、その一断面を産地直送で伝えてくれるものだった。

これらの情報は、ときには、店員が手書きするリコメンド・カードとして、お客へと再配信された。なかには間違いもあった。バンド名など固有名詞の発音というのが、最大の難関だったろう。しかし、それでもなお「いま、世界中の音楽シーンの先端でなにが起こっているのか」それを知りたければ、足を使い、時間を惜しまずに「いい輸入盤店」を回っていくのが、最も効率がよかった。このころの僕は、パッケージ化されたニュース番組かドキュメンタリー映画の速報を手にとるような意識で、つぎからつぎへと「輸入盤の新譜」を買いつづけていた。

そのうち、このルートに〈マンハッタン・レコード〉と〈ダンス・ミュージック・レコード〉が加わるようになった。おそまきながらヒップホップを知ったため、旧譜を大量に買う必要性も生じてきた。また、ヒップホップを聴くと、そのソースとなったレコードにも、どんどんと食指が動くようになってくる。

そんなふうにして、何時間もかけて、渋谷のあっちへ行き、こっちへ行きして、僕はレコードを買いつづけた。新宿もよく歩いた。新譜だったらアルタのなかにあった〈CISCO〉、そして小滝橋通り沿いの〈ラフ・トレード〉が二大拠点だった。旧譜となると、その小滝橋通り沿いに、それこそ膨大にターミナルはあった。ロック全般、レゲエ、そしてときには、ヒップホップの掘り出し物も発見することができた。僕はレコードばかり買っていた。このころ、多くの人がそうしていたように。

そして、これらの「ターミナル」のどこにも、フィッシュマンズはいなかった。

正確に言うと、きっと当時の〈タワーレコード〉にも、フィッシュマンズのCDは入荷していたはずだ。しかし、このころの〈タワー〉では、邦楽CDの売り場は、二階フロアの四分の一ぐらいの面積しかなかった。面出しされているものはあまりなく、そのほとんどは背だけをこちらに向けて、まるで公立図書館の蔵書のように棚にささっているだけだった。そんな棚には、フィッシュマンズも、あったのかもしれない。

しかし輸入盤店に勤務する人々、こうした情報ターミナルに身を置いている人々の耳に、フィッシュマンズがほとんど届いていないだろうことは、明白だった。そしてそれは、僕にとってとても不満なことだった。

なぜなら、僕はレコードを買いつづけるにあたって、自分への言い訳をいろいろと用意していたのだが、その最たるものが「ラジオで使うかもしれない」だった。実際、渋谷でその日に買ったものを、深夜にエアプレイしていることも、ままあった。

しかし、そんなレコードを中間点として、僕と「さしむかい」で坐っている佐藤という男、彼と仲間が精魂込めて作っているはずのCDが、「僕がレコードを買っている場所」では、ほとんどまったく、知られていないのだ。「街のなか」に、フィッシュマンズがいないように思えたわけだ。これは、ゆゆしき問題だった。CDをヒットさせるとかいった話とは、まったくべつの次元で、べつの価値軸で「これは、どうにかしなければいけない」と、このころ僕は強く思い始めていた。

レコード店は「街」にある。街には、いろんなものがある。いろんな人、その人それぞれに「関係がある」店や場所と、「関係がない」店や場所が、混在している。いろんな人が、いろんなふうに歩く、それらの線や面が無数に交差し、重なって、渋谷なら渋谷という街の、そのときの文化体系というものが、結果的に、立体的に生み出されていく。

つまりこれが、いわゆる「ストリート」から生じてくる文化や風俗というものだ。大手企業や、大メディアからのトップ・ダウンではなく、「川下」から水平的に広がっていくもの――つまり九二年あたりの「焼き畑」でも、まったくのひと焦げもしなかった文化体系が、街のなかにはあった。街で生きる人々、そこを行き交う人々が、手渡しで、お互いの表情を見ながら、日々育みつづけた文化的ネットワークがあった。僕が知るところでは、渋谷にも、それは濃厚にあった。

どうにかして、そこに「フィッシュマンズ」という存在を知らしめることはできないものか、と、このころから僕は、考え始めていた。ひとまずこれを、仮に「よけいなおせっかい」シリーズと、ここでは呼ぼう。

僕の「よけいなおせっかい」第一弾は、下北沢の〈ZOO〉というクラブに、フィッシュマンズを出演させることだった。これは、この年、九三年の冬から春ごろに、実現したはずだ。

このころ、僕は〈米国音楽〉誌の一員として、〈ZOO〉で月いちのレギュラー・パーティをおこなっていた。九二年の終わりごろ、同店で〈米国音楽〉創刊前夜祭を開催させてもらった。かつてザ・ドロップス（ドラムス以外のメンバーが全員女性という形態では日本初のスカ／ロックステディ・バンドだった）の初代ヴォーカルだった堀口麻由美が〈米国音楽〉のプロデューサーだったのだが、彼女は学生時代から同店の山下直樹店長と知り合いであり、その線から〈米国音楽〉と〈ＺＯＯ〉の縁が生まれた。件の創刊前夜祭は——たぶん、ゲストＤＪをつとめてくれた小山田圭吾の人気もあって——とても多くのお客さんが入った。そのとき山下店長に「レギュラーでパーティをやらないか」と声をかけてもらい、それからは、毎月第四日曜日、午後三時から午後十時まで、イベントをやることになっていた。このような妙な時間帯になった理由というのは、創刊時の〈米国音楽〉に名誉編集長として起用した小出亜佐子の「夜おそくなるのはきつい」との意見を尊重した結果だった。そんなわけで「昼クラブ」とでも呼べるような体裁となった。それは〈米国音楽 BallRoom〉という名のイベントだった。

〈米国音楽 BallRoom〉では、小出、堀口、そして僕という、同誌にかかわっている者がＤＪをやり、また、かならず毎回、バンドを入れて、ライヴ演奏をしてもらうことになっていた。ここにフィッシュマンズをブッキングしようと、僕は考え、実行したわけだ。

僕の記憶では、出演料は、なかったはずだ。最初から「払わない」と決めていたわけではない。「払えたら、払う」という方式だ、ということは、あらかじめ僕の口から佐藤に伝えて、了承を得ていた。そこから始まった話だった。

山下店長のユニークなところは、〈ＺＯＯ〉で開催されるそれぞれのイベント、パーティについて、収益性を重視していない、ように見えるところだった。もちろん「まったくどうでもいい」わけではなかっただろう。しかし彼が最も大事にしてたのは「そのイベントやパーティの意義」だった。山下店長の目からみて、それが「意義深い」ものだと思えれば、音楽ジャンルは問わず、ＤＪやバンドの力量は問わず、一夜を——あるいは、ひとつの午後を——まかせる。その際にもし赤字が出たら、店が責任を持つ。これが〈ZOO〉の基本方針だった。

つまり、このころすでに世間にはいっぱいあった「ライヴ・ハウスのハコ貸し」といったものとは、まったく逆の姿勢をとっていたのが〈ZOO〉だったということだ。「ハコ貸し」の場合、これは金銭的リスクをすべて主催者側が抱えることになる。店側は、どんなにお客さんが入らなくとも、とくに損害はこうむらない。ゆえにライヴ・ハウスというビジネスは、軌道に乗りさえすれば、なかなかつぶれない。「ライヴをやりたい」と願うバンドや、その仲間たちが、つぎからつぎへと「お金を払って」ライヴ・ハウスというスペースを借りてくれるわけだから。まるでそれが大規模なカラオケ・ボックスであるかのような、こうした「ハコ貸し」は、〈ZOO〉では一切やっていなかったはずだ。逆に言うと、演る側にとっては「敷居が高い」店でもあった。

赤字の場合のリスクはないとして、では、黒字の場合はどうなるか。〈ZOO〉においては、店にきちんとした利益が生じないかぎりは、ギャラも出なかった。そのような、明快なシステムが構築されていた。入場料収入のみならず、その日にどれだけのドリンクが販売されたかもちゃんと集計して、それにのっとって、一定の比率に沿って、主催者側に利益配分がおこなわれることになっていた。このシステムを説明するための、非常に細かい表を、僕は山下店長から、何度かもらった。

そして〈米国音楽 BallRoom〉では、しばしば、ギャラがほとんど発生しないことがあった。お客さんの入りが悪くなかったとしても、とにもかくにも「ドリンクがはけない」イベントだったのだ。お客さんのタイプが「あまり飲むほうではなかった」のかもしれない。あるいは、そもそも「そんな時間から、飲む気にはなれなかった」人が多かったのかもしれない。なにしろ、クラブの外では、まだ陽が高いような時間帯からやっていたわけだから。

〈米国音楽 BallRoom〉では、ギャラが出た場合は、〈ZOO〉の方針にしたがって、民主的な方法で、出演者全員で分割していた。「人数で頭割り」だった。たとえば、DJが合計で四人いて、バンドのメンバーが六名だったら、それぞれがギャラの総額の十分の一をとる、という発想だ。ギャラがなければ、とるものもない、ということだ。

これを僕は、佐藤に伝えた。彼は「うん。いいよいいよ」とのことだった。

しかしこれは、そもそも常識的に考えて、メジャー・デビューしているバンドに、ワンマンでクアトロ公演をできる能力のあるバンドに、提示していい条件ではなかったはずだ。とはいえ、僕としては、普段の〈米国音楽 BallRoom〉の出演者と、まったく同じコンディションで出てもらうのでないと、意味がないと考えていた。「特別あつかい」するのは、筋が違うだろう、とも思っていた。

そこのところを、佐藤は瞬時に理解した、ということなのだろう。ほぼ二つ返事で、彼は出演を快諾した。「いいねえ、〈ZOO〉かあ」と、彼は喜んでいたようでもあった。そして佐藤は、僕にこうも言った。

「〈りぼん〉には、俺のほうから、言っとくから」

そう。このころから僕には、「本人とおし」という、悪いくせがつき始めていた。

筋道から言うと、これは、とてつもなく、よくない。よくないのだが、「佐藤がそう言うのだから、いいか」と、僕はそこに甘えた。このあとも、なにか佐藤に頼みたいことがあるときは、じつにしばしば、僕は所属事務所を飛ばして「本人に電話」した。だいたいにおいて、〈りぼん〉との交渉というよりも、こっち側だけですべてを決めたあとの報告は「俺がやっとくよ」と佐藤が言うのだった。

僕が佐藤の電話番号を知ったのは、いつのことだったのか。おそらく、ラジオの仕事が始まってからだったのだろう。ラジオ番組にからむ、打ち合わせとか、伝達事項とか、なにかあった際には、僕は彼に電話をかけていたはずだ。

そこから派生して、「興味あるなら、やらないか？」と、ときどき僕は、佐藤を誘うようになっていた。そして、僕が誘って、彼が乗らなかったことは、一度もなかった。打率十割だった。ということは、僕が考えていた「よけいなおせっかい」シリーズというのは、あながち「よけい」でもなかったのかもしれない。

　フィッシュマンズ初の〈ZOO〉出演は、まずまずの成功をおさめた。残念ながら、お客さんはあまり入らなかった。百人を超えると息苦しくなる店内が、半分埋まったか、どうか。おもにこれは、宣伝の問題だったのだろう。〈米国音楽 BallRoom〉の宣伝方法というのは、ただひとつ「レコード店などにフライヤーを置く」だった。このときも、同じようにした。つまり、僕が最もフィッシュマンズの存在をアピールしたかった「街のネットワーク」のなかに、フライヤーという形で情報を発信したわけだ。しかしそれは、いまひとつ、「そのネットワークのなかにいる人々」の多数を、吸引することはできなかった。

　とはいえ、このとき僕が最も嬉しく、達成感があったのは、フィッシュマンズのライヴにかんして〈ZOO〉の山下店長ならびに、お店のスタッフみんなの反応がよかったことだった。この日のプログラムが終了したあと、ひとりのスタッフが、僕にこんな言葉をかけてくれた。彼はすこし興奮した口調で、こう言った。

「いやあ、フィッシュマンズって、えれえいいバンドじゃないっすか！」と。彼はつづけて、こうも言った。「これまでは、こう思ってたんですよ。『軽いレゲエに、清志郎みたいなヴォーカルが乗っかったバンド』って。でも――」でも「現物」は、そんな先入観をはるかに超えるものだった。とてもすぐれた「ライヴ・バンド」だった、と。

　こうした声が生じることこそ、僕がまず最初に望んでいたことだった。〈ZOO〉というターミナルで、「フィッシュマンズの実力」を認めさせること、これはひとまず、達成することができた。それがこのときの、最大の成果でもあった。

僕にとって〈ZOO〉とは、学校のようなものだった。明文化された校則があったり、教師がいたりするわけではないから「自由学校」みたいなものだろうか。「敷居が高い」この店には、錚々たる顔ぶれのDJや、クラブ・オーガナイザーが、くつわを並べていた。瀧見憲司さんの〈ラヴ・パレード〉を始め、〈ブルー・カフェ〉、〈ガレージ・ロッキン・クレイズ〉、〈チェック・ユア・マイク〉、そして〈LBまつり〉……そのほか、まさに多士《たし》済々《せいせい》であり、ちょっとした梁山泊のような趣だった。

　このころ、街の輸入盤店などのまわりにいくつもあった、小規模なネットワークのなかでも、その文化的強靭度が最も高い人物や小集団のいくつかが、日替わりで〈ZOO〉に登場していた——そんな印象だった。僕にとって、そこでレギュラー・パーティをおこない、DJをするということは、とても学ぶことが多い体験だった。なにより、山下店長以下、店のスタッフのみんなは、「錚々たる顔ぶれ」のイベントを、日常的に体験しているわけだ。そんな彼らの前でレコードをプレイし、自分たちが選んだバンドに演奏してもらうというのは、いい意味での緊張感とともに、背筋を伸ばし、毎回毎回なにかのトライアルをおこなっているものであるかのように、僕には感じられていた。

下北沢南口商店街の、ほぼ中間点あたりに〈ZOO〉はあった。〈ミスタードーナツ〉の向かい側のビルの地下一階、ちょうど商店街のゆるやかな坂が、そこで折れ曲がるような地点だった。「気」の流れが渦を巻いて、滞留するような地形が下北沢であり、なかでも「通りが折れ曲がる」〈ZOO〉のあたりは、各種のエネルギーがぶつかりあって、干渉しあうポイントなのだ、という話を聞いたことがある。そのせいか、いろんな噂話も耳にした。店内で刺された人がいる、という噂。日本刀を片手に渋谷の「チーム」が攻めてきたことがあり、そのとき以来、裏口の扉はいつも施錠されている、という噂。幽霊を見た、という噂もいくつかあった。DJブースのレコード置き場のあたりで、落ち武者の生首を見た、という突拍子もない噂話もあった。「気の流れ」の特異ポイントであるということなのか、〈ZOO〉のエントランスでは、その受付の頭上のあたりに、簡単な神棚のようなものがあり、お供えものの水がいつもそこにあった。

そして、この〈ZOO〉こそ、「渋谷系」のゆりかごのような場所だった。

「渋谷系」というものを、僕が最初に認識したのは、いつのことだったか。

最初に目にしたときのことは、よく憶えている。それは九三年の、二月あたりのことだ。

その日の僕は、できたばかりの〈米国音楽〉0号を、ワン・オー・ナイン・ビルにあった〈HMV渋谷〉に納品した。納品先は、一階の邦楽フロアだった。当初僕は、これに少々不満があった。なぜならば、〈米国音楽〉0号では、メイン記事となっていたのが、アメリカのインディー・バンド、ビート・ハプニングの特集だったからだ。であるなら、地下一階の洋楽フロアに納品すべきではないか、そっちのほうが売れるのではないか、と僕は考えていた。邦楽の情報なんてほとんど載ってはいなかった。あるとすれば、小山田圭吾が原案と主演をおこなった写真漫画が載っていたぐらいだった。

その写真漫画とは、センター街を美女とデート中の小山田が「チーム」の連中にからまれて、あわやというところで懐からヘアムースを取り出すと、すさまじい勢いで泡を噴出させて難を逃れる、という内容だった。彼がフィーチャーされた資生堂の雑誌広告をパロディにしたような、つまりは冗談記事だった。

編集部の堀口に言わせると、〈HMV渋谷〉に営業した際、邦楽コーナーのバイヤー氏が「じゃあ、うちで置きましょう」と言ってくれた。だから、そこに置くのがいい、とのことだった。そして僕は、売れるのかね、そんな場所で、と思っていた、ということだ。

しかし蓋をあけてみると、「売れるのかね」どころではなかった。

邦楽売り場では、その日、ピチカート・ファイヴのヴィデオが、モニターから流されていた。そして狭い売り場内には、小柄な少女たちが、十数人ほどはいたはずだ。記憶のなかでは、彼女たちはみんな、ベレー帽をかぶり、首にはスカーフを巻いていたような、そんな印象がある。

売り場のレジ・カウンターで、そのバイヤー氏に、僕は納品をした。梱包用の茶色いハトロン紙を破り、彼に〈米国音楽〉0号を手渡した。彼はすぐさま、それをカウンターに置いて、販売を始める。すると店内にいた少女たちが、つぎからつぎへと〈米国音楽〉を買っていくのだ。CDを手に、レジへと向かっていた彼女たちが「じゃあ、ついでにこれも」といったふうに、得体の知れないミニコミもどきであるはずの〈米国音楽〉0号を手にとって、ほかのものといっしょに決済していく。そして、そんな人の流れが、止まらない。まるで、できたてのパンをつぎつぎに主婦が買っていくかのように、納品したばかりのインディー雑誌が売れていく——そんな現象を目の当たりにしたのは、僕は初めてだった。

そして、これが「渋谷系」と呼ばれるものだった。

この〈HMV渋谷〉の一階邦楽売り場の責任者であり、僕の納品伝票にサインしてくれた髪の長い男性が、バイヤーの太田浩さんだった。彼がリコメンドするものは、僕が見たときのように、ここでは売れていく、とされていたことを僕は知った。そしてこのあとすぐに、邦楽売り場は大きく拡張された。そこで「太田リコメンド」を受けた商品は、すなわち、「渋谷系」の称号を得たものだ、と周囲からは見なされる、とのことだった。

では「目」ではなく、「耳」ではどうか。

最初に僕が「これが渋谷系というものか」と実感させられた音は、〈クルーエル〉からリリースされた、ラヴ・タンバリンズのデビュー・シングル「チェリッシュ・アワ・ラヴ」だった。九三年の四月ごろだろうか。これを僕は〈TOKYO FM〉のスタジオで聴いた。『アザラシアワー・ニジマスナイト』の放送が終わったあと、その日の昼間に僕が〈ZEST〉で買ってきた7インチ・シングルを、スタッフのみんなで聴いた。佐藤の姿が、このときどこにあったのか、僕は思い出せない。彼は先に帰っていたのだろうか。少なくとも、その場にはいなかったのだと記憶している。

ディレクターの横田さんと〈メディア・レモラス〉宣伝ディレクターの山本玲彦《あきひこ》さんが、そこにはいたはずだ。山本さんは、「フィッシュマンズをめぐる、キー・パーソン」のひとりでもある。彼の話は、のちほどしよう。

放送局用の、がっしりした大型レコード・プレイヤーにセットされた7インチから流れてきたのは、まさに「清新なるサウンド」そのものだった。山本さんの感嘆したような表情と、横田さんが目を閉じて、眉根を寄せ、一心に聴き込んでいる表情が印象的だった。「いい音、してますねえ」と、横田さんは言った。

もちろんそれは、模造品の音、だったのだろう。ふくよかなるオールド・タイム・ソウル・ミュージックを模倣したもの、だったのだろう。しかし、その「怖いもの知らず」な感じ、若々しく、みずみずしく、はつらつとした音楽的表情は、見事なまでに、その場にいた全員を一瞬で魅了した。

かつて日本においては、ブルーズやソウル音楽は「一生をかけて追求しても、自分のものにできるかどうか」といった音楽の典型例とされていた。これはこれで、もっともな意見ではあったろう。真摯な態度だ、とも言える。しかし悪くするとこれは、硬直した姿勢を生み出してしまう原因とも、なる場合がある。たとえばそれは、こんな感じだろうか。「昨日や今日、目覚めたような奴が、ソウルを語る資格はない」といった――。

そんな観点からしてみれば、このラヴ・タンバリンズのシングルなど、お笑いでしかなかったはずだ。ぽっと出の若いやつが「ソウルのまねごと」をしただけのもの、というか。しかし、ネガティヴな観点由来のフィルターを何枚かぶせられたとしても――どれほど執拗に「それ」をかぶせられたとしても――この音の核心にある圧倒的な生命力を、覆い隠すことなどできなかったはずだ。そこから生じた若く清冽な精神が、その波動が、すべてのものを刺しつらぬくかのごとく、すさまじい光量で四方八方へと発散されていた。それがラヴ・タンバリンズの「チェリッシュ・アワ・ラヴ」だった。

言うなればそれは、まるでソウル音楽に挑戦を始めたころの、若きポール・ウェラーのようだった。そしてもちろん、デビュー当時のフィッシュマンズが「レゲエ」に挑んだときのようだった。

フィッシュマンズは「レゲエを利用して」東京にしか生まれ得ないポップ音楽を作ろうとした。それと同様に、「大好きなソウル音楽」を媒介に、やはり「東京という街」と「そこで生きる自分たち」の像を投げかけることができるような、新しい音楽を生み出そうとする、新しい世代がここに台頭しようとしていた。

そして、この世代によるこの運動は、多くの支援者にも恵まれていた。たとえば、「レゲエの魂がない」などと言われてしまったデビュー当時のフィッシュマンズとは違い、ラヴ・タンバリンズは、登場の段階から、数多くのシンパによって、メディア上で応援をされていた。たとえば〈オリーブ〉のようなファッション誌、街に根ざした雑誌の編集者やライターたちが、こぞってラヴ・タンバリンズを推しているかのような印象だった。これは単純な話、そうした編集者やライターが、ラヴ・タンバリンズや〈クルーエル〉が活動していた街の領域、ネットワークと同じものを共有していた、ということのあらわれだったのだろう。〈ZOO〉に遊びに行ったり、〈ZEST〉や〈CISCO〉で輸入盤を買っていた人たちだったのだろう。

ここで起きていたことの核心は、ひとことで言いあらわすことができる。それは、「レコード好きが音楽を作り始めた」時代だった、ということだ。おそらくこれは、欧米の音楽シーンにおいては、六〇年代ぐらいから普通のことだっただろう。音楽に「やられて」しまって、レコードを聴くことに没頭して、そして、そこから得た滋養をもとに「自分たちの音楽」を作ろうとすること――しかし日本では、このときが歴史上初めてのことだった。街のなかで「欧米だったら普通のこと」が、息づき始めていた。

音楽専門雑誌は、完全に出おくれていた。メジャー・レコード会社の広告費を念頭に、記事作りを進めるのが普通のことだった彼らは「バンド・ブーム」期には、大いにうるおった。しかし、この「渋谷系」の初期には、まったくの蚊帳の外に置かれていた。インディペンデントなレコード・レーベル、インディペンデントなレコード店、そして、インディペンデントな「個人」による、水平結合的な連帯から、「渋谷系」と呼ばれるものは発生していった。そして〈HMV渋谷〉の太田さんという強力な援軍を得て、このゼロ地点から、ものすごい勢いで、全国区へと広がっていくことになる。

そんななか、僕は「よけいなおせっかい」の第二弾を企画した。それを僕は、また佐藤に直接オファーした。今度の企画は、第一弾のときよりも、さらに無茶なものであったと、僕は思う。

それは、こんな話だった。

〈米国音楽〉のつぎなる号、第一号にはフロクとして8cmCDを付けようと思っている。これは初めての試みなのだが、そこにフィッシュマンズも、参加してみないか？――というものだった。

またしても佐藤は「おっ、いいねえ」と応えた。「じゃあ、新しいのを、一曲録るよ」と言った。しかしこれは、元来は、なにをどう考えても、滅茶苦茶無理なオファーだったはずだ。

メジャー契約をしたバンドだ、ということは、まず、彼らがレコーディングした音源は、基本的にそのすべてが例外なく「契約したレーベル」の所有物となる、という前提を持つことになる。CDの「原盤」――つまりマスター・テープは、制作費を出資した者の所有物となる。これがレコード・ビジネスの原点だ。そして「お金を出す権利を有する者」を、あらかじめ限定する、ということこそが、契約の肝要な点となる。つまり「専属的な契約」というやつだ。

こうした専属性は、レーベルだけではなく、マネジメント事務所や、バンドの楽曲そのものの管理を担当する音楽出版会社とも、それぞれ結ばれる。だからそれぞれの会社が「原盤」に出資する、という場合も、日本においてはある。そうしたときは、その出資比率によって、CDの売り上げから利益を分配する。そのときの商品とお金の流れは、レーベルによって管理される。

音楽出版会社に対しても「専属」となるわけだから、フィッシュマンズの名のもとに、あるいは、佐藤伸治の名のもとに書かれた楽曲は、例外なく「特定の音楽出版会社」に預けられねばならない。その会社が、依託された楽曲の著作権収入などを管理する。

ざっとこんなものが、「メジャー契約」をしたバンドの、版権面での概要だ。

であるから、ごく普通に考えると、なんだかよくわからないインディー雑誌の「フロクCD」ごときに、原盤やら、楽曲やらを提供できる余地というのは、契約上まったくない。しかも、もちろんこのときも、僕は佐藤に「ノーギャラだから」と、最初から言っていた。

しかしこの件は、実現することになった。佐藤が乗ってくれた、というのが起点だとしたら、そこに〈メディア・レモラス〉の山本さんの推しがあって、「特例」が認められることになったのだと僕は記憶している。

この「特例」は、こんな枠組みとなった。

フィッシュマンズは、新しい楽曲を書いて、それをレコーディングする。

その楽曲と原盤は、通常のとおり、契約にのっとった形で管理される。

それを「宣伝目的」で〈米国音楽〉に貸し出す。

貸し出しにあたっての、対価は「なし」。

フレキシブルというか、なんというか。よくもまあ、こんな「特例」を、関係者全員が納得してくれたものだ、と思わざるを得ない。しかしこれは「僕のわがまま」や「佐藤のわがまま」を、みんなが聞き入れてくれた、ということだけではなかったはずだ。〈米国音楽〉をとおして〈ZOO〉や〈HMV渋谷〉があるフィールドへ、そのネットワークのなかへ、フィッシュマンズをアピールしていくことが必要なのだ、と、関係者のみんなが判断してくれた、ということのあらわれだったのだろう。

僕の頭のなかにあったイメージは、海外の「ファンジン」にフロクとしてよく付いているフレキシ・ディスク（ソノシート）と同じことをやってみること、だった。これには先例があって、スタッフの小出が学生時代からやっていたファンジン〈英国音楽〉では、フレキシをフロクとした号があった。フリッパーズ・ギターの前身であるロリポップ・ソニックの音源が収録されていたものもあり、これは五百部程度しか刷られていなかったせいで、当時、渋谷の中古レコード店での買い値は、十数万円程度にはなっていたはずだ。それと同じことを、CDに置き換えて、僕はやろうとしていたわけだ。

もともと僕は、〈米国音楽〉を〈英国音楽〉のリニューアル・ヴァージョンとしてとらえていた。「ファンジン」の発想と手法を、より洗練された技術で再現して、世に問おうと考えていた。洋服における「セレクト・ショップ」のようなコンセプトとでも言おうか。「自分たちが、責任をもって推せるものしか載せない」というのが、最大の方針らしい方針だった。できるかぎり手広くなんでも載せて、そしてレコード会社からの広告収入に依存するという、一般的な音楽専門雑誌とは、百八十度逆の地点から始まったものが〈米国音楽〉だった。

最初の0号は、初版は三千部だった。多くの知人、または業界内の友人から「それは、馬鹿だね」と言われた。三千部をなめてんじゃないよ、とあからさまに言う人もいた。ついこないだ大手出版社が創刊した、なんとかいう音楽専門雑誌が、三千部刷ったのに全然売れず、二号かなにかで廃刊になった、という話も聞かされた。

たしかに僕は、モノを作ることだけを考えていたので〈米国音楽〉の0号には、当初、なんの流通経路もなかった。一店一店、レコード店を回っては、モノを見せて「置いてくれませんか」と訊いていくことから始めた。〈HMV渋谷〉の太田さんのところで、そうしたように。

その〈米国音楽〉0号は、モノができてから一か月も経たないうちに、三千部を完売した。急いで二千部を増刷したのだが、それもどんどん減っていった。そこで第一号は、五千部スタートとすることにして、念願だった「フロクCD」を付けることにした、というのが、この時点の話となる。もちろん「雑誌にCDが付く」ということも、パソコン雑誌などを除けばほとんど例がなかったせいで、危惧する声も周辺では多かった。商品をお店まで送る途中でCDが割れるのではないか、とか。しかし〈米国音楽〉がそれを毎回恒例のこととして以降、数多くの模倣者が出ることになった。

ラディカルといえばラディカル、前例がないといえばない、なにも考えてないといえばそのとおり――そんなようなことを、このころ僕は、盛んにやり始めていた。〈米国音楽〉の仲間たちとともに。

そんなところから出てきた「妙なオファー」について、〈メディア・レモラス〉の山本さんが理解を示してくれて、さらには会社に対して推してくれたというのは、理由があった。彼はもともと「こっち側」の人だったからだ。

山本玲彦さんは、フィリップスというバンドのドラマーだった。山本さんは、五人組時代のフリッパーズ・ギターで叩いたこともあった。正ドラマーの荒川康伸が所用でライヴに出演できなかったとき、サポートとして代わりにドラムスを担当したのだそうだ。

この件をねたに、山本さんをからかいつづけていたのが、だれあろう、佐藤だった。彼はよく、番組放送中に、こんなことを言っていた。

「おっ、あそこにいま、元フリッパーズ・ギターの人がいるなあ」などと、金魚鉢の外を見ながら言うのだ。「俺らの宣伝ディレクターってさ、元フリッパーズだから」とか、くっくっ、と笑いながら。もちろん山本さんは、いつもそれを嫌がった。本当に困った表情をして、顔の前に立てた手をぶんぶん振りながら、違う、違う、やめて、やめて、と、分厚いガラスの向こうで口を動かしていたのだが――それが面白かったのか、佐藤はこの冗談を、しつこく何度も口にしていたはずだ。

ともあれ「渋谷系以前」の時代から、そのネットワークのなかにいた人が、山本玲彦さんだった。それゆえに、「そこにアピールした場合の効果」を、しっかりと考慮してくれた、ということなのだろう。

さらに言うと、この山本さんこそが、〈ヴァージン・ジャパン〉時代に、「フィッシュマンズと契約しましょう」と会社に進言した人でもあった。そして彼こそが、フィッシュマンズのファースト・アルバムと、セカンドの時点で、制作ディレクターをつとめた人でもあった。〈ヴァージン〉が〈レモラス〉になり、人事異動があったとき、制作から宣伝に動いて、それで『アザラシアワー・ニジマスナイト』に付いてくれるようになっていた、という経緯があった。

山本さんがいなければ、フィッシュマンズはデビューしていなかったかもしれない。さらには、このフロクCDの話も、いくら佐藤がやりたがっても、できなかったかもしれない……そんな重要人物を、佐藤は「元フリッパーズ」などと、からかっていたというわけだ。そして、山本玲彦さんのお兄さんが、山本ムーグ、つまりバッファロー・ドーターの黒一点ＤＪだった。山本玲彦さんを通じて、佐藤と僕は、このすこしあと、山本ムーグと出会うことになる。

このフロクCD用の楽曲のレコーディングは、五月二十九日におこなわれた。この日付けには意味がある。なぜなら、この前日まで、フィッシュマンズは『ネオ・ヤンキーズ・ホリデイ』の制作をおこなっていたからだ。たしか、マスタリングが終わった翌日というのが、この二十九日ではなかったか。これもまた、「よくもまあ」こんなスケジュールがとおったものだ、と思わずにはいられない。『ネオ・ヤンキー〜』のレコーディング中の佐藤が、いかに「ぴりぴり」していたか、すでに僕は書いた。どうやら僕は、そんな状態だった彼をつかまえて「フロクCDに曲をくれないか」とやっていた、ようだ。そして佐藤は、「ぴりぴり」しながらも、この案に乗ってくれたわけだ。じつに不思議な話ながら。

このフロクCD用のレコーディングは、〈現音舎〉でおこなわれた。ラジオ番組の制作を業務としていた同社には、防音されたスタジオがあり、マイクロフォンがあり、ミキシング・コンソールがあり、エフェクター類があり、オープン・リールの2インチ幅のアナログ・マルチ・トラック・テープレコーダーがあった。つまり、レコーディングに必要とされる機材と設備が、その基本的なものは、すべてそなわっていた。これは当然といえば当然のことで、電気式のレコーディングというものは、そのほとんどすべてが「ラジオ放送用」に開発された技術の流用から始まったものだからだ。グランド・ウィザード・セオドアがスクラッチを「発見」する何十年も前から、ラジオ制作者たちはレコードをターンテーブル上で逆回転させていた。曲の「頭出し」をするために。

さらに〈現音舎〉には、ラディックのドラム・セットまであった。赤茶の木目模様のシェルが美しい、ヴィンテージ・ドラムだった。ギター・アンプ類もあった。このスタジオを、ほぼ無償に近い形で使わせてもらって、レコーディングはおこなわれた。

僕が間近で見た、フィッシュマンズのレコーディングというのは、どうだったか。

「早いな」というのが、まず第一の感想だった。ほかのプロフェッショナルなバンドと比べてどうなのか、というと——これはのちに知ったことなのだが——「のろい」場合もあった、らしい。が、この日は時間が限られていたせいか、とてもスピーディーに「さくさく」といった感じで、録音は終了した。

興味ぶかかったのは、そのあとだった。この日のレコーディングおよびミキシング・エンジニアを担当していたのが、ZAKだったからだ。フィッシュマンズを語る上で欠かすことができないキー・パーソン、そのナンバー・ワンと言えば、まず彼を挙げるべきだろう。『ネオ・ヤンキー〜』は、そのZAKが初めて録音とミックスを担当した一枚だった。そして、このころ、フィッシュマンズのライヴにおいても、その魔人じみた異能を、ZAKは発揮し始めていた。

フィッシュマンズのライヴに、ZAKがいる。この状態こそ、のちに「最強のライヴ・バンド」と彼らが呼ばれるにいたった、その明確な出発点だった、と言っていい。およそバンドがライヴ演奏をしている空間で、あれほど自由自在に「ダブ」サウンドを現出させられるエンジニアは、国際的に見ても、かなり希少だ。たとえば佐藤のヴォーカル、そのワン・センテンスの語尾が、一ミリのずれもなく、ショート・エコーとして増幅されて、どんどんと大きくなっていって、それが宙に溶けようとしたその瞬間、スネア・ドラムのワン・ショットがすべての残響を断ち切り、そして今度は、そのショットが増幅を繰り返して……といったようなことが、一曲のなかで、何度も何度も起こるのが「ZAKがライヴ・エンジニアリングしたフィッシュマンズ」だった。この両者の最も初期のカップリングがおこなわれていた時期が、このころだ。フル・アルバムとしてはバンド初のセルフ・プロデュース作となった『ネオ・ヤンキー〜』において、フィッシュマンズが「彼らの音のすべて」を託した男こそ、ZAKだったというわけだ。

ZAKの手つき、というのが、僕は強く印象に残っている。たとえばライヴで、ミキシング・ブースに坐ったまま、あまり動かないエンジニアというのは、よくいる。あらかじめ調整は済ませておいて、本番中は、なにかトラブルでもないかぎりは、「坐ったまま」ときどき手を伸ばして、コンソールのつまみを、ちょこっとだけいじる、といったようなありかた――これと真逆に位置するのが「ZAKの流儀」だった。

彼はまず、坐らない。坐っているときもあったのだろうが、僕は憶えていない。つねに立っていて、ミキシング・コンソールの上に覆い被さるような前傾姿勢で、そして「動く」。つねにその両手が、あっちへ伸び、こっちへ伸びして、そこらじゅうのスイッチやフェーダーやノブなどを、ちゃっちゃちゃちゃっちゃと、調整しつづける。残像が見えるかのように、まるで手が八本ぐらいあるかのように、間断なくそれはつづけられる。遠目に見ると、それはまるで、音に没入して、踊っているかのように。

この日のZAKのミキシングも、ライヴ中のそれの再現のようだった。録音されたマルチ・トラック・テープを回しながら、ちゃっちゃちゃちゃっちゃと、動きに動く。と、それに合わせて、ときに音が大きく揺れ、こだまして、「ダブ」が生み出される。僕が突っ立っている目の前で、空気のなかに、複雑で立体的な響きが突如として湧き上がり、そして、舌にのせたアイスクリームのひとかけらのように、すーっと溶けて散る――どれほど控えめに表現したとしても「かっこいいったら、ありゃしない」と、膝を叩かざるを得ないようなものこそが、ミキシング・アーティストZAKの妙技というものだった。

さて、彼がそうやって華麗な技を連発しているあいだ、フィッシュマンズのメンバーは、なにをしていたのか?

「あり得るべきミックス・ダウンの風景」というものは、きっとこんな感じだろうか。バンド・メンバー全員が、ZAKの両脇でミキシング・コンソールの前に陣取って、ああでもない、こうでもないと、首を振り振り、意見交換などする……常識的に言って、まあそんなものだろう。

しかし、このとき、フィッシュマンズは、スタジオ内にいなかった。メンバーのだれひとりとして、いなかったのだ。ZAKが奮闘している、そのあいだじゅう、ずっと。

バンドの録りが終わった瞬間、佐藤はZAKに「じゃあ、あとはよろしく」というようなことを言って、スタジオを出て行く。「おう」とそれに応えたZAKを尻目に、ほかのメンバー全員も、スタジオを出る。それから彼らは、休憩したり、コンビニエンス・ストアに行ったりしていたようだ。そしてミックス・ダウンが終わったころ、ZAKがスタジオのドアから顔を出して、みんなを呼ぶ。「できたでー」と、まるで、子沢山家庭で夕食を作っていたお母さんのように。

それからメンバーのみんなは、首を揃えて、ZAKのミックスを聴く。神経質そうなのはZAKひとりで、ほかの連中は全員、楽しそうな表情をしている。佐藤も、おっいいねえ、かなんか言っている。と、そんな感じで、レコーディングの全行程終了。

さすがにこれは「どういうことか」と、僕は思った。ZAKによる「ダブ」ミックスがおこなわれたわけなのだから、録られたときの印象とは、当然ながら、その全体像はかなり違ったものになっている。にもかかわらず、まるで他人ごとであるかのように「いいねえ」と、いまこの僕の目の前で微笑んでいる男は、これは佐藤なのか？　なにかというと、ぴりぴり、ぷるぷるする、「俺の音楽に口出すんじゃねえ」的な態度の専門家とも言えるような、あれと同一人物なのか？

そこで僕は、佐藤に訊いてみた。

「ミックスが終わったら、こんな感じに仕上がるって、わかってたわけ？」と。

うん、と佐藤はうなずいた。話はそれで、終わった。

とはいえ、いくら佐藤が「うん」と言ったからといって、こんな仕上がりを、あらかじめ予測することは不可能であるように、僕には思えた。であるならこれは、佐藤およびメンバー全員が、ZAKに対して「無条件の信頼を寄せている」ということだろうか、と僕は想像した。「録りが終わったら、あとはZAKの仕事」とでもいうような。バンドとしての音を鳴らしたあとは、ミキシング・アーティストZAKの独壇場で、彼の感覚でミックス・ダウンされたものこそが、「新しいフィッシュマンズの楽曲」の完成品となる、というのが、彼ら全員の統一見解として、すでに固まっていることであるかのように、僕には感じられた。

佐藤はZAKのことを、彼の本名にちなんで「松っちゃん」と呼んでいた。まっちゃん、まっちゃん、と子どもっぽく呼んでいた。ZAKは「なんや、佐藤くん」と、大阪弁で応えていた。たとえば、虚無《こむ》僧《そう》の格好で仕込み杖でも握ってもらえば、そのまま座頭市の好敵手役ぐらい演じられそうな、ちょっと凄みのある風貌のZAKと、基本的に「ぽよよん」としたフィッシュマンズの相性というのは、とても良いように思えた。「頼れる兄貴分」といった風格をそなえたZAKは、フィッシュマンズにとってなくてはならない助っ人というか、用心棒のようにすら見えた。

この日レコーディングされた曲は「BANANAMELON」と名付けられた。名付けたのは、僕だ。締切が近くなっても佐藤が曲名を決めなかったため、「バナナ、バナナ、メロン、メロン、かじって」と歌っているから、じゃあ「BANANAMELON」でいいじゃないか、という具合に押し切った。KUSUKUSUの曲名みたいでいいじゃないか、と僕が言うと、佐藤は、ああ、とか、ふん、とか、曖昧に応えていて、こうなった。

しかしこれは、彼の意には沿っていなかったのかもしれない。ライヴで演奏されるときは、これは「Thank You」という曲だとされていた。もしくは、著作権処理上の配慮だったのかもしれないが。

フロクCD用に録られたこのヴァージョンは、長らくエクスクルーシヴ状態だったのだが、〇五年に発売されたベスト盤『空中』には収録されている。暗いメロディのレゲエ小品で、「静かに暮らそうぜ」「今は何もする時じゃないよ」というフレーズなど、来るべき『ネオ・ヤンキー〜』のイントロダクションといった趣もあるナンバーだった。

果たせるかな、この「BANANAMELON」は、〈米国音楽〉第一号のフロクCDに収録された四曲のうち、読者ハガキの反応によると、一番の人気曲となったようだった。

〈米国音楽〉の同号が店頭に並びきったころ、夏がやってきた。そして、「ネオ・ヤンキー」たちの季節がやってくる。

「いかれたBaby」の話をしよう。

これはアルバムに先立つ六月十八日に、8cmCDシングルとして発表された。アルバムからの先行シングル・カットというやつだ。

もしどこかで、「あなたにとっての、フィッシュマンズの楽曲トップ・テンは？」というアンケートがあったとしよう。アンケートを集計して、その結果をもとに「フィッシュマンズ・ナンバーの人気ベスト・テン」を決めたとしよう。

そんなとき、間違いなく、トータル・ランキングのトップ・スリーに入るだろう曲のひとつは、この「いかれたBaby」に違いない。なおかつ、この曲を選んだ人々のアンケートを仔細に見ていったならば、そのうちの少なくはない人が、これを「ベスト・ワン」として挙げていた――そんなことすら、あり得るようなナンバーだと僕は考える。だれもが愛する人気曲であり、そして、本当にとんでもない、桁外れの名曲がこれだ。

この曲について、最初に僕は、茂木欣一の口から概要を聞いた。

その日は『アザラシアワー・ニジマスナイト』の放送日だった。しかしレコーディングの都合だか、なんだかで、佐藤は欠席していた。彼の代打として番組にやって来たのが茂木だった。この時点で僕は、フィッシュマンズのニュー・アルバムの音を、まだなにも聴いていなかった。だからまさに興味津々で、茂木の話を聞いた。

茂木いわく、先行シングルとなる一曲は「とてつもなくいい曲」なのだという。彼は目を伏せて、軽くうつむいて、首を振り振り、こう言った。

「いやー、ほんっっっっっとぉぉぉに、いい曲なんだよ！」

　このとき僕の頭のなかには、まだ「100ミリちょっとの」が印象強く残っていた。あれこそが、ああいった方向こそが「フィッシュマンズが生み出すべき名曲」の、最も効果的なものに違いない、という思い込みがあった。そこで、そう訊いてみた。

「なになに、『100ミリ〜』みたいな感じなの？」

「そういうんじゃ、ないんだなあ」

「……サビがドーンとしてて、フックがばりばりで、とか」

「そういうんじゃ、ないんだなあ」

　茂木はにやにや、にやにやしながら、前のめりになった僕を軽くいなすように、そう繰り返すだけだった。そういうんじゃあ、ないんだよなあ、の一点張りで。

「じゃあ、どういう曲なの？」

「そうね、おそい曲で。ちょっとヒップホップみたいなリズムで……」

　そう言われても、こっちはとんと、イメージが湧かない。それまでのフィッシュマンズの楽曲の特徴を、ざっと頭のなかで検索してみても、当てはまるような例は思いつかない。ヒップホップだって？と、僕は困惑したような表情をしていたはずだ。

　そんな僕の表情は意に介さず、ほーっ、と息を吐きながら、じつに嬉しそうに茂木は言うのだった。

「ほんと、佐藤さんってさあ、すごい才能だと思うよ！」

「……で、なんていう曲なの？　曲名は」

「うん？　『いかれたBaby』！」

「なにそれ？　キャロルみたいじゃん」

「うんうん、そうなんだよねえ」

まったく話が嚙み合わない。茂木は相変わらず、感嘆符と微笑みをたたえたままで、それでその話は、終わった。

ほどなくして僕は、実際に自分の耳で、この曲を聴くことになった。そして、茂木が言っていたことが、そのまんま全部、この一曲に当てはまることを実感することになった。

これは「おそいレゲエ」であり、ヒップホップ的なループ・ビートであり、そしてキャロルでもあって、じつにこんなものは、僕はそれまでの人生で一度も聴いたことはなく、もちろん、こんなものをフィッシュマンズが生み出すことなど想像したこともない、そんな一曲だった。

フィッシュマンズに驚かされたことは、多々あった。新しいアルバムが出るたび、予想もつかないような飛距離で進化していたり、それまでの成功方程式をすっぱりと捨てる——か、忘れている——ようなモード・チェンジをおこなうことも、よくあるバンドではあった。しかし僕は、こと「驚く」ということで言うなら、このときが、一番驚かされたかもしれない。

なにしろ、この「いかれたBaby」の前のリリースは、犬の絵を描いたパネルから顔を出していた「Walkin'」だったのだ。あれから、この「いかれたBaby」まで、たった四か月しか経っていない。こんな飛距離を、あらかじめ予想できていた人間なんて、いるわけがない。まるで半ズボン姿で洟《はな》たらしてアイス食ってた小学生男児が、一夜明けたら、リーゼント姿でバイクにまたがって「乗ってけよ」と女の子に声をかけていた、とでもいうような、そんな常識はずれの大ジャンプが、ここで発生していた。

この「いかれたBaby」最大の特徴をひとことで言うと「シンプルだ」ということにつきる。曲の構成も、アレンジも、歌詞も、シンプルきわまりない。そう、「不自然なまでに」シンプルなのだ。

サウンド面では、ハカセのキーボードだけが、陰に日なたに、印象的なフレージングでヴォーカル・ラインをバックアップしている。それ以外は、全部リズム。柏原のベースが、「もうひとつの主旋律」

として、情感と意識の流れをリードしていく、という作りだ。どう分解しても、歯がゆいぐらい、この構造は「単なるスウィート・レゲエ」の骨法でしかない。そんなことは、これまでのフィッシュマンズも、最初から試みようとしていた。では今回は、なにが違うのか？

その答えは、ここにはもう「骨しかない」ということだろう。スウィートなレゲエの骨法「だけ」を、自分たち流に鳴らしてみる、という一点「だけ」で、ほぼこの曲は、でき上がっている。にもかかわらず、それが「親しみやすく」また「聴かせる」ものになっているわけだ。まさに「骨組みだけ」にして、かぎりない広がりと豊かさを、骨と骨のあいだに、その向こう側に感じさせられるような一曲こそが「いかれたBaby」だった。

こうしたナンバーは、なかなか、狙ってできるものではない。たとえばこんな状況下なら、「偶然に」生まれ落ちる可能性もあるのかもしれないが。

七〇年代のジャマイカはキングストン。映画『ザ・ハーダー・ゼイ・カム』のような状況。悪のプロデューサーに搾取されて、多くのミュージシャンが食いつめて、終わっていく。あいつは死んだのかまだ生きているのか。あいつはなあ、古い拳銃を片手に、一攫千金を狙って銀行を襲ったんだ。そして星になったのさ。あんな男だったが、あいつの残した曲には、そりゃあスウィートなスウィートなラヴ・ソングが、一曲だけあって……といったようなときに、「あったかもしれない」ようなタイプの曲が、「いかれたBaby」なのではないか。明日をも知れぬ身、だからこそ今日のことしか考えずに、ただただ量産するかのようにレコーディングしたもののなかに「たまたま」残るかもしれないようなもの。数をこなしていくうちに、無用の夾雑物《きょうざつ》が、どんどん沈殿していって、最後の最後に残った上澄みの片隅で、ぴかっと光っているもの……およそ常人が「骨だけ」の名曲を手にできる瞬間というのは、こんなぐらいのものなのではないか、と僕は想像する。

しかしどうやら、佐藤は、フィッシュマンズは、そんなものを「狙って」やり遂げたようなのだ。東京に住む、ごく普通の、常識的な青年たちが、そんな大それたことを――レゲエが根づいているロンドンにおいてすら、こんな例は、滅多にあるものではないのに。

そして、歌詞だ。「いかれたBaby」の歌詞は、これはまた、本当にすさまじい。佐藤がここで、なにを「どんなふうに」書いたかを見ていくことで、このナンバーの性格がいかなるものであるか、よく見えてくる。

構造的には、佐藤伸治作詞術の黄金律に、すべてのっとっている。しかし問題は、その「言葉密度の低さ」だ。これが、只事ではない。たとえば「100ミリちょっとの」と比較すると、その低密度ぶりがよくわかる。あっちが優秀な高校三年生の語彙だったとすると、この「いかれたBaby」は小学校低学年か、あるいは、かなりもの忘れがはげしくなった老人のようですらある。サウンド同様、「引き算」のかぎりをつくして、意図的に「簡単な言葉」だけで、歌世界を完成させようとしている。それがどういう世界かというと――言うまでもない。「愛の世界」だ。

フィッシュマンズの楽曲で、「ラヴ・ソング」として分類できるものは、これ以前にもいっぱいあった。それらと「いかれたBaby」をわかつ点は、この曲には「愛しかない」というところだ。「人が人を愛している」という心の状態のみを、この歌詞は描き出そうとしている。フィッシュマンズ初の、徹頭徹尾、純度百パーセントのラヴ・ソングこそ、この「いかれたBaby」なのだ。

ではなぜ「純度百パーセントのラヴ・ソング」の歌詞を、僕は「すさまじい」などと評さねばならなかったのか？　それはこの「いかれたBaby」が、少なくとも日本における、常識的なラヴ・ソングの歌詞というものの基準から考えると、じつに奇妙で、あまりにも特殊なものとなっていたからだ。

特殊性の第一は、この歌世界においては、どこにどんな恋愛関係が、どんな感じで存在していたのか、一切わからない、ということが挙げられる。「一切わからない」ように、意図的に書かれている。具体性が「まったく」ものの見事に、ない。

たとえば、まず、主人公の「僕」が想いを寄せている「君」についての描写が、ほぼ「まったく」ない。外面的な描写だけではなく、いっしょになにをしたとか、どこへ行ったとか、これも、ない。主人公と「君」の接点が、現実的になにかあったのかどうかも、じっくり見ていくと、かなり、あやしい。「僕」の片想いであったとしても、成り立つような詞かもしれない。「魔法を投げた」のも「僕の見えないところで」投げたのだし、「そんな気がしたよ」とまで言っているのだから、これはつまり「はっきりしてはいない」ということだ。素敵な君のことを、窓の外からいつも、じーっと見つめていただけの男の主観の歌だとしても、これは成立するだろう。

さらによく見ていくと、「君」の存在そのものも、かなり、あやしい。たとえば、こんな状況すら、当てはまってしまうだろう。

この「君」は、いままさに、世を去ろうとしている。そんな「素敵な君」へ、万感の想いを込めて、語りかけているような光景。あるいはすでに世を去った「素敵な君」を、葬送しようとするときの歌――そんなことすら、成り立ってしまうような内容である。なるほど「この世のものではない」君であれば、「夜のスキマにKiss」を投げる、なんてことも、できるのかもしれない。

つぎに「僕」だ。「悲しい時に　浮かぶのは」「悲しい時に　笑うのは」――こう繰り返されているところに注目したい。この「僕」は、ひとまずここでは「悲しい時」の話しか、していないのだ。「楽しい時」にどうなっているのかは、一切わからない。そもそも、そんなときがあるのかどうかも、わからない。

ここで見えてくるのは、かぎりなく「ゼロ水準の地点」に近いような場所にいる「二人」の姿だ。社会的な立場や、人間的生活を維持するに足るような資産なり背景なりといったものがほとんど見えないような状態。あらかじめ、それらを全部はぎ取られたかのような裸の状態で、この「僕」と「君」は、歌世界のなかへと登場してくる。

そして、この「僕」の心の動きから、またひとつ、奇妙なものが見えてくる。どうやらこの「僕」という人物には、「君」のことを思い浮かべたとしても、それによる「ご利益」らしいものが、なにひとつ、ほんのひとかけらも「ないらしい」ということだ。この点が「いかれたBaby」の特殊性の、第二だ。

たとえば「君のことを思い浮かべると、僕は強くなる」とか、「前向きになれる」とか、「悲しい気分がふっとんで、明るい気持ちになる」といった、思い浮かべた結果「僕」が得ることになるだろう「ご利益」について、まったくの一語ですら、この歌のなかで触れられてはいない。また言外に、「ご利益がありそうだ」と感じさせられるような箇所すら、ものの見事に一切ない。

これはとても奇妙なことなのだ。少なくとも「日本語のポップ・ソング」におけるラヴ・ソングとしては、きわめて変わっている、と言うほかない。「ご利益」の話が一切出ない、なんて。なぜならば「それを歌うもの」こそが、日本語のラヴ・ソングの基本型だったからだ。このときすでに、そうなって長かったからだ。

一般的な日本語のラヴ・ソングなら、ここでかならず「ご利益」の話を出す。「愛していたら、こんなご利益がありました、どうですかみなさん？」と歌うような、内容となる。つまり平たく言うと、およそ日本語で「恋愛をあつかった歌」の大半は「愛している自分（＝歌の主格）について」歌ったものでしかないのだ。歌詞世界のなかで最も重要視されるのはつねに「君を想っている状態にある（あった）自分自身のこと」でしかない。だからそこでは「素敵な君」のいとおしさや、「君を想う気持ちそのもの」の尊さよりも、「それが自分にとって役に立つのか？（＝ご利益があるのか？）」といった点が、まずなによりも重要視されることになる。

そんな歌の歌詞が「愛のストーリー」を歌っているわけはない。「自分語り」をしているだけだからだ。自慢話かもしれない。「ご利益があった」ということにかんして、他者からの承認を求めているだけの「僕ちゃん」の歌だからだ。つまりこれらは「自己愛の歌」ではあるのかもしれないが「他者への愛」をテーマとしたものでは、まったくない。しかしこの構造こそが、「ラヴ・ソング調の日本語の歌」の典型例にほかならない。

なぜそうなるのか、いろんな理由が考えられるだろうが、まず最大のひとつが「他者」というものを認識することが、ことのほか苦手なのが日本語を使う日本人だから、ではないか、という仮説は成り立つ。「恋愛」とは、自分ではない「他者」に対しておこなう心の動きにほかならないからだ。「I」と相対した、任意の「YOU」とのあいだにのみ、起こりえるものだからだ。

英語における「I」について、考えてみよう。自分自身が「I」であり、「それ以外の世界中全員」が、たったひとつの「YOU」という言葉で、言いあらわせる。「I」で表現できる範囲のみが「自分」であって、それ以外はすべて「他者」なのだ。そんなとてつもなくでっかい他者全体のなかから浮かび上がってきた、たったひとりの「YOU」と、「I」は、恋愛という関係をとりむすぶことができる、場合がある。「I」と「YOU」のあいだに「LOVE」という架け橋をかけることができる、ことがある。この架け橋がありさえすれば、「I」が愛する「YOU」だけは、「他者全体のYOU」から切り離されて存在することになる。少なくとも「I」の胸のうちでだけは、そうなる。

そしてここに「LOVE」についてうたう歌、というものが存在できる余地が生まれる。「I」の胸のうちから、特定の「YOU」に向かって伸びていく、心理的な「架け橋」について歌うものこそが、最も原初的なラヴ・ソングなのだ。「だれかを想うこと」そのものについて歌うものこそが、ラヴ・ソングの原型なのだ。

こうした例は、洋楽においては、まさに枚挙にいとまがない。いま僕の頭には、ミラクルズの「Ooh Baby Baby」が浮かんだ。テンプテーションズの「My Girl」が、つぎに浮かんだ。モータウンにかぎらず、ソウル・クラシックスには「原初的なラヴ・ソング」が、じつに多い。たとえば六〇年代を舞台としたアメリカ映画で、恋人どうしが寄り添って静かに舞うように踊るとき、その背後で流れているような音楽、とでも言えばいいだろうか。レゲエにも、もちろんそういった曲は、とても多い。

佐藤伸治がここで目指したのは、おそらくそんなタイプの曲だったのだろう。「僕が君を愛している」という「心の動き」そのものを、描くこと。「心の動き」だけを最小限の言葉で描き出すこと。その際に邪魔になるようなもの、誤解をまねきかねないようなものは、すべて排除した上で、「架け橋」のことだけを、歌おうとしたのだろう。

また、技術に自信さえあるならば、「最小限の言葉」だけで歌詞を書くというのは、面白い効果を期待することもできる。なぜならば、「最小限」のまわりには余白が広がることになるからだ。ゆえに聴き手側が自主的に想像力を働かせて、余白を埋めていくことも期待できる。枠線だけの絵を前に、塗り絵のように色を付けていくような行為、とでも言おうか。歌と聴き手の関係性が、一方通行の「歌いっぱなし」ではなく、もっと双方向的で、さらには立体的なふくらみが生じてくるようなものとなることすら、可能だ。

ではここで、そんな「余白を埋める」方法論にしたがって、もう一度、「いかれたBaby」の「僕」について、考えてみよう。想像力を広げてみることで、この「僕」の存在の本質へと、迫ってみよう。この「僕」とは、一体全体、どんな人なのだろうか？　いろんな例が当てはまるとは思うが、前述のジャマイカン・ギャングなんか、わりとぴったりくるのでは、と僕は思う。警官に撃たれて、いまや虫の息となっているような男が、かすんでいく意識のなかで「素敵なBaby」を思い浮かべる。そのとき、ほんのすこしだけ、彼の口元がゆるんで……といったようなシーンにも、十分に当てはまるような気がする。

いままさに死んでいくということがわかっている男が当てにできるような「ご利益」など、この現実世界には、ほとんどないはずだ。つまりそこにおいて、彼のなかにある「君」へと伸びる「心の架け橋」というものは、きわめて高純度な「無償の愛」と呼べるものに、かなり近くなっているのではないだろうか。宗教的とも言っていいようなレベルにまで、達しているのではないだろうか。

この「宗教的」という観点は、佐藤自身、意識して書いていると思えるフシがある。純粋な愛について考えると、それは絶対的な存在へと祈りを捧げることと、相通じるものがあるなあ、と、彼は気づいて、それを詞のなかに折り込んでいるように見える。「人はいつでも 見えない力が 必要だったりしてるから」という一行が、まずそれにあたる。そして、「君」が投げる「見えない魔法」というフレーズが、ここに呼応している。

どうやらこの「僕」は、「窓の外に光る星空」が見えたとき、君の魔法のせいかなあ、と思ったりしている——そんな奴であるようだ。そして彼は、すでに気づいている。そんな心の動きは、あまりにもロマンティック過ぎて、まるで神や聖母について想像しているようでもあり、当然のことながら、いかにもそれは浮き世離れしている、と。現世的な損得勘定からは、きっぱりと切り離されていて、なんの関係もないのだなあ、と。

そして、そんな「僕」は、佐藤いわく「いかれて」いるのだという。恋に浮かされ、愛に浮かされて、「君」を想うばかりで、現実から切り離されてしまっているのだから、たしかに「いかれて」いるというのは、言い得て妙だろう。「無償の愛」のようなものを抱えてしまったなら、この世知辛い世の中では生きづらいねえ、ということを、簡潔に表現したひとことだろう。「君」以外の「そのほかのYOU」というのは、どうにも付き合いにくいものだねえ、ということだ。また、そんな「僕」に想われている「君」なのだから、こちらもまた「いかれて」いても、なんの不思議もない。とはいえ、ここの部分——「君」も「いかれてるね」というところ——は、佐藤ならではのやさしさのあらわれであるようにも、僕には思える。佐藤が聴き手へのプレゼントのように用意してくれたキー・フレーズが、「僕も君も『いかれてるね』」という部分なのではないか。

ここで、前出の一行「人はいつでも」というところに、いま一度注目してもらいたい。「僕」の観点から始まった話が、この行でいきなり「人というものは、一般的にそうなのだ」と、一気に広げられている。こうした大振りは、この時点までの佐藤は、まずもって、やるような男ではなかった。「人類一般」について、「そういうものなんじゃないの?」なんてことは、みだりに言う男ではなかった。じつにさりげなく、ここでは口にしているのだが、これは特筆すべきラインだと言えるだろう。

つまりこれは、こういうことを明確に告げているからだ。

「この歌は、あなたのものなんだ」と。この「僕」は、佐藤という歌い手の「I」だけであるはずでなく、聴いた人それぞれの「I」であるべきなんだ、と。「人はいつでも」みんな、ここで歌われているような、とてつもなく純粋で崇高な「LOVE」を注ぐことができる「YOU」を、絶対的に必要としているのですよ、と。「悲しい時」、人生が具合悪いとき、どんなときだって、それは不変なんですよ、ということを──おそらくは、本人かなりこっぱずかしい気持ちをこらえて──書ききったのがこの一行だ。「いかれたBaby」における、「謎解き」のような一行だと言える。

佐藤が書き上げたこの歌世界のなかで、聴き手のあなたは、「僕」に感情移入するかもしれない。そのときは、あなたが愛する人が「君」となる。そして「僕」も「君」も「いかれている」というキー・ワードでつながる。逆であれば、逆の方向で、つながるだろう。自分が「いかれたBaby」だと感じたなら、愛を注いでくれている人が、「悲しい時」にあなたを思い浮かべている「僕」となる。現実世界にいる「僕」と「君」のそれぞれのペアが、「いかれてるね」ということを共有している二人が、まるで佐藤伸治という「いかれた司祭」から祝福を受けるかのように、つぎからつぎへと、やさしく抱きとめられていくような光景を、僕は思い浮かべる。

そして特殊性の第三、なんともはや、巧妙と言うしかないのが、これほど「徹頭徹尾のラヴ・ソング」

であるにもかかわらず、この「いかれたBaby」の歌詞には、ただのひとつも、一語たりとも「愛している」も「好きだ」も、ないのだ!

「僕」が「君」を好いているだろうことは、言葉の端々から、そして甘くやさしいメロディから、痛いほど伝わってはくる。まさにこれが「愛についてうたわれた歌」だということは、わかり過ぎるぐらい、わかる。しかし、どこにも、かけらも、ないのだ。歌詞世界のなかの「僕」が、本当に、心の底から「君」へと伝えたいはずのひとことが。「LOVE」に相当するものが。

これは佐藤が意地悪をしているわけではない。この「欠けたひとこと」は、それぞれの聴き手が、その胸のうちで補完すべきなんだよ、というのが、この曲の構造だということだ。残念ながら、日本語における「愛」という言葉は、英語における「LOVE」ほど、あつかいやすいものではない。気軽に振り回せば、振り回すほど、陳腐化してしまう言葉の代表例ともいえるものだろう。それは言わないから、みんなそれぞれで、やってくれよ、という最後の仕掛けによって、この特殊な一曲は、開かれた形で終了する。


愛という心の動きは、「I」という、それ自体では閉じている存在が「YOU」という他者に向かって開いていく過程を、まず第一に意味する。であるから、古くからポップ音楽の題材といえば、なにはなくとも、最初に「ラヴ・ソング」なのだ。それは、「I」が「YOU」へと開いていって、心の架け橋をかける、という歌の内部構造が、歌い手である「I」が、聴き手である「YOU」へと個別に向き合って、歌いかけるときの方法論と、容易に重ね合わせることができるからだ。このマナーにのっとって考えると、佐藤がやってのけた、この第三の特殊性は、「日本語においては」とても上手く機能した、と言っていいのではないか。

この曲で佐藤がやろうとしたことは、ざっとこんなところだ。「僕」から「君」へと伸びていく「架け橋」について、できるかぎり平易で、シンプルな言葉で描写していくことで、彼はこのナンバーを、リスナーの胸のなかで補完され、そこで画竜点睛されるようなものへと設計したのだろう。「いかれたBaby」を聴いたひとりひとりが、それぞれの個別の事情に沿って、「人を愛する気持ち」を再認識していくこと。そして、ちょっと照れまじりに、「いかれてるね」と、「I」や「YOU」について思うこと……そんなふうにして機能することを、佐藤は期待したのだろう。

さて、そんなところから、「いかれたBaby」こそが「フィッシュマンズのベスト・ワン」と呼べるのではないか、と思える観点が僕にはひとつある。たとえばそれは、こんな感じのときに、ぴったりくるフィッシュマンズ・ナンバーとしては、まさしく「ベスト」なのではないか――「六〇年代を舞台にしたアメリカ映画のように」恋人どうしが寄り添って、静かに舞うように踊るとき。あるいは、「七〇年代を舞台にしたジャマイカ映画のように」抱き合った恋人どうしが、ふらふらと踊るときにも、かなりいい感じで似合う、そんな一曲なのではないだろうか。

およそ日本語で歌われたラヴ・ソングのなかで、こんなふうに受け取ることができるナンバーは、決して多くはない。カラオケで歌って、歌詞のモチーフのなかにある「自己愛の表出」に同化する快楽を提供してくれるものは、いっぱいあるだろう。しかし、フィッシュマンズの「いかれたBaby」は、そうではない。カラオケで歌っても楽しい、かもしれないが、それよりももっと「いい感じ」で機能するときがある。

聴き手のあなたが「自分の胸のなかにある愛」を認識して、目の前にいる「君」と、スローなダンスを踊るとき、すごく「ぴったりくる」一曲であるはずだ。そしてそのダンスは、「自分ひとりで」踊るときよりも、ずっとずっと、心ゆたかなものとなるはずだ。

この「いかれたBaby」がフィーチャーされた、フィッシュマンズにとってのサード・アルバム『ネオ・

ヤンキーズ・ホリデイ』を、僕はとても高揚した気持ちで受け止めた。前作『キング・マスター・ジョージ』は、どう解釈すればいいものか、と、まず最初に悩んだのだが、それとはまったく逆だった、ということだ。ある種これは「フィッシュマンズにとって、第二のデビュー作」と呼べるような一枚だと感じた。

のちによりはっきりとしてくることなのだが、どうやらフィッシュマンズには、その習性として、「奇数枚のアルバムにて、自らを刷新する」かのようなところがあった。新しいアイデアや取り組みを大胆に導入する奇数枚アルバム、そして、それを目一杯発展させる偶数枚アルバム、といったような。そういった点で、『キング〜』における楽曲群のヴァラエティのゆたかさとは対照的に、このアルバムでは、ひとつのシャープな印象で、アルバムの全体が統一されていた。それはとても「ロックっぽい」手触りのものだった。そして、シンプルにして明確な宣言が、そこではおこなわれていた。

その宣言とは、アルバム・タイトルが象徴している。ここの「ヤンキー」というのは、日本語におけるそれの意味だろう。キャロルやクールスのような「いかれた」やんちゃな若者像を、そのまま意味するものだと僕は解釈した。バンドにおける青年期にさしかかったフィッシュマンズが、自らを「新しいヤンキーたち」だととらえて、その夜明けを高らかに告げている、そんな一枚が本作だったはずだ。

もっとも、その宣言の中身はというと――「休もうぜ」ということなのだが。

このアルバムについての、佐藤の発言をここで引いておこう。これは〈ロッキング・オン・ジャパン〉九三年八月号に掲載されたものだ。そしてこれが、僕が同誌でおこなった、最後の佐藤伸治インタヴューとなった。

このころ僕は、佐藤とあまりにも頻繁に顔を合わせていたため、インタヴュアーとしては不適格である、と編集部から判断されたのだろう。一面それは、正しい見方でもあった。お互いの距離が近過ぎるがゆえに、「言わずともわかる」ことが多過ぎた。そのせいで、「手が合い過ぎたプロレス」のようになっていた、というところはあっただろう。

ただ逆に言うと、僕が「インタヴュアーらしくない」というところに、ある意味付け込んで、佐藤が言いたい放題を言う、といったものには、なっていた。佐藤伸治による、とてもはりきった口調のもとでの「青年の主張」が、これだ。

「まあ、27にもなると年なりの曲が書きたくなるっていうかさ。なんか年々、どんどん正直者になってくんだよね。こうやって年とってくるとさ、たとえばなんか邪悪なものがすり寄ってくるとするじゃん？　そうすっと『やめてくれッ！』ってさ（笑）。そんな感じでねー」

――まるで一般論みたいな口ぶりで、特殊なこと言ってますが（笑）。

「そうかな？（笑）」

――「若いころの俺はピュアだったよなあ」とか、年をとればとるほど妥協してくのが普通の人生だって。

「あー……」

――で、そういう佐藤伸治の特殊性、ラジカリズムというのが、すごくわかりやすい形でメッセージ化されてるのが本作なんですけれども。ありますよね、「休もうぜ！」というか。社会の歯車だかシステムだかが動いてるんだったら、そっから「降りちゃおうぜ！」というメッセージ。

「ありますねぇ。とくに〝～サマー・ホリディ〟とかねえ」

――ただそのメッセージの後ろに、いつもなんかさびしげな曲調がある、というのが気になるんですけども。どう聴いても「楽しい夏休み」には聞こえないという。なんでですか。

「あー、話すと大変なんだよなあ……あのさあ、日本っていうのがあるじゃない。うるさいんだよ、とにかく。エゴがきついんだよな、みんな。『人は人、自分は自分』じゃなくって、『自分は自分で、人も自分！』みたいなさ。『俺は女房子供養って頑張ってんだから、お前もシャキッとしろ！』とか。そういうのが多くってさ。『他人には、期待はします』とかっていうのがさ」

──社会全体がそういうものであって、佐藤伸治は日々無言の圧迫感を感じてる、ということ？

「(うなずく)。俺は俺で、ちゃんと責任とってこうやってるわけなんだよね。だから関係ないはずなんだけどさ。だから──『休む』っていうか、『手に入れる』『守る』っていうかね」

──抽象的ですが、自分の人生とか存在とかを守るためのシェルター、みたいな発想ですか。

「そう！　うまいこという（笑）。俺、究極の表現って『黙ること』だと思うんだけどさ。私たちの作戦としては、それを目指してて。長年研究してるんですけど、まあそこには笑いあり涙ありで（笑）……なんかさ、子供だましみたいなもん、多いじゃん。この一商売上手一、っていうか。まあ、子供に合わしてるんじゃなくって、本気でやってあれだけなのかも知れないけどさ。日本で最近聴いてはげまされたのって、ボアダムズぐらいで。息吹感じるのって、あれぐらいでさ。でさ、これは俺のカンなんだけど、ボアダムズって、ああいうノイズ出しながら『黙る』ってことを表現してる気がするんだよね」

「で、俺らが俺らのやりかたで黙ろうとすると、さびしくならざるを得ないっていうか。必要っていうか。人生ってもんがあるわけで、それをまとめて噴出しようとするとき、そんな景気のいいものにはならないんだよね。そのくせ世の中、子供だましが多いからさ。日本ってうるさくって。なんかみんな、人に甘えててさ。(中略) ただ、俺らがこうやってて、それが伝わった人って、すごく強くなると思うんだよね。世の中は変わんないかも知れないけどさ、その人は世の中なんか怖くなくなる、っていうかさ。それで、『自分のことは自分で決めればいいじゃん！』って」

「そこらへんのことがのびのびと、すごく正直に出てる最初のアルバムだよね、今回。だからさ、『なんて恥ずかしい商売なんだろう』って最近、つくづく（笑）。見ず知らずの人から『わかるよお』

とかってのは、まだいいんだ。ウチの親戚とかがさ。『そうかー、伸治ってそうだったのかー』とか言われると、ちょっと(笑)、なんかこう、恥ずかしいよね。でもまあ、青年らしい1枚ってことで」

いくら僕が慣れた相手だからといっても、ここにおける佐藤の「はじけかた」は、尋常ではない。かつては肝要なことはなにも言わず、質問を「かわす」ことだけを最初に考えていたような男だったのが、とても同一人物とは思えないほどの、はっきりとした主張をここでおこなっている。彼がこんなふうになった背景にあるのは、このときの佐藤自身の高揚感だったはずだ。「のびのびと、すごく正直に」自らのなかにある大事なものを、他者にとっても有益なものとして提示できる「やりかた」が、ついにわかったぜ！とでもいうような。

その「やりかた」の最高例は、もちろん「いかれたBaby」だろう。このナンバーは、アルバムの二曲目と、そして最後のトラックとして、計二箇所に収録されている。最後のトラックは、リミックス・ヴァージョンだ。そこにピークを作るという形で、アルバムの全曲は配置されている。アルバムのピークを「純度百パーセントのラヴ・ソング」にまかせておいて、そのほかの部分で自在に動く、という作りだ。

なかでも特筆すべきが、アルバム冒頭の「RUNNING MAN」と、三曲目の「Smilin' Days, Summer Holiday」だ。この二曲で、「最初のピーク」をサンドイッチしている。ここがまず、聴きどころだ。そしてまた、この二曲のような性格の楽曲は、これまでの彼らのレパートリーのなかにはなかった。とくに後者、これはまぎれもない「ロック」ナンバーだと言っていい。

ライヴにおける「Smilin' Days～」は、アルバム・ヴァージョンよりも、すこしテンポ・アップされて演奏されることが多かった。これが鳴り始めるやいなや、場内の温度がぐっと上がるかのような、そんな一曲となっていた。いわゆる「バースト」ナンバーというやつだ。お客さんのヴォルテージが上がって、場合によっては、ジャンプしたり、暴れたくなるかのような、そんな効力を発揮する曲——言うまでもなく、それはデビュー当時のフィッシュマンズからすると、最も「遠い」タイプの楽曲だったはずだ。それが、このアルバムでは、軽々と、高らかに、鳴らされているのだ。

この「Smilin' Days～」と、「RUNNING MAN」の共通項は「特定の感情が喚起されない」ということだろう。このことを説明するために、まず、フィッシュマンズの楽曲におけるエモーション面での特性について、すこし考えてみたい。

前作のインタヴューで、佐藤は「涙ぐむような音楽」を、やっきになって追求している、と言っていた。彼がどういう意図でそれを言ったのか、ということは、ひとまず横に置いておこう。「涙ぐむ」ということの一般的な例について、まずは考えてみたい。

いろんなときに、人は涙ぐむ。嬉しいとき、悲しいとき、涙ぐむ。しかしそれ以外のときにも、人は涙ぐむだろう。腹が立ってしょうがなかったり、情けなくて情けなくて——といった、ネガティヴな感情に支配されたときにも、涙はつきものだ。いわゆる「喜怒哀楽」の四種類に分類される感情というものには、「涙」との密接な関連性がある。

そして我々は、たとえば早朝の通勤電車のなかで、一車両ぶん満杯になった人々の全員が、いっせいに「涙ぐんでいる」ような状況には、遭遇したことはないはずだ。そんなことは普通、あり得ない。たいていの人は、こうした姿勢で日々を過ごしているはずだ——ひとりで「涙ぐむ」ことは、あってもいい。しかし、少なくとも通勤や通学の際には、またべつのモードへと、心の状態をシフト・チェンジしておかなければならない。でないとちょっと、会社に行ったり、学校に行ったり、できるものではないから——ひとまず僕らは、社会的な生活をまっとうするために、「喜怒哀楽」の深い眠りをさまたげないように、慎重なる姿勢で「日常」へと没入することが求められている、というわけだ。

しかしこれとはまったく逆に、健やかに「日常」を遂行していくために利用される種類の「涙」というものも、ある。「癒し」のなんとか、と呼ばれるような小説、映画、アトラクション、教義、もちろん音楽などがそうだ。これらはすべて、いずれ「日常」へと戻ってくることが、その前提として担保されている。つまり、結局はどこへも行かない。行き着くことはない。最終的に「日常」の束縛をより強固にするために、その目的のためだけに、一時的に都合よく利用されるものだ。なにがしかの「涙」が喚起されるような素材が消費されて、そして「あー。泣いた泣いた」とすっきりして、癒されて、また明日から平坦な日常へと舞い戻るための、一見非常に魅力的な品揃えの兵站基地に常備されている娯楽物――それこそが、社会から「安全マーク」をもらった「涙ぐんでいい」アイテムというものだ。

では、それ以外の「涙」というのは、なんなのだろうか。つまり、「安全マーク」がつかないような種類の「涙」とは、なにか。

もちろんこれは、「反社会的なもの」だと言うことができる。「日常」へと戻ってくることができなくなる可能性があるわけなのだから。

ここで「いかれたBaby」に出てきた「僕」と「君」を思い出してもらいたい。彼らはほんのすこし、だがはっきりとした形で「社会からはみ出している」と言えるだろう。一文の得にもならないことに心を吸い寄せられて、夢見ているかのようなことばかりを、言っているのだから。こんな調子のまま、会社や学校で、そつのない毎日を送ることなど、できるわけがない。それを佐藤は「いかれている」と言っていたわけだ。

であるから、ここの「いかれた」奴らとは、とくに危険思想の持ち主とか、犯罪性人格とかいったわけではなくとも、社会という大きな機械を動かしていくときに、その邪魔になるような人間だということだ。すごく消極的な形であったとしても――たとえば、電車のなかで突然、泣き崩れてしまうとか――社会の構成秩序を、意図せずとも紊乱《びんらん》してしまうかのような、そんな奴らだと言える。

そして、そんなふうに人を「いかれた」状態にさせるような心の動き、それそのものを喚起するような音楽……これこそが、佐藤が意固地になっていた「涙ぐむような音楽」なのではないだろうか。

こうした音楽の「効きめ」に気づいてしまった人々は、そして、それが気に入ってしまって、耽溺してしまうような人は、いかにその表面を取り繕っていても、「社会」の側からすると、少々面倒な奴らだな、ということになるだろう。もし社会体制がファシズムであったなら、遠からず摘み取られるようなタイプとなるはずだ。なぜならここで「涙ぐんでいる」ような人たちは、「大きな機械」を動かすことよりも、自らの胸のうちから湧き上がってくる感情をこそ、最優先しているのだから。その感情に飲み込まれてしまったがゆえに、落涙しようとしているのだから。そしてその者たちの「涙」こそ、人間はひとりひとりが「個」であるということのまぎれもない証明、なのだから。


さて、こういった音楽を、あたかもウェルメイドなポップ・ソングの枠組みのなかで実現させようとして、努力を重ねていたのが、これまでのフィッシュマンズだった。ファーストの時点では、なんというか、かなり格好をつけて——きわめて間接話法的に、それをやろうとした。そこからあとは、どんどんと殻がとれていって、ここで「いかれたBaby」に達したところ、ふと目をめぐらせてみると、なにやら「日常を逸脱」したような見晴らしのいい高地で、魔法や星や素敵なBabyに想いをはせている自分を発見した——というのが、この時点の佐藤だったのではないか。

ではさらに、佐藤が当初イメージしていただろう「ウェルメイドなポップ・ソング」でありながら、「涙ぐんでしまう」ような音楽の成功例とは、どんなものだったのか、ここで考えてみたい。

僕の推測では、その例のひとつは、やはり荒井由実ではなかったか、と思う。ファースト・アルバムのレコーディング時にこだまさんが指摘したとおり、佐藤のなかには、かなりの濃度で、あるいは基調低音のように「初期ユーミン」から派生したものが流れているような気がする。

たとえば、荒井由実のファースト・アルバム『ひこうき雲』に収録の「ベルベット・イースター」という曲を聴いてみればいい。僕の耳には、これは、おそろしいほどフィッシュマンズを思い起こさせる一曲だ。まず、ヴォーカル・スタイル。歌詞における、言葉の選びかたと、並べかた。「さびしげ」なメロディとコード。潔癖性めいた、無菌状態であるかのような歌世界のなかに、天上のどこかからすーっと差し込んでくる「ホーリーなる」一条の光……この曲を聴くと、僕の頭のなかでは自動的に、「救われる気持ち」や「頼りない天使」といったフィッシュマンズ・ナンバーが流れ始める。逆にこんな例を想像してみてもいい。セカンドまでのフィッシュマンズ・ナンバー、そのどれでもいい。「もしユーミンがカヴァーして歌ったとしたら」とイメージしてみると、これがまた、とてもぴったりくるものが多いような気が、僕はするのだが。

佐藤伸治にかんして「忌野清志郎からの影響」を指摘する声は、当初より多かった。これもこだまさんの証言として、フィッシュマンズのメンバー全員、「スローバラード」や「雨あがりの夜空に」を、ほぼ完璧にコピーして演奏することができたのだという。とはいえ、忌野清志郎のヴォーカル・スタイルと、佐藤のそれとは、近いものがあるようでいて、決定的に違う点がひとつある。「佐藤はシャウトしない」というところだ。シャウトできなかったのか、しなかったのかは、よくわからない。しかし佐藤は、忌野清志郎のようにシャウトする「ロック・ヴォーカリスト」となろうとは、しなかった。これは間違いない。

忌野清志郎のスタイルとはなにか、というと、やはりそれはオーティス・レディングよろしく「楽曲を引っぱっていくヴォーカル」だ。たとえば「雨あがり〜」で、「いつものように、決めて」と歌われている部分など、ほとんど我々は、忌野清志郎の声しか聴いていない、とも言える（これを佐藤がいかように歌ったのか、とても興味ぶかい）。

佐藤はしかし「引っ張らない」。楽曲を牽引していこうとはしない。あるべきメロディの上に、ひとつひとつの声を乗せていって、それをしっかりと鳴らすような歌いかたをしようとする。たとえば電子オルガンが、鍵盤を押されているあいだ、同じ音を鳴らしつづけるように……平たく言って、これは「ユーミン流」だと言える。パンクやスカを愛好していた、とんがってた少年期の佐藤が、同時に『ひこうき雲』を愛聴していた、と想像すると、これはなかなかに味わいぶかい。彼のなかにある、執拗なる「マッチョイズム」への嫌悪、「自我でどうだあ!というタイプのロッカー」への嫌悪といったものと、「ユーミン好き」という、ある種少女趣味とも言えるような部分は、きれいな相関を成しているようにも思える。

という具合に書くと、なんともはや、佐藤伸治とは複雑な内面をかかえている男のように思えるかもしれないが、それはそうでもない。「ロック精神とアンチ・マッチョ」の両立というのは、とっくのむかしに、実用化されているものだ。たとえば七〇年代前半のデヴィッド・ボウイはその代表例のひとつだろう。佐藤が好きだったT-REXも、そう言えるかもしれない。ボウイは「中性的」なり「宇宙人」なりといったペルソナで、マーク・ボランは「子どもっぽいスーパーヒーロー」と化すことで、そのキャラクターのなかで自我を滅却して、すこぶるつきのアンチ・マッチョなロック・クラシックを量産した。

たとえば、ボウイやボランにとってのシアトリカルなペルソナにあたるものが、佐藤にとっての「レゲエ」だったのではないか。ポップ音楽におけるレゲエとは、まさに「リズム認識の特異点」だ。レゲエを知ることによって、学ぶことによって、パンク以降のUKロックの一部領域は、逆行不能の変化を遂げた。七〇年代の後半に、それは起こった。そして佐藤は、僕と同様、リアルタイムでそれを目撃していたはずだ。ものすごく雑に言うと「『ベルベット・イースター』のレゲエ・ヴァージョン」を、潔癖な男子として歌いきること――それが佐藤にとっての当初目標であり、社会におけるマッチョで全体主義的なものへの反逆だったのではないだろうか。つまり、きわめて「ロック的な」動機のもとに、「ウエルメイド」なポップを目指していたというわけだ。

ところが、それを押し進めていくあいだに、おそらく予想外の変化が起こった。その最大のものは、「フィッシュマンズが、どんどんレゲエをわかってきた」ということだ。演奏力の向上はもちろんのこと、いかなるリズムを、いかにしてメロディと合致させていくか、日々そこから、思いもしなかったようなフィードバックが、佐藤にはあったのではないだろうか。ヒップホップという刺激もあった。そこで、ついに「突き抜けてしまった」、その瞬間を刻印したのが、このサード・アルバムだということだ。

ためしに、今度はこんな例を想像してみてほしい。「いかれたBaby」をユーミンが歌ったとしたら？

……歌えるかもしれないが、これはちょっとばかり、しっくりこない。「そういう歌じゃないんだよなあ」と感じさせられるのでは、と僕は思う。

つまり佐藤がたどり着いてしまったこの地点、彼なりの「涙ぐむような音楽」のひとつの到達点となっただろう「いかれたBaby」こそが、真の意味でフィッシュマンズのオリジナル・スタイルの萌芽だった、ということだ。そしてそれは、前述したとおり「骨だけ」のサウンドと詞が広大な宇宙を形作るスウィート・レゲエとなった。「ウェルメイド」であることなど、大きく逸脱した、ある種これは「異形のポップ・ソング」だった。親しみやすく、だれもが愛するようなナンバーでありながら「ひたりきるのは危険」とでも言うような、一曲だった。つまり、佐藤の長きオデッセイのひとまずの終着駅であり、気づくとその停車場は「思ってもみない場所だったよ」というのが、「いかれたBaby」だったのではないだろうか。

そして、そんなナンバーが形になったということは、バンドに大きな変化をもたらした。これまでの道程において、ずっと課題だったことが片づいた途端に、まったくべつのところで能力を発揮できるようになっていた——ということのあらわれが「Smilin' Days～」と「RUNNING MAN」だったと僕は考える。あたかもそれは、願掛けのためのお百度参りで毎日石段を上っていたら、なんだかとてつもなく足腰が丈夫になってしまったよ、とでもいうような。

この二曲は「特定の感情が喚起されない」と僕は書いた。「涙ぐむような」音楽では、全然ない。そっちのほうは「いかれたBaby」にまかせたから、こっちでは、ちょっと暴れてみるか——といったような感じ、と言えばいいか。「Smilin' Days〜」と「RUNNING MAN」は、喜怒哀楽とは違う地点で鳴っている曲なのだ。涙が湧いてくるような心の動きが生じる「それ以前の段階」、胸の奥底でとぐろを巻いている、なんと形容していいか本人ですらわからないような、意識下のエネルギーのごときカオスに、直接的に作用するような音楽。あるいは、「喜怒哀楽」がいたるところに埋まっている、日常生活という地表の上空数メートルの地点を、ものすごいスピードで滑空していくかのような、そんなイメージを喚起させるナンバーだと言える。つまり、すぐれた「ロック」ソングがそなえているべき魂の高揚力とでも呼べるものが、ここにはある。

たとえばそれは、クラシック・ロックの名曲などに、かならずそなわっているものだ。ボウイなら「サフラジェット・シティ」、T-REXなら「20thセンチュリー・ボーイ」、ローリング・ストーンズだったら「サティスファクション」……これらのナンバーを聴いて、感激のあまり落涙する人はいても、かつて佐藤が言ったような意味で「涙ぐむ」人はいないだろう。喜怒哀楽が現実世界の日常の奥に帰属するものだとしたら、これらのロック・ナンバーは「日常と決別すること」をまず第一にうながすものだからだ。聴き手の首根っこをつかまえて、まず最初に、問答無用で「現実からの引きはがし」をおこなおうとする——とくにボウイなどが典型例だが「現実なんか、知ったことか！」と言うためだけに全精力をそそいだかのようなナンバーが、七〇年代前半のロック名曲には多い。

フィッシュマンズは、突如として、そこに乗り込んでしまったのだ。この二曲で、「ロック・バンドとしての貌《かお》」を、見せ始めることになった。「いかれたBaby」が「涙あふれ過ぎる」ということで日常という地平から離脱してしまったのと同様に、はっきりと、力づよく、ここで彼らは、「現実以上の場所」

へと飛翔してゆくための翼、「ロック」という翼を得たのだ。

そして、この両者を同じアルバムの上で共存させているものが、これも同作で明確になった「フィッシュマンズというバンドのサウンド・キャラクター」だ。これまでの彼らは、どちらかというと「ライヴで再現できる範囲」のイメージをもとにアレンジをおこなっている、という印象が強かった。しかし本作では、サンプリングも多用して「いったい何人で弾いているのか?」「なんの楽器が鳴っているのか?」と思わされるようなサウンドスケープを現出させるようになっている。もちろんそこに「ZAKのミックス」が必要不可欠なものだったことは、言うまでもない。ZAKという心強い助っ人を得て、ここで彼らが鳴らし始めた音こそ、このあとのフィッシュマンズの立脚点となるものだった。

後年のフィッシュマンズは、ある種「怪物めいたバンド」と見なされていたふしがある。サイケデリックで、エクスペリメンタルな「圧倒的なサウンド」で観る者をノック・アウトするバンド、として勇名を馳せた。が、その名が高まれば高まるほど、こんな言われのないことも、ささやかれてしまっていた。

「なんで初期のころは、あんなポップな音楽をやっていたのか」

「後期はいいが、初期のものは、なんだかよくわからない」

「後期にぐっとよくなったのは、『決定的な体験』によって、佐藤が変わったからだ」

デビュー当時のフィッシュマンズに対する、「流した」論評と同様、後期の彼らに対する、メディア上でのこうした絶賛の声も、僕にはなにがなんだかよくわからなかった。

無闇なる賞賛は、まあバンドの得になるかもしれないから、これはいいとして、「わからない」というのは、これは、なにか。「初期のフィッシュマンズ」が、それがなんだったかわからなければ、考えればいい。調べればいい。少なくとも音楽ライターなり、評論家なりといった肩書きを持つ者ならば、メディア上で意見を述べる資格を有する者ならば、それは義務だろう。その義務も果たさずに、なんだか突然「佐藤が覚醒した」とかいった、無根拠かつファンタジックな話でお茶をにごすような風潮は、僕にはとても、不思議なものとして感じられていた。

なぜなら、答えは、ここにあるからだ。

このサード・アルバム『ネオ・ヤンキーズ・ホリデイ』こそ、彼らがこのあと進んでいく方向を指し示したものであり、「あそこまで飛んでいけるぜ！」と、自らの背に生えてきた翼に彼らが気づいた瞬間の、記念碑的一枚だったからだ。

言い換えると、この一枚にいたる足どりなくして、『空中キャンプ』以降のフィッシュマンズは、一ミリたりともあり得ない。また逆に、この『ネオ・ヤンキー〜』で、ここまでの大きな飛躍を遂げていなければ、『空中キャンプ』まで、たどり着けたか、どうか。

佐藤ならずとも、思わず高揚して、「青年の主張」をぶってしまいたくなるほどの、大いなる達成がここにはあった、ということだ。未知へとつづく扉を、ついに開けてしまった、というわけだ。

もちろん、こうなった以上は、いろんな意味で、有形無形の「代償」というものが、求められてしまうことになる。ロックとはそういうものだからだ。「現実とは違う場所」で、芸術を成す、ということは、きわめてリスクが大きいものだからだ。

しかしフィッシュマンズは、「そっち側」に向けて、力強い一歩をここで踏み出したのだった。

『ネオ・ヤンキーズ・ホリデイ』の発売を記念して、あるイベントが開催された。そしてまた、フィッシュマンズは〈ZOO〉に登場した。七月二十五日、日曜日のことだ。

といっても、このときの〈ZOO〉出演は、僕の「おせっかい」からではなかった。〈メディア・レモラス〉の山本さんが進めていた企画の話を聞いて、そこからふくらんでいったものだ。この日の午後、まずフィッシュマンズは、渋谷にてフリー・コンサートをおこなう、とのことだった。そしてバンドは

〈ＺＯＯ〉に移動して、〈米国音楽 BallRoom〉がおこなわれている店内で、二発めのライヴをおこなうというのはどうか、ということになった。渋谷から下北沢へ移動しての、ダブル・ヘッダーだ。

渋谷での会場は、酒井駐車場という場所だった。のちに〈ＧＡＰ〉のビルになってしまう、公園通り沿いの一等地だ。ここに出店などもでて、お祭りっぽい雰囲気でやるのだという。音量規制はもちろんあったろうが、まさに渋谷のど真ん中で、日曜日の真ん中に、フィッシュマンズの音が鳴り響く、という趣向だった。

が、予期せぬ事態がそこに出来した。まだ七月なのに、この年の第一号台風がやってきたのだ。前日より、東京は暴風雨に見舞われてしまっていた。〈米国音楽〉関係者が〈ＺＯＯ〉に入ったときには、地下一階の同店は少なからず浸水していて、お店のスタッフがモップでそれを掃いていた。雨脚は弱くはなっていたが、予断を許さないような状況だった。店長の山下さんだけが「こんなのは、台風のうちには入らないっすよ」と、泰然としていた。九州北部出身の山下さんにとっては、たとえば母屋から離れまで歩けないぐらいでないと、台風という名には値せず、とのことだった。

ほどなくして、「渋谷はなんとかなった」との一報が〈ＺＯＯ〉に入ってきた。ライヴのころには雨もおさまって、滞りなくショウはおこなわれたのだという。彼らが演奏をスタートする直前、見計らったかのように雨が止んだ、そうだ。そしてフィッシュマンズのメンバーが渋谷を撤収して、下北沢まで移動しようとしているあいだに〈ＺＯＯ〉の店内にお客さんが増えてくる。渋谷のライヴを観て、すぐに下北沢まで移動してきた人も多数いたのだろう、どんどんその数は増えていって、前回フィッシュマンズが〈ＺＯＯ〉に出演したときと比べると、二倍以上の客足だろうか。息苦しさがかなりあったから、百数十人は入っていただろうか。

このときのフィッシュマンズのライヴは、すごかった。彼らのライヴは、この前も、このあとも、数えきれないほど僕は観たが、この日のそれは、五本の指に入るものだっただろう。すでに一本ライヴをこなして、身体があったまってたせいか、バンド全員、しょっぱなから、ラウドな音で飛ばしまくる。お客さんとの距離が近いことが影響したのか、佐藤もじつによく暴れる。このころの佐藤のヴォーカルは、初期の不安定なものから格段の成長を遂げて、透明度の高いファルセットを自由自在に使いこなせるまでに進化していた。そして、柏原と茂木のリズム・セクション。これはすでにして、この時点で、日本のあらゆる音楽ジャンルを見わたしたとしても、若手屈指の実力だったのではないか。ときに縦横にリズムを揺らし、ときに力づよく楽曲を推進していく、レゲエ由来の分厚くしなやかなグルーヴが、彼らから発生していた。佐藤をして「日本一低音を出すベーシスト」と呼ばしめた柏原を不動の拠点として、ときにショットのひとつひとつが歌を奏でるかのように叩き出されるエレガントな茂木のドラム・プレイ、この両者が生み出すリズムが、まるでどれほど回してもびくともしない極地仕様車のエンジンのように、フィッシュマンズ・サウンドを下支えしていた。その上で、ハカセのマジカルなキーボード・タッチが走りまわる。小嶋のロック・ギターが吠える。彼がギターのネックをフロアに向けて、お客さんにアピールしている真横で、佐藤が啼《な》く。

後年おなじみとなった「はあーぁ」「ふうーぅ」という、例のあれだ。ロック・シンガーがシャウトするかわりに、マイケル・ジャクソンが「ぽー」と言うかわりに、佐藤は猫がにゃーと言うかのように啼く。「Smilin' Days～」は、この日も演奏された。このナンバーが始まった途端、薄暗い店内の光量が一気に上がったのようだった。そして、ZAKのミックスだ。とかくマイクロフォンがスピーカーの音を拾ってフィードバックしがちな、狭い〈ZOO〉の店内で、いったいなにをどうやったら、あんなことになるのか。すべての音が同時にクリアに聴こえることですら驚きなのに、瞬時にしてそれらの残響が増幅され、引き延ばされて、前へうしろへ、上へ下へと駆け回る。〈ZOO〉の店内に、こんな「ダブ空間」が現出するなど、だれが想像しただろうか。ふと僕が視線をめぐらすと、山下店長以下、お店のスタッフ全員が、かぶりつきでフィッシュマンズを堪能している様子。彼らも、お客さんも、みんなの表情が輝いている。ひとつの光景も見逃すまいと、その目は見開かれ、喜悦と驚愕が同居したような顔々がそこには並んでいた。

結局この日、フィッシュマンズは二時間近く演奏しつづけたのではないか。場内の熱気は文字通り水蒸気となって、それが天井から水滴になって落ちてきて、お客さんも僕もへろへろになったころ、「狂熱」と呼ぶべきこの一夜は幕を閉じた。


このころのフィッシュマンズは、なにも欠けていなかった。なにも失っていなかった。デビュー以来の五人がいた。レコード・セールス的には恵まれているとは言いがたかったものの、着実な成長を遂げ、まさに「青年期」と呼ぶべき、実りの季節を迎えようとしていた。大事なものを、なにひとつなくしてしまうこともなく。

その「黄金時代」は、あっという間に過ぎ去ることになる。輝ける夏の日に青春を謳歌していた「新しいヤンキー」たちのすぐ目の前では、闇夜へとつづく「なにか」が、すでにぽっかりと、その大きな黒い口を開いていた。

第6章
94年1月〜6月 渋谷は燃えているか?

〈SLITS〉／小山田圭吾と佐藤伸治の邂逅
2枚のマキシ・シングル／マリマリ・リズムキラー・マシンガン

熱に浮かされているようだった。流行性の熱病に、罹患《りかん》してしまったかのようだった。フィッシュマンズも、その周辺も、僕自身も、そして、そのころの僕が親しんでいた小さなネットワークも、みんながみんな、そんな調子だった。

あとから考えると、あまりにも多くのことが、多くの場所で、同時進行でおこっていたということがわかる。とはいえその渦中にいたときには、とくにそんなことは考えていなかった。僕だけではなく、多くの人々のそれぞれが、自ら率先して「今度はあれをやろう」などと言っては、「多くのこと」に新たなひとつを付け加えつづける、そんな日々だったのではないか。

僕が預かり知らぬ世界では、このころ「J-POP」という呼称が広がり始めていた、そうだ。「Jリーグ」や「Jビーフ」もそうだが、頭に「J」と付く呼称自体が好きではなかったせいもあり、とくに僕は、それに興味を持つことはなかった。深夜のテレビ番組などで、たまたま目にすることはあったかもしれない。目にしたときのそれは、それがどんな装いの形態であったとしても、ニューミュージックの逆襲と言える歌詞と、歌謡曲の逆襲と言える制作システムにのっとった音楽、としか僕には感じられなかった。

このころだったか、もっとあとだったか。深夜のテレビ番組で、こんなシーンを目撃した憶えがある。TRFという人たちと、電気グルーヴが同じ席に着いて、「ダンス・ミュージックについて語る」とか、そういったコーナーだったはずだ。石野卓球が、かぎりなく不快そうな表情を隠そうともせず、こんなことをTRFに言っていた、はずだ。「で、TRFの名前に入っている『レイヴ』ってさあ。これ、どういう意味なんすか？」と。いらいらと、まるで喧嘩でも吹っかけているかのように、彼はそう訊いて、問われた側はちょっと困ったような表情をして、会話が途絶えて……そんなものを見た、ような気がする。

日本レコード協会の統計によると、音楽ソフトの生産数も、その金額も、この時期はまさに「右肩上がりの天井知らず」だった。九一年に生産数の総計が三億枚を突破。そこから毎年、約三千万枚を積み増していって、九三年には早くも四億枚をも超えてしまっていた。ちなみに、最初に二億枚を突破したのが一九七四年であり、そこから九一年の三億枚まで十七年かかっているわけだから、この時期の上昇曲線の極端さが、いかにすさまじかったかということがわかる。

金額ベースでも、同様の傾向は顕著だった。九〇年の生産金額の総額三千八百七十七億七千万円が、翌九一年には六百億円増となり、四千億円を軽々と突破。九三年には五千億円すら突破していた。一九七〇年の総生産金額である六百五十七億円からみると、これはとても、同じ業界の話とは思えない経済規模だと言っていい。そしてさらに、生産金額ベースで見た場合、九三年のあとも、当分のあいだ、この異常な右肩上がりの曲線はつづいていくことになる。

とはいえ、この曲線には、たとえば僕が支払ったお金などは、ほどんどまったく反映されてはいない。レコードやCDの購入費のほぼ全額を、僕は輸入盤と中古レコードに充てていたからだ。つまり日本レコード協会が把握していたものにプラスして、輸入盤と中古盤の市場もあった、ということだ。とくに前者、輸入盤の販売も、過当競争とも思えるほどの過熱ぶりが、どんどん拡大していく一方だった。この九四年あたりから、〈タワーレコード〉、〈HMV〉ともに、全国いたるところに、ものすごいペースで出店を進めていった。もちろん、都内でも両者の店舗は増えつづけた。七〇年代のアメリカで起きていたようなことが、九〇年代半ばの日本で再現されていったわけだ。

日本経済全体におけるバブル景気はとっくに崩壊していたから、これは妙な話ともとれる。しかし僕の見立てでは、これは「アメリカさんのガイアツ」の結果なのではないか、ということだ。八九年から九〇年にかけておこなわれた日米構造協議において、日本のいわゆる「大店法」——大規模小売店舗立地法は、アメリカの意向に沿って、骨抜きにされてしまった。直接的には日本トイザらスの出店が焦げついていたことのみが当時は注目されていたが、ひとつの象徴的事例をもとに、自らの陣営に将来有益となるだろう体制を構築しようとするのは、交渉術としてはごく当たり前のことだ。つまり〈タワー〉も〈HMV〉も、ここで新たになった体制にのっとって、その余禄を享受できる立場にあったのではないか——と考えると、この急激なる出店攻勢にも説明がつく。そのような背景が、そこにはあったのではないか、と僕には思える。

また日本においては、少なくとも「日本盤のCD」は、公正取引委員会から認可された指定再販商品だった。つまり「店頭で値引き販売はできないが、メーカーに返品はできる」ということだ。輸入盤と比較すると、仕入れリスク、在庫リスクともに、これは極端に低い。かくして、このあとに増えつづけた〈タワー〉でも〈HMV〉でも、その主力商品の座は輸入盤から日本盤へと、急速にシフトしていくことになる。

そうした店舗それぞれで、おそらくほとんどの店頭スタッフや内勤の人々が、その動向を注視していたのが、〈HMV渋谷〉の太田浩さんだったはずだ。彼が「邦楽をどうやって売るか」「なにを売るか」——ここに寄せられる視線の熱量が、日増しに高まっていくかのようだった。拡張された〈HMV渋谷〉一階フロアでは、メジャー・レコード会社の営業マンだけではなく、九四年の後半ごろからは、背広姿の、どう見てもあまり音楽と関係があるようには思えない風貌のビジネスマンを目撃することも増えていった。あれらの人々は、広告代理店の社員だったのか、なんだったのか。「五千億円」産業などという、僕などにはその規模を想像することもできない業種となったせいで、そのお金のせいで、いろんな人々が、「渋谷にはなにかあるらしい」と、太田さんのところに日参するようになってきたのが、このあたりだ。

とはいえ、こと「渋谷系」なるものにかぎって言えば、この九四年の年初あたりは、まだまだ、のんびりしたものだった。「五千億円」には、たぶん、ほとんどなにも、貢献していなかったはずだ。

フリッパーズ・ギターだった二人は、この前年の九三年にソロ・キャリアをスタートさせていた。小沢健二が七月二十一日にシングル「天気読み」をリリース。それに先立つ六月十九日に日比谷野外音楽堂でフリー・コンサートをおこなった。彼の作品は僕にはぴんとこない内容だった。しかし〈ZOO〉の山下店長は、ひとりこう言っていた。「俺はわかるよ。小沢くんがやりたいことは」と。

片や小山田圭吾は、九月一日にシングル「太陽は僕の敵」を発表。コーネリアス名義で活動を再開した。この発売日におこなわれたイベントを、僕は憶えている。渋谷を移動しながら、それは開催された。最初に彼が訪れたのが〈クアトロWAVE〉だった。このころ〈渋谷クラブ・クアトロ〉が入っているビルは、そのすべてがパルコ・クアトロという名の商業施設だったのだが、最上階のクラブと、地下一階を除くすべてのフロアが〈WAVE〉の名のもとに、CDやレコードを販売していた。つまり渋谷に二箇所もの〈WAVE〉があった。まるで東京の若者は音楽ソフトを主食としているのではないか、と思えるほどに、CDやレコードばかりが、大規模に販売されていたわけだ。

この〈クアトロWAVE〉の一階には、〈スペース・シャワーTV〉のサテライト・スタジオがあった。小山田圭吾は、まずそこに出演したのだが、そのスペースのまわりを、若い女性たちが取り囲んだ。百五十人から二百人ほどは、いたのではないだろうか。出演が終わると、小山田圭吾は〈HMV渋谷〉でのイベントのために移動するのだが、合わせてて彼女たちも、まるで民族大移動のようについていく。

「どうせみんな、太田さんのところでCDは買うんですよ」と、〈クアトロWAVE〉のスタッフが、苦々しげにつぶやいていたのを、そのとき僕は小耳にはさんだ。

そして実際、〈HMV渋谷〉では、コーネリアスも、小沢健二も、その両者の作品をとても多く販売したはずだ。とくに前者は「日本全国での総売り上げの一パーセント」にあたる金額を、〈HMV渋谷〉たった一店が稼いでいた、という話を、この時期に僕は、コーネリアスが所属する〈ポリスター・レコード〉の社員から聞いた。

とはいえ、このソロ・デビューの時点では、両者のトータル・セールス枚数や金額は、さして大きなものではなかった。だからこそ〈HMV渋谷〉が「一パーセント」を占められたのだ、と言うこともできる。あくまでもこれは、局所的、突端的なできごとでしかなかった。ある特定層における「渇望」に応えただけのもの、でしかなかった。

繰り返しになるが、その「渇望」の内容について、ここでもう一度書いておきたい。きっとそれは、こんな声なき声だったはずだ。

「洋楽とまったく同じような感覚で聴くことができる、『わたしたちの』音楽」

「『わたしたちの』毎日の生活に密接にかかわりながらも、それ固有の文化的強靭さによって、『目の前の風景を塗り替えてくれる』ような音楽」

「日本的現実に閉ざされ、閉じ込められているような毎日から、『わたしたち』を解放してくれる、水先案内人となってくれるような音楽」

太田浩さんは、邦楽という枠のなかから、そんな音楽をセレクトして、手にとりやすく提示することにおいて、見事なる達人だった。僕の表現で言うところの、「開国」派の音楽、その連綿とつづいてきた流れを、その気になりさえすれば、簡単に一望することができるようなCDが、「太田さんコーナー」には並んでいた。コーネリアスや小沢健二は「期待の新人」だった、というわけだ。太田さんコーナーにおいてだけは。

このころだろうか。僕は太田さんから、こんな冗談ともつかない提案をされていた。「〈米国音楽〉で、小沢・小山田の対談をやってくださいよ」と。「そしたらウチだけで、初回二万部は買い取れるんだけどなあ」と。〈HMV渋谷〉とは、そういう場所だった。

ちなみにこの提案については、僕は乗るべきだと思い、実現させようとした。小山田のほうはあとでいいとして、まずはやはり、小沢を口説くべく、〈米国音楽〉スタッフの小出に頼んで、彼の自宅に電話をかけてもらった。しかし何度かけても「留守番電話で、返事もこない」とのことで、この話はそのまま、忘れ去られた。

ひとまずはこんな感じだったから、渋谷におけるいろんな出来事は、まだまだ全国的には波及するものではなかった。少なくとも、九四年の三月までは。

三月十日、池袋に新しい商業施設〈P'パルコ〉がオープンした。その広告イメージには、「当世風の若者の典型」ということなのだろうか、スチャダラパーが採用された。彼らと並んで、そのヴィジュアルのなかには、なぜか小沢健二もいた。その前日の三月九日、この両者が初めて共演したCDシングルが発売された。それは「今夜はブギーバック」と題された一曲だった。


この熱病の季節、もちろんフィッシュマンズも忙しかった。彼らなりに大忙しだった。それはこんなふうに。

この前年、九三年の十一月から、フィッシュマンズは『De La GELDOF 哀愁の MONDAY』と名付けられたツアーに突入していった。これは、都内のライヴ・ハウスで毎週ショウをやる、というものだった。

この企画については、失礼ながら、僕は個人的に、ちょっと泥臭いのではないか、などと最初思っていた。〈ZOO〉のような場所で、DJとともにバンドがある、というのが、当時の僕には一番しっくりくる形態だったため、そう思ったのだろう。ライヴ・ハウス・サーキットなんて、なんだかバンド・ブーム時代みたいじゃないか、と。

しかしこれが、結果的に、計り知れないほどの成果をフィッシュマンズにもたらすことになった。どんな時代であったとしても、それが「バンド」ならば、ライヴの場数を踏んで、体力と技術を向上させることに勝る価値はなし、という真実を、目の前でまざまざと見せつけられたかのように、僕は感じた。彼らの所属事務所〈りぼん〉の奥田義行社長は、GS全盛期のころから、「バンド」を見つづけ、育てつづけてきた人だったから、オーソドックスかつ、じつはとても「即効性がある」バンドの強化鍛錬法をここで彼らに伝授したのだろう。

実際問題、これはフィッシュマンズにとって、毎週毎週「他流試合」をさせられているようなものだったはずだ。なぜなら、彼らの一大特徴のひとつが「友だちバンドが少ない」ということだったからだ。バンド・ブームのころ、そしてこの渋谷系のころ、そのどちらも、たとえばライヴ・イベントなどは、「友だちどうしのバンド」がいくつか集まって、協力しあって開催される――というのが普通だった。しかしフィッシュマンズには、「友だち」と呼べるほど親しいバンドは、ほとんどなかった。

この点についてては、佐藤に何度尋ねても「友だちと言えるのは、ハバナ・エキゾチカとロッテンハッツ、かな」と、きっぱりとした答えが返ってくるばかりだった。ハバナ・エキゾチカとは、のちにバッファロー・ドーターとなるシュガー吉永と大野由美子が在籍していたバンドだ。ロッテンハッツは、のちにグレイト3とヒックスヴィルに分裂したバンドだ。

こんな状態だったフィッシュマンズが、このツアーで共演したバンドは、エレファントラブ、ホブルディーズ、ピーズ、ウルフルズ、ピロウズ、といった顔ぶれだった。「友だち」どころか、初めて共演するバンドも多かったはずだ。そしてこの企画以外では、大阪で海の幸、Qujila、吉祥寺でピラニアンズ、

九四年の一月には新宿の〈日清パワーステーション〉にてスピッツ、コレクターズ……まさに多種多様なるバンドと、フィッシュマンズは「対バン」を張りつづけた。そしてこの期間をとおして、彼らは見事なる「ライヴ強者」へと変貌していった。

それまでの彼らは、まず第一に「ライヴが不安定」なバンドだった。いいときもあれば、悪いときもある、そんなバンドだった。全体的には、各人の技術も、バンドとしてのアンサンブルも向上をつづけていたのではあるが、それはまさに一歩一歩の小さな前進、とでもいうものだった。そんなフィッシュマンズが「いつもライヴがいいバンド」へと、完全に脱皮することができたのは、この期間の地道な活動が大いに影響したはずだ。二度目の〈ZOO〉ライヴで僕が目撃したような「ゾーン」へと、毎回毎回、その足を踏み入れることができるようなバンドへと、彼らは成長を遂げていった。

そのとりまとめとも言えるかのように、フィッシュマンズは三度目の〈ZOO〉ライヴを一月二十三日におこなった。佐藤がよほど同店を気に入った、ということなのだろう。これは〈米国音楽〉とは関係なく、彼ら自身の企画として開催された。

　このころ〈ZOO〉は改装をほどこされて、〈SLITS〉という名称に変わっていた。改装したのは、前年の年末だった。最も大きく変化したのは、ライヴ用のステージが店内に常設されたことだ。〈米国音楽〉だけではなく、多くのイベントがバンド演奏をおこなうようになり、それに対応したものへと改装した、ということを、新たに「店長」から「代表」になった山下さんから僕は聞いた。

　僕は僕で、こんなふうに忙しかった。毎月の〈米国音楽 BallRoom〉開催。そして〈米国音楽〉の編集・制作・宣伝・販売。この時期の〈米国音楽〉にかんして言うと、どの一冊も「すべて二回はかついだことがある」ということを、僕は自虐的に自慢していた。印刷会社から納品されて、それを集合住宅の二階の自室に運び込む際に「一回」。そこから店舗やディストリビューターに発送する際にまた「一回」。最低でも計二回は、自分自身で持ち上げなければならなかったからだ。

　このころの最大の問題点は、納品に行った先々で、レコードを買ってしまうことだった。ついつい買い過ぎて、場合によっては、納品伝票に書かれた金額よりも、そこで買ったレコードの金額のほうが大きくなってしまうこともあり、そうしたときは、さすがに、悩んだ。

　ラジオもまだつづいていた。九四年の三月いっぱいまでは、毎週火曜の夜は、おなじみの妙な番組をつづけていた。

　毎週スタジオでいっしょになる〈メディア・レモラス〉の山本さんも、忙しくしていた。番組において、彼の手腕が最大限に発揮されていたのが、「外交面」だった。

『アザラシアワー・ニジマスナイト』では、何人かのゲストが来たのだが、それを呼んだのは、ほとんどが山本さんの手腕によるものだったのではないか。「友だちが少ない」バンドがフィッシュマンズだったわけだから、彼の動きは、すなわち、社交面での『De La GELDOF～』のようなものだったとも言える。

印象に残ったゲストの顔ぶれを、ここに書き出してみよう。

ロッテンハッツは、まあ、当たり前に登場した。佐藤も喋りやすそうで、楽しそうだった。スピッツの草野マサムネは、ちょっと微妙だった。佐藤の状態からすると「距離はあるけれども、なんとかスムーズに話ができた」そんな感じだった。ウルフルズのトータス松本は、電話での出演だったか。このころ、フィッシュマンズはもちろん、スピッツも、ウルフルズも、「いいバンドなんだけれども、売れることはないだろう」と、世間から見なされ始めていた。そんな評価が定着し始めたバンドどうしの共感ということだろうか、トータスのしみじみとした語りが僕は記憶に残っている。彼は佐藤に「フィッシュマンズは、ええなあ」と、盛んに言っていた。彼の目から見ると、フィッシュマンズはスタッフが一丸となっていて、バンドにとって理想的な環境があるように思える、とのことだった。「うらやましいわ」と、トータスは言っていた。

トマトスの松竹谷清がゲスト出演したときは、ちょっとした緊張感があって、それも面白かった。僕が見たところ、トマトスの存在は、佐藤にとって小さくはなかったはずだ。というのも、僕はこんな光景を目撃したことがある。とある人物の結婚パーティで、フィッシュマンズが演奏する、ということがあった。なんとこれは「アンプラグド」だった。後にも先にも、アコースティック・セットのフィッシュマンズというのは、これしか僕は見たことがない。このとき、彼らはトマトス・ヴァージョンの「ロック・ユア・ベイビー」を演奏した。ジョージ・マックレイのヒット曲に、松竹谷が日本語詞をつけたトマトスのヴァージョンを、ほぼ完全コピーのようにしてフィッシュマンズがアコースティック・カヴァーしていたのだが、これがじつに様になっていた。たしかこのときの編成は、キーボードのリズムボックスを鳴らして、茂木がボンゴを叩き、小嶋がアコースティック・ギター、ハカセがピアニカ、佐藤のみマイクロフォンを使用——といったものだったはずだ。佐藤が自らのヴォーカル・スタイルを開発していくにあたって、松竹谷のそれも参考にしたのではないか、というのが僕の見立てだ。

そんなゲスト陣のなかで最も興味ぶかかったのは、やはりなんといっても、小山田圭吾だった。彼はたぶん、二月ごろ、コーネリアスのデビュー・アルバム『ファースト・クエスチョン・アワード』がリリースされたころに、番組にやってきた。スケジュールの都合から、これは生放送ではなく、〈現音舎〉のスタジオで収録がおこなわれた。佐藤と小山田は、このときが初対面だったはずだ。

この二人のかかわりについて、すこし説明しておこう。といっても、直接的な「かかわり」は、ほとんどまったく、なかった。ただ、フィッシュマンズの所属事務所である〈りぼん〉は、フリッパーズ・ギターのマネジメントをしようとしたことがあった。奥田社長は、かなり真剣にマネジメントをしたいと考えていたそうだ。しかし、いろいろあって、結局のところは、フリッパーズは〈りぼん〉には落ち着かず、べつの体制にてデビューすることになった。そのあと、フィッシュマンズが〈りぼん〉に所属することになる。

佐藤自身の小山田圭吾に対する発言では、何度も聞かされたのが「俺、この人嫌い」というやつだ。たとえば〈米国音楽〉の誌面で小山田の写真を発見すると、佐藤はかならずと言っていいほど、それを言う。こっちがなにを訊いたわけでもないのに、自主的に、へらへらと笑いながら。もっともそれは、力づよく「嫌いなんだよ！」といったニュアンスではなかった。からかっている、というか、なんというか。ついつい、なにかひとこと言ってしまう、というか。どうも妙な具合に、意識しているふしがあった。

こんな話を聞かされたこともある。それは『アザラシアワー・ニジマスナイト』放送中のスタジオで、たぶん、なにか曲がエアプレイされていて、スタジオ内のマイクロフォンはオフとなっていたときのはずだ。

佐藤は突然、このようなことを言い始めた。

「フリッパーズ・ギターが解散したとき、あるじゃん。俺ら言ってたんだよね。フィッシュマンズに、小山田圭吾をスカウトしようか、なんて」

もちろん僕は、「はあ?」と聞き返した。

「俺らみんなでさ。言ってたんだよ」

なんなの、それ?と僕は訊いた。真剣な話だったわけ、と。

くっくっくっ、と佐藤は含み笑いをしながら、こう言った。

「ライヴのときにさ、俺らの脇に立って、タンバリン叩いて、踊ってもらうの。そしたら、女の子のファンとか、ぐっと増えるよな!って、盛り上がってたんだよ。俺ら」

まあ……幼稚というか。無邪気というか。罪のない、バンド内での軽口ではあったのだろう。しかし、佐藤がこんなふうにして、だれかほかのミュージシャンに言及することは、ほとんどなかった。唯一、なぜか、「小山田圭吾に対してだけ」いちいち彼は「ひとこと言ってみたくなる」性質があるかのようだった。

たとえば、こんな場面を想像してもらいたい。パン屋兼雑貨屋の店先の路上でコーラを片手にしゃがんでいる公立校の生徒たちがいる。その目の前を、私立のお坊ちゃん校の生徒の一群が、横切っていく。しゃがんでいるチームから、通り過ぎるチームに向けて、なにか言葉が、発せられるかもしれない。からかうような、からむような……そんな感じとでも、言えばいいだろうか。もちろん佐藤は、「しゃがんでいるチーム」のほうだ。

そんな具合だったから、この二人の対面に、いや、ある意味「対決」と言ってもいいそれに、僕は興味津々だった。いったいそこでは、いかなる言葉がかわされて、どのような緊迫感あふれる心理的な駆け引きがおこなわれるのか?――と。

結果から先に言うと、とくになにもなかった。というか、お互いがお互いに、気を遣っているかのように、出方を見きわめているかのようにしているうちに、収録時間は終わった。おーい佐藤、どうしたんだよ、いつもの勢いは、と、僕は心のなかで言っていた。「フィッシュマンズに加入しませんか」とか、言わないの?とか。

どうもこの二人が揃うと、両者の性格のなかのシャイな部分のみが拡大されて、それがお互いのあいだをピンポンのように往復しては増幅されてしまうかのように、僕には感じられた。であるから、記憶に残っている発言も、あまりろくはものはない。「パンツはトランクス派かブリーフ派か」という話題はあった(小山田がトランクス派、佐藤がブリーフ派だった)。あとは、「最近の音楽傾向」をあげつらって、嫌味のようなことを言うときだけは、両者の意見が一致して盛り上がっていた。これはザ・ブームなどを批判したものだったのだろう、「音楽性に『沖縄っぽいもの』入れてりゃ偉いって風潮、たまんないよね」などと言っては、二人して、くっくっくっ、ふっふっふっ、などと、小さく笑い合っていた。小山田圭吾が「最近気に入っている音楽」として、暴力温泉芸者の曲を選んだことも憶えている。それは、テレビ特撮番組の『ミラーマン』のテーマ曲を流しながら、それに合わせて中原昌也が「ミラーーー、マンっ!」と高らかに歌う、というものだった。佐藤は普通に面白がっている様子だった。

この冬から初夏にかけて、フィッシュマンズは二枚の作品を発表した。どちらも基本的には新録音で、形態はマキシ・シングルだった。これらの作品にかんしては、〈メディア・レモラス〉の山本さんとともに、その宣伝戦略に僕も少々首を突っ込んだ。それを「渋谷侵攻作戦」と僕はひそかに呼んでいた。戦略上の最終目標はひとつ、「〈HMV渋谷〉の太田さんコーナーでリコメンドしてもらうこと」――つまり、フィッシュマンズを「渋谷系」的な売り場で、認知してもらっても、いいじゃないか、という作戦だった。そうすれば、もうすこしは、売れるんじゃないか、という……。

前年の夏にリリースされた『ネオ・ヤンキーズ・ホリデイ』は、やはり、売れなかった。シングル「いかれたBaby」も、売れなかった。

僕としては、それらの作品内容にかんして、あまりにも主体的に盛り上がってしまったため、売り上げについては、とくに気にしてはいなかった。〈米国音楽〉を作り始めていたことも、たぶん考えかたに影響していたのだろう。「いいものができたんだから、それでいいのでは」とすら思っていた、ようなところがあった。

しかし、ことはそう単純ではなかった。当たり前の話だが、「売れないバンド」が、メジャー・レコード会社との契約を維持していくことは、むずかしい。フィッシュマンズのくわしい契約内容については、僕は知る立場にない。とはいえ、ごく普通に考えた場合、デビューから二年ないし三年、アルバムなら三枚ぐらいを重ねた段階で、そのバンドが築いてきた実績をもとに「契約関係の見直し」がおこなわれることが多い。実績というのは、なにを置いても、まずは「売り上げ枚数」にほかならない。

ここまでのところ、フィッシュマンズはすでに三枚のフルレングス・アルバムを発表していた。デビューから、すでに二年以上が経過していた。メジャー・レーベルの基準からすると「売れた」作品はなかった。

このころ、フィッシュマンズの作品は、いったい何枚ほど、売れていたのだろうか？　くわしい枚数は、僕にはわからない。しかしこんな事例から、推測することはできる。

九五年の六月に、僕は一枚のCDをリリースした。〈米国音楽〉はそのころレコード・レーベルも始めていた。〈カーディナル・レコーズ〉という名だった。そのCDとは、『タンバリン・スタジオスVol. 1』というタイトルのコンピレーション盤だった。カーディガンズほか、スウェーデンの新しい手触りのポップ音楽をつぎつぎに生み出していたスタジオ「タンバリン」関連のミュージシャンの音源を集めたものだ。初回は一万枚程度と考えていたのだが、予約だけでパンクしてしまい、急遽追加プレスをした。結果、一万三千ほどは、最初に刷ったはずだ。

このCDをリリースした直後、僕は〈メディア・レモラス〉の山本さんと話す機会があった。そのとき彼は、とても興味があるそぶりで、売れたでしょう、あれ売れたでしょう、と、僕に訊いてきた。ええまあ、うちとしては、と僕は答えた。「イニシャル（＝初回出荷）は何枚だったんですか？」と彼が訊いたので、僕はそのままの枚数を伝えた。そのとき山本さんの表情が、ぱあっと明るくなったのを憶えている。なんというか、夢見るようなばら色が瞳にやどったかのようだった。山本さんは、遠くを見る目でこう言った。「いいなあ！　一万枚、かあ……」と。

といった発言から類推すると、おそらく、九五年までのフィッシュマンズは、初回出荷では一万枚を超えていなかったのではないか。ただこちらとしては、ラヴ・タンバリンズのファースト・アルバム『アライヴ』が、噂では十万枚を超えたということだし、渋谷公会堂を満杯にしたし、『タンバリン・スタジオス』の成績については、「まあこんなものでしょう」としか、感じていなかった。セールス枚数ということのみで考えると、一部の領域では、メジャーとインディーの力関係が逆転しているような状況は、このころ、ままあることだった。

そんな世相のなかで、フィッシュマンズは、こんな位置づけのバンドとなろうとしていた。プロ野球でたとえると、いい打者が揃っているはずなのに、「打線がつながらない」だの「中継ぎ投手陣が踏ん張れない」だのして、勝ち星を取りこぼしては、万年Bクラスに甘んじているパ・リーグの球団、とでも言おうか。「常勝球団」にのみ群がるメディアは、その前を素通りし始めていた、というか。着実に成長をつづけているバンドの内実と、ライヴでの動員増加といったものの「ずっと外側」では、フィッシュマンズは「なんだかよくわからないバンド」として、定着し始めていた、ということだ。

そうしたところから考えても、たしかに「見直し」があっても、しかるべき時期ではあった。これはレコード会社側がバンドを切る、ということだけを意味するのではない。その逆もあり得る。バンド側、事務所側が「契約更新を選ばずに、移籍する」という場合もある。「なんとかしなければいけない」という意識が、〈メディア・レモラス〉と〈りぼん〉の双方に生じ始めていた。〈りぼん〉側の危機意識のあらわれが生んだものが、例の『De La GELDOF〜』ツアーだったとも言える。

そして、そんな状況を背景として〈メディア・レモラス〉側が企画したのが、この「マキシ・シングル」二連発だったと僕は理解している。この商品形態は、この時期、とても脚光を浴びていた。呼称自体は、これは日本にしかなかったものだろう。諸外国なら「EP」とされたはずだ。しかし日本には、そもそも「日本にしかない商品形態」として、8cmCDシングルがあった。これが標準的なシングル盤の仕様であったため、それの「大判」ということで、「マキシ」と呼ばれることになったのだろう。アナログ盤にあてはめると、8cmの「短冊」が7インチ・シングルであり、マキシ・シングルは12インチ・シングルに相当するような感覚だった。そして「渋谷系」と呼ばれた連中は、この形態を、ことのほか愛好していた。それを模倣することで、「太田さんコーナー」の壁面にディスプレイしてもらおうというわけだ。

その第一弾となる作品、『ゴー・ゴー・ラウンド・ディス・ワールド!』では、山本ムーグの〈PHONIC〉が初めてスリーヴ・デザインを担当することになった。もちろんこれは、山本玲彦さんからの紹介だった。カヴァー写真では、佐藤ひとりだけがフィーチャーされていた。しかも、バストアップの「寄り」のショットだった。これも「作戦」から導き出されたデザイン・コンセプトの新機軸だった。山本玲彦さんが、宣伝ディレクターの職域をも超えて、「作戦」を全域で押し進めていた。

およばずながら、僕も側面から支援した。二月に発売される〈米国音楽〉第二号の誌面で、フィッシュマンズの「意見広告」を載せるというのがそれだ。なにしろこの時点にいたってもなお、ラジオでの特訓の甲斐もなく、佐藤はインタヴューが不得意だった。いつもいつも、取材後には不満をかかえているようでもあった。セールスが好転しない理由のひとつは、そこにもあるのではないか……そんな雰囲気は、濃厚にあった。Bクラス球団の監督で、しかも口べたというのは、どう考えてもメディア側が好む素材ではなかった。

であるならば、音楽専門雑誌やライターが、作品についてなにか言ったりする前に、バンド側から先んじて「これはこういうものなんですよ」と宣言してみるのはどうだろうか——というのが僕のアイデアだった。佐藤の発言を、僕が聞き書きして、まとめた。まだかなり寒い時期、下北沢の近くにあった佐藤の部屋で、二人してダルマストーブのようなものに手をかざしながら、話を聞いた。

それは、こんな内容だった。


「こんにちは、佐藤です。僕はフィッシュマンズというバンドをやってまして、米国音楽1号の付録シングルにも参加してたんですけど、好評だったそうですね。一番人気、だったとか。いやいやいや。じつは僕ら、これまでに3枚のアルバムと1枚のミニ・アルバムを出してるんですよ。でもなんか、雑誌の人とかどうあつかっていいか困るバンドみたいで。まあわりと、最初のころは『レゲエって言っときゃいいか』みたいなかんじで、あと曲調とか、抽象的なことといわれたり。で最近とくに、見てて『あー困ってんだろうなー』とか。

そういうとこ、今回のシングルはわりと親切というか。4曲入りのマキシ・シングルなんですけど、新曲が1曲、そのリミックスが1曲、3rdアルバムから1曲のリミックス、1stアルバムから1曲のリミックスという内容でね。新曲が“Go Go Round This World!”というんですけど、ちょっと宣言入ってます。大雑把というか、ちょっと広範囲ないいかたなんですけど、まあ僕らがどんなバンドか、わかってもらいやすい『入り口』というか。僕ら、そういう『入り口』がない曲、多いっすから。ただ、一緒にうたえるようなもんじゃないです。一緒にうたえるような曲は僕ら、ないから。まあ日本てさ、ミュージシャンが客に甘すぎるじゃないですか。でもみんないい大人なんだから、ヤングマンに合わせてもねぇ。

僕らがやりたいと思ってることを、手近に見えるところから説明すると――『ぜんぜん』ってことを歌にしようと思ってるんですよ。ドラマじゃない感じ。『つまんねー！』って怒ってるんじゃなくって、まあちょっと腹立たしいことも含めて『ぜんっぜん♪』。楽しいこともいっぱいあるけど『ぜんっぜん』。世界のとらえかただと思うんだけど、サラエボだかなんだか、たとえばロシアで食べるものない人とかでも、毎日『ぜんっぜん』ってふうに、ドラマチックじゃなく生きてる人、いると思うんだよ。

べつに僕も、隠居してるわけじゃないですし。東京生まれだし、東京の真ん中に住んでるし。東京じゃなきゃできない音楽作ってると思ってるんですよ。気持ちいい場所に逃げる、って発想きらいだし。

だから、その『ぜんっぜん』には、ある人にとっては『こわい』ようなことも入ってます。俺、自分でもかんじるし。ま、フツー生きてあること。商売考えるといらないんだけどね。でも、外国の絵でも写真でも音楽でも『すごくいいけど、こわい』みたいなのって、基本ていうかさ。日本の音楽が特殊っていうか、日本の『いまの音楽』が特殊なんだよね。ドラマにしちゃうとラクなんだろうけどさ。逆にそういうの、僕はきゅうくつに見えるんだけどさ。フツーにフラットな頭で生きてれば、ねえ？

てなわけで、普段僕ら『目ェつむってひとりで走ってる』って人からいわれたりするんですけど、シングルとしての接点みたいなのが1曲目。で、それがリミックスされると急にドライになっちゃったりして。リミキサーは山塚アイさんのAUDIO SPORTSでやってる恩田くんという人。うたとホーン以外は全部リテイクで、ギターを元ハバナ・エキゾチカ、現在バッファロー・ドーターのシュガー吉永さんが弾いてます。そういう、日本人らしくない大胆なリミックスをやりました。恩田くん、あんまり気を遣わないとこに魅力がある人で。

録りと全体のプロデュースに関わってくれたのがＺＡＫという人。音は重要ですからね。音でも『厳しさ』ってのは伝えられるからさ。がんばりました。で、１ｓｔからの１曲。これを選んだ理由っていうのは、僕らスローな曲に本質があるっていうか。それをとくに去年の夏からいっぱいライヴやってて、ちょっとはつかんできてね。アルバムまで待つのはもったいなくって。その『いま見せよう！』っていうのは、３ｒｄからのも同じ理由。だからこの４曲は全部関連あって。まとめて聴かないとわかんないですね。取材なんかじゃ、あんまそういうことといっても聞いてくんないんですけど。

まあ僕らの場合、狙いがさ、そんな100万とかじゃないから。もっと小っちゃく、音楽必要としてる人にだけダーン!!っていう。だからって『客にうたいかけてる』ってかんじでもないんですけど。ただ卑怯なことは絶対してません。

あと、いい忘れたこと？　うーん……『人々の心に花を』——なんつって」

たしかにこれは「親切」な内容の一枚だった。新曲を除いた二つのトラックは、それぞれ過去の作品から選ばれたもののリミックスだということで、一種の自己紹介めいたシングルとなっていたとも言える。この時点のモード、つまり「青年期にさしかかっていた」フィッシュマンズが、「俺らはこういうバンドなんだ」と、伝えるかのようなものとなっていた。そこはあくまで、限定されたリスナーに向けてだったが。

まず新曲について触れよう。シングルのタイトルにもなっている「ゴー・ゴー・ラウンド・ディス・ワールド！」。これはなんとも「わかりやすい」ナンバーだった。「100ミリ〜」期もかくやという高密度語彙を自在にあやつったポップ・チューンでありながら、『ネオ・ヤンキー〜』で獲得したものがきれいに詰め込まれた一曲でもあった。それは「フィッシュマンズのサウンドスケープ」と、なによりも「ロックとしての飛翔力」といったものだ。エモーショナルな楽曲と「ロック」が分離していたのが『ネオ・ヤンキー～』だったとしたら、それを早くも「一曲のなかで、分かちがたく両立させる」すべをここで実践していた、というわけだ。であるからこの「ゴー・ゴー・ラウンド～」は、リミックスされると、がらりとその表情を変えた。クールかつ、壊れもののように繊細な触感と、シンプルかつ粘っこいグルーヴが合体した「ネイキッド・ファンク・ミックス」は、じつに吸引力の高いトラックだったと言える。

このときフィッシュマンズは――これも「渋谷系」の流儀だろうか――プロモーション盤としてではあるが、初めてアナログ7インチを制作した。そこには「ゴー・ゴー・ラウンド～」のこの二つのミックスが片面ずつ収録されていたのだが、このころ、僕はよく「ネイキッド・ファンク～」のほうを〈SLITS〉でプレイしていた。そして、ほとんど毎回のように、お客さんから曲名を尋ねられた。「その曲、日本人ですよね？　だれなんですか？」と。フィッシュマンズ初の「クラブでもプレイできるトラック」だと言えるかどうかは、わからない。なにしろ、この当時はCDJすら普及していなかったから、そもそも僕はそれまで、DJのときにフィッシュマンズをプレイしたことはなかったからだ。しかしこのトラックは、少なくとも〈SLITS〉では映えるものだったということだ。

そのほかの二曲、これらもそれぞれ、味わいぶかい。まず、じつはこれこそが収録の四曲のなかで最大の見せ場となっているのではないか、というのが、「Smilin' Days～」のリミックス――というよりも、「録り直し」のトラック。一発録りふうというか、スタジオ・セッションふうの作りで、ライヴのときの同曲を再現したかのようなものとなっている、エキサイティングなトラックだ。「フィッシュマンズのCD収録曲がエキサイティングなんて、これいかに」と、当時びっくりした思い出がある。そして「Future」は、オリジナル・トラックの雰囲気を大事にしながらも、この時期の彼らがいかに成長を遂げていたかを、ありありと見せつけるような「さりげない」トラックとなっていた。ちなみに、「佐藤のヴォーカルは当初不安定だった」という点について、その状態を最もよく確認できる録音物こそ、ファースト収録ヴァージョンの「Future」だった。ひるがえって、真面目にヴォイス・トレーニングに通い「佐藤伸治のヴォーカル・スタイル」を確立し始めていた時期の彼のリベンジとして見ても、これは面白いトラックだ。

そして特筆すべきは、このマキシ・シングルでは、プロデューサー・クレジットが「フィッシュマンズ&ZAK」となった、ということだ。黄金コンビが、がっちりと組んだ、初めての一枚が本作だった。果たせるかな、この『ゴー・ゴー・ラウンド~』は、「太田さんコーナー」で、見事リコメンドを獲得した。当時の〈HMV渋谷〉一階、太田さんがいつも立っている予約カウンターの後部にある、アルコーヴのようになっている場所――つまりは、一等地――に、佐藤伸治の顔がずらずらずらと並んでいる様は、感無量というか、不思議な感じがした。山本さんは、その光景を写真に撮っていたのではないか。

いったいどれぐらい、売り上げが伸びたのかはわからない。とはいえ、戦略上の目標を達成したことは、大いなる前進なのだ、と我々――山本さんおよび僕――は、感じていた。つづく二枚目のマキシ・シングルもここに並べ、そして、アルバムへとつながれば……そんな一縷の希望のようなものが、ここで芽生え始めた。

この冬には、忘れがたい一日があった。その話をしよう。

一月の終わりごろだったか、二月の最初だったか、そこのところは、よく憶えてはいない。ただ、このあとかなり長く経ったあとでも、佐藤はよく、思い出したかのように、このときのことを話題にしていた。「あれは、よかったよなあ」と。とてもやさしい表情をして、そう言っていた。

これも僕の「おせっかい」と言っていいのか、どうか。〈米国音楽〉第二号のフロクCD用に、僕は佐藤に、またしてもレコーディングの話を持ちかけた。ただし今度は、フィッシュマンズを録ろうというわけではなかった。レコーディング・アーティストは、マリマリだった。

マリマリは、僕らの界隈では、ちょっとした有名人だった。雑誌のモデルをしたり、いろんなクラブに出入りしていたせいか、多くのミュージシャンやＤＪ――一見、とくに関係なさそうな人まで――彼女のことは、知っていた。そしてマリマリも、フィッシュマンズにとってのキー・パーソンのひとりだったと、僕は思う。

たとえば、『キング・マスター〜』のころ、佐藤が突如として「やさしくなった」現象の裏には、彼女との出会いがあったのではないか、という気すら、僕はしていた。「いかれたBaby」も、彼女との出会いがなかったら、生まれていたか、どうか。

マリマリと、彼女の妹――当時は高校生だった――と、佐藤の三人は、まるで子犬がじゃれあうかのごとく、頻繁に、仲よく遊んでいたように、僕には見えていた。たとえば、あるとき僕は不動産屋めぐりをしたことがあった。大量のレコードを抱えて、バスやタクシーを利用して〈ＳＬＩＴＳ〉まで行くことに嫌気がさしたので、同店の徒歩圏内に引っ越しをしようと考えたのだ。そこで下北沢の周辺で、不動産屋から不動産屋へと、ぐるぐると歩いた、ことがあった。このとき、なぜだかわからないが、佐藤たちがついてきていた。佐藤と、マリマリと、彼女の妹がいた。ひとつの店を見終わって、僕が歩き始めると、「よーし、じゃあつぎだ！」と佐藤が姉妹に号令をかけ、そしてみんなで、わーっという感じで、僕のあとをつけてくる。気のせいでなければ、三人はスキップでもしていたのではなかったか。小学生じゃあるまいし、なにをやっているんだよ、と僕は思った。まあ、微笑ましくは、あったのだが……そしてもちろん、佐藤がそんな具合になっている様子など、ほかでは見たことがなかった。マリマリの妹は、当時写真に凝っていたということで、そんな模様をときおり撮影していた。

マリマリのレコーディングを僕が思いついたのは、『アザラシアワー・ニジマスナイト』で、彼女が歌う曲を佐藤がエアプレイしたのがきっかけだった。その曲は、ビクターの〈ａｊａ〉レーベルからリリースされたコンピレーション盤『ファニー・マウス』に収録されていたもので、たしかこれは「Everyday Under the Blue Sky」ではなかったか。しかし佐藤は、この曲を選んだくせに、それが流れているあいだじゅう、ひどく不満そうに、いかにもくやしそうに「プロデュースと、アレンジが、よくないんだよな」などと言っていた。たしかにシンセ・ポップ調のそれは、方向性がいまいち定まっていないと僕にも感じられた。「デモのほうが、全然いいんだよ」と佐藤が言うので、「だったら聴かせてよ」と僕が言い、そして後日、佐藤が持参してきたカセット・テープを、二人で聴いた。たしかにデモのほうが、格段によかった。そして、そのテープに収録されていたもうひとつの楽曲というのが、マリマリの日本語詞による「シンス・イエスタデイ」のカヴァー・ヴァージョンだった。

この「シンス・イエスタデイ」は、スコットランドはグラスゴーの女性デュオ、ストロベリー・スウィッチブレイドによる八五年のヒット曲だ。日本でも人気が高い一曲で、邦題は「ふたりのイエスタデイ」だった。この原詞を翻訳するわけではなく、独自の風景と心境をやわらかく歌い込んだ日本語歌詞の秀逸性と、マリマリの声の存在感が、とても魅力的なものに思え、このまま、このカセットのままではもったいない、と僕は強く思った。そこで「録らないか?」と僕は言ったのだが、よくよく考えてみると、そもそも佐藤も、僕がそう切り出すことを予想して、カセット・テープを聴かせたのかもしれない。そこのところは、よくわからない。

いずれにせよ、そんな感じでレコーディングすることは決まったのだが、予算がないので、また横田さんにお願いして〈現音舎〉を使わせてもらうことになった。しかしこのときは、なにかの都合で、ミキシング・コンソールなどが使用できなかった。そこで、〈カーディナル〉から作品をリリースしていたバンド、NG3が所有する8トラックのハーフ・インチ/オープン・リールのレコーダーを借りることになった。ミキサーは〈MACKIE〉の8チャンネルを用意した。録音ブースの防音扉を完全に閉め切らないようにして、その隙間にケーブルを這わせて、それを調整室の床に置いたミキサーにつなぐという形で、レコーディングをおこなった。エンジニアリングは、横田さんにお願いした。プロデュースは佐藤だったのだが、契約上の面倒を避けるため、ここでは「イヒダリ・フジ」と、仮名となった。「佐藤」の二文字を分解したもの、とのことだった。演奏者としても、佐藤および、彼が声をかけて呼んだフィッシュマンズ・メンバーは名前を出すわけにはいかないので、それぞれが仮名をつかう、一種の覆面バンドのようになった。バンド名は「マリマリ・リズムキラー・マシンガン」。もちろん、主役は、マリマリだ。

そんなふうにしておこなわれたレコーディングが、のちのちまで、佐藤が「よかった」というものになった。それは、ちょっと変わった手順にて進められた。

これも予算の関係上、スタジオを自由に使用できる時間は、一昼夜しかなかった。そのため、レコーディング・メンバーが揃うのを待つ、ということができなかった。そこで佐藤の発案で「やれることからやっていく」という方式となった。メンバーが到着した順番に演奏して、それを録っていこう、と。

最初に佐藤が、アコースティック・ギターを弾いた。あれはたしか、彼ご自慢の「粗大ゴミ置き場で拾ってきたら、意外にいい音、鳴るんだよ」ギターではなかったか。でも生ギターってさあ、ちゃんと鳴らそうとすると、むずかしいよね、と、この日は言ってもいたが——ともかく彼は、ヘッドフォンをして、そこから流れてくるクリック音に合わせて、アコースティック・ギターによるリズム・カッティングをまず録音した。つぎに、それをプレイバックしながら、エレクトリック・ベースを弾いた。当然のことながら、このような手順で録ると、リズムがところどころ「よれる」。人力ならではの「ゆらぎ」のようなものが生まれる。それを最大限に利用する、というのが、どうやら、プロデューサー・イヒダリの、この日のコンセプトのようだった。

佐藤の録音が終わると、つぎに横田さんがコンガを叩いた。このころになると、佐藤はすでに、にこにこしていたのではないか。レコーディングの過程そのものを、楽しんでいたように思う。そうこうしているうちに、ハカセ――この日は「ハチ・リキ」――が到着する。彼はスタジオに置かれっぱなしのグランド・ピアノを弾いた。それまでに録られたトラックをヘッドフォンで聴きながら、練習するように、いつものハカセ・スタイルでピアノを鳴らしていたのだが、それを窓ごしに見ていた佐藤が、横田さんに「回せ、回せ」と腕をぐるぐる回転させて合図を出して、テレコの録音ボタンが押される。このとき、ハカセとしては練習のつもりで弾いていたフレーズから拾われたものが、間奏部分のラグタイム調ピアノ・プレイだった。ハカセとしては、「え？　僕の録り、もう終わっちゃったの？」という表情だった。終わった！　よかったよ！などと、佐藤は言っていた。野生のカンというか、なんというか。ことそれが音楽にかんすることなら、佐藤とは「火事場、鉄火場に強い」男なのだなあ、と認識させられた一幕だった。

つぎに登場したのが「モ・モク」こと茂木で、つまりこのレコーディングのインストゥルメンタル・パートでは、ドラムスが最後に録られたわけだ。テープを聴きながら叩く茂木に、佐藤がヘッドフォンのインカムをとおして、「もっと下手に、もっと下手に！」と指示しているのが、面白かった。

そして、マリマリのメイン・ヴォーカル。つづいて、そこにいる者で、手が空いている者全員で、コーラスとハンド・クラッピングを同時に録音した。マリマリの妹も、僕もそれには参加した。まるでそれは、パーティの打ち上げみたいだった。

後年、佐藤が語ったところによると、彼にとってのこの曲の魅力、このレコーディングの「よかったところ」というのは、要約するとこんなものだったそうだ。

「この曲ってさ、ぎりっぎりなんだよね。すごいあぶなっかしいんだけど、それがぎりっぎりでいい感じに、まとまってるんだよなー」

フィッシュマンズ本体は、この時期あたりから「レコーディング・アーティスト」としても、どんどんと研ぎ澄まされていくことになった。それはほどなくして、前人未到の領域へと、突き進んでいくことにもなる。だから僕が想像するに、この「シンス・イエスタデイ」のレコーディングというのは、それとはまったく対極にあったがゆえに、彼にとって忘れがたいものになったのではないだろうか、ということだ。自由かつ、行きあたりばったりな「大らかなものづくり」を指揮したという記憶。マリマリという得がたい個性を中心とした、パーティの記憶——そのときの息づかいがそのまま刻印されて、あとあとまで「あの日の情景」が浮かんでくるような、そんな一曲として、「シンス・イエスタデイ」は、僕にとっても、忘れがたいものとなった。

そんな「シンス・イエスタデイ」は、〈米国音楽〉発売直後に、思わぬ反響を巻き起こすことになった。最初に佐藤が、それを僕に教えてくれた。

「プロモーションで、大阪の〈FM802〉に行ったらさ、かかってたんだよ。あの曲が。『えぇーっ？』って、驚いたよね、俺は」

これは学生主体の音楽チャート団体〈CRJ〉の大阪チームが、「シンス・イエスタデイ」を気に入って、チャート・インさせてくれたことが、その背景にはあった。〈CRJ〉のチャートを反映させる番組が、このころ〈802〉にはあって、佐藤はたまたま、それを耳にしたというわけだ。ちなみに同チャートでは、「シンス・イエスタデイ」は、初登場三位、翌週から二週間一位にいて、連続九週もチャート・インしつづけることになった。客観的に見て、これは快挙だろう。インディー雑誌のフロクCDに収録されていただけの曲で、宣伝費どころか制作費もゼロゼロで、マリマリ以外、どこのだれとも知れない覆面バンドであったにもかかわらず、この成績というのは、ちょっとびっくりさせられるものだった。はっきり言ってこれは、〈CRJ〉チャートだけにかんして言うなら、当時のフィッシュマンズよりもいい成績だったのではないか。

この一件にかんして、最も強く僕の記憶に残っているのは、トラック・ダウンも終わったあとのことだ。佐藤と僕は、〈現音舎〉をあとにして、テープレコーダーを返却するために、国道246号線を神奈川方面へと向かった。クルマのカセット・デッキで、ついさっき完成したばかりの「シンス・イエスタデイ」を聴いた。それはとても純粋で、気持ちが良いもののように聞こえた。二人とも徹夜明けで、ぼんやりしていた。見事な青い空だった。冬とは思えないほど、あたたかい陽射しが、フロント・ガラスごしに、車内には差し込んでいた。「インディアン・サマー」という言葉が僕の頭に浮かんだ。秋ではなかったから、この用法は間違っているのだが、どこか深い森のなかで、本来の季節とは違う、魔術的な空気のなかでクルマを走らせているような気分でもしたのだろう。これはかけがえのないもので、そして、二度とは戻ってはこないのだ、という当たり前のことを、そのときの僕は感じていたのだろう。

フィッシュマンズのマキシ・シングルの第二弾『メロディ』は、六月十七日に発売された。いったんは『ゴー・ゴー・ラウンド~』によって〈HMV渋谷〉太田さんコーナーに築きあげた布陣が、三月の「今夜はブギーバック」の猛然たる大ヒットによって一蹴されたすこしあと、この『メロディ』にて失地奪回、ふたたび同コーナーを佐藤の顔で埋めつくして、そして「渋谷系」の一等地での定着および、その後の飛躍を……という、つもりの、はずだった。当初は。

しかしこれは、この『メロディ』は、どんなにポップなスリーヴ・デザインをほどこしたとしても、すでにして「渋谷系」なるものの範疇には、おさまりきらないものとなってしまっていた。「逸脱」してしまっていた。たった四曲しか収録していないにもかかわらず、二十二分ほどのランニング・タイムであるにもかかわらず、へたしたらフル・アルバム級の重量感がある一枚となっていた。まるで時流を気にしていない、本格派ロック・バンドが世に問うた一枚のような内容、というか。

まず、タイトル・チューンの「メロディ」。フィッシュマンズのライヴにおける「バースト」ナンバーとしては、だれの目から見てもこれが首席だろう。機械仕掛けのように高速回転するハカセのピアノをフィーチャーした、グルーヴィーな「ロック」チューンだ。「静かな朝」「オアシスへようこそ」のレゲエ二曲も、ライヴでとても訴求力が高い、重量級のナンバーだ。そして圧巻なのがシングルの末尾をかざる「WEDDING BABY」。「いかれたBaby」をハカセのピアノと佐藤のヴォーカルだけで演奏したライヴ・トラックであり、ハッピーなシチュエーションで、ハッピーな歌がうたわれているにもかかわらず、「絶唱」と呼んでもいいような、ものすごい熱量が感じられるものとなっている。ハカセのピアノは、凄絶ですらある。まさに「生々しい」ライヴ感というものが、四種類の方法で体現された一枚となっていた。

このマキシ・シングルでは、ZAKはまた、エンジニアの位置へといったん後退し、プロデュースはバンド自身となっていた。つまり『ゴー・ゴー・ラウンド〜』とは、ずいぶん違った「作りかた」を試みていたということだ。フィッシュマンズのアルバムにおける「奇数・偶数」の法則、「実験と挑戦の奇数」「整備と充実の偶数」のパターンが、このマキシ・シングルの二枚にも生きているかのようだった。このころの彼らの「揺れ幅」というのは、じつにはげしかった。実験から「実践」へと移ったかと思ったら、すでにつぎの実験を始めている――そんな印象すらあった。

この作品については、かなりめずらしいことに、佐藤が具体的に説明をしてくれているので、その発言をここで引いておこう。これはまた、僕が佐藤の家まで赴いて、聞き書きしたものだ。前作の「意見広告」の好評を得て、その第二弾を狙ったものだったのだが、これは〈米国音楽〉に掲載されたわけではない。この『メロディ』のプロモーションのために、新機軸として、「ミニ・ブック」というものが作られて、そこに掲載されたものだ。これはおよそ縦一〇センチ×横一五センチ、全二十二ページほどの小冊子で、『メロディ』発売の前後に、レコード店の店頭で無料配布された。こうしたフリー・ペーパーが、「渋谷系」の時期には、数多く作られていて、それを模したものだった。『after GO GO ROUND THIS WORLD』と題されたこのミニ・ブックは、山本ムーグによる編集とデザインのもと、僕が大半の原稿を書いた。

このミニ・ブックからして、なぜか、当初の構想を離れて「渋谷系を逸脱」したものになってしまっていたのだが。

「フィッシュマンズ・佐藤伸治の意見広告」

こんにちは、佐藤です。今回またマキシ・シングルを出すんですけど、まあ取材とかではさ、なかなかつたえにくいようなことを、また自分で説明します。

今回の4曲は、いちおう僕が中心になってディレクションしてね。一発録りっぽくやろう！ってもう、仮歌からマジでうたってさ。死ぬかと思いましたけど。いまは打ち込みとかよりも、もっとバンドっぽいグルーヴに興味があって――あ、グルーヴとかをチェックしてたのは譲なんですけど。俺はもっとノリというか、勢いについて見てて。そんで「もう1回！」とかね。ヘトヘトになりましたけど。

1曲目の「メロディ」。これは15回ぐらい演ったかな。2曲目の「静かな朝」っていうのも、わりと似た内容の歌ですね。ひさしぶりにこんだけ平和な歌作ったな、っていうか。なーんも他意のない歌――っていうと、意外そうな顔する人いるんだよね。とくに1曲目とか。「音楽はマジックを呼ぶ」「あと2時間だけ、夢を見させて」とかいう詞とか、「ミュージック！」とかいうコーラスとか、誤解をまねくようで。「RCっぽい」とかさ。聴く人にむかって「さあ、音楽の力を信じよう!!」って主張してる、とかさ……まあ、信じてくれてもいいんだけどさ。でも、人にむかってどうこう、ってもんじゃないんだよね。悪いけど。

きわめて個人的な歌なんだよね。「ウォーキン」と似てるっていうか。「いい一日だったな」っていうさ。それを記録しておきたい、っていう気持ちで書いたんですよ。「メロディ」っていうのは、部屋の中にいる歌なのね。人んちでさ。そこでいろんなレコードをかけてもらってるんだけど、それが全部、俺がすごい好きな音楽ばっかで――みたいな光景。いや、実際にそういうことがあったんだけど。で、「紙くれ」とかいって。その場で9割ぐらい歌詞書いちゃって。だから素直な意見なわけさ。「音楽はマジックを呼ぶ」ってのは。俺にとってはね。

たまにあるんだけどさ、そういう感情になるときってのが。年に何回もないんだけど。もう、お腹のこのへんからグアーッて涙が出るっていうかさ。うれし涙。あまりの充実感に涙出るっていうか、マジ泣いちゃうの。声は出さないんだけどね。こう、ボロボロと。もうなんつーか、心が真っ白になるようなかんじ。「……はァ～……」って。俺、日ごろはわりと、どっちかっていうと感動屋さんじゃないからさ。「あー、そう」「それで?」っていうタイプだから。でもたまにあるんだよ。何かの条件が整ったときにね。

ライヴとかでは、わりによくあるかな。さすがに泣いたりはしないけどさ。はずかしいから。でも、けっこうグーッ!ってきてるときあるんですよ。レコーディングで歌入れしているときとか。で、その手の感情を歌にするってパターン、わりと多いのね。じつは、1stのころからそう。「ひこうき」とか。まあそれが「フワフワしたナントカ」とかいわれちゃうと……まあいいんだけどさ。他人には伝わりにくい感情についてうたってるわけだから。でまあ、「信じろ!」とかいえないってのは、そういうわけなんですよね。

でも、よく考えてみると、そういう「平和」みたいな感情が重要だってことは、ふだんはそんなに楽しくないの?っていう話でさ。いやー。やっぱ、くもりがちですね。眉間にタテジワ入っちゃう、みたいな。でもそんな感情があってもさ、次の日が始まるわけじゃん、また。そうすっと「かなしい」っていうより、「いや、フツーフツー」ってなっちゃうわけさ。もう。だから、落ち込むこともあんまりないよ。わりと平坦な。「つまんねえな」とか思ったら、そっから先、なーんも考えないし。なげやりっつーか。そういう気持ちを盛り上げようとも思わないし、感情をコントロールしたくないし。まあ、さすがに幼年時代は、もっと喜怒哀楽あった気がすんだけど。

だから、いつも夢みてるっていうとヘンだけどさ。そういう「平和」をつかみたい、って感情はあるのね。それはいつも。で、前回のマキシ・シングルってのは、「キャッチ段階」っていうかさ。「ゴー・ゴー・ラウンド・ディス・ワールド！」っていうタイトルもそういう意味で。こう、人が立ってるとするじゃん？　そしたらまずその場で360度ぐるっと回って、まわりを見わたす。それで準備するっていうかね。全体の感触がちょっとクールなのは、そういうわけだったんですよね。

今回はもっとハッピー・テイストというか。いま現在のいいムードを形にしたくってさ。1、2曲目がそんな感じで、3曲目の「オアシスへようこそ」。これは詞、曲ともハカセで、彼の詞が採用されたのは初でね。「しあわせってうつろいやすいものだ」っていうかさ、ほんといい詞で。選曲のとき、僕が積極的に推しました。で、4曲目の「いかれたBaby」。これはアナログ盤では「ナイアビンギ・ベイビー」っていう、ハカセ作のリミックスなんですけど、CDのほうはハカセのピアノに合わせて僕がうたった弾き語りスタイルのものを入れました。これ録ったとき僕、酔っぱらってまして。すぐ酔っぱらうんだけどさ。それって、友だちの結婚式での演奏でね。すっごいいいかんじだったんですよね。

ところで最近俺、オッサンみたいになりたくって。文章にすると「そんなバンド見たくねー！」ってかんじだけどさ、いやホントホント。なんかさ「少年のような」とかいってっと、それだけでピュアだ、みたいなとこってあるじゃん？　あと逆に、人生の年輪を経たナントカが、とか——なんかヤラセくせーじゃん、そういうの。でもたとえば、イッセー尾形とかダウンタウンの松っちゃんとか、俺大好きで。ああいうオッサンくささって、なんか「解き放たれてる」っていうか。若さとか年輪とか、そういうとこじゃない、もっと美化されないピュアなところがあるようなかんじ。それを目指しててさ。だいたい俺ら、ロックスターになんのやだし。だからその場その場で責任感もたず、でもテキトーなことはいわない、っていうの？　柔軟というよりいいかげんにさ、ほんと世間の動きに影響うけないようなかんじで、何かになりきることもなく、やってきたし。そんなかんじがやっぱ、ラクだなとか。ラクにしてれば、毎日つまんなくってもなんとかなるっていうか――あ、この「ラク」っていうの、かっこよくいうと「自由」ってことなんですけどね。

このミニ・ブックには、佐藤の発言としては、こんなものもあった。「Landscape of S.Sato」として、彼が自らの原風景を語ったものだ。

「東京都北区王子」

俺、小さいころ、ずっといたのが王子ってとこなのね。赤羽って知ってる？　あの近くで、ゴミゴミした、バタくさいところっていうかさ。北区。俺は好きでさ。

東京って好きなんだけどさ。すげえ好きなんだけど。でも東京的な文化、ってあるじゃん？　俺、ああいうのがすげえキライなんだよな。もう、すべて。なんかオピニオン・リーダーみたいな奴がいたりとか。東京はかっこいい場所っていうのが、なじまなくってさ。だからさ「東京！」ってものとかに対して、「なにいってんだよこの」みたいなかんじなんだよね。逆に下町ってのも、うざったいしさ、俺にはね。

だからまー、いちばん好きな場所はウチの近所だな。当時の。消防署があって、王子公園があって。そのへん一帯。王子四丁目っていうあたり。

佐藤はよく、「渋谷系」の話題が出たときなどには、こう言っていた。「なに言ってやがんだ！　俺は池袋系だ！」と。子どものころ、王子から自転車に乗って、池袋まで行って、よく遊んでいたそうだ。

聞き書きではない、僕自身の「書き原」としては、佐藤の自宅について触れた内容のものがあった。「爆心地の新生児～無自覚にワイルドなポップの誕生について～」と題された原稿のなかで、その部分のみ、ここで引いておこう。

行くたびに思うのだけど、（佐藤は）ほんとに妙なところに住んでいる。下北沢にほど近いにもかかわらず、昭和30年代で時間が止まったような場所。ひなびた部屋の外には夏草がおいしげり、どこぞのＤＪがそこらへんに捨ててたダンボール箱いっぱいのレコード（ジャケなし）がひろわれてきてたりする。なぜかシャツ・コレクションが豊富で、古着屋で千円どころかひと山いくらにちがいないようなチェックのシャツが無造作にクローゼットを占領しているような、そんな部屋の中には似つかわしくない巨大なＴＶモニターがベッド足元には配置されていたりする――まるで、爆心地の跡に急成長した闇市（まあ、東京の繁華街なんてみんなそうだけど）の周辺に、そこだけぽっかりと発展からとり残されたような場所に彼はいる。硝煙の匂いやら残留放射能なんかも、もしかするとただよっているのかも知れない（でも気にしてない）。

そんな場所に住みながら、ふたことめには「いやいやいや。だって、これから長く続けるんだしさ」と、自分が一生音楽をやっていくことをなんのうたがいもなく信じているようなところ。中学生のときには、プロレスラーになるか文房具屋になるか迷ってた、というようなところ――そういったところから生じるヴァイヴが、僕がフィッシュマンズの作品と荒涼とした音楽を並列に聴ける理由なんじゃないか、という気がするのです。

この原稿に付け加えるとしたら、「部屋の外」には、かなりいろんながらくたが拾われてきては、そこに置かれていた。見るたびに、その内容は変わっていたような気すらする。このころ世田谷区では、粗大ゴミのあつかいはまだ大らかだった。「ゴミを捨てる場所」に、ぽんと置いておけば回収してもらえる、とか、そういったものではなかったか。どうやら佐藤は、そこから「使えそうなもの」を物色しては、家に持ち帰るという習性があるようだった。ちょっとしたテーブルや、棚なども、拾ったものではなかったか。まだ使用方法が思いつかないのか、いくつかの拾得物が家のまわりに所在なげに放置されているその傍らには、当時の彼の愛車であった、ホンダのモンキーだか、ゴリラだかも、停められていた。それら全部を、生い茂った雑草が取り囲んでいた。

その「家」そのものも変わっていた。あれは集合住宅ではなく、木造の日本家屋の一軒家だったはずだ。上階には大家さんが住み、佐藤が一階全部を使用していたのではなかったか。玄関はべつだった。風呂はなかった。佐藤はコイン・シャワーを愛用している、とのことだった。

こんな環境なのだから、ともすればそれは、貧乏臭くも見えたはずだ。しかし、それはなかった。そんなことを感じさせられるような、常識的な日本社会の範疇に属するものではなかった。「貧乏」だの「金持ち」だのといった区分とは、まったくなんの関係もない、べつのカテゴリーに属するような場所。ある種の「異界」とでも呼べそうな空間こそが、佐藤伸治の自宅だった。

ここを最初に訪れたとき、その敷地に一歩足を踏み入れただけで、僕はつぎからつぎへと驚くことばかりだったのだが、最も驚いたのが、佐藤家の玄関をくぐったその直後だった。上がりがまちに立っていると、そのすぐ右前方の壁に、巨大なポスターのようなものが貼ってあるのが見えたのだが、これが〈りぼん〉の奥田社長なのだ。奥田社長の写真をコピーで大きく引き延ばしたものを、まるで魔除けかなにかのように、佐藤は玄関先に貼り付けているのだった。

当然僕は、佐藤に訊いた。

「なに、これ？　なんでこんなところに、社長の写真を貼ってるの？」と。

佐藤は僕の質問には直接答えずに、こんなふうに言った。

「この人はねえ」と、ちょっと力を込めて、彼は言うのだった。「この人は、お金さえあれば、でっかいこと、やる人なんだよ！」と。

まったく要領は得なかったが、佐藤が奥田社長を慕っているらしいことだけは、そのときなんとなく、わかった。


このミニ・ブックが「渋谷系を逸脱していた」と僕は書いた。そうなった理由の最大のものは、当たり前だが、佐藤がこのような男であったからだ。そして第二の理由は、山本ムーグも僕も、作業をしていくうちに、そのときの自分たちのモードに飲み込まれていって、その過程で、佐藤なりフィッシュマンズなりの、その時点での波動と、化学反応のようなものを起こし――どうにかなってしまったのではないか、と僕は分析する。

その一例として、この『after GO GO ROUND THIS WORLD』は、『メロディ』を宣伝するためのものなのにもかかわらず、たとえば同作のスリーヴ・デザインなどと、ヴィジュアル的な関連が、ほとんどなかった。ミニ・ブックの表紙は、黄変して退色した写真のようなものがフィーチャーされていた。被写体となっていたのは、小さなクマのぬいぐるみが、洗濯ばさみで吊られているのだろうか、宙に浮いた数体のそれが、ぶれて、画角からはみだしたまま、空間から切り取られていた。そんな写真が加工をほどこされて、表紙となっていた。マイク・ケリーを例にとるまでもなく、これはまぎれもなく、当時のアメリカン「オルタナティヴ」の作法にのっとったものだった。山本ムーグも、僕も、海の向こうからの電波を受信して、それぞれがそれぞれに、大いなる影響を受けていた。

このミニ・ブックの制作期間の前後、僕は〈カーディナル・レコーズ〉を始めようとしていた。フロクCDの制作だけでは飽き足らず、レーベルとして世に送り出すべき作品をリリースしたい、と考え始めていた。そんな僕に、佐藤はこう言った。

「レーベルやるんだったらさ、バッファロー、出しなよ。バッファロー・ドーター」

彼の薦めにしたがって、山本ムーグの家で、まるでお見合いのようにして、僕はバッファロー・ドーターの全員と会った。仲介人となったのは、山本玲彦さんだった。バッファローと、NG3、シーガル・スクリーミング・キス・ハー・キス・ハーの三組を、この秋に同時にリリースするため、それぞれの制作作業を、僕は開始していた。

そしてこの三月、ベックのメジャー・デビュー・アルバム『メロウ・ゴールド』が発表された。このレコードのことは、僕が山本ムーグに教えた。同じ三月には、ビースティ・ボーイズの『イル・コミュニケイション』もリリースされた。そして四月五日、カート・コベインが自殺した。この事件を僕は、シーガル〜の日暮愛葉に電話で伝えた。

ニルヴァーナの来日公演を、僕は川崎の〈クラブ・チッタ〉で観ていた。このときのおよそ二年とすこし前、九二年の二月十七日のことだ。それはすさまじくカオティックであり、同時にまた、すさまじいエネルギーをも与えられるものだった。カート・コベインは、パジャマ姿ではなかったか。ライヴの最後、ドラム・セットを破壊しつくしたあとで、どこを見ているかわからない目をして、彼はこう言っていた。「キッズ、ドラッグは使うな。マリワナは吸うなよ」どう考えても場内で一番人間のクズみたいななりをした彼は、つぶやくようにそう言っていた。

それきり僕は、いちリスナーとしてニルヴァーナの作品に触れていただけで、ライヴを観ることも、インタヴューすることもなかった。ただ〈米国音楽〉をとおして知り合ったアメリカン・インディー・

シーンの連中には、一時期のカート・コベインと親しくしていた人が、少なくはなかった。もちろん、僕が〈米国音楽〉を創刊しようと考えた背景にも、ニルヴァーナは大きな影を落としていた。

カート・コベインの訃報を受け、僕の心のなかで、なにかが折れてしまったようだった。と同時に、新しいフェーズへと突入しつつあるアメリカン・オルタナティヴの現状が、頭のなかでぐるぐると回っていた。少なからず、僕は混乱していた。そして混乱しつつ、ふと気づいたことがあった。「佐藤にどこか似ているような奴は、アメリカにならいるのだな」とでも言えばいいだろうか。ベックの登場をもって、それはより明確な像を、僕のなかで結び始めていた。いつもいつも「なんなんだよ、それは」と困惑させられるような言動ばかりの佐藤伸治というこの男を読み解くカギは、日本以外の場所の音楽シーンにならある、あるような気がした。

その試みのひとつとして、僕はこのミニ・ブックで、何枚かのレコードをセレクションした。「体内バランスがフィッシュマンズになっているとき、僕はこんなものを聴いている」というコンセプトのもと、その原稿を書いた。もちろん、僕が選んだものだから、自分自身の趣味は濃厚に反映されている。と同時に、ラジオでの長期の共演をもとに、「さしむかい」で坐っていた佐藤からの影響というものも、多大にあった。彼から教えてもらったレコードも、とくにレゲエでは、多くあった。そうしたものをもとに、「レコードを紹介すること」で、フィッシュマンズとはどんなバンドなのか、ミニ・ブックの読者に伝えることを目的として書いた。「渋谷系」のお客さんに話をするなら、レコードの話題が一番だろう、との発想のもとに。

そこで選んでいたレコードを、ここに列記してみよう。

まず、ベックの『スティーヴ・スロウ』EP。ハウンドドッグ・テイラー&ザ・ハウスロッカーズ『ナチュラル・ブギー』。プリンス・ジャズボ『アイタル・コーナー』。マトゥンビ『ポイント・オブ・ヴュー』。ニュー・エイジ・ステッパーズ『アクション・バトルフィールド』。ムーンフラワーズ『フロム・

ホエールズ・トゥ・ジュピター、アンド・ビヨンド・ザ・スターズ・トゥ・レインボヘミア』。サイマンデ『セカンド・タイム・ラウンド』。エロール・ダンクレイ『ダーリン・ウー』。ジョナサン・リッチマン&ザ・モダーン・ラヴァーズ『ロックンロール・ウィズ・ザ・モダーン・ラヴァーズ』。ザ・ヴェルヴェット・アンダーグラウンド『ローデッド』。ゾンビーズ『オデッセイ・アンド・オラクル』。マイケル・ジャクソン『ベン』。ディゲブル・プラネッツ『リーチン』。アーサー・ライマン『キャスト・ユア・フェイト・トゥ・ザ・ウィンド』……といった、十四枚だった。

このセレクションを振り返って、僕は当時思わなかったことを思う。

まずこれは、『メロディ』という一枚を解説するものでは絶対にない、ということ。フィッシュマンズというバンドの全体像を紹介するものとして見ても、「はみ出して」いるものが、あり過ぎる。少なくとも、この時点の彼らからは。

いまの僕には、このように見える。「これらの十四枚とは、まるで『空中キャンプ』を説明するかのようなセレクションではなかったか」と。

「渋谷系」を目指すことを第一義として企画されたこのマキシ・シングル二連発が、彼らにとっては、濃密な実験の期間だったと僕は考える。「模索の期間」だったということだ。『ネオ・ヤンキー〜』で「扉を開けた」ときのような、爽快なる達成感を感じさせるような発言は、この期間の佐藤は、一度も口にしてはいない。いいトラック、いい楽曲は数多く制作しているのだが、このころの彼らは、目の前のそれには留まらず、すでに壮大なる設計図を、脳裏のどこかで描き始めていたのではないだろうか。最初は夢うつつでスケッチを描いてみたものの、翌朝見直すと「こりゃだめだ」とすぐに思ってしまうような、「想像を絶する」建造物の構想——そんなものが、すでにこの時点で、佐藤たちの頭のなか、深層心理の奥深くでは、ぼんやりとした像を結び始めていたのではないか。それゆえ、この『メロディ』は、渋谷系からは見事に逸脱せざるを得なかったのではないか。

そして、そんな彼らを間近で見ながら、僕は僕で、空想を始めていたのだと思う。「フィッシュマンズとは、こういうものなのではないか」と、未来におけるそれをも想像してしまったものが、この十四枚のセレクションだったのではないか。

空のずっと高いところ、高度一万メートルとか、それぐらいの場所で、うろこ雲がゆっくりと形成されていくかのように、すでにこのころ、『空中キャンプ』は、そのおぼろげな輪郭を見せ始めていたのではないか、と、僕は思う。

ところで、当初の目的をほぼ喪失したまま作られてしまったこのミニ・ブックのなかで、最も焦点が合っていた一文は、こだま和文さんが寄せてくれた応援コメントだった。ファースト・アルバムのプロデューサーであり、「レゲエ初等科」に入学したばかりだったフィッシュマンズを導いたこだまさんは、まるで透視能力者のように彼らを見つめ、そして予言者であるかのように、こんなことを言っていた。

「僕は今フィッシュマンズが好きだ。それは、フィッシュマンズがイイバンドだからだ。この3年間で良質のアルバムを発表しつづけてきているフィッシュマンズ。まあ、焦らなくてもきっとそのうち分かるだろう。『フィッシュマンズってこんなにすごいバンドだったの?』ってね」

この『メロディ』のレコーディング終了後に、ギタリストの小嶋謙介がフィッシュマンズを脱退した。ライヴでは、五月十八日、〈TBSホール〉でのものが最後となった。

フィッシュマンズの「黄金時代」は、唐突にここで、その幕を閉じた。

第7章

94年6月〜12月「夕焼けの色だよ」

小嶋謙介脱退／『ORANGE』／小沢健二『LIFE』／渋谷系ブーム爛熟

小嶋謙介の脱退は、ショックだった。「フィッシュマンズは、どうなってしまうのか？」と、かなり僕は、そのとき動揺した。これは、たんなるいちギタリストの脱退劇だ、というわけではなかった。

まず第一に、これは「デビュー以来の五人組」だったフィッシュマンズの一角が崩れた、ということを意味した。メンバーそれぞれが、その人物で「なくてはならない」ものこそが「ほんもののバンド」なのだ、と僕は書いた。僕の目から見て、フィッシュマンズとは、まさにそうした方向へと、脇目もふらず前進をつづけてきたバンドだった。それがここで、根本的なところで破綻してしまったように感じられたのだ。

第二に、バンド内での、小嶋という人物にしかない重心点というものは、とても得がたいものだった、という側面もあった。それはとくに「佐藤にとって」重要なものだと僕は感じていた。

ハカセ以外のメンバーが、同じ大学のサークル出身だ、と僕は書いた。日本の学校には、どこでもやはり、所属の学年にもとづいた、先輩・後輩の上下関係というものが存在する。卒業した時点で解消されるものではなく、それは場合によっては、一生涯つづいていくものでもある。フィッシュマンズのなかにも、それはあった。

茂木も柏原も、佐藤のことは「佐藤さん」と呼んでいた。佐藤が彼らより、先輩だったからだ。それに対して、小嶋だけは「伸治」と名前を呼び捨てにしていた。同学年だったからだ。「シンジィ、それはちょっと、ないんじゃないの？」などと、すぱっと佐藤に突っ込むことができるメンバーは、まずそれは、小嶋だった。とても仲がいい二人、とくになにも言わずとも、お互いがお互いの肚のうちを知る間柄のようにも見えた。そしてどちらかというと、佐藤のほうが、その関係性に依存していたようにも、僕には見えていた。

　とくにそれが顕著だったのが、ライヴでのパフォーマンスだった。ライヴの「華」となるところは、それは小嶋がやってくれるから、といったスタンスで、佐藤はより自由で、責任が軽い場所を探して、そこで安心しきっているかのようなところが、あった。

　小嶋が脱退したあと、佐藤がこんなふうに言っていた、という話を知人から聞いた。

「俺ら、（ローリング・ストーンズの）ミック＆キースみたいに、ずーっといっしょにやってくもんだと、思ってたんだけどな」と。

　この言に沿えば、小嶋は「面倒見がいい」キースで、佐藤は「フロントマンとしては怠け者」のミックだった、ということになる。そもそもそんな関係が、「ミック＆キース」を模して語れるものかどうかは、置いておくとして。

　小嶋の脱退の理由は、僕にはわからない。しかし、その後の彼が、ミュージシャンではなく、グラフィック・デザイナーとしてのキャリアを積んでいったことから考えると、「人生の方向性の違い」として、とらえるべきことだったのだろう。とくに進境著しい茂木と柏原のリズム・セクションと比較すると、小嶋のギター・プレイには、デビュー以来、そこに大きな躍進や変化は、あまりなかったようではあった。といっても、これを悪い意味で、僕はとらえてはいなかった。彼の「ロックあんちゃん」とした陽性のたたずまい、そこから導き出される「変わらじ」の爽快なギター・プレイこそ、フィッシュマンズがフィッシュマンズであるための、レーゾンデートルないしは、キー・ファクターのひとつであるかのように、僕には感じられていた、ということだ。

　それが、欠けてしまったのだ。決して取り戻すことができない一部が、失われてしまったのだ。当然にして、そこには「バランスを欠いた構造体」が残されることになる。そして、このあと、フィッシュマンズがそのバランスを取り戻すことは、一度もなかった。欠けたまま、傾いたままで、進んでいくことになった。さらに言うと、どんどんとそのバランスは悪化していった。その最初の亀裂が走ったのが、ここだった。

あまり恵まれていたとは言えないが、悪くもない、のんびりとした少年期を送っていた彼らが、充実の青年期を迎えた途端に、一瞬にして、それはここで幕を下ろすことになった。「新しいヤンキー」たちが青春を謳歌していた真夏の白昼の公園に満ちあふれていたはずの光の洪水は、このときはっきりと、消灯された。

フィッシュマンズにとって、巨大な分岐点がやってきた。

当初フィッシュマンズは、小嶋の後任を選ぶため、ギタリストのオーディションも開催していた。しかしこれは、確たる成果を生み出さぬまま、終わった。そこで、サポート・ギタリストを起用して、いろいろな場を乗り切っていくことになった。

ライヴでは、まずロッテンハッツの木暮晋也《こぐれしんや》がサポート・ギタリストとして参加することになった。彼はこのころ、小沢健二のバッキングもつとめていた。黒ぶちの眼鏡とリーゼント姿の彼を、ステージ上の佐藤は、ことあるごとにいじっていた。必要以上に、なんやかんやと言いつづけていた。

たとえばそれは、こんな具合に。

「木暮は、ロッテンハッツの前には、クールスにいたからさ」といった嘘八百から始まって、「この人は日本で初めてリーゼントでレゲエやる人なんですよ」とか、「じつはカツラですっ!」とか……佐藤がそれを言うたび、木暮はにこやかに微笑みながら、ときにはコームでダック・テールを整えては格好をつける、というのが、このころから、フィッシュマンズのライヴではお決まりのひとこまとなっていった。客席に笑いを呼ぶシーンだった。

つまり、佐藤は「頑張っていた」ということだ。小嶋を欠いて、バランスを崩したフィッシュマンズという船の舳先《へさき》に立って、なんとかそれを盛り返そうと、彼なりに努力をしていたということのわかりやすい一例が、この「木暮いじり」だったはずだ。

のちに伝統芸となるその様子を僕が初めて見たのは、六月二十七日の〈渋谷クラブ・クアトロ〉だった。このあと、フィッシュマンズはアルバムのレコーディングに入ったので、前年からずっとつづいていた「ライヴざんまい」期間全体の終幕とも呼べるものだった。これは、きわめてすさまじい内容だった。

とにかく、とにかく渋谷クアトロは込んでいた。そして、ライヴが、長かった。途中から僕は、腰が痛くてしょうがなかったのだが、ステージ上に目を転じると、不気味なほどフレッシュな笑顔を満面にたたえた佐藤が「つぎの曲は!」と叫ぶのだ。そしてイントロダクションが流れ始めると、僕も腰痛を忘れて、身体が揺れる。まわりを見わたすと、いっぱいになった場内が、波打つように揺れている――というか「踊っている」人がいる！　ついにフィッシュマンズの生み出すリズムが「人を踊らせる」ものになったのだ、と僕が最初に認識したのは、この夜だった。佐藤も踊っていた。というか、暴れていた。かつてはステージ上で白くつめたい空気を振りまいていた男が、この夜は、踊る、暴れる、お客さんをあおる、しかもよくわからないポーズで――ということになっていた。これは明らかにかつての〈ZOO〉ライヴ以上の熱演だった。

佐藤のファッションも、このころ、大きく変化した。初期の「かわいったらしい」もの、これを僕は「アニエス期」と呼んでいたのだが、それはすでに終わりを告げていて、この時期の彼は、古着やアウトドア・ウェアを着るようになっていた。ベレー帽や、山高帽ではなく、おそらくは中古品のベースボール・キャップをよくかぶっていた。これが普段着だったとすると、さらにそこに、妙なアレンジをほどこしたものが、佐藤のステージ・ウェアとなっていったのが、このころだ。よくわからない重ね着、紙で作った王冠(?)のようなものをかぶる、マフラーを頭にぐるぐる巻きにして、そこに花を挿す……あたかもそれは、偉大なるリー「スクラッチ」ペリーの無茶苦茶なスタイルに影響を受けたかのようなものへと、変化していった。服装の趣味にも「ダブ」が影響したということだろうか。そうやって「リー・ペリー期」へと突入していた佐藤が、変なポーズで、変なふうに暴れる、というのが「フィッシュマンズのステージ」で当たり前のことになったのも、このあたりからだ。

バランスを欠いた物体が、ときにそれゆえに、遮二無二《しゃにむに》前進せざるを得ないように。むりやり補助輪を取り外された自転車に乗せられた子どもが、悲鳴をあげながらも下り坂を滑走していくかのように。「四人組」となったフィッシュマンズは、こうしてなしくずし的に、未知なる道程へと旅立っていった。

そしてこのあと、彼らのまず最初の旅立ちの先は、ロンドンだった。ひさしぶりの海外レコーディングにて、彼らは四枚目のアルバムに取り組もうとしていた。サポート・ギタリストには、バッファロー・ドーターのシュガー吉永が起用された。七月から八月にかけて、つまり、観光的にもトップ・シーズンのロンドンにて録音されたそのアルバムは『オレンジ』と名付けられた。

さて、残念なことに、僕はこの『オレンジ』については、佐藤にインタヴューをしていない。「しない」と決めていたわけでは、全然ない。タイミングを逸してしまったのだ。

前作のアルバム『ネオ・ヤンキー～』までは、僕はリリース時にはいつも佐藤にインタヴューをしては、〈ロッキング・オン・ジャパン〉に寄稿していた。そうしたときにはいつも、最初に編集部から電話がかかってきて、取材を依頼されるものだった。だからこのときも、そうなるのかなと、思い込んでいた。しかし「なんだか、電話がこないよな」と思っているうちに、取材時期を過ぎてしまった、というわけだ。まぬけな話だが。

そのかわりというわけではなかったのだろうが、佐藤たちがロンドンに旅立つ直前だろうか、〈ロッキング・オン・ジャパン〉の九四年七月号にある記事が載った。そんな取材がおこなわれていたことは一切知らなかった僕は、誌面を見て、驚いた。佐藤と、なぜかスピッツの草野マサムネと、なぜかb-flowerの八野英史の三人が並べられて、座談会をさせられているのだった。「ひなぎく対談」と、その記事は題されていた。

「なんなんだよ、これは」と、僕は口に出して、言ったかもしれない。

記事のなかでは、こんなふうにその企画意図が説明されていた。「とくに付き合いがある連中ではないが、マッチョイズムの対極ともいえる存在感が共通しているので、無理を言って集まってもらった」と——つまりこれは、音楽性になにかしら共通項があるわけではなく、音楽の背後にある価値観や世界観の相性でもなく、ただたんに、それぞれがぱっと見た感じで「弱そうだ」ということ、そこだけに着目して座談会をさせた、ということにほかならない。それぞれで一家を張っている、それぞれが「バンド」を背負っている、フロントマンである三人を。「弱そう」に見えること以外は、とくに共通項もないにもかかわらず。

この記事は、僕の目には、はるかむかしに消え去ったはずの「バンド・ブーム」期の、悪しき前例が亡霊のごとく甦ってきたかのように見えた。「ミュージシャンを戯画化すれば、するほど、人気は出るはずだ」といったテーゼにのみ、のっとったかのような。彼らそれぞれの、つね日ごろの営為や努力は、ひとまず完全に無視をした上で。

これはしかし、佐藤は怒るだろうなあ、と僕はまず思った。そして、その予感は当たった。実際に彼は、アルバム・リリース後のライヴでは、ステージ上でしつこく、怒ったように「ひなぎく！」と、言っていた。ひなぎく、ひなぎく、と何度も言いつづけていた。「ひなぎく対談なんて、やってる場合じゃねえんだよ、俺は」と、ぶつぶつ言ってもいた。あたかもそれは、「ウェルカム・バック！」といっ

た印象ですらあった。インタヴュー現場では決着をつけることができずに、それについては事後に「む
かむかしつつ、ぐじぐじ言う」あの佐藤伸治というものに、完全に引き戻されてしまっていた。
さらに僕は、山本玲彦さんのことも思い浮かべた。「渋谷侵攻作戦」の際の、彼のはりきり具合を、
思い出した。やっと太田さんコーナーに並んだと思ったところで、よりにもよって「ひなぎく」呼ばわ
りされようとは……こんな記事を読んだ上で「フィッシュマンズって渋谷系っぽいね」と思うような酔
狂な人は、地球上にただのひとりもいないのではないか、とすら僕は感じた。
とはいえ、このときすでに、その「渋谷侵攻作戦」は、なんだかよくわからないままに終わりを迎えていた、とも言えた。『メロディ』も太田さんコーナーには並べられていたのだが、すでに書いたように、その内容は、「渋谷系」の範疇にはとてもおさまらないようなものとなっていた。
ちょうどそんなころ、「作戦の終了」の号令を、僕は耳にしたような気がする。あれは、佐藤がロンドンに旅立つ、すこし前ぐらいの時期だったろうか。
このころ、〈HMV渋谷〉が入っていたワン・オー・ナイン・ビルの二階は、ほぼワン・フロアを使いきったかのような、巨大なカフェがあった。広いことと、場所がわかりやすいということで、僕らの周辺では、待ち合わせや打ち合わせなどで、よく利用されていた。ときには来日ミュージシャンもいた。サルタンズ・オブ・ピンFCというアイルランドのバンドのヴォーカリストが、あれはグルーピーだったのだろうか、日本人の若い女性を二人ほどしたがえて、お茶を飲んでいた姿を見た憶えもある。
このカフェに、佐藤と山本さんと、僕がいた。その前にどこかで打ち合わせなど、終えたあとだっただろうか。とくに僕は理由もなく、彼らと同席して、アイス・コーヒーをストローですすっていたはずだ。彼らも僕の存在を気にすることなく、会話をしていた。
と、なにかの拍子に、山本さんが佐藤にこう訊いた。

「つぎのアルバム・ジャケットのデザインは、どうしようか？」と。このとき、彼はふたたび、宣伝から制作ディレクターへと復帰していた。

さわやかに白い歯を見せながら、山本さんはこうつづけた。

「あのマキシ・シングルのデザインは、すごく評判がよかったんだよ」と。

そこまで、まったくなにも、予期できるものはなかった。穏やかな初夏の陽射しが、カフェの大窓にはあふれかえっていた。さて今日は、どんな経路でレコード店を回ろうかな、などと呑気に考えながら、僕はぼーっと、聞くでもなく、二人の話を聞いていた――ところ、思わずアイス・コーヒーを吹きこぼしそうになった。

「ああ、そうおっ⁉」

なぜか煌々《こうこう》と、好戦的な光を両眼に宿した佐藤が、そこにいた。なにかが、どこかで、触れてはならない彼の「地雷」を、見事に踏んずけてしまっていた。

「あー、あれね。あれ、あれ」佐藤は同じ目をしたまま、山本さんにこう言った。「あれさあ、評判悪いんだけどね！　俺の友だちのまわりじゃあ！」

そのあと、山本さんがどう応えたのか、どんな感じで、「佐藤地雷」が引っ込んだのか、引っ込まなかったのか――その先の記憶が、僕にはまったくない。ただただ僕は、さらに忍者のように気配を消しながら、いたたまれない時間が早く過ぎ去ることだけを、心のなかで祈りつづけていた。

渋谷のど真ん中で、〈HMV渋谷〉の真上のカフェで、佐藤が突然に凶暴化したこの瞬間をもって、僕は「作戦終了」の遠い声を、号令を聞いたような気がした。

佐藤が荒れ狂ったにもかかわらず、山本ムーグとのタッグは、『オレンジ』のスリーヴ・デザインでも継承された。ひとことで言うとそれは、ミニ・ブック『after GO GO ROUND～』のヴィジュアルと手触りを発展させていったようなものになった。コンセプトは「レゲエの中古レコード」といったものだったのだろうか。オリジナル盤のCDスリーヴでは、表面がでこぼこして、地色がオレンジの紙の上に、意図的に荒っぽい印刷がなされていた。スリーヴ表面では、その紙の上にステッカーが貼られていて、そこにわざと版ずれさせたようなメンバー四人の写真が印刷されていた。このタッチは、とてもフィッシュマンズらしいものではないか、と僕には感じられた。グラフィック・デザインの面でも、「フィッシュマンズの流儀」というものが、ようやく固まってきたわけだ。これについては、佐藤と山本ムーグの緊密なる連携の成果というか、マキシ・シングル二枚にまつわる作業をとおして、両者の関係性がどんどん近くなっていったことが、大いに影響したはずだ。

さて、この『オレンジ』については、まとまったインタヴューを僕はしてはいないので、当時耳にした、断片的な佐藤のコメントなどから、アルバムの全容をここで整理してみたい。

まず、アルバム・タイトルについて。僕は最初、果物のオレンジを指しているのだと思った。そこで佐藤に「さわやかじゃん」と言ったところ、「違うよ」とのことで、彼はこう言った。「夕焼けの色だよ」と。

これまでのところ、フィッシュマンズとは、基本的に「青空」が似合うバンドだった。ミニ・アルバム『コーデュロイズ・ムード』のみを例外として、それ以外のアルバムでは、季節で言うなら、初夏から盛夏が、最も似合うような印象が僕にはあった。そうしたものとは、本作は根本的に違うのだ、ということを告げるのが、タイトルの『オレンジ』だったというわけだ。そもそもは、ロンドンのスタジオに〈ORANGE〉社製のギター・アンプがあったところから思いついた、という話を聞いたような気もするが、そこから発展していって、「夕焼け色」へとイメージが転化していった、ということなのだろう。「これから、闇の世界に向かいますよ」ということを、一枚をとおして伝えてくれているようなアルバムが本作だということだ。フィッシュマンズが、最大の「分岐点」にさしかかったことを、二幕ものの芝居のようにして見せてくれるものが、この『オレンジ』だったのではないか。

本作のプロデュースは、フル・アルバムとしては初の「フィッシュマンズ&ZAK」のコンビネーションとなった。そしてこの『オレンジ』は四作目、つまり「偶数枚」のアルバムだ。いつもの彼らの習性どおり、前作『ネオ・ヤンキー〜』にて開発された各種の発想や技術的トライアルを、「実用ヴァージョン」として数段階高いレベルへと引き上げたものとして、ヴァラエティゆたかな楽曲のなかで使用している。またマキシ・シングル二連発の期間に、はげしい揺れ幅を示した点——「スタジオ・ワークを重視するのか」「ライヴ・バンドとしての生々しい演奏を重視するのか」といった二律背反は、ひとまずここでは「生々しさ」のほうへと、大きく傾斜することで、決着を見ているようだった。もっともそこは、『メロディ』収録作とは大いに異なる点として、共同プロデューサーであるZAKが、ありとあらゆる音像の波形すべてに対して、まるで江戸前寿司職人のようなさりげない「仕事」をした上での「ライヴ感」なのではあるが。全編をとおしての、アナログっぽい「やわらかな」質感は、これは極上と言っていいのではないか。

ところが、この時期の佐藤の「揺れ幅」というのは、どうやらこれまでに前例のなかったもののようで、アルバムが完成して、まだ発売される前にもかかわらず、こんなことをぽつりと言っていた。いわゆる「ライヴっぽい、いかにもバンドがそこで演奏しているような」トラックには、「もう、飽きた」と。具体的には、アルバムの前半のような「ロックっぽい」感じは、もういいかな、と彼は言っていた。「いまは、アルバム後半の『おそいレゲエ』がいいかな」と。

佐藤の言葉にしたがって、アルバムの収録曲を見直してみよう。後半の「おそいレゲエ」というのは、六曲目の「帰り道」から、九曲目の「夜の想い」までを指していたのだろう。このうち七曲目の「感謝(驚)」は、唯一ミディアム・テンポであり、「夜の想い」とともにレゲエ色は薄いのだが、トーンというか、手触りは、ほかの二曲とよくなじむものではあった。ざっくり言って「アルバムの後半の四曲は、

『おそいレゲエ』を主体として組んだものだ」と見なしていいだろう。完全にベースが主役となっている、というサウンド面の特性から「柏原譲オン・ステージ」といった趣の四曲だったとも言える。

では前半はというと、最初のイントロダクションを経て、「気分」、「忘れちゃうひととき」、シングルともなった「MY LIFE」、そして、よりライヴっぽい演奏にて表現された「メロディ」の新ヴァージョン、となっていた。これはこれで――という言いかたに語弊があるぐらい、珠玉のポップ・ナンバーが並んでいた、と言っていい。

なにより、バッファロー・ドーター／シュガー吉永の参戦は大きかった。小柄な女性ながら、標準的な男性ロック・ギタリストが五人ぐらい集まっても鳴らせないような、重く硬い「物質感」あふれるコード・ストロークを、軽々と一発で決めてしまう剛の者こそがシュガー吉永だった。「忘れちゃうひととき」のイントロダクションに顕著なように、「きっぱりとした」彼女のロック・ギターの特性が、くっきりと焦点があったバンド・サウンドを成立させることに、大いなる貢献を果たしていた。それが功を奏して、この前半戦をして「Go Go Round〜」の系譜につらなる「エモーショナルなロック・チューン」最新型の連打とさせることに成功していた。

また、とくに前半の三つの新曲では、佐藤の歌詞にも新機軸が見られた。「言葉数を増やす」というのがそれだ。「引き算」を重ねることで成立していた「いかれたBaby」を経て、もっとさりげないふうを装った言葉づかいへと、このあたり、佐藤は挑戦を始めていたのではないか。たとえば「気分」における、「学生気分も抜けて　髪も伸びたね」といった具体性、「アーこの国の気分は／変わりすぎて疲れるぜ」といった直接性は、明らかなる新機軸と言っていい。それが結実したものが「MY LIFE」であり、まるでフォーク時代のRCサクセションもかくや、というほどの「とっつきやすい」歌詞と、言葉の音韻や抑揚から導き出される自然なメロディに満ちた一曲となっていた。つまり「気分」と「MY LIFE」は、「フォーキーなフィッシュマンズ」なるものも、この世にあり得るのだ、ということを告げていた。フアーストからずっとつづいていた、削ぎ落としきった言葉によって歌詞を編むという作業とは逆のベクトルで、「行間のことも、説明してみたよ」とでもいったものが、このフォーキー路線だったのだろう。自らの作詞術の屋台骨が固まった、と判断したからこその、佐藤の新たなる挑戦だったはずだ。

まとめると、この前半戦は「ポップで、親しみやすい楽曲を作る」ことができるバンドとしてのフィッシュマンズが、ひとつ究極の地点まで到達していることを示す、ランドマークとも言えるものだった、と僕は見る。

そのせいなのか、どうなのか。アルバムの発売を待たずして、これを「飽きた」と言っていた佐藤が推す「後半戦」。これは、明らかに前半よりも「とっつきが悪い」ものだとは言えただろう。地味だとも言える。これらの楽曲群をして、「レゲエだとは思わなかった」人も、世の中にはいたという話も聞いた。なんでそんなことになったのか、僕には一向にわからないのだが。

後半の四曲で、なかでも特筆すべき一曲が、「感謝（驚）」だ。ベース・ラインはレゲエ的なのだが、これはファンク・ナンバーとしてとらえるべきだろう。リズムは強靭でグルーヴィーであるにもかかわらず、なんともいえない「軽み」があるサウンド、そしてソフトなヴォーカル。「なんてったの」以来、ひさしぶりのフィッシュマンズによるソウル路線の一曲であり、なおかつ、ライヴなどでは、ファンキーに、グルーヴィーに、場内を「揺らす」ことができるナンバーでもあった。このような「軽量ソフト・ファンク」とでも呼べそうな奇妙な楽曲を、これほど魅力的に成立させてしまった例を、寡聞にして僕は、日本語のポップ・ソングでは、ほかに一度も聴いたことがない。視野を広げ、世界を見渡して、最も近い例を探すなら、カーティス・メイフィールドだろうか。「ディス・イヤー」「ユー・アー、ユー・アー」といった、カーティスの七〇年代後半の佳曲あたりとは、相通じるところがあるという気がする。

同曲を含む、後半の四曲を順に聴いていくと、僕はいつも、「階段を降りている」ような感覚におそわれる。どんどん、どんどん、下方へとくだっていくようなイメージだ。強烈なるオレンジ色の光につつまれていた前半から、ふと気がつくと、青藍色の影があたり一面を覆い始めているような——つまり「たそがれどき」と呼ばれる時間帯に突入したのが「帰り道」。そして、そこからさらにくだって、ほぼ完全なる「日没後」へとつながっていくのが、これら四曲だ。とくに最終曲の「夜の想い」、これは来るべき「ナイトクルージング」と表裏一体を成す一曲だろう。ここで語り手に「待たれて」いる「長い髪の王女様」こそ、「ナイト〜」にて「あの娘は運び屋だった」と歌われている存在と、同種同根のイメージなのではなかったか、と僕は思う。

『空中キャンプ』へとつづいていく、長い長い導火線のようなものが、この四曲の「おそいレゲエ」だったのではないだろうか。「青春を謳歌していたはずの若者」は、あっという間に年をとって、「闇夜のナイトライダー」へと転生する……そんな過程を体感させられるかのようなものが、この後半部だったのでは、ないだろうか。

「分岐点」とは、通り過ぎるときは一瞬ながら、それ以前と以降とでは、なにもかもが「違ってしまう」ものだ。「変化した部分」が当初いかに小さく見えようが、さしたる問題ではない。時間が経てば、経つほどに。「それ」は、変化を遂げた部分は、容赦なくどんどんと拡大していく。そしていずれは「変化があった主体」そのものの全体をも、飲み込んでしまう。

フィッシュマンズの成長期は、終わった。ここで終わった。失敗や成功を繰り返しながら、「成長」していくような時間は、終わってしまったということだ。

たとえば老人という存在は、生物学的な成長はしない。智恵や感性を深化させたり、純化させたりすることは、あり得るだろう。ここから先のフィッシュマンズがくぐり抜けていくことになるのは、そういった種類の、自己研鑽、自己錬磨とでも呼べそうなものとなっていく。佐藤伸治が、有言実行、「若さ」というものをばさばさと脱ぎ捨てながら、地中深くまでつづくらせん階段を、とんとんと降りていく様子を記録したアルバムこそ、この『オレンジ』なのではないか、と僕には思える。

そして、「分岐点」を通り過ぎてしまった張本人である佐藤は、アルバム発売を待たずして、「つぎなるモード」へと、体液なりなんなりが、このときすでに、変化し始めていたのだろう。もっともこの男が、素直に「老人」になるわけはなく、もっと複雑怪奇な「仙人」めいたものへと変化しようとしていたはずだ。あたかも不老不死・年齢不詳の「闇の生きもの」のようになって、地表ではなく、「空中」のどこかに浮かんでいる居住地に棲むことになる。そんな準備をも、このとき佐藤は、すでに頭のなかでは、始めていたのではないだろうか。

ところで、この『オレンジ』発売前後の時期に、僕はシュガー吉永と話す機会があった。とくに深い考えもなく、僕は彼女に訊いた。ロンドンでのレコーディング、どうでしたか、と。しかし彼女は、スタジオ内でのフィッシュマンズの動向について質問されたと、そう解釈したのだろう。

「あー。あいつら！」と、シュガー吉永は最初に言った。そしてこうつづけた。「あいつらねえ、ほんっとに、だめ。もう、のろくってさー」

ここで僕は、スタジオでのフィッシュマンズの作業が「のろい」ということを、初めて知った。もっとも、彼らを擁護するために付け加えておくと、スタジオ・ミュージシャンとして百戦錬磨の傭兵のような人物がシュガー吉永だったので、その彼女の目から見たらば、「のろかった」ということなのだが……。

こんな記憶もある。このころ僕は、フィッシュマンズの新作の「白カセ」や見本盤のエクストラ・コピーを入手した場合は、いつもそれを〈SLITS〉の山下さんに手渡していた。山下さんに聴いてもらいたかったのはもちろん、彼を通じて「SLITS梁山泊」に属しているDJの人々にも、フィッシュマンズをもっと知ってもらいたい、と考えていたからだ。この『オレンジ』のときも同様にしたところ、山下さんから、こんな話が戻ってきた。彼は、TOKYO NO.1 SOUL SETの川辺ヒロシといっしょに、『オレンジ』を聴いたのだという。そして山下さんいわく「川辺は、『メロディ』が気に入ったと言ってたよ」とのことだった。ただ同時に「ドラムの音は自分の好みではない」とも言っていたそうで、「あいつは、そういうところ、うるさいからさ」と、山下さんは僕に教えてくれた。

こうしたリアクションが、〈SLITS〉のDJ陣から戻ってきたことは初めてだったので、「佐藤が喜ぶかもしれない」と思い、僕はその話を彼に伝えた――ところ、もちろん、僕のそんな観測は甘かった。

「んなにぃ？　ドラムの音が、なんだってぇ!?」

文字にすると、まあそんなような反応を佐藤は示して、僕が伝えたかった、肝心の話の前半部分「『メロディ』がウケてたよ」というところは、すべて頭のなかから吹っ飛んで、彼はぷんすか怒りながら「テヤンデエ」調でなにか言っていた。佐藤を喜ばせようとして、地雷を踏んでしまったという、そんな例のひとつがこれだ。

こんなこともあった。フィッシュマンズは、ロンドンから帰ってきた直後の八月七日、大阪の二色の浜公園海浜緑地にて開催された『第9回海の祭典』というイベントに参加して、ライヴを披露した。このとき、彼らは初めてコーネリアスと「対バン」をした。そのときにどう感じたのか、どっちのほうがお客さんにはウケたのか――といった話を、僕は佐藤から訊いておくべきだったのだが、訊きそびれた。そのかわりといってはなんだが、「一日中泳いでて、楽しかったな！」という話は聞いた。とても暑い日で、会場が海水浴場の付近だったということで、ただただ彼は、「泳いでいた」のだそうだ。だからもしかしたら、そのときは海中にいて、コーネリアスの演奏は、聴いていなかったのかもしれない。

このイベント時の佐藤の写真が、『オレンジ』のアナログ盤のカヴァーで使用されている。なにもかもが「夕焼け色」に変転していく前は、こんなふうに遊んでいましたよ、という証明とも言える写真がこれだ。

さて、ここまで僕は、この章では、わざと時系列には沿わずに、あるひとつのことを隠すようにして、書き進めてきた。少なくとも『オレンジ』について落ち着いて考えてみるためには、そうする必要があったからだ。

僕がここまで「書かなかったこと」というのは、小沢健二のアルバム『LIFE』のことだ。この作品は、九四年の八月三十一日にリリースされた。

ご存じのとおり、これは、大ヒット作となった。しかも、瞬間最大風速的な売り上げだけではなく、ロング・セラーにもなって、およそ「渋谷系」と呼ばれたカテゴリーのなかでは、そのほかのいかなる成功作でも対抗できはしない、モニュメンタルな成績を更新しつづけることになった。そんなモンスター・アルバムこそが、『LIFE』だった。

そして、なんの因果か、同作がリリースされたすぐあと、つまり、ありとあらゆる音楽メディア、若者向けメディアが、雪崩をうったように「小沢健二」一色となっているなかに、ぽつんとリリースされてしまったのがフィッシュマンズの最新作だった、というわけだ。それが十月二十一日に発売された『オレンジ』と「MY LIFE」だった。

不運だった。それは、フィッシュマンズにとって、この上なく不運なタイミングだった、と言える。〈メディア・レモラス〉は、プロモーションに力を入れていた。『オレンジ』のカヴァー・アートを、渋谷パルコ前の壁面にペイントするなども、していた。それはもちろん、初めてのことだった。リリース直後には、同じく渋谷の西武ロフト館脇の、井の頭通りから公園通りへと抜ける横道において、街頭ライヴもおこなった。ちょうど〈WAVE渋谷〉のウィンドウの外あたりにセットを組んで、フィッシュマンズは演奏をおこなった。これも初めてのことだった。かなり多くのお客さんが、そこには集まった。

〈りぼん〉によるライヴ・ブッキングも、絶好調だった。アルバムに先立つ十月七日の〈渋谷ＯＮ ＡＩＲ ＷＥＳＴ〉では、またもフィッシュマンズはチケットをソールド・アウトにしていた。六月の〈クアトロ〉につづいての快挙であり、「ライヴ・バンド」としての彼らが、いかに多くの、しかも熱心なお客さんを獲得しているか、ということの証明でもあった。

しかし、アルバムは売れなかった。シングルも、売れなかった。ここまでやっても、駄目だった。小沢健二のせいで、フィッシュマンズの『オレンジ』が、売れなかったわけではない、はずだ。だがしかし、あんなメガ・ヒット作と、正面衝突してしまうような時期に、リリースがあったせいで……こんなことを口にする人もいた。

「フィッシュマンズの歌詞は、わかりにくい。佐藤伸治の努力が足りない」

「たとえば『MY LIFE』の『今はいいよ My Life』って、いったいなにが『今はいい』んだか、全然わからない」

僕としては、「MY LIFE」のここの箇所は、英語なら「Nothing happened to my life yet, for the time it's alright」といったような意味になるようなところを、「今はいいよ」と、簡素きわまりない一語にて表現しきった見事な一行であり、「歌い出しの部分の謎かけ」としても秀逸だ、と考えていた。ここから歌が進んでいくにつれて「何が『いいよ』なのか」が、つぎつぎと明らかとなって、イメージが広がっていくわけだ。典型的な時間芸術が音楽だという点をよく理解した、うまい仕掛けが生きている。なおかつ、フォーキーで人なつっこい、キャッチーと言っていい仕上がりになっているものが、この「MY LIFE」なのではないか、と僕は評価をしていた。作詞にかんして、つね日ごろからすさまじい努力をしている者でなければ、こうはならない。

しかし僕のそういった観点は、あまりにもインサイダー的過ぎた、のかもしれない。

なぜならば「MY LIFE」を批判したその人は、小沢健二の歌詞を賞賛していたからだ。その人が「わかりやすい歌詞の例」として、「かくあるべきポップ・ソングの例」として挙げたのは、小沢健二の「いちょう並木のセレナーデ」だった。それは『LIFE』に収録されている一曲だった。

「『いちょう並木の〜』はわかりやすい、とてもいい曲だ。だから売れる。でも『MY LIFE』はその逆だ。なにを言いたいのか、全然わからない」と、その人は言った。

比べるものじゃないだろう、とあなたは思うだろうか。そんなものと比較するなんて、フェアじゃない、と感じるだろうか。

もちろんそのとおりだ。僕だってそう思う。その理由は、こうだ。

たとえば小沢健二には、「いかれたBaby」のような意味での「ラヴ・ソング」は、基本的にない。恋愛そのもの、ではなく「恋愛している僕」について歌っているものばかりだという点で、典型的な「日本語のポップ・ソング」だと言える。また、彼の作品づくりは、僕の目から見ると、日本人が古来より得意とする「本歌取り」の今日的展開だとも思えた。そうした行為の結果として、大きなポピュラリティを欲した、という点まで含めて考えてみると、昭和の時代のプロフェッショナルな歌謡曲作詞作曲者の行動原理と、とてもよく似ている。違うのは「歌い手も自分だ」という一点のみだろうか。

そんな彼と、佐藤とを比べるのは、たとえば阿久悠&筒美京平と、ジョン・レノンを比較するようなものだ。郷ひろみとデヴィッド・ボウイを比較するようなものだ。そんなことをしても、どうなるものでもない。

しかし、そうも言ってられないような狂躁的な大波が、日本中を埋めつくそうとしていた。この年の九月以降は、まさにそんな感じだった。

「今夜はブギーバック」の成功を受けて、リリース当初から、『LIFE』はいわゆる「渋谷系」ファンには諸手を挙げて受け入れられたのだが、その波紋は日を追って広がりつづけ、ドミノ倒しのように支持者と帰依者を全方位的に増やしていった。そんなときの、小沢健二の最大の武器は、「世代感」とでもいったものだった。まずは、ある特定の若い世代の「渇き」を癒す命の水となり、その現象を外側から見ていた層においても、またたく間に、その「効用の模倣」とでも呼ぶべき態度を伝染させていった。小沢健二こそが、『LIFE』こそが、正しく、美しい、都会的なポップ・ソングのニュー・スタンダードだ、とする人の声は、それが「一般的だ」という一点において、問答無用の拘束力を、異端に対しても発揮するものとなっていった。

そのはげしい大波から、フィッシュマンズだけが無縁でいられるわけは、なかった。

いみじくも、『LIFE』と題されたアルバムが生み出した、小沢健二に心酔する聴衆の広がりが、「MY LIFE」の命を絶ったのかもしれない。

できうるかぎり普遍的な大衆の日常を希釈した、匿名性の高い「物語」をパッケージするという小沢健二の戦術が、結果的にではあるが、佐藤伸治の方法論を打ち負かしてしまった、のかもしれない。

佐藤の方法論とは、煎じ詰めると、こうだ。

彼のなかには、「匿名性」という概念はない。小沢健二とは違って、佐藤は自分自身という「個」の深奥から、まず最初に、「固有の真実」という名の宝石を掘り出してこようとする。そしてそれを、磨きに磨いてから、目の前に対面した「個」へと、手渡ししようとする。その宝石は、うまくすると、渡された側のまた内奥で「個別の輝き」を得るかもしれない。この全過程において、ひとかけらの匿名性もない。希釈され、マーケティング的に分析・分類された大衆の日常など、ない。そもそも「大衆」など、どこにもいない。対面する人々の数がどれほど多かろうと、そこには「個」と「個」の、一対一の結びつきがあるだけだ。これこそが古来、「ロック」という表現方式がおこなってきた、たったひとつのすぐれたやりかただった、と言うこともできる。佐藤とは、徹頭徹尾、愚直なまでに、この「やりかた」に倣《なら》おうとしていただけなのだ、と言うこともできる。

しかしそんな佐藤は、彼が率いるフィッシュマンズは、にぎやかにはしゃいでいる世間のなかで、ものの見事に孤立してしまっていた。アルバムを発表して間もない時期なのにもかかわらず、すでに。そして少なからず、僕も違和感をかんじ始めていた。「広い世間」との違和感、とでも言えばいいだろうか。

小沢健二がどんどん売れていくにしたがって、「渋谷系」というタームが、あらゆるメディア上で増殖していった。そこではやはり、元来の意味性は希釈され、換骨奪胎《かんこつだったい》されて、そして最終的には、「ずいぶんと違ったもの」へと記号的に変換されていくという例が、増えていった。もともとの、小さなレコード・ショップの周辺や、小さなクラブの周辺にあったものとは、ずいぶんと様相を異にした「渋谷系ブーム」というものが、おそろしい勢いで世に広がっていった。

たとえばそれは、具体的にはこんな部分における「希釈と変換」だった。

スリーヴ・デザインのタッチ、広告や写真撮影におけるヴィジュアルの方向性、「リミックス」を多用した商品構成、外資系大型レコード店での重点的な展開、バンドではなく「ユニット」であるとする集団認識、英語もしくはローマ字で表記する名称、「歌手」はどこにもおらずいかなる場合でもそれを「アーティスト」と呼ばなくてはならない……「渋谷系ブーム」を機に、こうしたことを意識的におこなう実演者や企業が、雨後の筍のように増殖していった。「アーティスト」と「レーベル」が増殖していった。そして、こういった傾向は、直接的な「渋谷系」フォロワー以外の領域にこそ、最も甚大な地殻変動をもたらした。マーケティングという見地から、「渋谷系」のブームは研究されつくした、ということだ。そして、一番熱心にそれをおこなっていたのが、どうやら頭に「J」と付く、音楽産業のジャンルに従事している人々だったようだ。

このあたりから、形態としてはロック・バンドでありながら、内実はまったくそうではない音楽をヒットさせる存在が増えていった。ダンス音楽を指向しているように見えて、じつはなんの関係もない音楽も、増えていった。そして、まるでそれが良民としての証明でもあるかのように、それらのミュージシャンの額にはすべからく「J」と判読できる焼き印が押されていた。同時に、日本の国土から「歌謡曲」と見なせる音楽カテゴリーが消滅した。べつのものでリプレイスできたので、それは用済みとなった、ということだったのだろう。

九四年だったか、九五年だったか。〈カーディナル〉のリリース作のためにCDプレスのスケジュールを組もうとしていた僕は、工場の担当者からこんなことを言われた。「日本中のCD工場がいっぱいで、ラインを押さえることができません」と。まさかすべての工場がフル稼働して『LIFE』を刷っているわけではあるまいし、「それはどういうことなんですか」と僕は訊いた。担当者が言うには、枚数ではなく、「アイテム数」が多過ぎるのだという。「日本のレコード産業始まって以来の、とてつもなく多いアイテム数のCD」が、全国津々浦々の、ありとあらゆる工場のラインを埋めつくしているのだという話だった。

景気がいい、ということを肯定的にとらえたとしても、これは明らかに、行き過ぎだった。日本の音楽産業は、あるいは、CDのマニファクチャリングは、だれもが想像を絶する異常な局面へと、突入しつつあった。

フィッシュマンズと〈メディア・レモラス〉とのあいだに走った亀裂は、埋めがたいものとなっていた。両者の決別は、時間の問題であるかのようだった。

あれは『オレンジ』の発売前後あたりだったか。雲行きがかなりあやしい、ということを僕は体感した。ライヴ会場で、〈りぼん〉の奥田社長から話を聞いたせいだ。彼は怒っていた。奥田社長いわく、ライヴの集客を基準に考えるなら、フィッシュマンズのCDの売り上げは、あまりにも不当に少な過ぎる、とのことだった。ソールド・アウトを連発している状況から見ると、「最低でも二万枚は、売れていないとおかしい」と、彼は言っていた。

僕が直接知る〈メディア・レモラス〉のスタッフは、みんな熱心に「できる範囲で」フィッシュマンズを推してはいた。しかし、熱心であれば、成果が出なくともそれでいい、というわけではないことは、僕にも理解できた。〈メディア・レモラス〉最大の弱点は、自社の販売網を持っていないことだった。〈ポニーキャニオン〉に販売委託をして、同社のネットワークを利用して、店頭への営業がおこなわれていた。そのせいで、〈メディア・レモラス〉の商品は、よほどそれが突出したものでないかぎりは、現場の営業マンからすると「二番手」のあつかいとなっているのではないか、という声もあった。一番手は、もちろん自社原盤の、〈ポニーキャニオン〉のCDとなる。こうした、「企業力の限界」といった点も、〈りぼん〉側からは問題視されていた。

なぜならば、バンドは「なまもの」だからだ。人間という生き物が、バンドをやっているからだ。「いい時期」を逃してしまうだけで、キャリアが台無しとなってしまうこともある。「いいレコード」を作ったにもかかわらず、それに順当なセールスという結果がともなわなかったばかりに、契約を失い、収入を減らし、生活に追われて、どんどんとその芸術的ポテンシャルを落としていく、という例など、いくらでもある。

そうした危機感のあらわれから、〈りぼん〉およびフィッシュマンズは「契約更新をしない」という方針を固めることになった。とはいえ「ほかにあてがあるわけではない」ということも、僕は耳にした。つまり彼らは「すでに移籍先が決まっている」というわけではないにもかかわらず、〈メディア・レモラス〉からは離れる、ということだ。要するにこれは、フィッシュマンズが「レコード契約のないバンド」となるということだ。マネジメント事務所には所属しているものの、当面はレコードを発表する予定がない「素浪人」バンドとなることを、すなわち意味していた。

これとは逆に、〈メディア・レモラス〉側は、最後の最後まで、フィッシュマンズを慰留しようとしていた。〈メディア・レモラス〉は、「フィッシュマンズをまだまだやりたい」という意志にあふれていた。

離れることを決意した〈りぼん〉、つなぎとめたがっている〈メディア・レモラス〉。この両者のあいだで、妥協点が生まれた。それはこういうものだった。

「フィッシュマンズは、契約更新をしない」

「そのかわり、あと一枚だけ、〈メディア・レモラス〉からアルバムを出す」

そして、その「あと一枚」にあたるものが、翌九五年三月にリリースされた、フィッシュマンズにとって初のライヴ・アルバム『オー！　マウンテン』だった。

こんな状況下だったせいか、どうか。この『オー！　マウンテン』は、すんなりと制作が進んだわけではなかった。

僕が聞いた話では、当初このアルバムは、九四年十二月十二日の〈渋谷ＯＮ　ＡＩＲ　ＥＡＳＴ〉にて、使用する音源の全曲が収録される、とのことだった。しかし結局は、このあとにつづいていく全国ツアーの各所にて録音されたものもまじえて、一枚にまとめあげられることになった。ということはつまり〈ON AIR EAST〉のライヴが、「それだけでアルバム一枚にできる」とフィッシュマンズおよびZAKが判断できるものではなかった、ということだ。当日そこにいた僕としても、それは大いに納得できる判断だった。なんというか、あれは、ライヴ・パフォーマンスの出来不出来というよりも、あまり振り返りたくもない、一種異様な空気に支配されていた――そんな一夜だった。

このころ僕は、ときどき佐藤から声をかけられて、フィッシュマンズのライヴで前座としてDJをすることがあった。この日も僕は、DJをする予定だった。僕のほかには、〈現音舎〉の横田さんや、山本ムーグも、いたかもしれない。ともあれ僕は、サウンド・チェックをしなければいけないということで、楽屋に置きっぱなしにしていたレコード・バッグを取りにいった。そしてドアを開けてすぐに、あぁ来るんじゃなかった、と後悔した。

楽屋のなかには、いろんな人がいた。〈メディア・レモラス〉のスタッフがいた。〈りぼん〉のスタッフもいた。フィッシュマンズの全員が揃っていたかどうかは、憶えていない。佐藤はいた。彼は嘘笑いをしているかのようだった。はーはーはーはーはー、と、つめたい声を発しながら、目は全然笑ってない、という感じだった。何人かが、それに対抗するかのように、作り笑いを返していた。

なんともいえない、嫌な空気だけが、そこには満ち満ちていた。そそくさと楽屋をあとにした僕は、終演後まで一度もそこには戻らなかった。じつは楽屋には、ケータリングの弁当があったので、それは食べたかったのだが、なにより僕は、あんな空気に巻き込まれることが耐えがたかったのだ。おかげで、この夜のあいだじゅう、とてもお腹が減ってしょうがなかったことを憶えている。

この夜のフィッシュマンズの演奏は、硬かった。テープレコーダーを回していたせいで緊張していた、ばかりではなかったはずだ。あの楽屋にあった雰囲気というものも、影響していたのではないか。いつになく硬い表情の彼らを観ながら、離婚家庭の子どもというのは、ときにこのような状態になるものなのだろうか、とも思った。その宙ぶらりんで不安定な気分というものは、僕自身にも伝染しているようにも感じられた。

第8章 95年「まだ夏休みは終わってない」

『オー！マウンテン』／阪神・淡路大震災／地下鉄サリン事件
ポリドール移籍／〈ワイキキ・ビーチ・スタジオ〉開設／「ナイトクルージング」

フィッシュマンズはライヴをつづけていた。

あの〈ON AIR EAST〉を終えたあとも、全国の四箇所のライヴ・ハウス・ツアーをつづけた。神戸〈チキンジョージ〉、京都〈ミューズホール〉、広島〈ネオポリス〉、福岡〈DRUM Be―1〉といったヴェニューをまわり、そして十二月二十一日の渋谷〈ラママ〉のファンクラブ・イベントにいたるまで、すべての会場で録音されたライヴ音源が『オー！ マウンテン』にて使用されることになった。

こうした経緯でレコーディングされたせいか、これは「かなり変わった」ライヴ・アルバムとなった。収録地がばらばらであるため、再構成する際に、スタジオにていろいろと調整作業をおこなう必要があった、というのが出発点だったのだろう。そして、そのスタジオ内で、ZAKとフィッシュマンズが、どんどん根を詰めて、凝っていったのだろう。結果、いわゆる「普通のライヴ・アルバム」とは、かなり様相を異にする一枚となったものが、この『オー！ マウンテン』だった。アルバム・カヴァーには「ライヴ・レコーディング、スタジオ・トリートメント」と書かれていたのだが、その言葉どおりの制作過程を経た「ライヴ・リミックス・アルバム」が本作だと言える。

どこがどう「変わっている」のかというと、まず第一にそれは、端的に言うと「ライヴ感がない」ということにつきる。「ライヴ盤」であるにもかかわらず、コンサート会場の熱気などというものは、まず最初に、きっぱりと、ない。どちらかというと「つめたい」印象を感じる人も、多いのではないか。

このころの佐藤は、ステージ上からお客さんを笑わせることだって、よくやっていたはずなのだが、そんな瞬間は、もちろん一切ない。ライヴ中のステージ・トークは、そのほとんどがカットされている。

そのほか「カットされている」ものとしては、お客さんの拍手や歓声、これも極力すべて、あらかじめ取り除かれている。つまり、まるでなにかの嫌がらせであるかのように、一般的に、常識的に考えられている「ライヴ盤ならではのお楽しみ」というところが、きっちりと最初につまみ出されている、というわけだ。

ではそこに「なにがあるのか?」というと、「演奏だけ」がある。言い換えると、フィッシュマンズの「演奏だけ」しかない――そんな奇妙な「ライヴ」アルバムが本作なのだ。

もっとも、「演奏しかない」といっても、その音そのものは、スタジオ録音とは、大いに趣を異にするものではあった。当たり前の話だが、ライヴとは一発勝負だ。そのときその場で、お客さんの顔を見ながら、ステージ上で「せーの」でプレイされるものだ。その緊張感というものは、いかなるスタジオ録音でも、再現不可能なものであるはずだ。まず第一に、このアルバムは、その緊張感というものを、余分な夾雑物を一切排して、直接的に聴き手の耳にねじこんでくるような一枚だと言えた。

であるから、このアルバムを聴く人は、たとえばライヴ会場のPAエンジニアリング・ブースで、ヘッドフォンから聞こえてくる音に耳をすませて「スピーカーの出音を確認している」ZAKその人に、あたかも自分がなったような錯覚を覚えるのではないか。ステージ上で演奏しているフィッシュマンズの「音」と、リスナーのひとりひとりが最短距離で向き合えるように設計されたアルバムこそ、この『オー！　マウンテン』だったということだ。

そのせいか、このアルバムは、ひとりで聴いていると、とても「疲れる」。少なくとも、僕はそう思う。まるで「ステージ上のフィッシュマンズとの真剣勝負」のような仮想体験を強いられているに等しいと感じるからだ。我々はPAブースで仁王立ちしているZAKではなく、常人であるので、そんな体験をして、疲れないほうがどうかしている。あまりにもそれは、濃密なのだ。濃密過ぎるのだ。

というわけで、このアルバムだけは、ひとりでヘッドフォンなどして聴くのではなく、最低でも三、四人は集まって、部屋のなかでスピーカーを鳴らして、酒でも飲んで、雑談などしつつ、楽しむべきなのではないか、とすら僕は思う。真夏の海の家でこれを流しながら、仲間といっしょに、ビールを片手に、サザエやイカを焼いたりするのも、いいかもしれない。聴き手の「こちら側」で、なんらかの方法で、コンサートに準じるような体勢を整えて「ライヴ感」を演出しつつ受け止めないと、正直これは濃密過ぎるのではないか、と僕には思えてしょうがない一枚が本作だった。

しかし、おそろしいことに、どうやらフィッシュマンズは「ライヴ盤というのは、そういうものなのではないか」と、このときに開眼してしまったようなのだ。そしてこれ以降、本作のような変種の方法論が、ライヴ・アルバムにおける、彼らの標準パターンとなった。つまり、フィッシュマンズにとってのライヴ盤とは「コンサート会場の雰囲気を体験して、楽しんでもらう」ようなものでは、決してないということだ。生身のフィッシュマンズが「せーの」で鳴らしている音を、できるかぎり近い場所で、いい音で、ただひたすら、脇目もふらずに聴きつづけてもらうためのもの、なのだった。

あまりにも馬鹿正直、あまりにも「わがまま」、そしてあまりにも、あまりにも「真摯過ぎる」――そんな、フィッシュマンズというバンドの地金があらわになったものこそ、このなんとも特殊な「ライヴ盤」だったと言えるのではないだろうか。

そして僕は、このようなアルバムが生み出されてしまった最大の原因は、レコード会社によるバンドへの干渉というか「発展的な指導」が、ほぼまったくなかったからではないか、と推測する。あったとしても、「バンド側が耳を貸さなかった」とか。「どうせ辞めるんだから、俺らの好きにやっちまおうぜ」とでもいったような。あたかも中退が決まった高校生、最後の文化祭――というと、あまりにも例が悪いが――いずれにせよ「フィッシュマンズをフリーハンドで解き放ってしまうと」どうなってしまうのか、というケースの最初のひとつとなったものこそが、この『オー！　マウンテン』だった。

　このときのフィッシュマンズが「フリーハンド」だった傍証はある。まず、選曲における「わがままさ」がそれだ。収録曲リストを見たとき、僕が最初に思ったことは「ああ、やってしまったね」だった。ものの見事に、近作と関連づいているシングル曲は、ひとつも選曲されてはいない。「メロディ」も「ゴー・ゴー・ラウンド〜」も「MY LIFE」も、入ってはいない。それどころか、数曲を除いて、地味と言えば、かぎりなく地味な曲ばかりが並べられている、と言っても過言ではない。ライヴにおいて、客席が「バースト」する瞬間は、フィッシュマンズにだってあったのだが、そういった楽曲は、完全に排除されていた。

　ではどういう曲を選んだのか、というと、これがじつに、興味ぶかいラインナップだった。この時期「おそいレゲエがいいかな」と言っていた佐藤の言葉どおりのナンバーが、過去の作

品からまんべんなくピックアップされていた。つまりライヴ・バンドとして鍛えられ、成長してきたフィッシュマンズの実績のなかから「ある観点にのっとって」彼らが最も強みとしているところが映える楽曲のみにフォーカスしたような選曲となっていた。その「強み」とは、もちろん「レゲエを利用した、東京にしかあり得ないポップ音楽を『鳴らす』」ということだ。深く重いベース・サウンドと、大きく「うねる」波のようなリズムが空間を支配するその全編の内容は、この観点における、バンドの自選による「ベスト・ソングス・オブ・フィッシュマンズ」だったと言うべきだろう。

そこで選ばれた楽曲を、初出時ごとに分類してみよう。まずはファーストから「ひこうき」「チャンス」の二曲。セカンドから「頼りない天使」「土曜日の夜」の二曲。サードから「RUNNING MAN」「いかれたBaby」「エヴリデイ・エヴリナイト」の三曲。「いかれた〜」のカップリング曲である「Blue Summer」。マキシ・シングル『メロディ』からは「オアシスへようこそ」。この時点でのレイテスト・アルバム『オレンジ』からは、「夜の想い」「感謝（驚）」の二曲。そして〈米国音楽〉フロクCDから「BANANAMELON」を「Thank You」と改題して収録。これらの十二曲に、ジングル的なトラック四つを加えたものとなっていた。アナログ盤のほうでは、一部の収録曲が変更されていた。アディショナル・ギタリストはカスタネッツの小宮山聖が担当。「ひこうき」のみ、〈ラママ〉のライヴを観にきていた木暮晋也を佐藤がステージにひっぱりあげて、ギター・ソロを弾かせている。また、ジングル的な「BABY PIANO MIX」においてではあるが、HONZIがここで初めて参加して、コーラスとピアノを披露していることも、見逃せないだろう。

そして、これら自選による「ベスト」のナンバーそれぞれが、初出時と比べると、格段に向上した強靭なるグルーヴにて「鳴らされている」様を、聴き手の我々は、至近距離で体験することになる。山場はいろいろ、そこらじゅうにあるが、「夜の想い」、「感謝（驚）」、「ひこうき」、そして見事に生まれ変わった「チャンス」から「いかれたBaby」への流れは、この時期の彼らがいかに充実したライヴ・バンドだったかを、まざまざと見せつけてくれるものだろう。

マーティン・スコセッシ監督が撮った、ローリング・ストーンズのステージ・ドキュメンタリー映画『シャイン・ア・ライト』という一作があった。本作は、フィッシュマンズ版の『シャイン・ア・ライト』と言えるかもしれない。どこをどう切っても、一般的な「実況生録音盤」とは決して言えないこのアルバムは、テーマ性の強いドキュメンタリー映画とは似ているのかもしれない。もっともこっちは、出演者も、監督も、そのどちらもが「フィッシュマンズ&ZAK」ではあるのだが。

あとアルバム・タイトルなのだが、このなんだかよくわからない『オー！　マウンテン』という題が意味するものは、「山に登っちゃいましたよ」ということではないか、と僕は思う。これまでのキャリアをとおして、絶え間ない精進をつづけて、「地上で最も高い場所に到達しましたよ」とでもいった意味ではなかったか。そしてこのあと彼らは、ほどなくして「空中」へと浮かび上がっていくことになる。

とはいえ、このアルバムが完成したとて、フィッシュマンズのつぎなる契約先は、すぐに決まったわけではなかった。つまり、ひとまずはやはり「素浪人」として、〈りぼん〉がブッキングするライヴ行脚へと、彼らはふたたび旅立っていくことになる。


その彼らの動きを追っていく前に、九五年の一月のことを書きたい。

そのころ僕は、完成したばかりの『オー！　マウンテン』の音を、白カセを、聴かなければならなかった。同作のライナー・ノーツを書くことを、〈メディア・レモラス〉から依頼されていたからだ。僕は大幅に締切をおくれたはずだ。どうしても、テープを聴くことが、できなかったからだ。

その日僕は、埼玉県の大宮に住んでいる、妻の母親、つまり義母から、電話をもらった。開口一番、義母は僕に、お父さん、お母さんは大丈夫、と訊いた。なんのことやらわからない僕に、義母はいらだったようにつづけた。「テレビ、観てないの？」

僕はテレビを観てはいなかった。いそいで点けてみた、その画面に映っていたものは、まるでSF映画のワン・シーンのような光景だった。一月十七日のことだ。

僕の父親は引退して、関西の郊外に住んでいた。なかなか、電話はつながらなかった。関西では地震がほとんどない、ということが常識とされているのを、僕は知っていた。テレビの画面に映っているようなことが現実に起きるなど、想像したこともなかった。ようやくつながった電話の向こうで、父親は無事だった。もうちょっと揺れたら、あぶなかったと思う、と彼は言っていた。

幸いにして、僕が直接知る人には、ひどい被害はなかった。大きなレコード棚を部屋にそなえていた知人のDJいわく、部屋の隅から隅まで、レコードを満載したその棚が、移動してしまうほど揺れたのだという。彼自身は辛くも無事だった。しかし、知人の知人、といったあたりになると、そうではなかった。

仕事という仕事が、ほとんどなにも、僕は手につかなくなった。かろうじて〈米国音楽〉出荷のための伝票整理といったような、機械的、事務的なことは、なんとかおこなうことができた。しかし、なんの音楽も、聴くことができなくなってしまっていた。ターンテーブルも、CDプレイヤーも、カセット・デッキも、まったくなにも、回転させる気にはならなかった。アンプに火を入れる気にはならなかった。やらなければならないことは、山のように多かったし、それが一日おくれるだけで、さらに多くの重量が自分にのしかかってくることは、わかっていた。しかしなにもできなかった。

およそ僕は、なにもできずに、こんなことばかりを考えていた。

なにが「渋谷系」だ。なにが〈米国音楽〉だ。それが、なんだと言うのだ。なんの役に立つのだ。なんの役にも立たないことを、なぜ自分はやっているのか。

どんなときにも、子どものころからずっと、自分自身が最後の拠りどころとしていたつもりだったはずの音楽が、いったいそれは「なんだったのだろうか」――そんなことばかりを、あてどもなく、ぐるぐると僕は考えつづけていた。気がきいた結論などあるはずもない問いばかりを積み上げては、自家中毒のようになっていた。突っ立ったまま、「なにもできない」自分を、あきれはてて遠くのほうから眺めている、もうひとりの自分、というものがいた。

〈メディア・レモラス〉の山本さんから、何度目かの督促を受けて、ようやく僕はテープを聴き、そしてライナー・ノーツの原稿を書いた。ほどなくして、山本さんから、原稿の一部をカットしてほしい、という連絡が入った。そのときの僕自身がそのまま反映された箇所、つまり地震のあと考えていたことについて書いたところに、佐藤が難色をしめしたのだという。僕はその要請をすべて容れて、指摘があった箇所をカットした。なんだ佐藤、言いたいことがあるなら、直接言えばいいじゃないか、とそのとき僕は思った。他人行儀じゃないかと。

後日、おそらくライヴ会場で、僕は佐藤と顔を合わせた。悪かったね、この前は、と僕は言った。ん、なにが、と佐藤は言った。ライナー・ノーツの話であることを僕が告げると、ああ、もう気にしてないよ、と彼は言った。

三月十七日に『オー! マウンテン』は発売された。同日の下北沢〈ＣＬＵＢ　ＱＵＥ〉を皮切りに、福岡、広島、京都、岡山、大阪、名古屋、横浜とつづいていくライヴ・ツアーへと、フィッシュマンズは旅立っていった。

三月二十日、また僕は義母からの電話を受けた。そしてまた「テレビ観てないの?」と叱責された。このとき、僕の妻は、古い友人と会うということで、大宮方面へと電車で向かっていたはずだった。実家にも寄ってくると言っていた。

テレビのなかでは、あれはどこの駅だったのだろうか、防護服に身をつつんだ人々が、地下鉄の入り口を降りて行こうとしているところを映していた。義母が言うには、ちょうどあれらの電車に、僕の妻は乗っていたのではないか、ということだった。時間的に言って、そうなのではないか、と。

そのころ僕は、東急東横線の学芸大学駅が最寄りだった。だから普通に考えると、妻は東横で渋谷まで出て、そこからJRで大宮へと向かう、はずだった。

この時期、携帯電話とインターネットは急速に普及し始めていた。しかし妻は、このときはまだ携帯電話を持っていなかった。連絡をとる手段はなく、ただただ僕は、テレビを観つづけていた。

夕方近くなって、ようやく彼女と連絡がとれた。やはり地下鉄ではなく、JRを妻は使用していた。しかし、ちょうど彼女の乗った東横線の列車が中目黒駅に着いたとき、目の前のホームに停まっていた日比谷線の車両こそが、サリンを散布されたものだったはずだ、とのことだった。あっちを選ばなくて、よかった、と彼女は言った。

この事件では、直接の知人が数人、あまり重くはない被害にあった。気がつかないあいだに、戦場と呼ぶべき場所で自分たちが生きていたことを僕は知った。そしてこのときは、一月のときのように、うろたえはしなかった。それどころではなかった。生き延びるために気をつけなければいけない、と思うようになった。

かといって、なにをどうすればいいのかは、相変わらず、皆目わかりはしなかった。ただただ、まず最初にできることとしては、「乗るべきではない」列車を選ばないようにすることだった。それを選ばないように、あるいは、選んだ列車が「それ」ではないように、祈りつづけることしかできない、ということだけは、わかった。

こうした歴史の教科書に載るような事件が連続したにもかかわらず、日本の音楽産業界には、直接的には、ほとんどなにも影響しなかったかのようだった。活動中のミュージシャンの音楽性や精神面にも、影響してはいないようだった。少なくとも、目に見える部分では。

ベネフィット行為について、僕は言っているわけではない。地震の被害者に対しては、ベネフィット的な活動をするミュージシャンはいた。また、被災者を勇気づけるような楽曲も、数多く発表されたと聞く。天災の被害者への善意、というものは、あった。

そうした直対応的な行動について、僕は言っているわけではない。「がんばろう」といったことを伝える歌について、述べているわけではない。行動したり、演奏したり、訴えたりする「主格」について、その内面について、言っている。

これらの事件を経ても、大半のミュージシャンの、彼ら、彼女らの「音楽そのもの」に変化が生じたようには、僕は感じられなかった。たとえば、一連のオウムの攻撃に、芸術的な意味合いで対抗したものなどは、とくになにも、僕は記憶に残ってはいない。

ポップ音楽は、ファイン・アートとは違う。その性質を、大いに異にするものだ。そのときどきの世相や社会の動向を、否が応でも濃厚に、直接的に反映してしまうものこそがポップ音楽というものだ。だから僕は、ここで「変わらない」ように見えたミュージシャンの態度に、逆に不自然なものを感じざるを得なかった。

本当は「変わってしまっていた」はずだ。ほぼ全員のミュージシャンが、このとき、不可逆なる変化を体験してしまっていた、はずだ。我々無名の日本人の多くが、そうであったように。

しかしあの当時、「変化してしまった」自分なり社会なりについて、それを直視した上で表現へと昇華し得たミュージシャンを、ほとんど僕は記憶していない。それとは正反対に、「目をそらしているな」と感じられるものは、多々あった。あたかもそれは「縁起悪い話は、ちょっと横に置いておこうよ」とでもいうかのように。

そのように感じさせられるような態度の全般に、僕はひどい距離を感じた。しかしそれは、僕の側に問題があったせいだ、ということは自覚している。そもそも、なにかというと常識的な日本社会からずり落ちてしまうような性質があるせいで、このときの僕は、ほぼ完全に現実面での平衡感覚を失っていた。そんな立場からの、いちゃもんのような物言いだ、ということは自分でよくわかっていた。

ただ少なくとも僕は、こう思ったということだ。「日本語のポップ・ソングというのは、この程度しか、世界と関係することができないのか」と。

テレビでは連日のオウム事件報道がつづいて、街では小沢健二の「ラブリー」や「強い気持ち・強い愛」が流れつづけて、そのはざまのどこかの場所に僕はいた。

九五年の〈P'パルコ〉の広告キャラクターは、コーネリアス率いる〈トラットリア〉レーベルのミュージシャンがつとめた。前年の「スチャダラパー&小沢健二」の立場をリプレイスしたような感じだった。ワックワック・リズム・バンド、ブリッジ、コーネリアスが、同店前の路上でライヴをおこなった。これは〈P'パルコ〉開店一周年記念のイベントだということで、三月十一日に開催された。

同じく三月、〈タワーレコード渋谷〉が移転した。井の頭通り沿いのビルから、神南郵便局の向かいにある、八階建ての大きな建物へと動いた。そこは西武による「母と子どもの百貨店」〈PAO〉だったところだ。これは〈タワー〉としては、世界最大級の店舗だ、ということで、たしかに僕も、アメリカ人の友人に渋谷を案内するときには、いつもこう言っていた。「渋谷の〈タワーレコード〉って、本当に『タワー』なんだよ」と。

この移転があった翌日だったろうか。〈HMV渋谷〉の太田さんが、ぼやいていたのを聞いた。「あれは反則ですよね」と、太田さんは言っていた。彼いわく、新生〈タワーレコード渋谷〉の開店初日には、ドアが開く前に、すでに多くの人が並んでいたそうだ。〈HMV渋谷〉が入っているワン・オー・ナイン・ビルの上階に、パチンコ店がテナントとして入ってきたのも、このころだったはずだ。

レコード店の移転はほかにもあった。〈ZEST〉がオルガン坂の途中のビルへと動いた。店舗は格段に広くなり、什器類は高級感あふれるものへと一新された。〈WAVE渋谷〉は、西武ロフト館の一階から六階に移転した。レコード店にかんして、資本主義的な意味あいでの強弱がつき始めていた、ということだ。〈ZEST〉が去ったあとのノア渋谷ビルでは、中古盤や輸入盤をあつかう小さなレコード店が増えていった。そのほかのビルでも、どんどん増えていった。

あれらの「事件」のせいなのか、どうか。渋谷という街の肌合いは、その空気は、急速に変化を始めていた。

呑気だった街が、とくにセンター街を中心に、新宿の歌舞伎町や池袋のサンシャイン通りにも、近づいていった。そこでは「チーム」の連中よりもぐっと歳下の世代が増えていった。携帯電話を片手に持った、ティーンエイジャーの少女たちのあいだでは、パルコではなく、〈109〉のプレステージが、どんどんと高まっていった。

それはサッカー用語で言うところの、「アディショナル・タイム」のようなものだったのだろう。ここまでの、このころまでの渋谷という街と、そこで流れていた時間というのは、正規のプレイ・タイムが終わったあとであるにもかかわらず、まだゲームをつづけていてもいいよ、と、特別に許可された、ほんのいっときのものだったのではなかったか。そしてその時間は、そろそろ、つきようとしていた。

日本社会全体におけるバブル経済が崩壊したあとも、ひとまずそれを気にしないでもいいかのような、まるでそこだけ異質な時間が流れているかのような空間が、渋谷の一部にはあった。七〇年代に渋谷を大改造した西武セゾン・グループの強大なプレゼンスが、街を覆いつくしていたせいだろうか。それとも「外資」が主役となった、大型レコード・ショップの覇権競争のおかげだろうか。しかし、そんな空間から派生したもののひとつ、「渋谷系」なるものが、渋谷という街そのものを、新たな資本主義的戦場として、ふたたび世に広く注目させることにもなったのだろう。それがストップ・ウォッチの針を、進めることにもなったのだろう。

このころ、ミュージシャンの友人と公園通りを歩きながら、僕らはこんな話をした。

「渋谷系」なんて言葉も、いつか死語になるんだろうね、と。子どもや孫の世代になると、なになやらわからなくなって、「みゆき族」や「太陽族」みたくなってたりしてね。渋谷だということで、「チーム」といっしょくたになって、「お父さん、不良だったの?」なんて、言われるような時代が来たりしてね——。

孫や子の世代まで待たずとも、「そんなとき」は、すぐにやってきた。小沢健二が言うところの「痛快ウキウキ通り」のような感覚は、渋谷からは、まずこのころから、急速に消えていった。驚くほど急速に。

九五年の四月、フィッシュマンズは東京へと帰還した。まずは二十二日の新宿〈リキッド・ルーム〉にて開催されたイベント『リキッド・スカイ・ダンスホール』に彼らは出演した。これはバンドと、彼らが選んだDJが交互に演奏していく、という趣向で、フィッシュマンズは山本ムーグを起用した。真っ暗な〈リキッド・ルーム〉のなかで、山本ムーグがプレイする「鳥の声だけで構成されたレコード」が鳴りつづけていたことを僕は憶えている。フィッシュマンズは、異様に元気はつらつだった。ツアーをつづけたことが、さらにいっそう彼らを鍛え上げたようにも見えた。

ツアー・ファイナルもまた〈リキッド・ルーム〉が使用された。五月十三日だった。この日のサポート・ギタリストは、シュガー吉永だった。なぜなら、木暮晋也が別件でこちらに来れなかったからだ。その「別件」とは、小沢健二の武道館公演だった。

じつはこのとき、僕のもとにも、武道館のインヴィテーション・カードは届いていた。僕は小沢健二をインタヴューしたことはなかったのだが、〈ｒｅｍｉｘ〉誌のレコード評で「今夜はブギーバック」について書いたことはあった。おそらく、その内容が気に入られて招待状が送られてきた、ということだったのではないか。「これは、観ておかねばならない」と、そのとき僕は強く思った。良かろうが、悪かろうが、「小沢健二の初の武道館公演」なるものは、「渋谷系」と呼ばれた文化体系の、最初の大きなエポックとなるものだ、ということを僕は直感していた。同じ時代を生きている者として、目撃しないわけにはいかないだろう、と。

しかし僕は、結局のところ、武道館には行かなかった。その夜は〈リキッド・ルーム〉にいた。だからライヴ中に佐藤が、ステージの上から、こんなふうに叫んでいるのも聞くことができた。

「木暮はぁ！　武道館、行っちまってぇ！」と佐藤は吠えていた。「あの野郎、今日、小沢健二の武道館、行ってやがんだよ！　もう、あいつダメ！　クビだよクビ！」

ああ、あっちに行かなくてよかった、と、僕が胸をなでおろしたのは、言うまでもない。そしてこのあと、僕のもとには、小沢健二のライヴ・インヴィテーションは、二度と届くことはなかった。

フィッシュマンズとは、じつは「ツキ」に恵まれているバンドではなかったか、と僕は、第四章において書いた。「ツキ」といっても、いろいろなものがある。初めて行ったラスヴェガスで、最初のコインで、スロット・マシーンのジャックポットを引いてしまうような種類の「ツキ」もあるだろう。そういった「ツキ」と、フィッシュマンズのそれとは、少々違う。たとえばそれは、ジャックポットが当るわけではないのに、なかなかコインはなくならない、というような「ツキ」だったのではないか、というのが僕の見立てだ。人目にはつかないような、ちょっとした「小当たり」がときどきあるおかげで、プレイヤーとして、ずっとその場で張りつづけていられるような、そんな種類の「ツキ」だったはずだ。

スロット・マシーンでたとえつづけると、この時期のフィッシュマンズは、間違いなく、「コインは残り数枚」となっていたはずだ。まさに「最後の最後」ぎりぎりの状態にあったはずだ。デビュー以来、腰を落ち着けていた〈ヴァージン・ジャパン〉〜〈メディア・レモラス〉を、円満ではなく離れて、素浪人となり、〈りぼん〉のみを味方として、演奏の旅をつづけていたわけだ。これ以上「うしろ」はない状態だった、と言ってもいいだろう。プロフェッショナルなミュージシャンとしては、「最後の一線」の上に立たされていたはずだ。しかも、九四年の年末以来、かなりの長きにわたって。

ところが、その状況がこたえているのかというと、どうも佐藤の姿を見るかぎり、逆であるかのように、僕には感じられていた。日を追って「いきいき」し始めているかのように見えた。たくましくすら、なっているようにも。

ここから、逆転が始まる。

ためこんでいた「ツキ」を、一気にすべて取り戻すかのような。スロット・マシーンに貯金していたコイン、その一切合切を吐き出させるかのような。

それは一般的な「ジャックポット」状態とは、かなり趣を異にするものだったろう。しかし、フィッシュマンズの文脈においては「バカヅキ」とも言えるような、そんな日々が、ここから始まっていく。

その第一弾として、移籍先が決定する。〈ポリドール・レコード〉が、フィッシュマンズの新しい契約レーベルとなった。

そしてあろうことか、なぜか突然、フィッシュマンズは「バンド専用のスタジオ」を、手に入れてしまう。もちろんその費用を出資したのは〈ポリドール〉だ。

まずこのスタジオは、立地がよかった。山手通りの松見坂の交差点から、淡島通りを駒場方面にすこしだけ下ったところにある、白い外壁の二階建ての建物、その全部が「フィッシュマンズの城」となった。揃えられた機材も、すごかった。ADATはもちろん、九五年のこの時点で、ハードディスク・レコーダーも装備。佐藤の声質を考え抜いた上でZAKが選んだ「一本四十万円」の専用ヴォーカル・マイクほか、柏原譲いわく「ホーム・レコーディングということなら、考えられるかぎり最高の機材」が、備えつけられていた。

そもそもが、この時代、「ミュージシャンが自分専用のスタジオを手にする」という例は、日本においては、ほとんどなかった。ミリオン・セラーを出すような、特権的な「スター」なら、そんなことも、あったのかもしれない。しかし——こう言ってはなんだが——フィッシュマンズ程度の売り上げ実績のバンドが、そんなことをレコード会社に要求するなんて、前代未聞だったろう。しかもその相手というのが、「移籍したばっかり」のレーベルなのだ。そんなことが、あり得るわけがない。

季節は夏になっていた。だからまるで「真夏の怪談」とでもいうような、都市伝説のような、あまりにもでき過ぎた話が、これだった。

このスタジオは、その総称を〈ワイキキ・ビーチ〉と命名された。レコーディング&ミキシング・スタジオである二階の名称が〈ハワイ・スタジオ〉、プリ・プロダクションおよびサロンとして使用される一階が〈グランド・オーシャン・ビュー・ホテル〉。もちろん、どの窓からも海は見えない。

この場所は、メンバーのなかでは、佐藤の自宅から、最も近いものであったはずだ。ひょっとしたら、ZAKの家からのほうが、近かったかもしれない。しかし近いということで言うなら、じつは僕の自宅からが、最も近かった。

このころの僕は、世田谷区の代沢にある古い洋風の一軒家を、自宅兼仕事場としていた。そこから歩いて、〈ワイキキ・ビーチ・スタジオ〉まで行って、そこで佐藤にインタヴューをした。八月のことだったと思う。

さすがに、このときの佐藤は、非常に機嫌がよかった。このインタヴューは、九五年十一月発行の〈米国音楽〉第五号に掲載された。佐藤伸治による、喜びの第一声を、どうぞ。

「都内一等地にポンッ!と専用スタジオを手に入れたフィッシュマンズ、『タナボタ』or『アメとムチ』な近況」

――まずですね、この唐突なスタジオ奪取に至った経緯というのを。

「あー、いやいや。前々から『スタジオって高いじゃん？』って話、みんなでしてたんだよ。レコーディング・スタジオとか、使用料とか高いじゃない？　すっとさ、やっぱやってても気になるし」

――そうなの？　俺、ミュージシャンてそんなこと一切考えないで、時間押したりとかスタジオ飛ばしたりとか、みんなそんなもんだと思ってたよ。

「そりゃ、売れてる人はさ。売れてる人は気にしないかもしんないけど、俺らは、まあ、気になるわけさ（笑）。馴れればいいんだろうけどね、そういう環境に。馴れないんだこれが（笑）。あと落ち着かないしさ、貸しスタジオって。わが家のようにくつろげる人もいると思うけど。でも、じつはさ、このプランに一番盛り上がってたのは松っちゃん（ＺＡＫ）でさ。ＭＡＣで見積もり書いて『家賃はこれぐらいで』とか、豪快な押しがあって。最初はこっちも半信半疑で、俺らはまあ『実現できたらいいね』ぐらいだったんだけどね、じつは」

――世間じゃ「同じポリドールに移籍した、氷室京介より待遇いいんじゃないか」って評判だよ。

「いいんじゃないの？　こんな話、聞いたことないよね（笑）。2年間の契約期間に3枚のアルバムをここで作るってのが条件なんだけどさ、松っちゃんが『3枚を貸しスタジオで録ったとすると……』とか見積もってさ、結果『こっちが安い』って会社側も納得して。で、その期間が終わったら、とりあえずここの機材は全部、バンドのものになるんだ。こんな話、絶っ対ありえないよね、普通。大メジャー会社がさ、ポーンと。いい会社だよ（笑）」

――納得できねえなあ。なんか話が上手すぎるような気がするなあ。

「するよなあ――夏だしね。それもあると思うよ、みんな。夏だしさあ、『まだ夏休みは終わってない』とか思うんだよ、ここへ来ると（笑）」

——でも、こんなにお金遣うんだから、そのぶん会社は期待してるんだ——とか、そういうプレッシャーはないの？

「うん、ない！　俺、プレッシャーかかるとよくないからさ。そういうこと、考えたくないんだ。まあ前からさ、『売り上げ』とかあんま考えないで作ってたことはたしかなんだけど、まだ多少なりとも世間と接点はあったわけさ。プロモーションで地方回るとか。それが今年は、3月にアルバム出て、あとライヴやって。それだけだからね。もう、世間のこと、ぜーんぜん気にならないもん」

——あのさあ、いま佐藤くんにとって「イヤだけど、どうしてもやらなきゃいけないこと」とかって、たとえばどんなこと？

「んーとね（考える）……ねむいときかな（笑）。ねむいときに、なんかやんなきゃいけないとか。それイヤだな」

——1コだけ？　それだけ？

「うーん——暑いとかさ。あ、今年の雨期はこたえたな。俺、最近外で曲作ることが多いから。で、雨が長かったじゃない？　あれはけっこうこたえた。そのころ、ハワイ行って持ち直したんだけど。みんなにメイワクかけながら（笑）」

——……見習いたいよ俺、そんな生活。

「川崎さんだって似たようなもんじゃないの」

——一緒にすんじゃないよ！　俺、イヤなこと多いよー。イヤだけど、やんなきゃいけないからやってること、いっぱいあるよ!!

「まあ、それがミュージシャンのいいとこさ（笑）」

——で、いま作ってる新作っていうのは、どんな感じになるんですか。

「スタジオスタジオした、ライヴ感のない感じ（笑）。『オレンジ』録り終わったあとに『もう一発録りには飽きた』とか言ってたじゃん、俺。そのままずーっと来た感じかな」

――あのアルバムについては、最後のほうの曲調、「淡々としたレゲエ」みたいな感じが好きだって言ってたけど。

「それをもっと、平坦にした感じかな（笑）。とにかく俺、いまはキャッチーなものにしなきゃとか、前よりも一切考えてないから。『いいものを作りたいな』ってだけ。予定ではね、いま作ってるアルバムが出るのが来年の1月で、その次すぐ出そうかなっていう。ほら、いままでってライヴやってアレンジ練って、それからバーッとやる感じだったのね。でも、これからは月1曲ぐらいずつ録ってくとかさ。1年かけて作って『そろそろ溜まってきたし、出すかな』とか、そんな予定なんだけどさ、まあおくれたらおくれたで。できなきゃ予定延ばしゃいいんだし」

――それこそ専用スタジオもあるし？　時間気にしなくってもいいし？

「（笑いながらうなずく）」

――いまの佐藤くんにとって、足りないもんって何ですか。

「んー、スタジオのことに関して言うなら、カーテンがまず足りないかな（笑）。ここホラ、窓が道路に面してるじゃない。だからさあ、この前、朝の6時ごろにヒックスヴィルのコグレくんが、そこの流しの前でデモテープ録りしてたのね。頭ふって、ガーッてはげしくギター弾いてたら、窓の外に通りすがりのおばあさんが立っててさ。こっちを不思議そうにじーっと見てんだって（笑）。それで、そのおばあさん、こっちむいてペコッて挨拶するから、コグレくんも挨拶返したっていう（笑）……まあそんな感じだから、カーテンは早めにつけようと思ってるよ」

こんな感じだった。

狐につままれたようでありながらも、信じないわけにはいかなかった。スタジオのなかで、にこにこ笑っている佐藤の顔を眺めていると、やはり僕も「夏休みがまだつづいている」と思わざるを得ないような、そんな気分がした。

このスタジオ奪取において、最大の支援者となったと思われる人が、〈ポリドール〉でフィッシュマンズの制作ディレクターとなった、佐野敏也さんだった。彼は「機材おたく」を自認する人で、髪をうしろでたばねて、グレイトフル・デッドのファンだった。つまり「信用できる人」だということだ。

また、フィッシュマンズに都合がいい話としては、おそらくは〈ポリドール〉の全社的な思い込み、というか、こんな「期待感」があったはずだ。「フィッシュマンズも、スピッツのように、突然に売れてくれるかもしれない」というような。

〈ポリドール〉からメジャー・デビューしたスピッツは、あちらも「ひなぎく」呼ばわりされていたことから明らかなように、長らくのあいだ、まったくもって、売れてはいなかった。「いいバンドだけど、決して売れることはない」万年Bクラスなのだ、と、〈ポリドール〉のスタッフですら、あきらめているようなところすら、あった。しかしそのスピッツは、九四年あたりから、突如としてヒットを連発するようになっていた。僕の目からは、その音楽性も楽曲の内容も、「売れなかった」ころとはかなり変わってしまっているように見えてはいた。しかし、とにもかくにも「成功したバンド」への道を、彼らは歩み始めていた。そして〈ポリドール〉としては、フィッシュマンズにも「そうなってほしい」と考えていたのではないか、と僕は思う。そのための、先行投資としての「専用スタジオ」というつもり、だったのだろう。

そしてもちろん、フィッシュマンズは〈ポリドール〉のそうした期待を、ものの見事に裏切っていくことになる。裏切ることで、結果的には、測定不可能な法外な資産を〈ポリドール〉に遺すことになった、と、言い換えてもいい。フィッシュマンズは「スピッツのように売れる」ことは、このあとも、一切なかった。しかしここで、この〈ワイキキ・ビーチ・スタジオ〉で、のちに「世田谷三部作」と世間から呼ばれる作品を、彼らは作り上げることになる。

九月十九日、フィッシュマンズにとって、新たなホーム・グラウンドとなった感がある〈リキッド・ルーム〉にて、移籍第一弾となるライヴがおこなわれた。『Let's Polydor』と題されたその夜のステージでは、「クビだ！」と言われていた木暮晋也が復活してギターを弾いていた。この夜、なにからなにまで、佐藤は上機嫌だった。いやー、移籍、いいねえ、と繰り返し言っていた。「また移籍したいよ」とまで言っていた。お客さんに「専用スタジオ奪取」の報告もしていた。まさに「ノリノリ」だった。

そして、この夜を最後に、ハカセが脱退をする、ということを、僕は知らされた。

小嶋のときとは違った形で、それはショックだった。ハカセの場合は、フィッシュマンズのアンサンブルにおける貢献度が、すさまじく大きかった。彼のキーボードの音色がアレンジの主役となっている楽曲は、非常に多かった。彼なくして、いったいどうやって、フィッシュマンズの曲が成り立つというのか、というのが、僕の偽らざる意見だった。ギタリストを欠き、さらにはハカセのキーボードを欠くということは「コード楽器がなくなる」こととほぼ等しかった。いかに茂木と柏原のリズムが優秀だろうと、ZAKのミックスが魔術的だろうと、「コード」を鳴らすものが、正規メンバーがプレイする楽器では「佐藤がときたま弾くギターだけ」なんて、そんなバンド、あるわけがない。そんなバンドのサウンド・キャラクターなんて、成り立つはずがない。

小嶋の脱退によって、大きく片側にかしいでいたフィッシュマンズから、またべつの方角で、巨大な一角が欠けてしまったということだ。もはやそれは、傾きながら前進していけるようなものではなく、たとえばコマのように、回転しつづけていなければ、自立することもできない物体となってしまったのではないか、とすら僕は感じた。

そしてその予感は、当たっていた。

前出の〈米国音楽〉第五号のインタヴュー記事には、「付記」として、ハカセ脱退の報について、僕は書いている。かなり動揺したまま、報告をしようとしている。

「『音楽的な方向性の相違』という公式発表以上のことを現在僕は知らないが、このスタジオの一件と合わせて、好むと好まざるとにかかわらず、フィッシュマンズは新しいステージに立たされることになったのだと思う」と。

同時に、僕はこうも書いていた。

「『ずっと前』というナンバーをライヴで聴いたのだけど、それはもう、とてつもなくよかったことを、ここに報告しておきたい」

言外に僕は「これからどうなってしまうのか、まったくわからない」と書いていたというわけだ。

この「ずっと前」を僕が最初に聴いたのは、『Let's Polydor』の夜だった。

終演後、〈ポリドール〉の佐野さんと、僕は立ち話をした。アルバムの先行シングルとなる曲はすでに決まった、という話は耳にしていたので、それについて訊きたかったのだ。佐野さんの表情は、なぜか冴えなかった。

「どんな曲なんですか」と僕は訊いた。

佐野さんは、いやあー……と言って、そのまま言葉をにごした。どういうことなのだろうか、と僕は思った。そこでさらに、水を向けてみた。

「移籍第一弾ということで、やはり、ポップな曲じゃないかと思うんですが」と。

しかし佐野さんの表情は、くもったままだった。いやー、ポップという感じでは、ないというか……と答えるばかりで、話が進まない。さすがに僕も、「スピッツのようには」いかなかったのだな、と薄々はわかってきた。

「じゃあ、今日演奏した『ずっと前』のような感じですか？」

「ううーん……まあ、それともちょっと、いやかなり、違うと言いましょうか……」

おいおい、大丈夫かよ、フィッシュマンズ、と、そのとき僕は正直思った。

ここまで破格の待遇で迎え入れられた移籍先レーベルの、そのディレクターが、この時期にこんな表情をしている——なんてことが、あっていいはずはない。インタヴュー時に、あるいはステージ上で「ノリノリ」だった佐藤の影響を受けて、無根拠に膨らんでいた僕の期待感が、佐野さんとの会話を経て、しゅるしゅるとしぼんでいくかのようだった。そこで広がった隙間を、不安感が埋めていった。ハカセ脱退の報が、その不安感を増大させていった。

ほどなくして僕は、移籍第一弾シングルの白カセを、聴くことになった。事前の不安感が大きかっただけに、そこで生じた反作用のようなものは、すさまじかった。

ついに、やったな。

僕はそう思った。ついに、ついに、やったな！

それは「フィッシュマンズにしかあり得ない」音楽だった。音も詞も、きわめて控え目なメロディも、なにもかも「フィッシュマンズらしい」ものだった。しかし、これまでの彼らが鳴らした、どんな楽曲とも、「らしさ」の凝縮度が桁違いだった。ほかのだれにも似ていないどころか、ほかのだれにも、これのカヴァーも、模倣ですら、できるわけがない、と直感的に確信させられるものだった。この曲を指し示せるような音楽ジャンル名すら、僕には思いつくことができなかった。あるとしたら、ジャンル名「フィッシュマンズ」しかないのではないか。震えるような感動が、かえすがえす、波のように打ち寄せつづけた。僕はそのカセットを、すり切れるほど聴いた。一切なにも聴くことができなくなっていた、一月のころの自分が待ち焦がれていたものが、まさにそこにあった。

それが「ナイトクルージング」だった。

十一月二十五日にリリースされたこのシングルは、フィッシュマンズ史上初めて、オリコン・チャートにランキングされたのだそうだ。それはたいした順位ではなかったのだろう。しかし「こんな曲が」これまでになく、広い範囲で受け入れられたのだ。「フィッシュマンズ」という存在をとことん純化することだけを主眼としたような、この上なく「わがまま」な内容であり、しかもそれが、淡々と六分以上もつづいていくこのナンバーが、「これまでのようには」世間全体から素通りはされなかった、のだ。

この事実は、バンドの周辺に、大いなる自信を呼び覚ました。リリース後、佐野さんの表情が一変したことを、僕はよく憶えている。新しいステージに立ったフィッシュマンズの「名刺がわり」の一曲は、スタッフ全員と、僕と、そしてファンの全員にとって、勇気の源となるようなナンバーだった。佐藤の「ノリノリ」具合の裏にある確信の一端を、手にすることができたような気分だった。

ここで巡ってきた「ツキ」は、どうやら本物のようだった。「佐藤伸治についていけば、間違いはないんだ」そんなふうに、僕らはみんな感じた。

「ナイトクルージング」の8cmCDが完成すると、すぐさま僕は、それを〈SLITS〉でプレイした。ブースにそなえつけられたばかりのCDJを使った。同店のスタッフが、すぐに僕のところのやってきて、こう訊いた。「これ！　フィッシュマンズですか？　新曲ですか？」と。そうですよ、と誇らしい気持ちで僕は答えた。すこしすると、スピーカーから出ている音が、微妙に変化し始めた。ふと横を見てみると、さっき僕に話しかけていたスタッフが、ミキシング・コンソールの前に立ち、「ナイトクルージング」を素材に、その場でダブを試みているのだった。もちろん、ZAKのようには、いくわけがない。しかしそれはまるで、祝福の輪が広がっていくときの光景を思い起こさせられるものだった。「お誕生日、おめでとう」とだれかが言って、そして、おめでとう、おめでとう、と声がつづいていくかのような、そんな光景だ。彼は揺れつづけた。僕も揺れつづけた。〈SLITS〉のなかで、「ナイトクルージング」は、最初にそうやって鳴らされた。

こんな話も聞いた。TOKYO NO.1 SOUL SETのビッケが、ウォークマンで「ナイトクルージング」を聴きながら、曲に合わせて、大声で歌っていた、というのだ。フィッシュマンズと彼らは、音楽出版会社が同じだった。そこの社員だった人から、僕はこの話を聞いた。

この九五年には、ほかにこんなことがあった。

五月にラヴ・タンバリンズが活動を休止した。七月にブリッジが解散した。スチャダラパーの『5th wheel 2 the coach』があり、「サマー・ジャム'95」もあった。〈カーディナル〉からリリースしたバッファロー・ドーターは、初回出荷は少なかったにもかかわらず、バック・オーダーが止まらなかった。コーネリアスが十一月に発売したアルバム『69／96』では、シュガー吉永と山本ムーグがゲスト・ミュージシャンとして起用された。暴力温泉芸者が話題を集めて、「デス渋谷系」なる新語が生まれていた。十二月の三十一日に小沢健二は紅白歌合戦に出演した。同じ日に〈SLITS〉が閉店した。賃貸契約の期限がきた、という理由の閉店であり、すぐに新しい場所でお店は再開される、とのことだった。しかしそれは、実現しなかった。

時代が大きく変転していくなか、これまでよりは、かなり多くの人々の胸のなかで、フィッシュマンズの音楽が、鼓動を刻み始めていた。

「ナイトクルージング」をずーっとループしつづけながら、僕らは九六年を迎えた。

第9章

96年 空中のシーズン

『空中キャンプ』／〈STUDIO VOICE〉の表紙／旅の終わり／『LONG SEASON』

夜明け前の渋谷駅南口は濃いむらさき色につつまれていた。前日までの雪は止んでいたが、肌を刺すような寒さはまだ健在だった。僕は自動販売機で買った缶コーヒーを、飲み口を開けずに手のなかで転がしては暖をとっていた。

あれは一月の半ばごろだったはずだ。そのとき僕は、渋谷駅で、撮影隊の何人かと待ち合わせをしていた。僕の後方にはレンタカーのバンがあった。定員が揃いしだい、千葉県の九十九里浜まで移動することになっていた。三人になったフィッシュマンズのフォト・シューティングをするために。

それは〈米国音楽〉の巻頭グラビア・ページに掲載するものだった。この企画は、僕が思いついた。『空中キャンプ』の白カセを最初に聴いたのは、いつだったのか。その記憶は判然とはしない。ただそれは、この撮影行のすこし前だったことは間違いない。『空中キャンプ』を聴いたせいで、おそらく僕の頭はどうにかなってしまったのだろう。

「海へ行こう」

突然僕は、そう言い始めた。フィッシュマンズを、海につれていって、写真を撮りおろす。ビーチで遊んでいるような、写真がいい。「ナイトクルージング」へのアンサーとして、こっちは「ビーチクルージング」だ——そんなことを、僕は編集部のみんなに宣言した。『空中キャンプ』を聴いて、感動して、感化されて、そうなった。

ロケーション・ハンティングで九十九里を訪れて、それは確信に変わった。「ここで撮らなければばいけない」と僕は感じた。絵コンテを描き上げて、経費を計算した。

そのときちょうど制作中の〈米国音楽〉の新しい号では、それまでのB5版変形からA4版変形へと、誌面をより大きくして、カラー・ページを増やして、リニューアルをしようと考えていた。であるなら、巻頭カラーはフィッシュマンズしかない、と、僕は思い込んでいたというわけだ。

冬ではあるけれども、海へ行こう――例によって僕は、その企画を、まず佐藤に電話して告げた。彼は乗ってきた。佐藤が〈りぼん〉と〈ポリドール〉に連絡してくれた。撮影では、フィッシュマンズの三人だけではなく、マリマリとヒックスヴィルの木暮晋也も被写体となることを僕が提案した。フィッシュマンズの三人がビーチで遊んでいると、そこで女の子（マリマリ）と出会い、屋台にいた気さくな男（木暮）と出会い、友だちになって、みんなでまた遊ぶ……そんなストーリーが僕の頭のなかにはあった。いいじゃん、それ、と佐藤は言った。

フォトグラファーは、茂木綾子さんを起用することになった。僕は彼女と仕事をしたことはなかったのだが、佐藤の強い推しで、そうなった。

「俺、茂木さんの前以外だと、自然な感じになれないんだよね」という、まるで繊細過ぎる少女のような佐藤の意見を、僕は尊重した。

撮影隊は、結構な人数にふくれあがった。被写体となるミュージシャンと茂木さんにプラスして、〈りぼん〉からマネージャーの植田さんと森口さん、〈ポリドール〉から佐野さんと野沢さん、それから山本ムーグ。編集部からは僕と堀口、そしてレンタカーのドライバーとして堀口の弟が雇われた。スタイリストや、メイクアップ・アーティストはいない。みんな手持ちの洋服を着てきてもらう。

僕が記憶するところでは、レコード会社主導のもの以外で、フィッシュマンズの大掛かりなフォト・セッションというのは、これまでになかったはずだった。それを僕は、やってみたかった。また〈米国音楽〉としても、これほど大掛かりで、コストがかかる撮影は、初の試みだった。『空中キャンプ』が、無闇に僕を駆動しつづけていた。

渋谷から首都高に乗って、レインボーブリッジから湾岸道路へ。宮野木のジャンクションから京葉道路に入り、千葉東ジャンクションから東金道路へ。東金をひたすら走っているうちに夜が明けてくる。進行方向から光が湧き上がってくる。眠っていた山本ムーグも目を覚ます。東金道路の終点がそのまま銚子連絡道路になり、横芝光でそれは終わる。そこから下道ですこし行くと、太平洋にぶち当たって、そこが九十九里浜だった。

このとき佐藤は、自分のクルマを運転して、バンを追ってきていた。そして茂木も、柏原も、それぞれが自分のクルマを運転してくることに、なっていた。仲悪いのかよこのバンド、と僕は思ったのだが、これはそういうわけではなくて、後日、マネージャーの植田さんから聞いたところによると、このころフィッシュマンズの内部では「運転ブーム」だったらしい。それぞれが、自分の運転で遠乗りをしたかった、ということらしい。

佐藤が運転免許をとったのは、『アザラシアワー・ニジマスナイト』がつづいているころだった。彼は何週か番組を休んで、合宿免許に行った。そこはとても生活態度についての規制が厳しくて、「とんでもねえよな、まったく」と彼はこぼしていたのだが、見事一発で、免許を取得していた。そしてそれ以来「クルマで行けるところなら、どこにでも乗っていく」という男となっていた。もう地下鉄のなかで佐藤を発見することはなかった。このころ、彼の最寄り駅は小田急線の東北沢もしくは井の頭線の池ノ上だったのだが、ひどいときになると、すぐとなりの下北沢まで行くのにも、クルマを使用していたような気がする。「うどん食べに行ってたんだよ」などと言って。

この日の撮影では、旧「佐藤号」が使用される予定だった。それはかなり古い、水色のボディ・カラーのフォルクスワーゲン・ゴルフだった。丸目で、三角窓がついていたから、八三年以前に製造された初代モデルだったはずだ。佐藤はこれを、知人から三十万円ぐらいで買った、と言っていた。

僕の個人的な見解では、「ナイトクルージング」は、佐藤が免許を手にしたからこそ生まれた曲だったのではないか、と思っていた。だからこのゴルフを、ぴかぴかの免許証を手に彼が街を流しただろうこのクルマを、僕は撮影に使いたかった。ゴルフの運転席で「UP & DOWN, UP & DOWN……」と、やってほしかったというわけだ。

しかしこのころ、旧「佐藤号」は、柏原が譲り受けていた。佐藤はルノー4に乗り換えていた。だから柏原が運転をしてくることになっていたのだが……ひとりだけ、かなりおくれて、彼はあらわれた。途中でエンジン・トラブルに見舞われたらしかった。そんな状態のクルマだったので、じゃあ潮風は気にすることないや、ということで、旧「佐藤号」は波打ち際まで乗り入れられることになった。アメリカン・ニューシネマか、それにかぶれた七〇年代の日本映画のように、ゴルフはビーチを走り抜けていった。

そのほかの演出上の小道具として、僕はゲイラ・カイトを持ってきていた。白地にホットロッド調の目玉がついた、典型的なやつだ。浜風のせいで、面白いほどそれはよく揚がった。まだところどころに雪が残っている砂浜の上を、凧を引きながらフィッシュマンズの三人が走った。よく晴れた冬の一日であり、また海辺だということで、頭上には北カリフォルニアの沿岸みたいなぱきっとした色が、どこまでも広がっていた。

バーベキュー・セットを持ち込んだのは、佐野さんだったはずだ。これもそのまま、焼いたり、食べたりしているみんなの姿を撮影した。匂いにつられたのか、野良犬が一匹あらわれた。とても人なつっこい犬ではあったのだが、だれよりも先に、佐藤がこの犬と仲よくなった。そしていっしょに遊んでいた。

撮影されたフィルムは、二十本から、三十本ぐらいにはなっただろうか。最後はみんなで、その日も営業中だった海の家の大広間で、焼きはまぐりを食べながら、打ち上げとなった。

このときに山本ムーグによって撮影されたショットのひとつが、シングル「BABY BLUE」のカヴァーに使われた。撮る前に、三人それぞれが、衣装をとりかえっこしていたのが、興味ぶかかった。

後日、写真チェックをしていたときに、佐藤が口にしたことが忘れられない。彼は写真をとても気に入ったようで、いいね、いいね、と言っていた。それからなにか、茂木と柏原といっしょになって、ごにょごにょ言っては、ふっふっふっ、と笑い合っていた。なにか面白いことでもあるの、と僕は訊いた。佐藤はこう答えた。

「いや、みんなで言ってたんだけどさ。三人って、いいバランスだよね、写真とかで」

まあ、それはそうかもしれない。まとまりやすい人数かもしれない。

「だからさ、俺らって、TOKYO NO. 1 SOUL SETみたいだよな!つってたんだよ」

まあ……ハカセ・ファンが聞いたら、あきれてものが言えなくなりそうなセリフではあるのだが、とにもかくにも、佐藤は無邪気に、このフォト・セッションの一部始終を楽しんでくれたようだった。

これらのショットは、九六年四月に発売された〈米国音楽〉第六号の巻頭グラビアとして、八ページにわたって掲載された。


ときどき、僕はこんなことを考える。どうして「このまま」ではいられなかったのか。こんな感じで、できるかぎり長く、ずーっとつづけていくことが、できはしなかったのか。口が裂けても、そんなことを佐藤に対して言えるわけがないので、僕は言ったことはない。しかし撮影をしているときから、すでにそう思っていた。どうして、あの九十九里浜で撮った写真のような光景のなかで、あんな表情の、そのままの状態で、年老いていくことができなかったのか。

フィッシュマンズは、数年に一回、『空中キャンプ』の拡大再生産のようなアルバムを出す。それをそこそこ売る。一時期のローリング・ストーンズがやってたみたいな手法だ。そしてアルバムが出るたびに、またみんなで、「いい感じ」でやる。それを繰り返す。繰り返せるだけ、繰り返す。

老後の保険のために、佐藤は喫茶店でもやればいい。彼自身、「将来は喫茶店をやりたいんだよね」などと言っていたのだから、ぴったりだ。場所はもちろん下北沢で、屋号は絶対「喫茶・佐藤」。料理とおいしいコーヒーはマリマリの担当で、佐藤はがんこマスターとしてスポーツ新聞でも読んでいればいい。わけ知り顔の若い客が、映画版の『スローなブギにしてくれ』よろしく、「マスター、レゲエやってるんだって？　聴かせてよ」なんて言ったが最後、佐藤が「テヤンデエ！」とかなって……。

そんなことを、僕はいまだに夢想する。

〈米国音楽〉第六号では、写真だけではなく、佐藤のインタヴューをフィーチャーした。代沢の僕の家に、彼はふらりとあらわれて、そのままかなりの時間、居座って話しつづけた。四時間から、五時間ほどは、だらだら、だらだら、と会話をしたはずだ。深夜になるまで、それはつづいた。そんななかから、一部分だけを取り出して、原稿化したものをここに引いておこう。

――なんで今回のアルバム、こんなよかったんでしょうか。

「やっぱね、レコード会社やめたのが一番（笑）。アマチュアに戻ったわけじゃん、1回。そのときの気分が一番でかかったかな。なんか『自由！』って感じがするじゃん。いままではさ、やっぱ流れがあるじゃない？　1年1枚出して、そんでキャンペーンやって……みたいな。取材受けて『今度はヌケてますね』とか、そういう感覚っていうの？　そういう音楽雑誌的なアレとか、そんなんじゃない！って気はずっとしてたんだけどさ。ある日そういうのがぱっとなくなって。俺、地に足つきまくってるんだけどさ、でも同時に、いつもすっげー自由になりたいって思うし。もうちょっと生き急ぎがない感じっていうか、自分に正直な感じでやりたいなと思ってさ。たとえば『音の作用』

ってことで言っても、俺たちにはもっとやれることあると思ったし。音の影響力っていうか。で、すげーヒマだったじゃん？　すっとそんなアイデアにどんどんハマってって、どんどんどんどん考えがとんがってくのね（笑）。でもう、最後にはこれだけ！みたいな感じで、それで録音したのが『空中キャンプ』でさ。アーティスト、って感じがすごいした。絵描きみたいな感じ。松っちゃん（ZAK）のミックスなんかも、すっげーアーティストっぽいと思ったしね」

——なんか、リズムループに歌とエコー、あとちょっとだけギターとキーボード入ってます、みたいな音楽だよね。

「そうそう（笑）。『これっきゃねえんだ』って思ってたときにスタジオできたから、『完全きた！』って思ったよね。あとさ、バンドっていう方法論は好きなんだけど、それぞれが『やっぱワウだぜ！』とか（笑）、自分の気持ちよさだけにいっちゃいがちなんだけどさ、ミュージシャンって往々にして。だからバンドが作る音楽ってつまんねえんだよ。音楽が1種類しかないんだよね。俺、ヒップホップが好きなのは、あれをバンドでやったら、すげー薄情な感じじゃん？　でも俺らそんな感じでさ（笑）。ギターなんか延々同じことやるとか。ムダに長いドラムとかベースとかってさ、そっから受ける印象ってすっごい深いものがあったりするじゃん？　もう飽きるぐらい長いのが。あと音を少なくするっていうか、たとえばドラムだったら、ドラムだけでできちゃう感じ、リズムなんかを3人や4人で分割してくって発想、俺らにはあるんだ。どんどん音を抜いてって、それぞれの重なりで1つのリズムを作るっていうか。それが気持ちいいんだよ（笑）。できあがると、すっげー気持ちいい」

——まったく逆のことをやろうとしてる人は多いよね。「1人が何人前もやれるのがいい」みたいなバンド。

「そうね。でも俺らは、快感の法則にのっとって。ユズルがそういうの、いち早くわかってたかな。

ユズルって俺、すごいと思うんだ。もともとはレゲエの発想なんだけど、そういうのを完全に超越したと思うよ。俺らの考え方って。そういう『音の感じ』ってのもあって、今回は生々しい、リアルな感じになったと思うんだよね。なんかね、フツーに言うと何でもある感じ。その1曲の中に。音は少ないけど、行間にいろいろ」

――でもさあ、ヒマな時期って不安になったりしなかったの？「このままプーだったらどうしよう」とか。

「なかったなぁ。ミュージシャンであることって、わりとなんかすごい大事にしてる感じもあるけど、その裏でやっぱどうだっていいやっていうようなところもあるからね。しょせんミュージシャンじゃん、っていうか。いまは順調に楽しくやってるけど、その裏で崖っぷちって言ったら変だけど、わりと阪神大震災的な発想もあるからね。つねにだから、そういう面での不安はない。『まあ楽しいけど、明日はハルマゲドンか』みたいな（笑）」

――……それ、他の人が口にすると「カッコつけんな」的セリフじゃない？　でも佐藤くんが言うと、真剣「そうかもな」と思うやねえ。

「はっはっはっ」

――これ、前から思ってたんだけどさ、佐藤くんっていい人じゃない。やさしいし。でもなんか、自分の中にある気持ちで、作品として形になったり、音楽というパイプを通じて、より高尚な次元とコネクトできる部分？　そんなとこ以外はさ、結構どうでもいいと思ってるんじゃないかと思えるんだよ――つーと薄情モンみたいなんだけど。なんか見ている地平が違うっていうか。「友だちがすべて！」って人とは明らかに違うよね。それこそハルマゲドンで親兄弟友人知人みーんな死んじゃっても――まあ、がっくりはするんだろうけど、でも大丈夫っていうか。なんかそれもまた自分の中で「いろんなこと」として位置づけちゃえる人のような気が俺真剣にするんだけど、どう？

「まあ…………半分当たってるよね（笑）。返答に困るけどさ。そこまで言われて『うん』とも言えないじゃん（笑）。近い感じはあるかな。俺はミュージシャン的発想って思ってるんだけど、ミュージシャンとして大事な部分があったら、そのために切り捨てた部分はかなりデカいっていうか。それに関しては一切振り向かないっていう感じなんだよ。完全に。だから、いま言ったことも、あるかな（笑）」

――やっぱり。

「一番重要なのは音楽なんだよ」

――でも日本人って、情報量は多いけど、アメリカ人やジャマイカ人みたいに人生棒にふるぐらい音楽に惚れ込んでる人、少ないように思うんだよ俺。たとえば、イントロのこの音聴いただけで、「今日は学校行くのやめた！」とか、あんま聞かないじゃない。

「聞かないね（笑）。で、それってリスナーじゃなくってミュージシャンが悪いのかも知れないって感じがするんだ。聴いてて『あ、この人たちはちょっと違う人たちなんだ』って音楽は多いのかも知んないけど。でもさ、日本でも生活に必要な音楽ってあんじゃん？　俺たちはそれをやってるつもりなんだよ」

と、佐藤はこのように語っていた。

およそ一般的な「ミュージシャン・インタヴュー」の記事に必要とされる具体性はほぼ欠いている、禅問答めいたやりとりではあるけれども、『空中キャンプ』における作り手側の手応え、その核心部分について、ここで佐藤はしっかりと答えてくれていた、と言っていいだろう。

まるでそれは、長きオデッセイから帰還してきた勇者のように。「いろいろあった」九五年はもちろん、「いろいろあり過ぎた」これまでのフィッシュマンズのキャリアすべてを、はるかなる上空にて自然体

で俯瞰することができている、そんな泰然自若とした姿のようにも見えた。「頼れる男」めいた風格すら、そこには生じ始めていた。
さて、そうした佐藤の発言と、僕自身の観点をもとに、『空中キャンプ』がいかなる点で画期的なアルバムだったのか、その内容について見てみよう。まずは、やはり、「ナイトクルージング」から、話を始めたい。
この曲を僕は、「フィッシュマンズにしかあり得ない」ナンバーだと書いた。そして、これまでの彼らとは「らしさ」の凝縮度が桁違いに高い、とも書いた。僕がここで言う「凝縮度」を生み出した最大の要因こそ、佐藤の発言にあった「間引きの美学」とでも言える考えかただったはずだ。
ここで佐藤が言っていたように、「ひとつのリズムを、何人かで分担する」とすると、結果的に、音数は少なくならざるを得ない。それは単純に「シンプルになる」というのとは、ちょっとわけが違う。「無理をしない」とか、「楽にやる」といったこととは、まったく違う。それはまず最初に「なにもかも捨ててしまう」ということを意味する。そのとき「どうしても捨てられないもの」が残るかもしれない。その「残ったもの」が「使いものになる」場合のみ、それを全員で手分けして、楽曲として組み上げてみる——こういった発想のことを、彼は言っていたはずだ。ミニマムを指向したミニマム、ではなく、「ミニマムでも意義があるもの」だけを、冷静に、ときには冷酷に、峻別しつづけていくような姿勢、飽きずにそればかりをつづけていくような態度が、制作に挑む前の段階で、まずは大前提として、このときの彼らにはあったのではないか。

ここまでのフィッシュマンズの作品を、大雑把に振り返ると、前作のアルバム『オレンジ』と、つづくライヴ・アルバム『オー！　マウンテン』の二枚が、彼らがそれまでに培ったものの集大成的な位置づけだった、と見ることができる。「成長期は終わった」と、だから僕は書いた。そこにあったもの、これまで長年かけて築き上げてきたものを、まずは全部フィルターにかけて、取捨選択してみること——佐藤がまず最初にやったのは、これだったのではないか。

おそらくそれは、こんな感じだったのだろう、と僕は想像する。

本作に挑む前、「ひまだった」佐藤は、来るべき「フィッシュマンズの奇数のアルバム」に向けて、新たなるアイデアの開発に余念がなかったのだろう。そのとき彼は、ありあまる時間を有効利用して、あたかも長年住み慣れた部屋の大掃除をするような態度で、「いらない」「これも、いらない」と、やり始めた。そのときの「捨てる技術」にかんして、なにをどう選択していけばいいか、というときのひとつの尺度として、おそらく佐藤が最も有効活用できたのが、「いかれたBaby」における成功体験だったのではないか、と僕は考える。

「いかれたBaby」は、骨だけが鳴っているようなスウィート・レゲエだった。詞も曲もアレンジも「最小単位」で、見事なる楽曲を構成したという意味で、記念碑的な一曲だった。であるなら、それが最小単位だったなら、その「骨という骨」のなかから、一本ずつ、「いらないもの」を減らしていったとしたら、どうか。どこまで減らせば、それは自律できなくなるものなのか。あるいは「自律できなくなった」それは、美しくはないものなのか？——たとえば、東京タワーの精巧な模型がそこにあったとしよう。そこから一本ずつ、鉄骨を抜いていくと、いずれタワーは傾いて、よじれ、変形してしまうはずだ。しかし、「そのときの形」が、とてもユニークなものとなる場合も、あるはずだ。

もっとも「いかれたBaby」は、最小単位の「スウィート・レゲエ」だったわけだから、そこから一本でも「骨」を減らしたら、それはたぶん「違うもの」になってしまったはずだ。レゲエですら、なくなってしまったはずだ。

では、その「違うもの」というのは、なんなのか。それは「なんと呼べばいい」音楽なのか。そしてそれは、どのように感じられるものなのか……そんな思考実験の過程の果てに鳴り始めたのが、「ナイトクルージング」だったのではないだろうか。

この「間引きの美学」は、サウンド面だけに適用されたわけではない。それどころか、逆に僕は、こう考えている。一番最初に、佐藤は「言葉をできるかぎり間引いていった」はずだ、と。元来彼のなかにあった「言葉を削ぐ」という習性が、このとき、とことん過激化していたのではないか。従来であれば「削いだあげくに残った一行」として、彼のノートに残っていたレベルのものまで、「この一行、なくてもいいかな」と、ぽんぽん捨てていったかのような形跡が見られる。そして、間引きに間引いたあとの言葉を眺めてみたところ、それが「詞として成立している、と考えられた」がゆえに、つぎに音のほうも、そうしてみたのではないか、と僕はにらんでいる。

なぜならば、この時期の佐藤は、完全なる「詞先の人」だったからだ。詞を先に書いて、そこにメロディやコードをつけていく人、だったからだ。

ここで「いかれたBaby」の歌詞を思い出してみたい。あれを僕は「引き算のかぎりをつくした」ものだと評価した。最低限の「簡単な言葉」だけで、純度百パーセントのラヴ・ソングを成立させたがゆえに、歌世界のなかに多くの余白を残し、聴き手がそこに、自らのさまざまな記憶を投影できるという構造になっている、と分析した。言うなれば、この「ナイトクルージング」は、あたかもその「余白」のみを提示しようとしたかのような楽曲なのだ。

「いかれたBaby」ですら、「言葉密度」がきわめて低い一曲だった。「かなりもの忘れがはげしくなった老人」のようだった。しかし「ナイトクルージング」は、もっとひどい。「言葉を忘れ始めた」人のようですらある。「いかれたBaby」はラヴ・ソングだった。しかしこちらは、「ナイトクルージング」は、もはや「なにについて歌っているのか」すら、ほとんどなにもわからない内容となっている。

そう。「ナイトクルージング」の歌詞における最大の特徴は、「わけがわからない」ということなのだ。「わからない」ということだけなら、いくらでも列記ができるほどに。

まず、歌詞のストーリーが、わからない。なにが「起こっている」のか「起こっていない」のか、さっぱりわからない。背景となっている設定も、世界観も、わからない。

歌詞の主格がどんな奴なのかも、わからない。ご丁寧に、主格の人称がはぶかれてもいるから、それが「僕」なのか「彼」なのかも、わからない。つまり「一人称の歌なのか、三人称の歌なのか」というレベルのことですら、一切わからない。男か女かも、じつはわからない。「あの娘は運び屋だった」というフレーズがあり、佐藤は男性であるから、「なんとなく」主格は男のような気がする、だけだ。

というか、詞をよく見てみると、そもそも「主人公と呼べるような存在がいるのかどうか」ですら、よくわからない。いないのかもしれない。霊魂のような、神様のような存在が、真夜中に路上をすべるように進みながら、ぶつぶつ言っている、という歌なのかもしれない。人ならざるものが「主格」なのかもしれない。だいたいが、突然に「あの娘は」とか言われても、その前後でまったくなんの説明もされていないのだから、なんのことやら「わかるわけがない」——とまあ、ざっとこんなものだ。

つまり、常識的なポップ・ソングの歌詞としては、この「ナイトクルージング」は、かなりひどいありさまとなっている、と言うほかない。どこかの作詞スクールみたいなところで、生徒がこれを提出したら、講師から叱られるのではないか。「なにを言っているのか、全然わかりません！」と。「歌詞というのは、そういうものではありません！」と。

ことほどつまり「ナイトクルージング」の歌詞は、「ぶっこわれている」のだ。「いかれたBaby」には、まだかろうじて残されていた「一人称」と、それに対する「二人称」の存在、そして両者の架け橋としての「LOVE」という、歌詞世界をつらぬく軸のようなものまでが、ここではきれいさっぱりと「さっぴかれて」しまっている。そのため、一行一行のつらなりの関係性が、じつに「なんだかよくわからない」。

たとえば「だれのためでもなくて」で始まるブロックと、つぎの「だれのためでもなく」のブロックの関連性といったものまでもが、聴き手には一切明示されないまま「よくわからない」ものとして、大いなる余白のなかにぽつんと置かれているというのが「ナイトクルージング」という歌の歌詞の、全体像なのだ。

にもかかわらず、じつに不思議なことが、ここで起こる。

そのような歌詞であるのにもかかわらず、つまり聴き手は等しく「わからないなあ」と感じているはずなのに、「なんとなく」親しみを憶えてしまうものこそが「ナイトクルージング」というナンバーなのだ。佐藤の声に合わせて、つい「UP & DOWN, UP & DOWN……」と、歌ってしまいそうになるのだ。「なにが上がったり下がったりしているのか」一切わからないにもかかわらず。「あー天からの贈り物」と突然言われても、なんのことやらわかるはずもない、にもかかわらず。「なんとなく」それはいいものなのかもなあ、と、感じさせられてしまう、ようなところがある。

つまり「ナイトクルージング」の真の凄みは、ここにある。

具象性や、ストーリー性や、論理の進行、そのほとんどすべてを「間引いた」結果、まるで我々聴き手を、抽象画を見ているときのような状態にしてしまうのが「ナイトクルージング」の歌詞というものなのだ。

抽象画なのだから「なにが見えるか」は、それは見る人によって千差万別だろう。「ナイトクルージング」はドラッグ・ソングだ、という人もいる。なるほど「UP & DOWN〜」というところ、「イカれちまった夜に」というところ、「あの娘は運び屋だった」というところなどを、字義どおり受け取ったとすると、そう思えるところもある、のかもしれない。

しかし、僕はそうは思わない。なぜなら「曲調がやさし過ぎる」からだ。控えめなメロディ・ライン、鳴りつづけるギターのアルペジオ、そのほか楽曲を構成する要素が、センチメンタルと言ってもいいほどの「やさしい」響きをともなっているからだ。見過ごしてはならない。ドラッグなどという、一般的に言って非日常的なものが題材になっているなら、この「やさしさ」はそぐわない。逆なのだ。「きわめて日常的なこと」を題材にしながら、非常に特殊な方法で、我々聴き手全員を「その気になったら、どんなところへも行ける」かのようにいざなってくれるものこそが、「ナイトクルージング」なのだ。

抽象画のような歌詞なのだから、どうとっても構わない。しかしもし、これをドラッグ・ソングと規定してしまうならば「それはもったいない」と僕は思う。せっかくの広がりを、もっと茫漠たるイメージの大海原へと漕ぎ出してもいけるこの歌世界の自由さを、不用意に「狭いところへ閉じ込めてしまう」行為であるように僕には感じられる。「ナイトクルージング」は、そうしないほうがいい典型的な一曲だ。「狭くはとらえない」ほうが、聴き手にとって、より「お得」となるようなナンバーなのだ。

とはいえ、いかなる抽象画だとしても、解釈のきっかけとなるような要素は、そこに含まれていなければならない。でないとそれは、抽象ではなく、ただの混沌だ。そういった意味では、「ナイトクルージング」は、きわめて抽象的ではあるかもしれないが、決して「難解」ではない。その逆に、本来はかなり難解なことがらを「なんとなく」わかってもらうために、このような手法をとるにいたった、とは言えるかもしれない。

ではここで、僕なりの見かたで、「解釈のきっかけ」というか、とっかかりというものを、すこし整理してみたい。想像力を広げていくための、足場を整備してみたい。

曲の冒頭にリフレインがあって、そしてつぎに、例の「だれのためでもなくて　イカれちまった夜に」というフレーズで、ひとつめの段落が幕を開ける。ここではおもに「運び屋だった」とされる「あの娘」との邂逅について、述べられているようだ。その娘の足音が、「夜道」の遠くから聞こえてきたのだなあ、と、僕は感じた。

二つめの段落では、おそらくここでは、「あの娘」と出会ってから、「主格」のなかに起こった変化について述べられているのだろう。「大事なこともあるさ」「あー天からの贈り物」と言われているので、それは肯定的な変化だった、はずだ。

さてそこで、この得体の知れない「主格」とは、どんな奴なのか、わかる範囲で、追いつめてみたい。まず「これ」は、このように繰り返すというのが、最大の特徴だ。「だれのためでもなく」と。つまり、「これ」は、勝手にイカれたりする者である、ということだ。ちなみに、ここでの「イカれ」が、片仮名であることに留意してほしい。「いかれたBaby」のときのように、平仮名ではない。佐藤のなかでの書き分けなのだろう、と僕は考える。「ナイトクルージング」の主格は、たったひとりで、勝手に「イカれ」ているため、このように表記されたのだろう。

そして、その主格は「だれのためでもなく」暮らしていた者だった。そうであった「はずなのに」起きてしまった意外な変化について、二つめの段落で触れられている、というわけだ。であるならば、これは「恋愛を描いた歌である」とも、とることも可能だろう。だれかに愛されて、あるいは、だれかに恋をして、自分が変わってしまって、想像もしなかった世界を見ることができた。それはまさに「天からの贈り物」と呼ぶに等しい体験だった、と、とらえることもできる。そういう歌、なのかもしれない。

しかし、その構造そのもの――閉じていた「I」が、他者によって開かれ、影響を受けて変化していくこと――は、恋愛にかぎらず、もっといろいろな状況にも、当てはめられるものだろう。映画『アイアン・ジャイアント』ではないが、宇宙から落ちてきて記憶を失っていた鉄の巨人が、地球人と交流して「心」を取り戻す……といった設定ですら、当てはまらなくもない。

つまり、こういうことが言える。「ナイトクルージング」で最も重要なポイントとは、その主格が、元来は徹頭徹尾「閉じていた」ということ、まずそこにあるのだ、と。そしてその主格が「思いもよらない出会い」を経て、内面に変化をきたす。「変化が起こった」そのことに感動し、感謝する、という流れが、歌詞世界の真ん中に走っている。だから「窓はあけておくんだ」と聴き手に呼びかけるところで、この曲は終わる。そういう歌なのだ――と言うことは、たぶんこれは、間違いではないはずだ。

だからまず第一に、この「ナイトクルージング」は、「心と心の交流」について歌っている、と見なすことができる。そして「ストーリー」とは呼べないまでも、主格の意識の流れが語られている箇所のまわりで、「UP & DOWN」と「SLOW FAST」が、何度も何度も、繰り返される。「ナイトクルージング」という決めフレーズが、やわらかくふにゃーっと、しかし決然ときっぱりコールされる、という作りとなっている。

さて、では「ナイトクルージング」という言葉は、いったいなんなのか。なにを指しているのか？あるいは、なにを象徴しているのか？

まず最初に僕が感じたのは、こんなことだった。「ナイトクルージング」といつも対になっているフレーズ、「UP & DOWN」と「SLOW FAST」つまり、「上がったり、下がったり」「おそく、はやく」との繰り返しから、波間に小舟がただよっているようなイメージを抱いた。とすると、「ナイトクルージング」は、字義どおり、夜の巡航である、と、とることもできるだろう。暗夜「航路」といった感じかもしれない。

もしくは「Cruising」と聞くと、僕は真っ先に「クルマを乗り回すこと」を連想するのだが、こっちかもしれない。そうした行動をとっていることを、「船の巡航」に、なぞらえたのかもしれない。

では、夜中に「クルージング」するということ、そこで「UP & DOWN」「SLOW FAST」となるということの全体から、なにを連想するか。最大限にイメージを広げると、僕の場合、それは「人生そのもの」だろうか。「闇のなかの人生航路」といったものを、僕は想像した。佐藤が自らの人生の来し方そのものを描こうとした、と解釈しても、それを受け止められるだけの余地が「ナイトクルージング」にはある。そういった、きわめて「柄が大きい」一曲こそが、これなのだ。

リフレインのなかで、とくに僕が注目したいのは、二度目のそれだ。二つめの段落が終わったあと、「UP & DOWN」と「SLOW FAST」の繰り返しの直後に、なんと佐藤は「Say Together」と言っている。僕の耳には、そう聞こえる。おそらくは音楽出版会社に登録された歌詞としては「Stay Together」とされていたようで、歌詞カードなどにはそう記されている場合もあるのだが——だから、まあ、そのときどきで佐藤もいろいろ変えていた（たまたま変わっていた）こともあった、のかもしれないが——ここでは、このオリジナルの『空中キャンプ』版の「ナイトクルージング」では、Sのあとに T の音は入っていない。正しく「セイ」と彼は言ったのだと、僕は受け取っている。「セイ・トゥゲザー」と、佐藤はここで、歌ってしまっていると聞こえる。

とするとつまり「さあみなさん、ごいっしょに、『ナイトクルージング』！」とでもいった感じの一節に、ここはなってしまう。だから僕は、初めて聴いたとき、とても驚いた。たんなる語呂合わせかもしれないが、ここで彼が「聴き手に呼びかけている」という点を、僕は重視したい。だって語呂だけだったら、べつに徹頭徹尾「ぴぴっぴぴ、ぴぴっぴぴ、いぇーえぃ」でも、よかっただろうに、こともあろうに、あの佐藤伸治が「聴き手に呼びかける」というのは、なかなかにこれは、カタルシスに満ちたひとことだったと言えるだろう。少なくとも、聴き手である僕にとっては、そうだった。

そしてもちろん、歌詞と不可分のものとして語られるべきが、「ナイトクルージング」のサウンドだ。たとえばリフレインとともに鳴らされる、爪弾くようなピアノ・フレーズ。じつは「歌詞ではなく」このフレーズこそが、「ナイトクルージング」という曲の主役なのではないか、という気すら僕にはする。「ナイトクルージング」というひとことと、このフレーズさえあれば、この楽曲の四割方は成立しているのでは、と思う。サウンドと詞を、同時に虚心に受け止めることを聴き手に要求するナンバーが、「ナイトクルージング」なのだ。

ここで佐藤の発言をまた思い出していただきたい。彼いわく「一人でできることを、全員で分担してやる」という方法論は、これはリズムにのみ、サウンドにのみあてはまるものではなかったはずだ。歌詞とサウンドの関係についても、それは同じだった、という証明のような一曲が、この「ナイトクルージング」だったのではないか。

「言葉が少ない歌詞」は、「音数の少ないサウンド」によって、その意味性を、その情感の行きどころを、つねに補完されつづける。その逆の効果もある。それが「ナイトクルージング」のユニークな特徴のひとつであって、「なにを言っているのかわからない」ような歌詞が、サウンドの響きを得ることで、聴き手のなかでひとつのイメージとして醸造されていくような構造が、ここにはある。この「音と詞の相互補完構造」とでも呼べそうなものこそ、このときフィッシュマンズが獲得した最大の武器だったのではないか。「フィッシュマンズにしかできない」楽曲が「ナイトクルージング」だった、と僕が書いた最大の理由は、これだ。

つまり「フィッシュマンズ」という構成要素が、すべて完璧に揃った上でないと、このような奇妙なナンバーに命を吹き込むことなど、できない。逆に言うと、佐藤がここで発揮している、きわめてアブストラクトな言葉のつらなりこそが「フィッシュマンズのすべての要素」のなかから、選びに選び抜いたもの「だけ」を引き寄せる際の、糸巻きの「芯」のようなものだった、ということだ。
と、こんなものが、「ナイトクルージング」に内在している「解釈のためのとっかかり」だろうか。「あとはみなさん、ご自由に」というのが、それが「ナイトクルージング」という、とても変わった構造を持ちつつ、おそろしく吸引力の高い、不思議なナンバーなのだと言えるはずだ。

さて、ここから先は、より主観的なことがらについて書きたい。「僕にとっての『ナイトクルージング』」ということについて、述べてみたい。僕の主観というフィルターを通過したものであるから、もちろんそれは「限定されたものの見かた」によって、この楽曲がそなえている自由度を、いくばくかは制限してしまうことになる。しかしこのような方法でしか、僕は自分自身が「ナイトクルージング」から受けた感動を、表現することができない。これもひとつの「ものの見かた」の例だと、容認していただけると幸いだ。

僕はこの歌は「世界と対峙するときの心構え」について、歌われたものだと感じた。世界のほとんど全部が敵に回ったとしても、たったひとりで、それと向き合うことができるような「心のありかた」について、やさしく諭してくれているような楽曲ではないか、という気がしたのだ。「たったひとりで世界と向き合っている人」に向けて、あるいは孤独で、そしてきつい立場にいる者の全員に、やさしい言葉をかけてくれているかのような、そんな一曲であるように感じた。

そう感じた理由について、すこし説明をしたい。

まずこの楽曲は、佐藤伸治の数多い作品のなかでも「俺がなにを考えて、なにを意図したかなんてのは、気にしないでいいよ」という姿勢が、とくに如実に前面に出ているものであることは、これは間違いない。それが意味することは、ただのひとつしかない。「聴き手であるあなた」を信頼している、ということだ。「あなたの感じかた」を、最大限に尊重している、ということだ。

この姿勢そのものは、じつはフィッシュマンズの初期のころから、ほぼ一貫したものとして、連綿とつづいていた。佐藤の作品は、これはすべて「聴き手を信頼して、その人のなかで熟成や発酵をしていくようなもの」を目指して書かれていた、と言い切っていい。「俺のことは、気にしないでいいから」「これは、あなたの曲なのだから」と。

つまり、佐藤のその姿勢「どういうふうにでも、好きに見てくれればいいよ」ということを、なによりも前面に出したかったがために、ことさらに「わからない」描写の連続となった一曲こそが「ナイトクルージング」だった、ということが言える。それはすなわち、「作り手の側」が、なにをどうここで語りたかったのか、一瞬にしてこちらが感知することができない、ということにほかならない。

ここで僕は、佐藤による「日本の音楽批判」を思い出す。「日本語における、一般的なポップ・ソングの歌詞批判」と言ったほうが、正確かもしれない。『キング・マスター・ジョージ』期の佐藤の発言で、こういうのがあった。

「ロックの人って『俺はこうなんだ!』ってのが多いじゃない? 『俺の自我でどおだあ!』とかさ(笑)」
「やってる側の自己顕示欲じゃないところで悲しかったり、よかったりする曲。そういうのを作りたかったんだよね」

ここの佐藤語を、僕なりに翻訳してみると、彼が指摘する「俺の自我」タイプの典型とも言えるものは、やはり「できそこないのラヴ・ソング」なのではないか、と思う。第五章での、「いかれたBaby」についての論考を思い出していただきたい。「他者への思慕」あるいは「他者への架け橋」そのものをこそ歌うのが「ラヴ・ソング」だ。国際標準としては、それしかない。しかしそこが完全に逆転して「僕ちゃんの歌」となってしまっているものが、日本には多い——と、僕は書いた。

歌のなかに「他者の存在」がない、ものが多いのだ。あるように見えても、それは「歌の主格にとって、都合のいいお人形さん」でしかないもの、ばかりなのだ。他者を他者として、当たり前に認識することができていないせいで「恋をしている（つもりの）僕自身」にしか言及できない。だから「他者についてこそ、歌うべき」タイプの楽曲の典型がラヴ・ソングであるにもかかわらず、つねに歌詞の前面に出てくるものは「俺はこう思うんだぜ」という自我の開陳でしかない――そんな歌が、日本においてはやたらに多い。

こうしたものについて、佐藤は、本能的と呼べるほどの嫌悪感を、終始持ち続けていたようだ。もっともそれは、佐藤だけの特殊事情ではなく、洋楽の歌詞をまっとうに学んだ上で、意識的に日本語を使用したいと考える、一部のすぐれたミュージシャンには共通する傾向だとは言えるだろう。たとえば「俺の話を聞け！」と歌われる、クレイジーケンバンドの「タイガー&ドラゴン」は、「日本語の歌にありがちな」押しつけがましい精神性をパロディにしつつ、歌詞のストーリーにうまく組み込んだ一曲だった。

であるから、佐藤のような「嫌悪感」は、ほかに例がないわけではない。ただ佐藤におけるそれは、あまりにも「徹底している」という一点において、彼固有のものとして、非常に目立った特徴となっていた、とは言えるだろう。

その「徹底ぶり」は、音楽にかぎらず、日常のすべての領域においても同様だった。佐藤の「嫌悪感センサー」は、ありとあらゆる「自我を押しつけてくるもの」全般に対して、まるで炭坑のカナリアのように、真っ先に過敏な反応をした。たとえば、こんなふうに。

「日本っていうのがあるじゃない。うるさいんだよ、とにかく。エゴがきついんだよな、みんな。『人は人、自分は自分』じゃなくって、『自分は自分で、人も自分！』みたいなさ。『俺は女房子供養って頑張ってんだから、お前もシャキッとしろ！』とか。そういうのが多くってさ。『他人には、期待はします』とかっていうのがさ」「俺は俺で、ちゃんと責任とってこうやってるわけなんだよね。だから関係ないはずなんだけどさ」

これらは、『ネオ・ヤンキーズ・ホリデイ』のときの、彼の発言だ。こうした佐藤の徹底ぶりの背後から透けて見えてくるのは、およそ以下のようなものだったはずだ。

佐藤伸治は「日本社会における、『自我の押しつけ』」というもの全般に、そもそも、とてつもない「うざったさ」を感じていた。だから「自由であるはずの音楽」のなかで、そんなことが――「俺の自我でどおだあ」というようなことが――撒き散らかされていることには、とても我慢がならなかった……と、彼の基本的な立ち位置が、ここでまず見えてくる。

自分がされて嫌なことは、他人にはしない。これは当たり前のマナーだ。だから僕の目から見て、作品を離れた日常の場面でも、一度たりとも佐藤は、そんなことをしてはいなかったはずだ。ときどき、勝手に地雷を炸裂させていただけだ。これは自爆だから「自我を他者に押しつけて、なんらかの充足を得ようとする行為」とは、根本的に異なる。そうした楽ちんな充足方法を、お気軽にできない人間だったからこその自爆だった、とも言えるかもしれない。

そして佐藤はミュージシャンだったから、「他人にはしない」というところから一歩進んで、このようなことを考えていた、形跡がある。

「だれにも干渉されずに、その人がその人らしく、あるがままに生きていけるような、そんな『個人』でいられればいいのに」

佐藤と同様に「日本はうるさい」と思うような人が、どこかにいるならば。その人に右記のようなことを伝えられるような歌を、「大丈夫だよ」と勇気づけられるような音楽をこそ作りたい――佐藤という男は、そんなふうに考えてつづけていたのだと、僕は思う。

その国の国民それぞれに、固有の病いの芽というものが、あるはずだ。たとえばそれがアメリカだったとするならば、拝金主義や、キリスト教右派などに、その「芽」が見られる、と僕は考える。日本におけるそれは、「全体主義」がその最たるものだろう。「空気を読め」とかいうやつだ。「波風を立てない」

ことだけを重視して、いろいろな自主規制をおこなうような心性だ。そしてつまるところ、江戸時代のような封建制度か、国家と自分自身を同一視しているかのような精神状態のどちらかが、最も心に平安をもたらすものとなる——そんな「病いの芽」が、日常的に、あり過ぎるほどにあるのではないか、と僕は考える。そこにおいては、「個」の尊重や自律などという概念は、髪の毛一本ほども、存在できる余地はないだろう。

こうした無言の圧力と、全身全霊をもって、日々闘いつづけていた男が、佐藤伸治なのだと僕は思う。自らが闘いつづけるだけではない。彼はつねに、「同胞」と呼ぶべきタイプの人々について、目を配ることもおこたらなかった。「たったひとり」で、全体主義的な各種の圧迫にさらされていて、逃げ場も思いつかないような「弱い個人」にこそ、フィッシュマンズの音楽を聴いてもらいたい。そんな人にこそ「自分のもの」として、大事にしてもらえるような音楽をこそ、作りたい——一切の迷いなく、そんなことばかりを考えに考え抜いていた男こそ、僕が見た「佐藤伸治」だった。

佐藤伸治とは、誇り高い男だった。外面的には、ふにゃふにゃともしていたのだが、目の前に立ちはだかる「日本というのは、普通、こうだから」という巨大な壁をものともせず、一ミリたりともひるむことなく、それと対峙しつづけている、という一点において、まぎれもなく彼は誇り高き男だったのだと、断言できる。

その彼が「仲間」と組んだ、フィッシュマンズという集団は、もちろんこれも「誇り高い」バンドだった。であるから、フィッシュマンズを聴いたときに得られる効用のなかで、その最上のものは、聴き手の僕やあなたも「誇り高く」あることができる、という確証の一端を手にできることにほかならない。

行きたくもない会社に行かざるを得ない。学校の教師が耐えられない。家賃なんか、なんで払わなければならないのか……我々の日常というものは、ごく普通に、屈辱と苦痛と、そして「弱いがゆえ」の妥協に満ち満ちている。そんなとき、本当に「心と心」を交流させることができる、無二の親友や、恋人がいたら、いかにこの荒涼たる人生を歩んでいく上で、支えとなってくれるものなのか――。

フィッシュマンズの音楽とは、それととてもよく似た形で、聴き手のあなたのなかで「支えになる」ようなものを目指していたのだと、僕は考えている。

では人間にとって、人類が生み出した文化のなかで、最大の「支え」となるものとは、なにか。それは言うまでもなく、宗教だろう。キリスト教社会における「愛」とは、そもそもは神が信徒へとそそぐ「無条件の愛」から派生した概念だ。そして言うまでもなく、「英語圏のプロテスタントのプロテスタント社会」において、ロックは生み出された。そこから派生していった二十世紀後半のポップ音楽は、そのほぼすべてが、英語圏社会」において、英語における「LOVE」という言葉そのもののフィルターを通過したあとで、発展していったものだ。

であるから僕は、「いかれたBaby」こそが、フィッシュマンズに大いなる飛躍をうながしたエポック・メイキングなナンバーだった、と書いた。洋楽のクラシックスと比較してもまったく見劣りしない、純度百パーセントの「LOVE」を、佐藤の言葉で、フィッシュマンズの流儀で歌うことができた、という点が、『ネオ・ヤンキー～』において、彼らが「ロック・バンドとしての貌」を見せ始めるブレイクスルーへとつながった、と書いた。そしてこの「ナイトクルージング」は、間違いなくそのつぎなるブレイクスルーだっただろう。では、ここで彼らは「どこへ」突き抜けたのか？

音楽ジャンル名や音楽用語名で、それを言いあらわすことは、非常に難しい。なぜなら「ナイトクルージング」という一曲は、「ロックが生まれる前段階」とでも呼べるような、今日我々が普通に認識している地球がまだ煮えたぎっているかのような混沌のなかへと、ものの見事に足を踏み入れているからだ。

佐藤伸治の作詞・作曲術は、デビューのころから、ひとつの完成型ともいえるスタイルをすでに確立していた。いや、「完成させ過ぎていた」と言ったほうが、正確かもしれない。「ひこうき」など、たとえば齢八十歳、バンド歴六十五年の、ブエナ・ビスタ・ソーシャル・クラブ調の枯れたミュージシャンが老境にて書き上げた曲だと言ったほうが、しっくりくるもののはずだ。「ウェルメイドなポップ・ソング」を書き上げること、そこに佐藤らしい哲学の刻印をする、ということにかんしては、まず最初に「ちょっとでき過ぎていた」とも言える。フィッシュマンズの歴史とは、その「でき過ぎ」を、いかにぶっ壊していくか、という歩みととらえることもできる。

そういった過程である、と考えると、高純度の「ラヴ・ソング」ができた途端に「ロック」もできるようになる、という現象は、簡単に説明することができる。つまりこれは、「逆コース」をたどっていった、ということだ。「でき過ぎたウェルメイド」から、より原初的な地平へ、「ロックが生まれたころ」へと接近していくような方向性だった、と言えるわけだ。野蛮なロックンロールが、洗練され毒抜きされたアーバン・ポップスへと進化していく過程と、これはまったく逆だ。

そして「ナイトクルージング」は、ついに「ロック以前の原風景」とでも言えるような場所で鳴らされているような気がしてならない。あらゆるものが「間引かれた」果てに、あたかもロバート・ジョンソンのようないにしえのブルーズ・マンが見ていた光景へと、たどり着いてしまったように、感じられてしょうがないのだ。

ロバート・ジョンソンの代表曲のひとつに、「俺と悪魔のブルーズ（Me and The Devil Blues）」というナンバーがある。この曲と「ナイトクルージング」は、まるでコインの裏表のように、相通じる光景が、「歌の外側」に茫漠と広がっているように、僕には感じられる。その光景とは、ごく普通に言って、我々の目から見て、凄惨たるもののはずだ。「愛のかけらもない」荒涼たる大地に、乾いた風だけが吹き抜けていくような世界のはずだ。

この二つの曲の共通点は、まずどちらの歌詞も、状況説明がまったくないところ。そして、シュールともいえる「語り」だけが、淡々とつづいていく、というところだ。

「俺と悪魔」では、こんな感じだ。まず最初に、「今朝早く」サタンが「俺」の家のドアをノックする。そして「俺」とサタンは、二人でいっしょに道を歩いて、「俺の女」を殴りにいく。「俺」は満足するまで殴ろうと思い、そしてそのようにする――というのが、ストーリーというか、ここで「語られている」ことだ。

後世に生きる我々がまず驚くのは、「悪魔が突然ドアをノックする」という超常現象的な状況が、まったくなんの違和感もなく「俺」の口から語られていく、という、この一点だ。あまりにも、あまりにも、この「俺」にとって、悪魔が身近な存在であり過ぎるのだ。「それが当たり前なんだ」という大前提にこそ、戦慄を憶えるのだ。おう、来たか、早かったな、そろそろ来ると思ってたよ、といった調子で、「俺」がそれを受け入れる――もしくは、それに支配されていく一瞬に、ショックを受ける。

もっとも、この「サタン」が比喩であり、おそらくロバート・ジョンソン自身か、彼の身近にあっただろう暴力と、その衝動に突然支配されてしまう男性の「行動」を描写することが詞の主眼であっただろうことは、容易に想像できる。つまりそんな描写が普通に成り立ってしまうほどの「愛なき世界」、「そんなことが普通に起こる世界」を、このブルーズ・マンが見つづけていただろうことに、我々は大いなる衝撃を受けるのだ。

こうした世界というものが、「ロックンロール誕生以前」の、ブルーズが流れていた空間の原風景にほかならない。そして「ナイトクルージング」は、ほとんど同じ場所で鳴り響いている一曲なのだと、僕には思えてしょうがないのだ。

「ナイトクルージング」のサウンド面での最大の特徴は、「単調だ」ということにつきる。コード展開が少なく、また、大仰に盛り上がるような箇所も、とくにない。ギターのアルペジオと、効果音のようなワウ・ギターが、ずーっとループしつづける。効果音ということで言うなら、正体不明のノイズのようなものが、うっすらと「サウンド」のなかを終始出たり入ったりしている。この音世界の造型に、僕はまるで「繭につつまれている」かのような感触を得た。「鳴りつづける」ループ・サウンドのなかでだけは、「外の世界」とは違う温度や、違う時間が流れつづけているような、そんな感覚だ。かつて佐藤が言っていた「黙ること」を実践するための、シェルターのようなものとして機能しているのが、この独特なサウンドスケープなのではないか、と僕は考える。なぜなら、「その外側」は、あまりにも酷薄な荒野だから。人肌のぬくもりなどかけらもない、不毛の地にほかならないから。

そんな、あたかも「フィッシュマンズ空間」とでも呼べそうなこの音のなかで、ちょうど「俺と悪魔」とは正反対のことがらについて、訥々と、ときにはシュールに語っているのが、「ナイトクルージング」の佐藤なのではないか、と僕は考える。神様、絶対者といった言葉は、妥当ではないかもしれない。しかし「ナイトクルージング」の主格がここでぼそぼそと言っていることは、伝えようとしていることは、「BELIEF」そのものなのではないか、と僕は感じる。「LOVE」が燦然と輝く、人の世としてあるべき状態の、「それ以前」の真っ暗闇のなかで、「心を開いておくこと」と「救済があるという可能性を信じること」について、述べられているものなのではないか、と僕は考える。

佐藤のこうした傾向は、かなり初期のころからあった。しかしはっきりと顕在化したのは、やはり「いかれたBaby」だろう。あそこで出てきた「素敵な君」や、『オレンジ』収録の「夜の想い」における「長い髪の王女様」、これらはどちらも「同じ存在について歌っている」と、僕は見る。しかし「ナイトクルージング」では、徹頭徹尾、その像の具体性すら排除しているがために、結果的にここで最も浮かび上がってくるのは、「君」や「王女様」の表情などではなく、この主格にとって、「その存在」がいかに重要なものなのか、ということの一点だけだ。これが愛だというなら「I love Jesus」といった類の、信仰とも近いほどの「LOVE」なのではないか。

そして、「僕」も「ボク」も消滅してしまった、目に見える主格の存在をも「間引いて」しまった「ナイトクルージング」においては、その想いが恋愛であるかどうかすら、定かではないものへと昇華されてしまっている。「想い」の性質が、一種究極の「純化」を果たしている、と言ってもいい。仮にそれが恋愛だったとしても、「主格が『あの娘』をどんなふうに好きなのか」といった側面には、佐藤の関心はまったくない。ただただ「あの娘」の存在によって、その存在となんらかの関係をとりむすぶことができた、ということだけで、「荒れ地のなか」に生きている主格ですら、天恵とも呼べるものを手にすることができたんですよ、という、心あたたまるメッセージ「だけ」が、聴き手に伝わるように設計されている。

ここにおける「あの娘」の存在、「あの娘」が成したこと、そこに僕は、ロバート・ジョンソンなら「クロス・ロード・ブルーズ」で歌われているような「LORD」と同質のものを感じる。「ナイトクルージング」の主格に僕は、「クロス・ロード・ブルーズ」のなかで、路上で膝を折り、天をあおいで、慈悲と救済を祈った「びんぼうボブ」にも通じる無力感と、絶対的な孤立感を見る。それがあるゆえに、その凄絶な現実を主格が肌身に感じているだろうゆえに、「ナイトクルージング」で歌われている「BELIEF」は、そしてその先にあると主格が告げている「希望」は、純粋無垢に光り輝くことができるのではないか、と思う。

「困ったときの神頼み」ではない。現世利益のために祈るのではない。人はいかに自らが無力で、とるに足らないものか知ったとき、「それ以上の存在」を夢想する。「それ」がなんであっても構わない。ただただ「それ」を「信じる」こと。これさえあれば、かろうじて人は生きていけるのだ、ということを、「ナイトクルージング」は伝えようとしているのだ。すべての孤立する者にとってのアンセム、すべての弱き者が乗るべき船、そして「UP & DOWN……」と人生はつづいていく——そんなことを、言外ながら能弁に伝えてくれているのが、僕にとっての「ナイトクルージング」だった。

古来——少なくとも、ロバート・ジョンソンが生きていたころの時代、無力感に打ちひしがれた「弱き孤立種」は、祈りを捧げるとき、あるいは、荒れ地をひとり彷徨するときに、ギターを手にとった。

音楽のみを両手につかんで、そしておそらくは天に向けて咆哮した。ロックンロールが地上に誕生する以前、明らかにその原点となった場所にあった「音楽そのものの力」を、その一端を僕に感じさせてくれたものが、きわめて似通った風景のなかでぽつんと屹立している「ナイトクルージング」だった。

ではつぎに、『空中キャンプ』全体の話に移ろう。

ZAKいわく、アルバムのなかで最初にレコーディングした曲が「ナイトクルージング」だったそうだ。一般的に考えると、奇態ともいえるこのナンバーが、これを「奇態」にまで高めてしまった数々のアイデアが、まるで水先案内人となるようにして、そのほかの楽曲が完成させられていった、ということだ。そして「そのほかの楽曲」が、これがまた、いやはや、素晴らしく充実している。「充実し過ぎている」ほどのアルバムこそが『空中キャンプ』だった。

まずはこの、アルバム・タイトル。これを僕は、前述の「シェルター」と同義であると受け取った。「フィッシュマンズ王国」とでも、呼べばいいのだろうか。「俺らの音楽、俺らのやりかた」が、ばしっと固まったぜ、とでも言いたげな、自信満々の姿勢をそこから感じた。もっともその「王国」は、たかだかテント一張りぶんしか、ないほどのものなのかもしれない。しかしそれが、ごたごたした浮き世とは、ちょっと違う場所にあることだけは間違いない。現実世界の連中が手出しをできない、「空中」に、それはあるのだ。これは文字通り「浮世離れ」していることを誇らしげに宣言したものであり、ここが俺らの現在地なんだぜ！という、いつになく――いや正確には、このとき初めて――フィッシュマンズが強い口調で自らが見ている新しい立ち位置を布告した、そんなタイトルだったはずだ。同種の主張が込められていた『ネオ・ヤンキー～』と比較してみれば、このときの彼らの高ぶり具合が、よくわかる。あっちはたんなる「休日」なのだ。日常から、ちょいと離れた、横にずれてみた、それぐらいのものだ。こっちは「空中における俺らの領土」。その差というのは、ずいぶんと大きい。

また収録曲の内容も、これが領土であり、一張りのテントである、という比喩にふさわしいものとなっている。数あるフィッシュマンズの作品のなかで、アルバム・トータルでの整合感、バランスという点においては、本作がベストだろう。「ナイトクルージング」という、突拍子もなくぶっ壊れた、奇態なる語法とサウンドを手に入れたとき、「全体の整合感」が高まったというところも、じつに趣き深い。

そしてそれぞれの曲が、それぞれに「柄が大きい」。珠玉のナンバーがずらりと並べられている、と言っても過言ではない。

アルバムは、まず「ずっと前」から幕を開ける。『ずっと前』から幕を開ける」と書くと、なにやら意味深だが、これは狙ったものなのだろう。あたたかい音像と、ホップするループ・リズムが印象的な、人好きのする一曲だ。そしてかなり、歌詞がまた無茶だ。「彼女の暮らしは今　始まってる」という歌い出し、これが日本語であることは間違いないのだが、このように奇妙で唐突なフレーズが、きちんと冒頭のフックとして機能している曲というのは、稀だ。まるで完全なる翻訳口調というか、「フォーキーな佐藤語」の見事なる一行と言えるだろう。そしてなんと、その歌詞が「忘れちゃったよ」で閉められるという、トリッキーといえば、かぎりなくトリッキーな言葉の魔術を駆使しながら「孤独の風景」が歌われる——しかし曲調は「あたたかく」ノスタルジックですらあるナンバーがこれだ。木暮晋也によるものと思われるギター・リフが、一度聴いたら一生忘れられないレベルにまで達している。

そして「BABY BLUE」。これはアルバム発売後にシングル・カットされた。マイナー・コードで「さびしげ」な曲調、フィッシュマンズが得意とするタイプのレゲエ・ナンバーだ。

この曲については、こんな思い出がある。『オレンジ』発売時に、「MY LIFE」における佐藤の詞を批判して、小沢健二を誉めていたのと同じ人が、こんなことを言っていた。

「いやあ、『BABY BLUE』、いい曲だよねえ」と。

へえー、と僕は言った。そして訊いた。どんな具合に、よかったのですか、と。

その人はこう言った。

「なんていうか……『ちいさい秋　ちいさい秋　ちいさい秋　みーつけた』みたいな感じでさあ……」

と、その人物は、サトウハチローと中田喜直による、童謡の名作を例に出して、その魅力を語った。

「BABY BLUE」は、たしかにそういった曲でもあるかもしれない。

つづく「SLOW DAYS」では一転、佐藤がふにゃーと啼きつづけるヘヴィ・レゲエに。そしてループ・リズムによる一大「ロック」ナンバーである「SUNNY BLUE」へと突入していく。「悲しくなれるままに　光を浴び続けて」「夜にはいいことあるんだ　やさしい気分になれるんだ」「心のドアを開くんだ」と、叩きつけるように焚きつけられて、そして静かに静かに「ナイトクルージング」が流れ始める。ここまでが「第一幕」だろうか。

つぎに一転して、ゆったりした曲調の8ビート・ナンバー「幸せ者」。フィッシュマンズにおける「やさしさチャンネル」ほぼ全開のこの曲が、「一幕め」全般におけるアブストラクトな詞世界に対する解題のようにして機能している。サウンド面の主役は、柏原譲の能弁なベースだ——と、ここで、このアルバムでは「ここまでのところ」彼のベースがおとなしかったことに、気がつくべきだろう。

前作のスタジオ・アルバム『オレンジ』の後半戦では「柏原譲オン・ステージ」として、バンド・サウンドの屋台骨を強靭な低音で支えつづけていた彼の「音数」が、本作では意図的におさえられていたことに、気づくべきだろう。これが佐藤の言っていた「ひとつのリズムを、何人かで分担する」イズムだったということだ。

と、そこで、つぎの「すばらしくてNICE CHOICE」にて、柏原のギアが一段上がる。それがこの曲をドライヴさせる。それにしても「すばらしく　NICE CHOICE な瞬間」などという、どう考えても「ださ過ぎる」フレーズから、このような情感を導き出せるというのは、これは佐藤伸治だけの「芸」だと言っていいのではないか。

そして最終曲「新しい人」。『オレンジ』に起源をたどることができる、スローかつ音数の少ないレゲエ・ナンバーにて語られる、これは「新しい地平を見ているフィッシュマンズ」宣言ともとれる一曲だ。「ナイトクルージング」と対にして考えるべき一曲かもしれない。「夜明けの街まで」「夜明けの海まで」歩いていったら、「何にもない」――それはとてもきれいなものだった、「音楽はなんのために　鳴りひびきゃいいの」と思ってしまうぐらいの、それはひとつの理想郷だった……というナンバーだ。この「理想郷」を佐藤たちがすでに見ていた、とするのはあまりに早計だろう。「たどり着くべき場所」として思い描いた光景そのものを、ここで歌った、と僕は理解したい。SF作家が幻視するごとき「夢のような新世界」といったものと、同質だったのではないだろうか。

といった全八曲が収録されたアルバムが『空中キャンプ』だった。プロデュースはもちろんフィッシュマンズ&ZAK。彼らが〈ワイキキ・ビーチ・スタジオ〉をフル稼働させて作り上げた最初のアルバムだった。

「やさしい」「さびしい」「人なつっこい」フィッシュマンズの特性というものが、これまでとは桁違いの精度で、広大なひろがりをその背後にそなえた、唯一無二のサウンドスケープのなかで、きわめて自由闊達に、高らかに、そして「誇り高く」鳴り響いた、まさに「名盤」という呼称に恥じないアルバムであった、と僕は思う。

では、この『空中キャンプ』についての世間の反応というのは、いかなるものだったのか？

発売当初は、ざっくり言うと、大きな視点で見ると――「これまでと、とくになにも変わりません」といったもの、だったろうか。「フィッシュマンズの新しいアルバムが出ました」「移籍しました」「前作までとは違うところもあります」とまあ、それぐらいのことだけが報道されて、やはり右から左へと流されていく、という感じだっただろうか。

既存の音楽専門雑誌と、それに類するメディアの大半では、おそろしいことに、考えられないことに——本当にそうだったのだから、しょうがない。僕のせいではない。

ただし、「これまで」とは大いに違う、さざ波のような反響が、小さな領域では上がり始めていた。最もそれが顕著だったのは、SOUL SETビッケの例にあらわれているように、〈SLITS〉周辺のDJや、ヒップホップ・アーティストのあいだからだった。そこからはまるで、おおおーっというどよめきが聞こえてくるかのようだった。強い衝撃を受け、新鮮な感動を覚え、「フィッシュマンズって、すげえぜ!」という声が、寄せては返す波のように上がりつづけてくるかのようだった。

フィッシュマンズのグラビア・ページが掲載された〈米国音楽〉第六号の制作中、とあるラップ・アーティストをインタヴューした際に、彼は僕に、こう言った。

「みんなは、『ナイトクルージング』が一番いいって言うけど、僕なら『ずっと前』だな」と。そして、こうつづけた。「あんなバンドに、もし僕のバック・トラックをやってもらえたら……最高なんだけどなあ」と。

もちろん僕は、彼の言葉を佐藤に伝えた。「ああ、そうお?」と言いながら、さすがに彼も、まんざらでもない表情だったように、僕は記憶している。なぜなら、そのラップ・アーティストの言葉とは、ある種最高の褒め言葉として、受け取ってもいいものだったからだ。

レコード好きで、とにかく「いいレコード」を聴きつづけて、そして自らも音楽を作り始めた人々——「渋谷系」なる言葉が生まれる以前から、渋谷や新宿や下北沢の小さなレコード店のなかで、指を真っ黒に汚しながら、レコードを掘りつづけていた「すぐれた音楽」への求道者的姿勢につらぬかれていたような、そんな人々——のあいだで「すげえぜ」と、フィッシュマンズは、このとき急速に「発見」された、と言っていい。それはきっと、彼らにとってこんな感じの、喜ばしい新発見だったのだろうと僕は推測する。

「この日本で、この東京で、自分たちとほとんど同じ世代の奴らで、こんなとんでもない音楽を鳴らしている『バンド』がいたなんて！」

九〇年代初頭、東京のストリートから巻き起こった音楽文化的ムーヴメントの特徴のひとつを挙げるなら、なんというか「耳年増」だった、とでも言えるような傾向だ。仮にそのミュージシャンが、無手勝流で突然バンドを始めてしまった、というパンク的な出自だったとしても、その時点でかなりの量の「いいレコード」をすでに聴いていた、というのが、このシーンにおける標準的な傾向だった。だから残念なことに、各自の演奏力や、バンドとしての熟成度ということで言うと、それぞれの「耳」にかなうものを、それぞれの「腕」が作り出すことはできてはいなかった――というジレンマが、つねにつきまとっていた、はずだ。

そこに彗星のように、彼らの視界のなかにあらわれてきたのが、「百戦錬磨」のライヴ強者として鍛え上げられていたフィッシュマンズだった、というわけだ。言い換えると、ようやくここにきて、『空中キャンプ』にいたるまでに磨き上げられた「フィッシュマンズ・スタイル」によって、彼らの「バンドとしての傑出度」が、「当代一流のDJ耳」をもこじ開け始めたのだった。

だからこの領域においては、枯れ野に火を放ったかのように「フィッシュマンズの勇名」は、一瞬にして燃え広がった。〈HMV渋谷〉でも、『空中キャンプ』は当たり前のようにリコメンドされていた。一等地の壁面で、得意げに空中を歩いている三人の姿が、ずらずらっと並んでいた。

つづいて〈サウンド&レコーディング・マガジン〉が、専門メディアでは最も早く、「食らいついてきた」という印象があった。一曲一曲、アナログ盤をカッティングしては、そこからマスタリングをしていった、というZAKの話など、おもにサウンド面から「フィッシュマンズはやばい」という視点を提示していったのは、同誌が最初だったのではないか。

ひとまずは、アルバム発売直後ぐらいまでは、そんな感じだった。だから『空中キャンプ』も、突然に売れ始めたわけでは全然なかった、ということだ。

これは噂だから、どこまで信憑性があるかは判然としないのだが、「初回出荷が二千枚だった」という話も耳にした。もしそれが真実だとするならば、逆にこういうことが言えるだろう。

「たったそれだけ」の枚数なのに、大変なことが、起こり始めていたのだ、と。たかだかそれぐらいのセールスのアルバムが、「耳がいい」人たちを、ピンポイントで直撃して、まさに震撼させ始めていたのだ、と。

そんな感じだったから、『空中キャンプ』が発表されたあとも、フィッシュマンズの周辺は、とくになにも変わりはなかった。彼ら全員、アルバムができたから、プロモーションをして、そしてライヴをやる――変わらずにそれをやる、それぐらいのイメージだったのではないか。

その証拠というか、なんというか。こんなエピソードがある。

『空中キャンプ』発売直後、〈HMV川崎〉での店頭イベントというものを、僕は手伝った。僕が聞き手となって、佐藤に喋らせるというもので、〈ポリドール〉から依頼を受けて、やったものだ。この類のイベントで聞き手となるという役割を、彼らが〈メディア・レモラス〉に所属していたころから、僕はよくやっていた。

イベントそのものの内容は、とくに憶えていない。記憶に残っているのは、帰り道のことだ。このとき僕は、佐藤が会場まで乗ってきていた、彼のクルマの助手席に乗せてもらって、世田谷まで送ってもらった。その車中で、ふとこんな会話になった。

「ウルフルズ、ついにやったよね」

どちらからともなく、そんな話を始めた。このころ、テレビはもちろん、いたるところでウルフルズの「バンザイ」が流れていた。九五年の暮れにも「ガッツだぜ‼」を彼らはヒットさせていたのだが、それとは規模が違う、ちょっと信じられないぐらいの盛り上がりが、このときの彼らを取り囲んでいた。

そのことについて、佐藤と僕は、会話をした。お互いの頭のなかにあったのは、『アザラシアワー・ニジマスナイト』に、電話出演したときのトータスの様子だったはずだ。

「いま？　なーんも、してへんよ」と、彼はさびしげに言っていた。フィッシュマンズは、ええなあ、ええなあ、と、繰り返し言っていた。あのトータス松本が、お茶の間の人気者となるなんて！と、僕ら二人は、このとき驚いていた、というわけだ。

「よかったよなあ」

「よかったよねえ」

佐藤と僕は、それぞれでそう言った。トータス、よかったなあ、と。

さらに佐藤は、こんな裏情報を僕に教えてくれた。

「なんかさ、ウルフルズって、ツアーが先に決まってたんだって。で、ツアーの途中で、突然すごいことに、なっちゃったみたいでさ。お客さんが増えたのに、チケットがとれないってことで、大騒ぎだったみたいだよ」

「そうだったんだ」

「うん。そんでさ、追加でツアー、またやるらしいよ。急に売れると、大変だよね」

それからまた、佐藤も僕も、よかったよなあ、とそれぞれで言った。

そんなわけだったから、少なくともこの時点では、「フィッシュマンズがブレイクしつつある」という手応えなど、一切なかったと断言できる。佐藤も僕も「それとは関係のない場所にいる者」として、トータスの身の上を案じたり、彼の成功を喜んだり、していたのだから。

きわめて小規模に、この冬に僕がちょっと嬉しかった「世間での評価」では、こんなものがあった。

一月二十八日、池袋の〈P'パルコ〉前で、路上ライヴがおこなわれた。だれが？　フィッシュマンズが！　パルコからの依頼を受けて、やったのだ。なぜ彼らがセレクトされたのか、その理由は、いまいち判然とはしなかった。しかし、九四年の「スチャダラパー&小沢健二」、九五年の「トラットリア・オールスターズ」につづいての、フィッシュマンズだったのだ。すごいじゃないか、お洒落なのかフィッシュマンズ?と、このとき僕は、面白がった思い出がある。

とはいえ、前任の二者のように、フィッシュマンズが〈P'パルコ〉広告のヴィジュアル・キャラクターに使われることはなかった。なぜなのか、その理由はわからない。フィッシュマンズが広告に適さなかったわけではない、と思いたいのだが。〈P'パルコ〉の、予算の関係上での、判断だったと思いたいのだが。

しかし、見てみたかった気がするな、と僕はそのとき、残念に思った。〈P'パルコ〉の広告の上で、無理な演技をしている佐藤というのは、いかなることになったのか。茂木と柏原なら「当世風の若者」の演技、ばっちり問題なかったろう。そこにひとり、謎なおじいさんみたいな奴がいて……というのは、どうだったのだろうか?と。

九六年の初頭は、だいたいこんな感じだった。この状況が一変するのは、〈スタジオ・ボイス〉誌の十月号が発売されたころだ。その話は、すこしあとでしよう。

三月一日と二日、フィッシュマンズは新宿〈リキッド・ルーム〉で2デイズ・ライヴをおこなった。ライヴの観客数だけは、いつも嘘をつかなかった。その数と熱気は、まさに拡大の一途をたどっていた。

この日のライヴは、『空中キャンプ』リリース時からつづいていた『若いながらも歴史あり』と題されたツアーの最終公演だった。僕が観たのは、二日目だったろうか。同ツアーでは、ヒックスヴィルがいそがしくなったため木暮晋也は参加せず、元スーパーバッドの「ダーツ関口」こと関口道生がギターを担当していた。キーボード&ヴァイオリンでHONZIも参加していた。彼女の貢献度が、このころからどんどん大きくなっていく。

たとえば、東京スカパラダイスオーケストラのキーボーディスト、沖祐市もフィッシュマンズのサポートをおこなっていたのだが、彼のプレイは、ハカセのファンキー・レゲエ調のバッキングと一部重なる印象があった。しかしHONZIは、基本的にそこがまったく違った。主楽器がヴァイオリンだという点も大きいのだろうが、アンサンブルにおける「ここ一番」の支配率が、とにかくすごい。彼女のコード、メロディは、音空間のなかを自由自在に駆けまわる。踊るように、いやステージ上の空間を上下左右に「泳ぐように」奏でられるそれらは、フィッシュマンズ・サウンドにおける「つぎなる扉」のひとつを垣間見させるものだったはずだ。観客だけではなく、もちろん、メンバーの全員にも。またあざやかな髪色含め、その存在感の強さには「佐藤の遠縁の親戚」と言えば信じる人がいてもおかしくないぐらい（もちろん実際は違うのだが）の「異能」の輝きも濃厚にあった。

ともあれ、この夜のライヴはとてもいい内容だった。すでにして彼らは、「つぎの段階」へと足を進めつつある、ということだったのだろう。いろいろな曲が、「終わらなく」なっているようにも感じた。間奏や後奏の部分が、「引き延ばせるだけ延ばす」かのように、ずーっとつづいていくライヴ・アレンジのナンバーが増えていた。とくに「新しい人」は、その傾向が顕著だった。まさに佐藤伸治、有言実行の人だなあ、と僕は感じた。

そしてなにより、この夜初めて僕は、ライヴ版の「ナイトクルージング」を聴くことができた。これは、かなり、興奮させられた。ライヴ・アレンジでのそれは、逆転の発想というか、レコーディング版においては「控えの位置」とでも呼べそうだったワウ・ギターのカッティングを、メインに据えていた。佐藤が弾くそれを中心として、そこにサンプリング・ループが重なっていく、という構造だ。あたかもそれは、「フォーキー佐藤」と「レゲエ佐藤」の幸福な合一でもあるかのように、僕には感じられた。それはとても自然で、風通しがいい、すぐれたアレンジだった。

と、そんなふうに感嘆した理由は簡単で、じつはこの日以前に僕は、一度がっかりさせられた経験があったからだ。ライヴでの「ナイトクルージング」披露を、彼らはいったんは、躊躇していた。この前年の十二月十五日、『ナイス・チョイス』と題されたツアーの最終日のことだ。同じ新宿〈リキッド・ルーム〉にて、事件は起こった。その夜、「ナイトクルージング」は、演奏されなかった。あろうことか、十一月の終盤に発売されたばかりの最新シングル曲を、彼らはプレイしなかったのだ。佐藤がイントロをほんのすこしだけ弾いてみて、そこで中断して、やめた。そしてすべての演奏が終了したあと、ステージに白い緞帳がおりてくる。そこに「ナイトクルージング」のヴィデオ・クリップが投影される――。

それはないだろう、と僕ならずとも思ったはずだ。なにをやってるんだよ、と。満杯の会場全員がいま最も聴きたいのは、それじゃないかよ、と。全般的にはいいライヴだったのに、最後の最後に、はしごを外されたような気分がした。

さらにこの夜は、終演後に「日本のレコード業界ではよくある儀式」もあった。そのことも、僕は思い出した。不思議なことに、そういえば僕は、フィッシュマンズのライヴにおいて、それを体験したことが、このときまでなかった。しかしそれが、この夜はあった。「終演後の乾杯」というやつだ。

これは一般的に、こんなふうにして準備される。まず、開演前に、インヴィテーション・カードなどを手に「関係者受付」に向かった来客が、スタッフからパスを手渡される。パスは、ステッカーのような形態のものが多い。日付と公演名が書いてあって、パスの色によって、その種別が分けられている。楽屋も含めて、すべての場所を通行御免の「オール・エリア」パスとか、一部限定つきのパスとか、いろいろだ。これを僕なら、ジーンズの右脚前面に貼りつけることが多かった。

そして終演後、フロアからロビーに人が出てくる段になると、幹事役の人が、大きな声で、こんなふうに言う。「パスをお持ちのかたは、残っていてください」と。同じ内容を、パスを受け取る際に伝えられることもある。

そのまま待っていると、空になったフロアに、僕らは呼び込まれる。このときになると、実券を買ったお客さんはみんな帰っていて、場内の簡単な清掃が終わっている。そしてフロアに戻った我々の前で、セレモニーのようなものが始まる。

だいたいそれは、こんな内容だ。パスを貼りつけている者が、ここではお客となる。飲み物が配られる。幹事役の人が音頭をとって、バンド・メンバーからひとことあって、そして、乾杯……しばしご歓談を。

なぜこれをやるのか、というと、その目的の最たるものは「関係者へのごあいさつ」だろう。音楽専門雑誌、FM局、テレビ局、有線放送局、レコードの卸売り会社、有力レコード店、あるいは芸能業界、それぞれの関係者——そういった人々で、ライヴに招待されて「来てくれた人」に、バンドが「あいさつをする」という意味合いが、まずある。バンドが来賓とあいさつをかわし、ときには雑談するなどして、「親しい感情」を来賓側にいだいてもらって「今後につなげる」ために、やる。もしくは、すでに何度もこうした機会を経ている「バンド&来賓たち」だったとしたら、そこまでの成果をともに祝す、という場合もある。そしてやはり、「結束を強めて」今後につなげる……。

といった性格のものだから、このとき幹事となる人は、たいていはそのバンドが所属するレーベルの担当者か、所属事務所の担当者、あるいは社長が出てくる場合もある。このときは、〈ポリドール〉の佐野さんが幹事となっていたはずだ。

そしてやはり、だれもが想像するとおり、それはうまくいかなかった。

佐野さんは、まず最初に茂木を呼んだ。「フィッシュマンズのリーダーから、ひとこと」ということだった。いつのころからか、たしかに茂木は「リーダーだ」とされていたから、ここまでは、まあ、問題ない。茂木らしい、ほがらかで如才ないトークで、場内をなごませる。そして、乾杯！——もしかしたら、乾杯の音頭ぐらいは、佐藤がとったのかも、しれない。そして佐野さんが言う。「ではみなさん、しばしご歓談を」

問題はこのあとだった。賓客たちの視線を集めていた場所、つまり茂木の立ち位置のあたりから、するするする、と佐藤が抜け出して、人ごみのなかへと消える。ほどなくして彼は、僕のすぐ近くにあらわれた。「おっ」などと言って、にかっと笑いながら、佐藤が僕の目の前に立っていた。

僕はライヴの感想を言う。「あー、あれはねえ」などと、佐藤が応える。そしてそのまま、まるで根っこが生えたかのように、彼は僕の前に居座った。

さすがにちょっと、それはまずいんじゃないか、とそのとき僕は思った。賓客のだれもが、やはりこういう場合は、フロントマンと言葉を交わしたいはずだ。佐藤伸治とこそ、話したかったはずだ。なかには、ライヴの感動を直接彼に伝えたい、と思っていた人も、少なくはなかったはずだ。実際そのとき、場内のいろいろなところからの視線を僕は感じた。ジュースが入った紙コップを片手に、僕の前でへらへらしている、佐藤の背中にそれは突き刺さっていた。そして間違いなく、佐藤もそれを感じていたはずだ。感じていたからこそ、それが「うざったいな」と思ったからこそ、僕を「逃げ場として」利用していたのだろう。意識的にせよ、無意識にせよ。

結局のところ、この「ご歓談」のあいだじゅうずっと、佐藤は僕の前に居つづけた。茂木や柏原が、いろいろな人、初めて会ったような人とも「あいさつ」をして、外交的な会話をしているのを尻目に、フィッシュマンズのフロントマンのはずのこの男は「むかしから知っていて、いまさら構える必要もない」と思える奴の前で、呑気な雑談をつづけていた、というわけだ。佐野さんが当初イメージしていただろう「ご歓談」のシーンから、佐藤は完全に離脱していた。逃げ切ってしまっていた。

僕にとって、それはとても居心地が悪いものだった。

タダ酒というのは、厳密にはタダではない。せっかく〈ポリドール〉が、あるいは〈りぼん〉が、「移籍したばかりのフィッシュマンズ」のために、こうした一席をもうけてくれているのだから、ちょっとぐらいは頑張って、お前も責任を果たせよ、と僕は、肚のなかで言いつづけていた。言葉に出しても、軽くは訊いてみた。

「いいわけ？　俺のところで、こんなふうに油売ってて」ぐらいは、言った。

佐藤はこう言った。

「ん？　あー、いいよいいよ。欣ちゃん、いるからさ。あっちに」

居心地の悪さは、もちろん増大した。

佐藤とだらだらと話したなかで、多少なりとも「知ってよかった」と思えたのは、このときの彼らは「ナイトクルージング」をライヴで演奏することができなかった、ということだ。いろいろとためしてみたのだが、うまくいかなかったのだという。それでこの夜は、MVに「逃げた」のだという。

「自分たちでライヴ演奏できないような曲」を、このときのフィッシュマンズは作ってしまっていた、ということだ。新曲はかならずライヴで演奏しながら固めていた、過去の彼らにはなかった話だろう。フィッシュマンズ初、ではないかもしれないが、彼らとしては画期的な「ヘッド・ミュージック」とでも言おうか――つまり「手くせ」といったような肉体的なものから結果的に派生「してしまった」音楽ではなく、純粋に頭脳を駆使して、イマジネーションを広げに広げて作り上げたものこそが「ナイトクルージング」であり、この時点ではまだそれを「どうやって地上におろしてくればいいのか」ということを、作った当人たちですら攻めあぐねていた、ということだったのだろう。

それはそれで、真摯なる姿勢だ、とも言える、かもしれない。しかし、「プロとしては、どうなんだろうね」とは、間違いなく言える。そしてさらに、終演後の佐藤の態度は、明らかに「プロとして失格」だった。

その「失格行動」の一端を、僕が望んだわけではないにせよ、担がされてしまったということに、かなり僕は、いたたまれない気持ちになっていた。そしてその感情は、このあともずっと尾を引いた。

三月二十七日、シングル「BABY BLUE」が発売された。カップリングは、ヒックスヴィルによってリミックス――というよりもカヴァーされた「SUNNY BLUE」だった。

前述のツアー終了後も、フィッシュマンズはこまめにライヴをつづけた。六月には関東四箇所と福岡、そして八月には〈リキッド・ルーム〉でバッファロー・ドーターなどと〈ロッキング・オン・ジャパン〉主催のイベント出演、青梅のイベント『ナチュラル・ハイ'96』でコーネリアス、ボアダムズと共演……と、働きに働きつづけていた。精力的な活動をつづけていた。

そんななか、いつのまに録音されたのか、新曲を収録したシングルが九月二十五日に発売された。それが「SEASON」だった。

いい曲だった。しかしそれ以上に、『空中キャンプ』から早くもモード・チェンジが成されていることが、僕には興味ぶかかった。ループ・リズム、もしくは、「展開が少ない」曲調が支配的だった『空中キャンプ』とは打って変わって、ドラマチックな展開をそなえた、エモーショナルな8ビート・ナンバーがこれだった。歌詞にも新機軸が見られた。「フォーキー佐藤」の路線のなかで、一段と具体性が高い言葉群が、聴き手に向けて「歌いかけられている」ような内容だった。「歌もの」としてよくまとまったフォーク・ロックという印象で、ここまで踏み込んでそこを目指した一曲というのは、彼らにとって初の試みだっただろう。NHKの『みんなのうた』でかかりそうな曲じゃないか、とすら僕は感じた。

とはいえ、このとき僕は、まだ頭のなかが『空中キャンプ』仕様だったので、どちらかというと「SEASON」ではなく、カップリングの「I DUB FISH」のほうを面白がっていたことを、ここで正直に書いておこう。こちらは佐藤初の英語詞による、一発録りっぽい演奏をその場でダブにしたような、むかしなつかしのフィッシュマンズ・マナーに満ち満ちた小品だった。

ただひとつ、「SEASON」のなかで、耳に引っかかって、魚の小骨のようにとれない言葉があった。「東京」というのがそれだ。それは「東京の街のスミからスミまで／僕ら半分　夢の中」というふうに歌われていた。これまでは、一度たりとも、佐藤の詞のなかに固有の土地名が出てきたことはなかった。それが突然、「東京」と来たということに、僕はぎくっとした。佐藤らしからぬ、異様な生々しさを、そこから感じた。

この「生々しさ」こそが「SEASON」という楽曲の最大の特徴だった。そこにはすでにして、「浮き世離れ宣言」をしたときの彼らではない表情があった。空中のどこかにあるという「フィッシュマンズ王国」に、彼らはまだ住んでいたのかもしれないが、その目はすでに、下界を見おろし始めていた。ことさらにリアルな「東京」を、すでに視界にとらえ始めていたのだろう。そして、歌詞の内容からイメージされるところでは、まるで孫悟空の觔斗《きんと》雲《うん》のように、フィッシュマンズの三人を乗せたテントだか寝袋だかが、現実の東京上空を高速でスクロールし始めているかのように感じられた。それはあまりにも速過ぎるスピードであるように思えた。

ちょうどこのころ、〈スタジオ・ボイス〉の十月号が書店に並んだ。その表紙では、フィッシュマンズの三人がフィーチャーされていた。

フィッシュマンズが表紙となった〈オリコン〉誌を僕は見ていなかった。だから、この〈ボイス〉が、僕が初めて見た「フィッシュマンズが表紙の雑誌」だった。書店で見つけて、立ち読みをしたのだが、内容も興味ぶかかった。なにより「フィッシュマンズをやるぜ！」という、熱気のようなものが感じられた。そして、僕の記憶では、これが「ドミノの最初の一枚」となったはずだ。

これと同じ時期だろうか、〈ポリドール〉の佐野さんから、こんな話を聞いた。音楽ライターの三田格さんが、佐野さんのところに、連絡をしてきたのだという。

「俺にフィッシュマンズの宣伝をやらせろ、と、それはもう、すごい剣幕で」とのことで、まるで怒鳴り込みでもするかのような、熱いアプローチがあったのだという。そして三田さんは、のちにはフィッシュマンズの宣伝会議などに、出席するようになった。

なるほど、そういうやりかたで、バンドを支援するという方法もあるのか、と、僕はそのとき感心した。そんなことは、考えたこともなかったからだ。三田さんとは面識はなかったけれども、彼の原稿は〈噂の眞相〉や〈ボイス〉の記事などで、読んだことがあった。ガッツがある書き手だ、ということは知っていた。なるほど、彼のような人がフィッシュマンズの宣伝を手伝うというのも、ありなのかもしれない、と僕は思った。

フィッシュマンズが表紙の〈ボイス〉が店頭から消えたころ、十月二十五日、『LONG SEASON』が発売された。三十五分を超える長いナンバーが一曲だけ収録されたそれは「ワン・トラック・アルバム」と自称された、へんてこなものだった。

そして、ここで、目に見える形で「ドミノ」が倒れた。それはものすごい速度で、一気に雪崩を打って、つぎからつぎへと倒れていった。

この現象は、ちょっとした見ものだった。ありとあらゆる音楽評論家、ライターが、我先にとこぞって、「フィッシュマンズはすごい!」と書き始めたかのようだった。『空中キャンプ』を素通りしていた人々、あるいは、それまでのフィッシュマンズの歩みに、一度たりとも興味を示したことがなかったような人々までもが「すごい! すごい!」と、それぞれに大声で叫び始めていた。

とくにその傾向は、うるさがたタイプの評論家や、カッティング・エッジなものを専門としているようなタイプのライターなどに、顕著だった。つまりは「これまでつねに」フィッシュマンズをほぼ完全に無視していた層だった、と言える。そんな人々を含む、数多くの人が、大騒ぎを始めていた。まるでそれは、どこかでだれかが、「フィッシュマンズをわからない奴なんて、音楽を語る資格なし」とでも、決めたかのようでもあった。だれが一番大きな声が出るか、だれが一番「わかっている」のか、突然にしてはげしい競争がスタートしたかのようだった。

僕の分析では、このときの「ドミノ現象」は、二段階の動きを経て顕在化したものだった。一段階めは「DJ耳の人々による、渋谷界隈でのフィッシュマンズのレピュテーション上昇」。これが下地になったところで、〈ボイス〉での、非常に力強い、三田さんや松山編集長の推しが、雑誌業界のなかで「フィッシュマンズ発見」の機運を高めたのだろう。ここですでに「ドミノの一枚目」は倒れていた。そんなところに、『LONG SEASON』があらわれて、「バスに乗りおくれちゃいけない」との大騒ぎとなった――のではないか、と僕には思えた。

一夜にして、という言いかたが、僕の実感には合う。

これまでに、いろいろあった。いまさら、なんだよ、という気もさすがにする。しかし――不可解なことに、ここにきてついに、なぜか「一夜にして」フィッシュマンズは、業界内において「唯一無二の偉いバンド」という地位を獲得したのだった。「友だちがいない」バンドだった彼らが、「最強のミュージシャンズ・ミュージシャン」となった。いつもいつも「なんだかよくわからないバンド」呼ばわりされていた彼らが、「音楽を知ってる奴なら、誉めないと見識を疑われるバンド」となってしまったのだ。

フィッシュマンズは、成功した。じつに彼ららしい方法で、「生きていく場所」をようやく確保した。売り上げ枚数の多寡ではなく、「レピュテーション」という形で、音楽産業界のなかに、強固な地盤を獲得した。これからは、そこで自由にやっていけばいい――そんな地位に、ついに上り詰めたのだ。

そして僕は、この大騒ぎのなかで悟った。

フィッシュマンズから離れる時期が、やってきたのだな、と。もしもそこに、僕の役目というものがあったのなら、それは終わったのだな、と実感した。

これからは、いちリスナーに近い立場で、フィッシュマンズを聴いていこう。インヴィテーション・

カードをもらったなら、もちろん駆けつける。アルバム・リリースのタイミングでは、佐藤と茶飲み話のようなくだけたインタヴューをしては、それを〈米国音楽〉に掲載していこう。できることなら、それだけをつづけていこう。僕はそう決意をした。だれに宣言したわけでもないが、ひとりでそう決めた。

これまでのところ、フィッシュマンズとの付き合いにかんして、つねに僕は「受け身」だった。僕が「よけいなおせっかい」と呼んだものなど、いろいろと思いついては、佐藤に直接オファーをしていたものをべつとすれば、それ以外は、基本的にはいつも「だれかから依頼された話」を、僕は受けていただけだった。

だれもやらないから、僕がやっていた。

最初の出会いからして、まさにそうだった。〈ロッキング・オン・ジャパン〉編集部にあったインヴィテーションを消化することを、僕は求められた。だからそれをした。それから、たびたび、インタヴューすることを依頼された。ラジオ番組にしても、〈メディア・レモラス〉から依頼されたものだ。

といっても、フィッシュマンズとかかわることに、積極的な意志がなかった、というわけではない。その逆だった。彼らにかんして、「だれもまともに対応しようとしない」ということについて、僕は勝手に、義憤のようなものを感じていた。

「この俺のところに回ってくるほど、だれも興味をもっていないのか？　これほどのバンドなのに？　なぜだ⁉」とでもいうような感情が、つねにあった。

つまり、たとえば〈ロッキング・オン・ジャパン〉にて、毎回毎回、僕が「フィッシュマンズ番」となることに、つねに憤りのようなものを感じていたということだ。しかし同時に、それはやりがいのあることでもあった。だったら俺がやってやる、フィッシュマンズの真実を伝えるんだ、と意気込んでもいた。

要するに、いつもいつも、アンビバレントな感情が自分のなかでせめぎあっていた、というわけだ。

そしてそれは、この大騒ぎのなかで、「ドミノ倒し」のなかで、初めて解消されつつあった。氷が溶けてなくなるように、消えていきつつあった。

「もう俺が、なにもやらなくとも、大丈夫なはずだ」

そんなふうに、僕は感じたということだ。

その逆に、なによりもまずいのは、これまでのごとく、バンドに近い場所に僕が居座りつづけることだろう、とも思った。フィッシュマンズに対して、なかでも、とくに佐藤にかんして、あまりにも僕は、距離感というものを喪失していた。あまりにも近いところで、長いあいだ、ふらふらし過ぎていた。それゆえに、あの『ナイス・チョイス』の夜の一件、みたいなことにもなったわけだ。

あんなことを、繰り返すわけにはいかない、と僕は強く思っていた。あれはまだ、限定された空間で、限定された人を前にした、笑い話のようなできごとだったから、ましだった、かもしれない。しかしあれと同様のことが、もしメディア上であったなら？と僕は想像した。

むかしから、なぜかフィッシュマンズを見つづけてきた、ひとりの男がいた。そしてそいつは、いつも訳知り顔で、佐藤のまわりで、偉そうにしている――。

そんな光景は、「このときに」フィッシュマンズに目覚めた人たちには、ひどく不快なものとして映るに違いない。場合によっては、そうした人たちが、去っていくきっかけにすら、なるかもしれない。そうなることを、なんとしても僕は、避けたかった。

だったら、いっそのこと「僕がいなくなって」しまえばいい。僕という存在だけが、ひとまず彼らの視界から消えれば、なにもかもうまくいくのではないか。新しい支持者たちと、フィッシュマンズが、持ちつ持たれつになったほうが、バンドにとっていい将来を招くのではないか、と僕は考えた。

音楽業界では、とくに評論家やライターのあいだで「陣地争い」めいたことがある。邦楽はもちろん、洋楽でもそれはある。食うためにはしょうがないのだろうが、そんなことには参加したくない、と僕はつねづね思っていた。これは売文を始めた当初から、変わらぬ気持ちだった。そんなあさましいことをするぐらいだったら、こんな虚業ではなく、正業に就いたほうがいいとも考えていた。そんなところも、このときの考えに影響したのだと思う。

フィッシュマンズにかんして、「受け身」ではなく、僕から積極的に提案していたものがあったとすれば、それは例の「おせっかい」シリーズだけだった。これは「フィッシュマンズの前を素通りする人々」を、すこしでも振り向かせるために、すべて思いついたものだった。依頼を受けているだけでは足りない、と僕は感じて、だれに頼まれるでもなく、これをやった。自分のフィールドで、僕自身がよく知る領域のなかで、フィッシュマンズの能力を引き出してみせれば、活路は開けるはずだ、と考えていたわけだ。

しかし実際のところは、さほどかんばしい成果があがった、とは言いがたかった。素人くさかった、ということなのだろう、発想の根本が。なにしろ僕は、三田格さんの〈ポリドール〉への売り込みに、驚いてしまったぐらいなのだから。「その手があったか」と膝を叩いた、そんな体たらくなのだから。一度たりとも僕は、レコード会社に「フィッシュマンズの仕事をさせろ」と、名乗り出たことはなかった。フィッシュマンズをとりまく環境そのものを変革しよう、という大きな視野や戦略など、なかった。

自分でできることだけをやる、というと聞こえは悪くないが、これは「甘ちゃんだった」ということの言い換えでしかなかったのではないか。お前なんか、フィッシュマンズといっしょに、佐藤といっしょに、遊んでいただけじゃないか、とだれかに言われたら、僕は反論することができなかっただろう。

彼らにはもう「おせっかい」の必要はない。だれももう、フィッシュマンズの前を素通りしはしない。すでに多くの人々が、このように彼らをあがめるまでになったのだから。僕は静かにフェイド・アウトすればいい。

我ながらこれは、このような行動は糟糠《そうこう》の妻みたいではないか、とも思い、その点はちょっとおかしかった。

「まるで戦後の焼け野原を見てきたような男」

たぶん、〈ボイス〉に掲載された、三田さんの原稿だったように思う。このようなフレーズで、佐藤のたたずまいを評していた文章を読んだ、記憶がある。うまいこと書くもんだなあ、と僕は感心した。

見てきた、というのだから、それは過去にあったことなのだろう。これまでのどこかに焼け野原はあって、そして、そのさらに前のどこかが「戦中」だったのだろう。実弾が飛び交うなかを、佐藤伸治は歩いてきた、ということなのだろう。まるで従軍記者のように、僕はその一端を目撃したのかもしれない、と、そのとき思った。

それは、ちょっとした冒険の旅、だったのかもしれない。その旅は、終わった。少なくとも、僕のそれは。


一夜にして変わった「フィッシュマンズをめぐる状況」を、僕はこんな形で、目にしたことがあった。宝島社が発行している雑誌〈Ｓｍａｒｔ〉の誌上にて、このころ〈米国音楽〉が担当する音楽情報ページというのがあった。そのページを直接的に手がけていたのは、〈米国音楽〉スタッフの西村美咲だったのだが、彼女のもとに「佐藤伸治をインタヴューしてほしい」と、〈Ｓｍａｒｔ〉編集部からの依頼があった。西村は、かなり初期のころからの、熱心なフィッシュマンズ・リスナーだった。

このときの取材依頼は、『LONG SEASON』にかんするものだった。そのとき僕は、暇だったのだろう。僕は西村に「俺もついていってていい？」と訊いた。いいですよ、と彼女は答えた。

目黒川沿いにあった〈ポリドール〉のオフィス、その会議室のような一室が、取材にあてられていた。べつのインタヴューがまだつづいていたのだろう、時間よりすこし早めに着いた西村と僕は、取材部屋ではないところで待つように言われ、そこで坐っていた。テーブル・セットがいくつか置かれて、それそれに間仕切りでわけられている、打ち合わせ室のような場所だった。ここで僕は、ちょっと面白い体験をした。

僕らが坐っているところに、〈ポリドール〉の男性スタッフがひとり、やってきた。宣伝担当らしき人物だったのだが、僕が会ったことのない人だった。その彼は、こほん、と咳払いをひとつしてから、こんなふうに、話し始めた。

「えー。最初にちょっと、取材が始まる前に、お伝えしておかなければ、ならないことがありまして」

ほう、と僕は軽く驚いた。そんな前ふりなど、このときまで、聞いたことはなかったからだ。興味津々で、僕はそれを聞いた。

宣伝担当者が、すこし奇妙な表情をしていることに僕は気づいた。半笑いのような、半泣きのような、それでいて、対外的にはほがらかにふるまおうとしているかのような、そんな表情だったろうか。彼はこうつづけた。

「こう言うと、失礼かもしれませんが……ちょっと彼は、フィッシュマンズの佐藤伸治さんは、インタヴュアーを、選ぶ――と、でも、言いましょうか……」

西村と僕は、無言で顔を見合わせた、かもしれない。

「そのですね……まあ、これは仮になんですが、インタヴュアーのかたを、見定めるとでも、言いましょうか……その、なにか波長というか、そりが合わないと、まったく喋らない、ということも、ありまして。ときには」

それをあらかじめ、お伝えしておきたかったのです、と担当者は言った。

ああ、ええ、と僕らは応えた。

こう言い残して、担当者は去っていった。

「いつもいつも、そうだというわけではないのですが。大丈夫な場合も、あるのですが」

いやあ。

僕は思った。いやあ、佐藤、偉くなったもんだねえ！と。「インタヴュアーを選ぶ」だって⁉

じつに、じつに、面白かった。苦渋の表情をしていた宣伝担当者には申し訳ないが、「いいものを見たな」と、僕は思った。

どうやら、佐藤伸治は「畏怖されるべき存在」と、なってしまったようだった。「恐怖の大王」のようだった。彼の意志、彼のご意向、彼のご機嫌を、まわりのみんなは、ぴりぴりしながらうかがわねばならない、という状況が、すでにこのとき、確立しきっているかのようだった。デビュー当時とは、まさに隔世の感がした。佐藤がマネージャーから「ちゃんと喋らなきゃ、だめじゃない！」と叱られていたときから考えると。あるいは、ついこないだまで、「ひなぎく」呼ばわりされたことを根に持って、それをあとからあとから、ぐじぐじ言っていたのは、どこのどいつだっけ？　と思うと、おかしさすら込み上げてきた。

いつのまにか佐藤は、フリーハンドでなにをやってもいい暴君のような、そんな立場を手に入れていた。

こんな噂も、のちに耳にした。とあるインタヴューの席で、ことのほか佐藤のご機嫌が悪かった、ということが、あったそうだ。そのとき佐藤は、インタヴュー時間のすべてをとおして、二つだか、三つだかの、四文字熟語しか口にしなかった、らしい。さぞかし、このときのインタヴュアーは、真っ青になったことだろう。

この噂にかんして、僕が一番気になったのは、奴が「どんな四文字熟語を言ったのか」だ。「不言実行」？「不撓不屈《ふとうふくつ》」？「堅忍不抜《けんにんふばつ》」？――は、相撲取りみたいだから、ないか。

ともあれ、このときのインタヴューでは、佐藤は「暴君」ではなかった。西村につづいて取材部屋に入った僕の姿を見つけると「おっ、なんでいるの？」などと、笑っていた。西村の質問も的確で、佐藤は真面目に、ほがらかに、答えていた。それだけに、僕は思った。こいつがねえ、「暴君」ねえ、と。

地雷を多数抱えた男だということは、長年の付き合いで僕はよく知っていたから、彼に対して、びびってしまうという人の気持ちは、わからないでもない。ただ、必要以上にあがめたり、お殿様みたいにあつかう、というのは、それはそれで、きちんとしたコミュニケーションをとっていない、とも言えるのではないか、と思った。

一応僕は、本人に訊いてみた。

「聞いたよ俺。インタヴュアー、選ぶんだって？」と。

「いやいや」と、佐藤は笑っていた。

偉くなったもんだねえ、とも、僕は言ったかもしれない。佐藤は笑って、やりすごしていた。

このときのインタヴューを横で聞いていて、「なるほど」と僕が最も印象に残った佐藤の答えは、「『LONG SEASON』は、『SEASON』を引き延ばしたものじゃない」というものだった。こんな言葉で、彼は説明をしていた。

「曲のなかにね、あったんだよね。もともと。それを引き出したっていうか。あとからつけ加えたものじゃなくってさ」

それはとても納得できる説明だった。


『LONG SEASON』は、フィッシュマンズが「最強のミュージシャンズ・ミュージシャン」の称号を得た証しとして、レコーディングにはパーカッショニストのASA―CHANGを始め、コーラスにUA、ギターにシアター・ブルックの佐藤タイジが参加していた。マリマリも参加していた。

この曲を初めて聴いたときの僕の感想は、二つあった。

「やっちゃったね」と「うまくやったたな」の、この二つだ。僕はこの曲から、とくに衝撃は受けなかった。モニュメント調のロック・ソングであることは事実なのだが、だからといって、これをあがめたてまつるという気持ちには、とくにならなかった。

「うまくやったな」のほうから、説明をしたい。まずそれは、これを「ワン・トラック・アルバムだ」と言い切って、レーベル側を納得させることができたところについて、そう思った。「アルバム換算されて、よかったなあ」と、思ったわけだ。

ここでフィッシュマンズと〈ポリドール〉のあいだで交わされた契約について、思い出していただきたい。それは「二年間で三枚のアルバム」というものだった。これは、じつは、きつい。フィッシュマンズのこれまでの歩みと比較して考えると、前代未聞のおそろしく早いペースで、アルバムを制作しなければならないことを、意味していた。専用スタジオという、自由な創作活動の場を得た引き換えに、軽くはない代償を、彼らは求められていたのだ、と言える。

たとえば、バンド・ブームの時代には、半年に一枚のフル・レングス・アルバムを作る者もいた。そうしたバンドは、やはり、長続きはしなかった。燃えつきるというよりも、自動車やなにかが「使いつぶされた」かのように、僕の目には映った。職業作曲家なら、月産何十曲といったペースも可能かもしれないが、ことそれが「ロック・バンド」に類するものだった場合は、ある意味これは、非常に危険なことだとも言える。「度を超した量産」というのは、バンドの寿命を、確実に縮める。

そうした観点から考えると、「たった一曲」にもかかわらず、それが「長い」ということで、「ワン・トラック・アルバム」だとレーベルに認めさせたのは、フィッシュマンズにとって大殊勲だったはずだ。十曲近くを録りおろさずとも、アルバムが一枚増えたのだ。それを僕は「うまくやったな」と感じたというわけだ。

『LONG SEASON』を作り上げることも、それはそれで、じつに大変だったろうが、こう考えてみてほしい。このときに、この十月に、もう一枚、『空中キャンプ』クラスのフル・アルバムを出せ、と、もしレーベルから言われたら――そんな異常なことは、フィッシュマンズならずとも、絶対に不可能だったはずだ。佐藤と茂木と柏原とZAKが、もう2セットぐらいいても、できたか、どうか。

であるならば、この「ワン・トラック・アルバム」作戦は、じつにクレバーな戦略だったと言えよう。こう言ってはなんだが、新興の〈メディア・レモラス〉ではなく、〈ポリドール〉ほどの歴史と経験をもつ大レーベルが、よくそんな話に乗ったものだと思う。それほどに、このころのフィッシュマンズは「芸術的なフリーハンド」という大権をも、すでに手にしていた、と言えるのかもしれない。

とにもかくにも、この「作戦」が先にありきで発想されたものが『LONG SEASON』だった、と僕は見る。なぜならば、「これと同様のこと」なら、フィッシュマンズはいつだってできたはずだからだ。たとえば、彼らの過去の楽曲のなかで、同様の手法で「ロング」にできるものは、少なくない。とくに『ネオ・ヤンキー～』以降、「ロック」ができるようになったフィッシュマンズ・ナンバーには、そうしたものが多くある。「Smilin' Days～」など、典型的な「ロング」向きの一曲だろう。「メロディ」「オアシスへようこそ」、もしかしたら「気分」もやれるかもしれない。『空中キャンプ』からなら、まずは「SUNNY BLUE」だろう――しかしこのタイミングで、直近のアルバムの収録曲をいかに「長く」したところで、「ワン・トラック・アルバム」とは、見なされなかっただろうが……「いかれたBaby」ですら、全体のアレンジを見直したあとなら、かなりの確率で「ロング」にもできたはずだ。

このとき、僕はこう思っていた。新たにフィッシュマンズへと大絶賛を送りつづける人々に対して、こう願っていた。『LONG SEASON』に感動したのなら、ぜひ虚心な気持ちになって、フィッシュマンズの旧作の数々を、聴いてみてほしい、と。それは目に見えてエクスペリメンタルだったり、モニュメンタルだったりはしないけれども「あらかじめ、超巨大なイメージがあって」それをできるかぎり「間引いた」結果のもの――原石を磨き抜いたあげくの宝石のようなものも、数多いのですよ、と。

思っていただけで、僕は口にはしなかった。すでに書いたとおり、僕がそのようなことを発言すると、このときにフィッシュマンズに「目覚めた」人々は、大変不快に思うだろう、と考えたからだ。だから黙っていた。

残念ながら、とくに音楽評論家のあいだでは、フィッシュマンズの旧作を振り返るという風潮は、まったくと言っていいほどに、起こらなかった。『空中キャンプ』こそが彼らのデビュー作であるかのようだった。その傾向は、ここで決して、そして、このあともずっとつづいた。

「やっちゃったね」のほうについては、すでに書いたことのなかに、答えはある。「いつでもできた」けれども、やりはしなかったことを、ここで彼らは「やっちゃった」というわけだ。たとえば、松尾芭蕉の一句をもとに、四百字詰め原稿用紙十五枚程度の短篇小説を生み出すことは、ちょっとした作家なら、さほど苦労しないでもできるはずだ。フィッシュマンズがここでやったのは、まさしくそういうことにほかならない。

これまでもやれたのに、やらなかった最大の理由は、「ナイトクルージング」にまでいたらねばならなかった「削ぎ落とし」の過程にこそ、フィッシュマンズの興味の主眼がつねにあったからだ。そこから生じる、切れ味とでも呼べるようなものを、追求しつづけていたからだ。佐藤用語で言う「レゲエの考えかた」というのも、ここに準じる。であるにもかかわらず、ここで初めて、フィッシュマンズ自らが率先して「行間になにがあるのか」を、わかりやすく説明してくれたように、僕には感じられた。

そして僕は、こうも思った。「そこまで説明しなきゃ、いけないのだろうか」と。

もともとの「SEASON」という楽曲の性質が、それを容易にする呼び水となった、というところもあったのだろう。「生々しい」と、僕は書いた。「ドラマチック」と、僕は書いた。「東京」という一語に、ぎくっとさせられた、とも書いた。これらの要素が、大きく大きくイメージを広げていく際に、その足場として、うまく機能したのだろう、ということは想像できる。言い換えると、もともとが、きわめて説明的でもある一曲だった、ということだ。

「SEASON」における、もうひとつの特徴は、その曲調がエモーショナルだった、という点だ。長い曲で、途中でインプロビゼーションがあり、転調が多く、つぎからつぎへと展開していくようなナンバーなど、世にいくらでもある。七〇年代以降のジャズ、アフロ・ビートなど、そうした特性が、そもそものスタイル基盤となっている。それらと『LONG SEASON』が一線を画するのは、こちらは「エモーショナルな楽曲」がベースとなっていた、という点だ。たとえば、『みんなのうた』でおなじみとなっていたような一曲、あるいは「ちいさい秋〜」ではないが、童謡のように、人肌になじむ、身近に感じられるような、そんな曲が突如として「長く」なったとしたら、どうか。三十五分以上の長さとなって、その途中で、鬼神の形相をしたASA-CHANGがパーカッションを乱れ打ちしていたとしたら、どうか——そのようなイメージのものと、『LONG SEASON』は、とてもよく似ているはずだ。

しかし「ロック」というジャンルにおいて、「長い曲」というと、プログレッシヴ・ロックの専売特許となっているような側面があった。そしてプログレには、悪く言うと「前衛のための前衛」「実験のための実験」という宿命が、抜きがたくあった。その証拠として、いわゆる「プログレ」バンドが、「ポップ」を指向すると、かならずやその曲は、短くなった。つまり、「長いままのプログレの曲」のみを「前例」として考えた場合に、『LONG SEASON』が異様な傑作と思えるような構図があったのではないか。「長いプログレ曲」には、そもそも『みんなのうた』にあるような、なじみやすいポピュラリティや、エモーショナルに感情をゆさぶる、といったような要素はなかった。それは無理な注文だった。しかしそれをやったのが、『LONG SEASON』なのだ！——といったような観点が、どこかしらあったのではないか。このときの『LONG SEASON』への大絶賛は、「プログレを基準として」おこなわれていたのではないか。フィッシュマンズと、プログレは、僕が知るかぎり、ほとんどまったく、なんの関係もなかったのだが……。

とにもかくにも、「長い曲なのに、感動的」そのほか、まず先に「長い」ということじたいを、どこかしら「敬遠すべきもの」ととらえた上で、「なのに」というところから、すべての話が始まっていたように、僕には思えた。

この『LONG SEASON』は、そもそもが「SEASON」をベースにしているものだから、このころ佐藤がよく言っていた、レゲエ由来のリズム認識における「長ければ、長いほうがいい」という観点とは、かなり違った意味での「長さ」を体現することになった一曲ではあった。とはいえ、「レゲエこそが」フィッシュマンズの屋台骨であるにもかかわらず、そのことに着目している人は、どれほどいるのだろう、とも、僕はこのとき感じていた。「SEASON」はレゲエではないが、「レゲエが頭のなかにある」人だったら、場合によっては、どんなフレーズでも二時間や三時間ぐらいぶっつづけで、楽しそうに演奏できるはずだ。そうした観点があれば、前述の「なのに」というところに、驚きのポイントが置かれることはなかったのではないか、とも僕は感じていた。

よく構成された、緊張感のある、大型のナンバーが『LONG SEASON』であることは、間違いはない。だがしかし、とくに僕は、驚きは感じなかった、というのは、だいだいこんな理由からだった。驚きというよりも、どちらかというと、ここまで「説明をした」ということについて、心穏やかならざるものを感じた。

「なんで、そこまでやるんだよ」といったような感情だ。「そこまでも、やらなければ、ならないのか」といった感情だ。

説明をした途端に大絶賛というのも、なんだかなあ、とも正直思ったが、それ以上に、僕はこう思った、ということだ。「芸術上のフリーハンドを手にしたら」佐藤伸治という男は、このようなこともやってしまうのか、と。

この点については、ちょっと僕には意外なことだった。「フリーハンド」となったときに、俳句で言うなら自由律のごときものへと接近していくなら、これはわかる。しかし彼は、ここにきて突然、「説明」

を始めたように僕には感じられて、その行動原理というのが、いまいち判然としなかったというわけだ。なにか変だな、という、咀嚼できなかったものが喉の奥に引っかかったような感覚は、このあとも、たびたび、僕のなかではあった。

九六年に起こっていたことを、かいつまんでここに記しておこう。

遠い場所で起きた最もショックなできごとは、トゥパック・シャクールが何者かに射殺されたことだった。九月十三日のことだった。ヒップホップの黄金期は、ここから急速に崩れ始めた。

身近なところでは、〈HMV渋谷〉の太田さんが、店頭から離れることになった。彼は本部で内勤となる、ということだった。後任の担当者も、とても頑張ってコーナー展開を試みていたのだが、どうやら、〈HMV〉の全社的な方針が、このころ大きく変化した様子だった。売り場担当者のイニシアチブの範囲がどんどんと小さくなり、本部がコントロールするそれが、反比例して大きくなっていくように感じられた。

売り場に立っていたころの太田さんとの最後の思い出は、「カジヒデキの音を聴かせてもらったこと」だったろうか。僕が手にするよりも早く、太田さんのもとには、カジヒデキのソロ・デビュー作『マスカットEP』の白カセがあった。彼はそれを、店内全体に音を流しながら、僕に聴かせてくれた。「やるやるとは思っていたが」と、太田さんも、僕も、どちらからともなく、口にした。「ここまでやるとは思わなかった」——それは「渋谷系」なる言葉が、まだどこにもなかったころ、小さな輪にいた数十人ほどが熱中していただろう音楽の手触り、そのすがすがしさが、まったくなにも屈折せずに反映されたものだった。それは「ネオアコ」と俗称されたものだった、かもしれない。突然にして、カジヒデキはたったひとりで、それを背中いっぱいにかついだまま、全力疾走を始めていた。

八月にはバッファロー・ドーターが全米デビューしていた。ビースティ・ボーイズが主宰する〈グランド・ロイヤル〉が作品をリリースして、ニューヨークでライヴもおこなった。「儲かったでしょう」と、このとき僕は、多くの人から言われた。なぜなら〈グランド・ロイヤル〉がリリースしたアルバムに収録された音源は、僕が〈カーディナル〉から出した二枚のEPにて既出のものが、多数含まれていたからだ。じつは一銭も儲かってはいない。〈カーディナル〉のバッファロー・ドーター作品は、バンド側が原盤の権利を百パーセント持っていたからだ。しかし僕は、自分がリリースした作品をビースティーズが聴いて、気に入ったということが、なにより気分よかった。米盤の7インチ・シングルのプロモ・コピーをいっぱいもらえたのも、嬉しかった。

バッファロー・ドーターのエンジニアリングもZAKがつとめていた。そんなこともあって、北米行やライヴの模様を「どうだった？　どうだった？」と、だれよりも好奇に瞳を輝かせながら、メンバーやZAKから話を聞きたがっていたのは、佐藤だった。

『LONG SEASON』リリース後も、フィッシュマンズはライヴをつづけた。そこで当然に問われるつぎなる課題は「『LONG SEASON』を、ライヴで再現すること」だった。

それはできるでしょう、と僕は考えていた。大仕事ではあるだろうが、あそこまできっちり構成されているものなのだから、集中してやれば、フィッシュマンズの能力なら、できないはずはない。

そして実際に彼らは、ステージ上で「LONG SEASON」を実演することに、さっさと成功してしまう。しかも、なんと「デ・ラ・ソウルの前座をつとめたときに」初めて。

十一月二十九日、新宿〈リキッド・ルーム〉にて、その「事件」は起こった。これを僕は、残念ながら観てはいない。ライヴを観た人から聞いた話を、ここに書く。もちろん伝聞だから、不確かなところはあるだろう。しかし僕は、このとおりのことがあったと、いまも信じている。

このときのフィッシュマンズの演奏を、小沢健二が観ていた、そうだ。彼といっしょにそれを観た、という人から、僕はそう聞いた。「LONG SEASON」のライヴ初演を、小沢健二は、たまたま観てしまったのだそうだ。

もちろん彼のお目当ては、デ・ラ・ソウルだった。であるから、小沢健二は、演奏される「LONG SEASON」を観ながら、大変に怒って、ぶつぶつ言っていたらしい。なんだよこの、自己満足的な音楽は、と。

自己満足かどうかは置いておいて、たしかに、なにをどう拡大解釈しても、ひとさまのオープニング・アクトの場において、三十五分超の「LONG SEASON」というのは、それは無茶苦茶だ。喧嘩をふっかけてるというか、道場破りというか、なんというか。そのあまりの横紙破りぶりに、お客さんの反応も、大きく分裂していたそうだ。なんとか踊ろうと試みる人、立ちすくむ人、そして少なからぬ人が、フロアをあとにして、出て行ったそうだ。たしかに「デ・ラ・ソウルを楽しみにしていた」のに、突然に未知なる「LONG SEASON」を浴びせかけられたとしたら、それはちょっと困るという気持ちは、僕も十分に理解できる。

そんななかで、小沢健二は怒っていた、というわけだ。どういうつもりなんだよ、こいつら、と。「なんなんだよ、このバンド」と。

そこで、彼といっしょにライヴを観ていた人は、小沢健二にこう伝えたそうだ。

「このバンド、フィッシュマンズなんだけど」と。

えっ、と、そのとき小沢健二は、驚いたのだそうだ。そしてそこからは、腕組みをして、無言で、「LONG SEASON」が終わるまで、じーっと観つづけていた、そうだ。

きっと彼も、なんとなくはフィッシュマンズを、知っていたのだろう。木暮晋也の取り合いをしていたぐらいなのだから。しかし、そこで鳴らされていた「LONG SEASON」は、このときの小沢健二にとっては、予想外のものであり、そして少なくとも、最後まで黙って鑑賞するに値するものだった、ということだ。そのときに、彼がなにを感じたのか、考えたのかは、わからない。

この話が全部本当だったとしたら、この夜のフィッシュマンズは、デ・ラ・ソウルと、そのファンと、小沢健二をも向こうに回して「LONG SEASON」をぶちかました、ということになる。それはじつに意気揚がる、男子の本懐ともいえる晴れ姿だったのではないか、と僕には思える。


名古屋、神戸、東京の三都市を回る『LONG SEASON '96〜'97』ツアーの最終日、十二月二十六日の赤坂〈BLITZ〉にて、僕は初めて、ライヴ版の「LONG SEASON」を観た。緊張感あふれる、たしかにこれはエクスペリメンタルな体験だった。どちらかというと、CDはたんなる台本であって、「ライヴで実演されてこその一曲」だということを、僕はこのとき理解した。この夜は、ダーツ関口、HONZIのレギュラー・サポート陣に加えて、コーラスにマリマリ、そしてパーカッションにASA−CHANGが参加していた。

この長い曲を聴きながら、その演奏を観ながら、いろいろなことを僕は考えたようにも思う。なにも考えなかったようにも思う。つぎつぎに展開していくその曲想の妙に、思考を奪われつづけていたようにも思う。ループしつづけるキーボードのリフレインに導かれるように、まるで走馬灯のように、いろいろな記憶が、脳の奥のほうで、くるくると立ち上っては消えていく、ような気がした。

ふとまわりを見わたすと、泣いている人もいた。本当に、突っ立ったまま、滂沱《ぼうだ》の涙を流しつつ、ステージを凝視している人もいた。放心したかのように、立ちすくんでいる人もいた。がくんがくんと、頭を前後にはげしく振っている人もいた。

「なんで、そこまでやるんだよ」という僕の考えは、このときにはっきりと、「ここまでやったのか」という感嘆へと、肯定的な変化をした。もちろんまだ「そこまでも、やらなければ、ならないのか」という、不安感のような、しんどいような感覚は、残っていた。小骨だかなんだかが、喉の奥には、刺さったままだった。

だがしかし、よく頑張った、と賞賛するに値する、見事なる芸術的時間を、このときフィッシュマンズが悠々と創造しきったことは、間違いがなかった。ASA-CHANGが銅鑼を打ち鳴らす瞬間のカタルシスといったら、なかった。

とはいえ、僕にとって嬉しかったのは、「LONG SEASON」が演奏されるのと同じライヴ・セットのなかで、「なんてったの」「土曜日の夜」「エヴリデイ・エヴリナイト」といった、フィッシュマンズ・クラシックスが、なんの違和感もないどころか、お互いを補完しあうような形で、併存できていることだった。

そして、もはや胸を張って堂々と演奏される状態となっていた「ナイトクルージング」終わりで、彼らは「LONG SEASON」へと突入していった。「LONG SEASON」のすべての演奏が終わり、最後のフレーズが鳴り終わったあと、地響きのような拍手と歓声が、おそろしい勢いで湧き上がった。地の底から、いくらでもいくらでもエネルギーが湧いてくるかのように、それは長くつづいた。

フィッシュマンズにとって、最高だった一年は、こうして幕を閉じた。

ここまで、いろいろなことがあった。三人となって、回転しつづけなければ倒れてしまうコマのような状態となりながらも、この実り多き一年を、見事な形で締めくくることに、彼らは成功した。

これがハリウッド・ムーヴィーだったならば、そろそろ画面が暗転して、エンディング・クレジットが始まったとしても、いいころだっただろう。

しかし、この話にはまだつづきがある。

第10章

97年〜98年 残響の彼方へ

『宇宙 日本 世田谷』／〈ワイキキ・ビーチ・スタジオ〉閉鎖
『8月の現状』／最後のインタビュー／『男達の別れ』

その後のフィッシュマンズと僕は、こんな調子だった。

フィッシュマンズは、働きに働きつづけた。九七年の二月からまたもやレコーディングに入った彼らは、その作業を六月にいたるまでつづけた。バンド史上、最長のレコーディングだったそうだ。ここからアルバム一枚とシングル二枚が生み出された。

六月ごろからは、ライヴ、ライヴ、ライヴざんまいだった。五月三十一日に神戸〈チキンジョージ〉でTOKYO NO.1 SOUL SETと初の共演を果たしたのを皮切りに、そのままの勢いで、六月七日には日比谷野外音楽堂で『闘魂'97』が開催された。これは「野音好き」のフィッシュマンズが企画する初のイベントであり、たしかに開放感と野趣にあふれた、いいショウだった。天気もよく、缶ビールを片手に、「野音でフィッシュマンズを観る」というのは格別の体験であり、なにやら俳句の季語にでもなりそうな、そんな気分すらした。このころの彼らのセットでは、ごくごく普通に「LONG SEASON」がレパートリーの一曲として、組み込まれていた。

暮れなずむ空を背景に野外で聴く「LONG SEASON」は、これまた、屋内でのそれとは、ずいぶんと味わいが違うものだった。あまりに曲が長いので、演奏しているあいだに、あかね色だった空が、濃紺へと変化していく。まるでこの曲が、都心に夕闇を呼び込んでいるかのようだった。全盛期のレッド・ツェッペリンと、標準的な状態のサン・ラ・アーケストラと、フォーク時代のRCが全部いっしょくたになったものを水に溶かして、もちろんすこし薄め、そこに強靭なるレゲエ・ビートを加えたものを想像したとしたら、このころのフィッシュマンズのライヴと、なにかしら通じるようなものはあったかもしれない。この野音では、SOUL SETのビッケと渡辺俊美もゲスト参加した。

夏以降のライヴでは、「変なツアー・タイトル好き」のフィッシュマンズとしても、そのバンド史上に残る奇怪な題が冠されたツアーが始まる。『宇宙 日本 奥田イズム〜夏〜』というのがそれだ。〈りぼん〉の奥田社長の名前が冠されているのだが、その真意はもとより、「イズム」がなんなのかは、謎だ。十二月に入ると、新たなツアー・タイトルとして『WALKING IN THE 奥田イズム』へと、その「イズム」は変化していった。初の北海道上陸も含めて、フィッシュマンズは全国を飛び回り、八面六臂《はちめんろっぴ》のライヴ行脚をつづけていた。

そんななか、なぜかはわからないが、僕は佐藤と、自宅の近所でばったりと出くわすことが多かったのだから、不思議なものだ。

たとえば、コンビニエンス・ストアの店内で、佐藤と出くわした。住んでいた場所が近かったので、これはつまり「最寄りのコンビニが同じだった」ということではあった。しかし定食屋のなかでも、何度かいっしょになった。だいたいは、僕が店内に入ると、先客として佐藤がひとりカウンターのあたりにいて、食事をしている、という感じだった。おっ、などと彼が言う。なに食べてんの？とか、そこ空いてる？とか僕が言って、それから彼のとなりに坐った。この同じ店では、ZAKといっしょになることもあった。八百屋の前でいちごを吟味している佐藤を見かけたこともあった。

いくら家が近いといっても、これほどよく出くわすということは、想像するに、生活時間や、日々の行動パターンが似ていた、ということなのだろう。ツアーに出ていないときの佐藤は、基本的に毎日、家からスタジオに行く。あるいは、家のなかで作業をする。お腹が減ったら、近所の商店街に出る。その体内時計のようなものが、なぜか僕のものと、どこかしら一致していたのだろう。

僕は僕で、自宅と仕事場を兼用としていたために、基本的にはGPSつきの足輪をはめられた囚人のような生活を送っていた。九七年には〈米国音楽〉を三冊発行した。アート・ディレクションはおろか、レイアウトまでほぼひとりでやり始めたので、ひどいときは、三か月ぐらい、玄関から一歩も外に出ないこともあった（なのに、たまに外に出ると、佐藤に会うのだから、不思議だった）。〈米国音楽〉の創刊時には、「一万部ほどのマーケットはあるはずだ」と僕は考えていたのだが、それよりもずっと多かったことが、実売部数で証明されたのも、このころだった。〈タワーレコード渋谷〉の雑誌売り上げチャートで、月間一位を穫ったこともあった。〈カーディナル〉からは、ロケット・オア・チリトリをデビューさせた。これも小規模ながらヒットをした。その合間を縫って――どうやって「合間を縫った」のか、いまとなってはわからないのだが――アメリカの各地に僕は旅をしつづけた。バンドやレーベルの連中と会い、まるで輸入業者のように大量のレコードを抱えては帰国した。

七月二日、シングル「MAGIC LOVE」がリリースされた。カップリングはSOUL SETの川辺ヒロシによる同曲のリミックスで、この両者を、僕はとても楽しんだ。同二十四日には、アルバム『宇宙　日本　世田谷』がリリースされた。

このアルバムを、僕はあまり繰り返し聴くということが、できなかった。聴くたびに、自分のなかのどこかが「痛い」かのような、そんな感覚がして、つらかったのだ。彼らのアルバムを聴いて、そんなふうになったことは、初めてだった。いいレコードであることはまぎれもなく、傑出したクオリティであることも、これも疑いようがないにもかかわらず、少なくとも僕にとっては、これを聴くことが「つらかった」のだ。

「ここまでやったのか」と、やはり、最初に僕は感じた。そしてやはり「そこまでも、やらなければならないのか」と、より強く感じた。それらについて、「なぜ」そうせざるを得なかったのか、ということが、当初、僕にはわからなかった。

とある知人と、このころ交わした会話を僕は思い出す。その人物とは、むかし、僕の部屋で「あの娘が眠ってる」を聴いて、「しみるなあ」と開眼して以来の、フィッシュマンズ・ファンだった男だ。なにかの折に、僕は彼に、フィッシュマンズの新しいアルバムがもうすぐ出るよ、と教えた。そのとき彼は、こう言った。「えっ、もう出るんですか？」と。そして、こうつづけた。働き過ぎだなあ、死ぬんじゃないですか、と。

どうやら彼は、『空中キャンプ』のあとは、二、三年はアルバムを出さずに、休むに違いないと、思い込んでいたようだった。それだけの大型アルバムが『空中キャンプ』だったのに、もうつぎを出すのか、と、驚いたというわけだ。「契約があるんだよ」と僕は言った。

たしかに、契約の内容を知らなければ、僕だって、彼のように思っただろう。そして僕は、彼とは違う意味で、このアルバムを「ほとんど死後の世界」と〈米国音楽〉に書いた。アルバムの内容を評するものとして、そう書いた。「こんなもん出していいのかとさすがに俺も思うが、出てしまうんだからしょうがない」とも書いた。「熱量はゼロ近辺、だだ〜っ広い廃墟が夕陽に照らし出されて、それを鉄塔のてっぺんから眺めているような感じ」こそが、アルバムの全体的な印象だ、と書いた。それらは九七年七月に発行された〈米国音楽〉第九号の佐藤伸治インタヴューのリード文のなかで、書いた。

ずいぶんとひさしぶりに、インタヴューの席で僕は、彼とまともな会話が成り立たなかった、ような気がする。しかしこのときは、むかしとは違って、僕の側におもに問題があったはずだ。佐藤は疲れてはいたが、協力的だった。僕は混乱していた。このインタヴューは、〈ワイキキ・ビーチ・スタジオ〉にておこなわれた。

――えー今回は、フル・アルバムとしては1年半ぶりぐらいになるわけなんですが。いやー、よかったっす。

「よかったすか。そりゃーよかった」

――よかったんだけどさ、最初聴き出したとき「あれー?」みたいな。なんかすごい……静かというか。

「静かだよね。すごくね」

――地味、というか。

「いや、かなり地味なんじゃない? たぶん(笑)。だって『マジック・ラヴ』が、浮いて聞こえるじゃん。別に普通の曲なんだけどさ、俺らとしては。アルバムに入れると、すっごいハデに聞こえるもんね」

――ひとつの山場になってるよね。俺、『空中キャンプ』のとき、人から「今度のフィッシュマンズのアルバムってどんな内容なの」って聞かれたことがあってさ。『ナイトクルージング』が一番ハデに聞こえるアルバム」って答えたら、その人すごく驚いてたんだけど。

「(笑) 今回もそんな感じだよね。でも、今回のほうが地味だよね」

――あれはシングルを想定して書かれた曲なの?

「いや。そんなんじゃなくて、たまたまあれが選ばれたんだけどさ。最初は『ウェザー・リポート』がシングル候補だったんだよ。それで『マジック・ラヴ』が最後に出来たんだけど、そしたら欣ちゃんから『これにしようよ!』って、強い推しがあってね。これに決まったんだけど……なんか違うよね。あの曲だけ」

――あれがあるとないとじゃ、アルバムの印象って全然違うよね。

「違うよねー」

――佐藤くんの場合、そのときどきの気分が色濃く反映された曲を作ってるって感じだよね。最近とくに。

「そうだね。『空中キャンプ』から、完全にそうだね。あんまねー……なんかね、レコード作ってるって感じがしないんだよね、最近」

――(笑) じゃあ何作ってるんでしょうか。

「だから、そのときの気分で作ってるだけだからさ。それが形になって、発売されて、とかさあ。あんまそんなこと、考えてないっていうかさ。レコーディングとかも長いじゃん? ずっとやってるとさあ、『これが本当に発売されるのかな?』とかさ。この三作はとくにそうかな。このスタジオ来てから、とくにね。そうなるとね、評価ってとくにわかんない。『空中キャンプ』も、自分たちの気分では最高だったけど、あれが評価されるとは思わなかったしね (笑)。なーんつってるのが、それまでの中で一番評価されたわけじゃない? そうなると、よくわかんないよね」

――今回のアルバムもさあ、俺、本当にすごいいいと思うんだけど、「これをメジャーが出していいのか……」って気がしたりね。

「俺も俺も」

――ヘタな商売っ気で「もっとハデな曲を」とか言うのが普通だと思うんだけど、なんかもうよくわかんない――っちゃ失礼なんだけど「バンドにまかせた！」っていうか。

「うん。俺もそう思う。みんなそうだと思うよ。やってるほうもそうだし。(売れるとか売れないとか) そういう気分でやってないし。『こういう詞と曲を発表したいんだよなあ』って、それだけかな。それをだから、かろうじて保ってんのが松っちゃん（ZAK）のところだったりするのかな。ああ見えて（笑）。松っちゃんがミックス入るとさ、俺らもうまかせっきりだから。今回とか、その時期にライヴのリハーサル入れてたりしたから、なんかほんと、発売されるってことがわかんないっていうか、実感がなかったよね」

――それって、楽しい？

「うーんとねえ、よくわかんない（笑）。俺はライヴかなあ、やっぱ。そういった意味でのつながりを感じるのは。ライヴやってると『おー、やってるな』っていうか。『ポリドールでやってるんだなー！』っていう実感が（笑）。もしかしたら、川崎さんとこでやってる人たちのほうが、そういう意識、あるんじゃないかな。同じぐらいとか」

――何それ？　カーディナルでやってるアーティストのほうが、「人様に向けて作品を作ってる」って自覚があるんじゃないかってこと？

「うん」

――（笑）それはマズイだろう？

「いや、ほんとそんな感じ。昔さ、川崎さんと現音舎で録ったときあったじゃん（筆者注：マリマリ・リズムキラー・マシンガンのレコーディング）。ああいう心境だよ、もう」

――うーん……。

「恵まれてると思うよ、すごい」

(中略)

──じゃあですね、それだけ正直に佐藤くんが反映されている楽曲だったとしたら、この曲調っていうのはどういう心境の現れなんでしょうか。

「曲調に関してはねえ、別に心境の変化はないんだけど、なんか『できたな!』って感じかな、一番強いのは。いろいろやってきたけどさ、まだまだこういう曲を書く能力もあるんだな、っていうか」

──今回の曲って、すごくフィッシュマンズらしいんだけど、いままでのアルバムがいろんな感情が含まれてたとするじゃない、たとえば。一番多いときにはそれが10コだったとしたら、今回は1コか2コの感情しか入ってないっていう感じがする。

「あー、そういうのもあったかな、俺。個人的には。歌詞がそうだね、一番。感情って意味では、より1コか2コになって……きてるのかなって、印象はあるよね。たしかに」

──「なんにも起こってない」っていうのをいかに曲にするか、とかさ。今回のなんてもう、「縁側に座って、いい気持ちで、お茶を飲みました」とかさ(笑)。それぐらいの出来事と感情の起伏だけでアルバム1枚できてるって気がするもんね。

「するねー。うん、1本筋が通った活動してきたんだな、ってのは、いまそう言われりゃ思うよね(笑)。感情の起伏が一番ないところが音楽になっているような感じがするもんね、今回すごく。ただなんか、それが一番このバンドには重要だって気が、するんだよね」

「だからなんか、『(リスナーとの)共感』とか、あるじゃん? 俺らの場合、そういうんじゃないもんね。もう。わかんないけどさ。俺ら、どんどん共感とか接点とかなくなってるはずなんだけどさ。そうなればなるほど、評価が高くなるのは何故かなっていう、疑問はあるんだけどね」

――まあそれはさ、社会的に見るとさ、佐藤くんたちの「やりたいこと」が、たまたま実はみんなが「発見したがってたもの」だっていうことなんじゃないかな。

「あー、なるほどね。そういうデカイ目で見るとね」

「まあ、昔のフォークの人とかと変わらないんじゃないかな。やってることは。『日常がどうした』とか言ってるわけだしさ」

――違うだろう。そういう人らほどビンボくさくないじゃん、フィッシュマンズって。

「あー」

――夢がない感じじゃないじゃん。今回の聴いても。

「え？　夢がない？」

――あるの！（笑）。で、そういう「私のプライベートがどうした」って音楽、聴いててかなしー気分なんだけどさあ、フィッシュマンズはそんなことないんだよ。

「そりゃー、俺がやっぱ楽しくやってるからじゃないの？　こういう生活がイヤだとは、思っちゃいないから、じゃないかなあ」

――ああ、それは重要かもね。

「ピーズとか、毎日イヤそうだもんね。『タルイぜ』みたいな。そういうの、あるじゃん？　なんかこの『東京って街が』とかさ」

――「街が俺をおしつぶす」とか？

「ってとこが、まるでないからね（笑）。うん。日本人ってすごいイヤなところある、とかさ、言う人いるじゃん。そういう気分もないしね。『日本っていいなあ』と思うし」

――世田谷、好きなの？

「そういうのもないんだけどね、実は（笑）。だから『街への愛着』とかさあ。やっぱ下北の街と俺は一緒に育った、とか。まるでないしさ（笑）。どこ行っても変わんないんだと思うんだ。まあ、地方行くと気分変わるんだろうけどね。なんか落ち着かないっていうか、田舎とかに住みだしちゃうと。ただ、東京が好きだ嫌いだっていうのは、ないからさ。嫌いじゃないけど、とりたてて好きじゃない。そういうのがちゃんと曲になってりゃ、それでいいかなと思ってるよ。基本的にはね。あとはその―、それはあくまでも詞の話で。それが曲とまざって、うまく伝わればいいかな……今回はちょっと、若い人はつらいかなって気はするけどね。それはそれでしょうがないか、っていうか。しょうがなくはないんだけど（笑）」

――佐藤くんって30だっけ？

「うん？　31」

――つくづく30代が似合ってる感じするよね。

「ああ、デビューしたときから30代でもおかしくはない感じ、あったもんね」

――そうそう。逆にこれまでがムリに若すぎたっていうかさ。アニエスとか着てたもんね、デビュー当時。

「（爆笑）いまでも着てるよ、セーターの下に（爆笑）」

――佐藤くんってお洒落だもんね。いまの格好も、すごい選んだもの着てるじゃない。あんまりそうは見られないだろうけど（笑）。

「（まだ爆笑）着てたよなー。あーおかしい（笑）」

――でまあ、そういうトーンが全編覆うアルバムなんですが、その中で異彩を放つ「マジック・ラヴ」。この中にちょっと気になる一行があって。「つながりはいつもそこさ　心ふるわす瞬間さ」ってとこなんだけど。一見、心がふるえてないかのような曲が並ぶアルバムの中で――。

「そんなこともないよ」

――いや、「一見」ね。だからその中にあって、この曲が一種の謎解きみたいに機能していると思うんですよ。でですね、佐藤くんにとっての「心ふるわす瞬間」ってどういうものなのか、具体的にちょっと教えてください。

「えー、また難しいことを……」

――最近の佐藤くんの「心ふるわせたベスト・ワン」。

「最近？　最近はやっぱ、野音のライヴでしょう！　俺の一大イベントといえば」

――それ外そう。

「ええーっ」

――第2位でいいや。なるべく音楽と離れたところで。プライベートで。

「あー……」

――旅行いった、とかさ。

「んー、そういうんでもないんだよな、なんか……」

――茶柱が立った、とか。

「いやいや（笑）。『晴れた』とか、デカイけどね、俺は」

――え？

「『あ、晴れた』とかさ。あとは……歌詞でもそうなんだけど、『つながりはいつもそこさ、心ふるわす瞬間さ』とかさ。そういう感じは、強いかな。つながりがないような気がするからね、すごく」

――何と？

「何も。だからなんか…………だから、あるとき何か、そういう『心ふるわすこと』感じると、いい気分だったりするけどね。そんな感じかね」

「…………だって、何にもなくなったら、ねえ？　つらいんじゃないの。やっぱ。うん。

だからなんかそのぶん……そのぶんかどうかは知らないけど、そのー、あのー、誰かがいつも、そばにいたりするるし」

――ああ、今回の詞って「誰かと一緒にいる」って情景が多いよね。1人じゃなくって、2人でいるっていう。

「うん」

――それってすごくホッとする。助かったというか（笑）。

「あとは……やっぱ、ミュージシャンだってことがデカイことだったりするよね。俺にとって。そういうのがないともう、ダメなんじゃないかな」

――それはどういうこと？　音楽をクリエイトできる技術や知恵があるってことが重要なのか、レコードを発表できる立場にいることが重要なのか。どっちなんだろう？

「わかんない。いまとなっては。レコード出せるっていうのも、特権的なことだとは思うけど。なんとも言えないけど……自分がミュージシャンじゃなかったとしたら、つらいよねえ。なんか、サエない人って感じ」

――なるほどねえ。

「そんな感じかな」

――今日はいつになくいいこと言ってるよ、佐藤くん。

「いやー！　よく喋った。あーつかれた！」

――まだ終わんないよ（笑）。次、今回のアルバム・タイトルなんだけどさ、これ、どういう動機でつけたんですか。『宇宙　日本　世田谷』。

「タイトル？　これはもう冗談だよね。冗談から駒、みたいな。『瓢簞《ひょうたん》から駒』だっけ？（笑）。でもすごいピンとくるけどね」

――うん。前回が『空中キャンプ』で、宇宙・日本・世田谷とこう「降りてきている」って感じが。

「ねえ？　冗談にしちゃ出来すぎかなって気はしてるんだよ。ほんとそういう感じじゃん、レコードの内容もさ。ちょっと面白いよね」

――地に足つきまくってるもんね。

「今回はね」

――これ、たとえば『宇宙　日本　東京　世田谷』じゃダメなの？

「ダメ」

――（笑）住んでるところが渋谷じゃなくてよかったよね。『宇宙　日本　渋谷』じゃあ、なんか意味違ってくるもんね。

「そうだね（笑）。それもダメ」

――わかりました。じゃあ最後に今日は、佐藤くんにとっての「野望・欲」っていうのを教えてください。

「えー？　野望？」

――うん。

「なんだろうなー」

――なんかいかにも、そういうのなさそうじゃん。だからぜひ「こういう車がほしい」とかさ、できるだけ下世話なやつをひとつ。

「車かぁ、車はいま、ほしいのないからなあ……なんだろうねぇ。やっぱ、金はほしいけどねぇ」

――力弱いねえ。「一応まあ、金はあったほうがいいか」ぐらいの感じですか。

「そうかな？　あと……もうちょいなんか、高いとこに住みたいかな」

――高価い？

「いや、(手で建物の高さを示す) こういう高さ。見晴らしがいいようなとこ (笑)。あとヒマだといいな。うん。将来的なヴィジョンとしてはさあ。なんか、そのほうがいいアルバムもできそうな気がするしさ。なんか……ひなたぼっこでもしながら……そういうのが、将来的ヴィジョン (笑)。かなー」

——ヴィジョンねえ。

「いま、いそがしいじゃん? それがなんかね、いままでの俺のヴィジョンとは違ったかなっていう。音楽的にはうまくいってるんだけど。『よくなればなるほど、ヒマになる』っていうのがヴィジョンだったんだけどさ。なんかあんま、うまくいってないからね。そこんとこ」

——そんな人、いないって。

「いないよねー」

——やっぱそれやるには、アイドルに曲書いたりして、稼ぐところでバーンと稼ぐとかさあ。

「あ、書いたんだよ俺。スマップに」

——え?

「スマップに曲書いたんだよ。ファルセット全開のやつ」

——なんなんだよそれは (笑)。

「(稲垣) 吾郎ちゃんが気に入ってくれたみたい。なんかアルバムに入る曲らしいよ。そん中でそれぞれがソロをやるんだけど、そこで吾郎ちゃんがうたう曲」

——書き下ろし?

「うん。それがいいんだこれが! ヤバイんだ (笑)。他のミュージシャンに曲書くのはイヤなんだよ俺、すごい。でも、スマップならいいじゃん、なんか。二つ返事で『書くよ』ってなるじゃん、なんか。かっこいいし、みんな。それでね、つい (笑)」

――フィッシュマンズが稲垣吾郎のバッキングして『スマスマ』出たりするのかな。

「それはないんじゃないかな（笑）」

――いやー、オモロイわフィッシュマンズ。何が起こるか全然予想がつかない（笑）。

「意外な展開だよね（笑）」

――なんか、佐藤くんって最初っから「ずーっと音楽は続けてくし、年とったらとっただけ、どんどんよくなる」って言ってたけどさ。

「言ってた言ってた」

――なんか、当たってなくもないよね。まあ、こんな状況を見通してたわけじゃないんだろうけど。

「いや、思ってたよ俺。こんな感じ。あとはヒマがね、もっとあるといいよね」


このインタヴューで佐藤から聞くまで、彼がＳＭＡＰに楽曲提供をしたことを、僕は知らなかった。「それはただの気分さ」と題されたこの曲は、たしかに佐藤が自画自賛するとおりの、じつに「いい曲」だった。シルキー・ソウルをイメージさせられるような曲想に、印象的な歌詞が光るスロー・ナンバーで、「夜の終わりに　その頂上に腰をおろして」と始まる冒頭の一行など、出色と言うほかない。コンパクトで、キャッチーで、これはいかようにも「ポップ」なものへと展開できるだろうな、と感じさせられるものですらあった。

このとき僕が聴かせてもらった佐藤によるデモ・テープ音源と同じものが、ベスト・アルバム『Aloha Polydor』および、『宇宙』のディスク2に収録されている。また、ライヴ・ヴァージョンが『8月の現状』にも収録されている。稲垣吾郎が歌うものは『ＳＭＡＰ　０１１　ス』と題されたアルバムに収録されている。こちらはサウンド・プロダクション的には上々とは言えないものの、稲垣は健闘している。佐藤がことさらに「にゃー」と啼きつづける『8月～』でのヴァージョンよりも、稲垣のそれのほうが、もともとのデモや曲想に忠実なものとなっているかもしれない。

ちなみに、この楽曲提供の一件は、芸能業界的な見地からフィッシュマンズがフックアップされた、というわけではない。単純にこれは、稲垣吾郎が〈SLITS〉に遊びにきていた人であり、フィッシュマンズが好きだったから、佐藤に作曲の依頼をしたという流れだったそうだ。

ここで僕が注目したいのは、このときの佐藤の「分裂」具合だ。「マルチ・タスク」と言っても、いいかもしれない。頼まれれば「それはただの気分さ」のような見事な楽曲を、さらりさらりと書けてしまう。ライヴはもはや、百発百中、打率十割以上だ。帰りの地下鉄のなかで、いたるところで、「すごかったよね」「よかったよなあ」と、観客それぞれが口々に熱く語り合っていて、当たり前……であるにもかかわらず、本人ですら「かなり地味なんじゃない？」というものが、この『宇宙　日本　世田谷』なのだ。

言うなれば、ここにいるのは、このアルバムに刻印されたものこそが、「裸の佐藤伸治」だったのだと僕は思う。

そのあまりにも無防備に投げ出された「こわれもの」のような姿に、僕はつらいものを感じたのではないか、と思う。まるで自分が加害者となってしまうかのような。あるいは、自分のなかにも同種の「こわれもの」のような特性を感じて、それが痛みとなってフィードバックしてくる、かのような。

「MAGIC LOVE」「バックビートにのっかって」「WALKING IN THE RHYTHM」といった流れを、このアルバムのなかで、僕はとくに好んだ。じつに単純な話、最もレゲエ色が強い三曲だ。リズムとビートが、佐藤の言葉と拮抗している度合いが、比較的高い一群だ。これら以外は――本人もそんなことを言っているが――シンガーソングライター・佐藤による楽曲のようだ。それを佐藤のプロデュースにより、フィッシュマンズがバッキングをつとめたかのような、音と言葉の関係性となっている。

もっともそれは、「佐藤がワンマン化した」ということではなく、そのような作りかたを試してみた、といったところだったのだろう。その証拠に、前述の三曲では、「シンガーソングライター」的な印象はほとんどない。とくに「MAGIC LOVE」など、マッシヴでダンサブルなポップ・レゲエという観点から見ると、フィッシュマンズ史上ナンバー・ワンの一曲だろう。これぞ「バンド」フィッシュマンズの音であり、ライヴでのそれにも通じるものだ。また、本作ではこの「MAGIC LOVE」にのみ、闊達なユーモアを、明確に感じることができる。それは、これまでのフィッシュマンズならたいていの曲にはつきものだったもので、それこそが彼らの楽曲の最大の特徴のひとつでもあった。しかし本作では、この「MAGIC LOVE」以外では、あらかじめ排除されたかのように、非常に希薄なものとなっていた。

僕はこう思う。佐藤がほぼ完全なる「芸術上のフリーハンド」を手にしたせいで、これが起きたのではないか、と。あまりにもこの男は、馬鹿正直に、真面目に、自らの意識と魂の深奥へと踏み込んでいって、それを作品化することに、このとき熱中していたのではないか、と。それが鬼気迫るレベルとなっていたのではないか、と。

聴くのがつらい、と僕は書いたが、それは「このアルバムを、頭から終わりまで、聴きとおすことがつらい」という意味だ。一曲一曲を取り出してみたなら、そのすさまじいまでの名曲ぶりに、頭《こうべ》を垂れざるを得ない。まずは歌詞の精度、それを自在に、ときにはボブ・ディランよろしく「言葉が自然に生み出したメロディに沿って」歌いきるそのやりかた。最小限の「磨きぬかれた」音で――おそろしいことに、この一点にかんしては、あの『空中キャンプ』よりも、さらに研ぎすまされている――「佐藤の歌」をバックアップするその手法。文句なしだ。どの曲も、本当に素晴らしい。

問題があるとするなら、「レゲエ三曲」以外の歌詞が、突き刺さり過ぎる。少なくとも僕は、正常な状態で、平穏な心で、これらをまとめて聴くことはできない。「そこまでも、やらなければ、ならないのか」と、どうしても感じてしまう。なぜそのような、自ら率先して十字架によじのぼるような姿勢で、芸術をおこなわねばならないのか、と僕は思い、そしてそのことを、つらく感じる。なぜそこまでして身を削るのか、と。

佐藤伸治は、責任をとろうとしていたのではないか、と僕は推測する。『空中キャンプ』によるビッグ・バンのせいで派生したものが、『LONG SEASON』であり、『宇宙　日本　世田谷』だったのではないか、と。

空に浮かんだ理想郷のなかで、決定的なスタイルと哲学をつかんだ『空中キャンプ』の、「後始末」として、僕は残りの二作についてとらえている。『空中キャンプ』が、「あまりにも理想主義的なシェルター」として完成してしまったがゆえに、「その外の世界」についても、あらためてきちんと語らなければ、と佐藤は考えてしまったのではないか。「現実」そのものについて、それと直面したときに起こる化学反応について語らないと、それは不誠実なのでは、と、どこか考えたのではないか。

『空中キャンプ』のスリーヴでは、三人は宙に浮いている。『LONG SEASON』では、渓谷沿いの崖道にいる。『宇宙　日本　世田谷』では、足元は見えないが、これは地上に立って、天空におけるなにかを指さしている、ということなのだろう。

『宇宙　日本　世田谷』が、『宇宙　日本　東京　世田谷』では駄目なのは、これは当然で、『LONG SEASON』ですでに「東京のスミからスミまで」スクロールされているからだ。『宇宙　日本　世田谷』では、「実在の明確な一地点」である地表に立って、つまり「遠くまで見通すことができない」ような地べたの場所で、ミクロな範囲の「現実」をこそ歌うべきだ、と佐藤は感じたのだろう。

そしてその現実とは、「だれかがいないと」まったくもって、なににも「つながる」ことができはしない自分がいた――ということを、きわめて詳細に、いろいろな角度から描写したものが、『宇宙　日本　世田谷』なのではないか。『空中キャンプ』の陰画と呼べるものがこれなのではないか。

それゆえに、本作を生涯の一枚として、高く評価する人がいるということを、僕は当然のこととして理解する。これほど真摯に「たったひとりで孤立する者」の閉塞を、その身を切るような寂寥《せきりょう》を描き出した作品は、国際的に見ても稀だろう。これこそが、この『宇宙　日本　世田谷』こそが、「東京でしか生まれ得ない」ポップ音楽の、ひとつの極点の姿だと言っても、過言ではない。「世田谷の空はとても狭くて　弾け出すにはなにか足りない」（バックビートにのっかって）という一行を、これほどまでに「やさしく」提示できた音楽を、僕はほかに知らない。

僕が『宇宙　日本　世田谷』から感じたことは、あまりに偏向しているのかもしれない。僕はフィッシュマンズを、そのかなり初期の段階から知っていた。あるいは佐藤伸治に、個人的に親しい感情を抱いていた。そのせいで、このように感じてしまっただけかもしれない。もっと普通に、虚心に聴けばいいじゃないか、という意見は当然あるだろう。しかし僕にとっては、これほどに聴いたとき、つらさを、痛みを感じるレコードというものはほかになかった。逆にそれこそが『宇宙　日本　世田谷』という作品の価値をはかるバロメーターであったのかもしれない、とすら思う。

九〇年代の東京――の一部――にあった、間違いなくあった現実の一端と、正面から向き合った、すぐれた芸術家の精神が、極限まで研磨された音で表現された一枚が『宇宙　日本　世田谷』だった。そして、ここにある芸術的風景は、固有の「もうひとつの現実」として、このあとも長く、その有効性を発揮しつづけることになったのだと思う。

八月四日、フィッシュマンズは〈ワイキキ・ビーチ・スタジオ〉を閉鎖する。建物の賃貸契約の期限がきた、ということだった。してみると、〈ポリドール〉との契約内容のみならず、この物件の賃貸期限というものも、ひとつのタイムリミットとして、彼らを働かせに働かせていたのかもしれない。

フィッシュマンズが立ち退いて、すこししたころ、この建物にはケーキ店が入った。なにかの折に、その話を佐藤にしたところ、「まったくだよ。とんでもねえよな」と、なにやら彼は怒っていた。想像

するに「建物を取り壊すから」とかなんとか大家から言われて、賃貸の延長をこばまれるような一幕も、あったのかもしれない。大家としては、ミュージシャンにスタジオとして使われるよりも、ケーキ屋にしたほうが、賃料が多めにとれるとか、あったのかもしれない。

彼らにとってはひさしぶりのマキシ・シングル『WALKING IN THE RHYTHM』が、十月二十二日に発売された。これは同曲のミックス四種を収録したもので、リミックスはすべてZAKが手がけた。「映像詩」ならぬ「音像詩」とでも呼びたくなるその豊かなイマジネーション、飛翔する叙情性は、まさにZAKオン・ステージというか、彼のソロ・シングルと言ってもいい内容だった。これを最後に、ZAKはいったんフィッシュマンズを離れるということだったから、フィッシュマンズからお願いして、「思う存分」やってもらったということなのだろう。

ZAKが離れる理由について、こんな感じの冗談めかした説明を、だれかから聞いた覚えがある。「いつまで経っても、松っちゃん、松っちゃんと佐藤やほかのメンバーが頼りきるので」その自立をうながすために、いっとき離れることにした――と。たしかにこれも、一面の事実だっただろう。しかしそれよりも、なによりも、この当時、ZAKはフィッシュマンズとバッファロー・ドーターの両者のサウンド・エンジニアリングを一手に引き受けていた。その重責、ハードワークというのは、察するにあまりある。そうした面も、影響はしたはずだ。僕は個人的には、これは一種の冷却期間であり「また彼は戻ってくる」はずだと考えていた。

ZAKが去ったせいか、それとも偶然かはわからないが、フィッシュマンズが〈ワイキキ・ビーチ・スタジオ〉を閉めた直後のツアーまで、つまり「奥田イズム」の夏編までは毎回ステージで演奏されていた「LONG SEASON」が、この『WALKING IN THE RHYTHM』のリリースを機に一度封印される。このときまでは、常識的なバンドのフル・セット程度の楽曲を演奏したあとに、アンコールで「LONG SEASON」をやる、といった荒技を繰り広げていた彼らが、ぴたりとそれをやめた。

ひとつの季節が過ぎ去った、ということだったのかもしれない。長くもあったし、短くも感じられたそれは、どこかへと消えていった。

そのかわりに――つまり、ライヴ・セットでの三十五分以上の空きスペースには――往年のナンバーが戻ってくることになった。「土曜日の夜」「いい言葉ちょうだい」「なんてったの」「静かな朝」「気分「忘れちゃうひととき」「夜の想い」のほか、「それはただの気分さ」も演奏された。

荒技が繰り広げられていた時期、つまりこの夏のフィッシュマンズのライヴでは、特徴的な光景が見られた。僕はそれを、九月二十七日の日比谷野音で、直接的に体験した。

このころ、フィッシュマンズのライヴでは、少なからぬ外国人が、新たなる観客となっていた。海外からやってきた人もいただろうし、東京在住の外国人、その一部の音楽好きな連中のあいだでも、「フィッシュマンズ」とは、あたかも勇者の称号のようになっていた。そのなかには、僕の知人のアメリカ人もいた。彼らの最大のお目当ては、もちろん「LONG SEASON」だった。その逆に「往年のナンバー」

には、あまり理解を示さない者もいた。「いかれたBaby」の演奏中に、僕に質問してくる奴もいた。「なぜフィッシュマンズが、こんなスウィートな曲をやるのか?」などと。ああめんどくせえな、と思いながらも、僕はその人物に説明をした。フィッシュマンズとはどういうバンドで、そもそもレゲエっていうのはねえ、などなど……。

そうした自らの経験を振り返って、前述の「往年のナンバーの復活」に、僕はこのように感じていた――フィッシュマンズ自身が、自らの来歴の「解読と説明」を始めたのではないか、と。九五年暮れからの一連の狂躁ともいえる時期を経て、フィッシュマンズは自らの「来しかた」のいろいろな面を、総合的に見直そうとしているのではないか。たどり着いたこの新たなる地平にて、それらを統合した上で、「つぎなるフィッシュマンズ」へと向かおうとしているのではないだろうか、と。

秋を迎えようとしているころ、だったと思う。一本の奇妙な電話を、僕は受けた。それはあまり親しくはない、しかし知らないわけではない、とある人物からのものだった。

「フィッシュマンズには、アメリカ・デビューしたいという意志はあるのか」と、その人物は僕に訊いた。もっともその人物は、日本人だ。滞在先のニューヨークから、いま電話をかけている、とのことだった。

その人物が言うには、ニューヨークにオフィスを置くインディー・レーベル大手の〈マタドール・レコード〉に友人がいる、のだという。

「その人物の友人」いわく、〈マタドール〉のオフィスでは、いろいろな日本人ミュージシャンのCDを毎日聴いている。そこで、「フィッシュマンズがとても気に入った」から、「〈マタドール〉からアメリカ盤を出せないか」と、彼らは考えている。ついては、ミュージシャン本人が、アメリカでやる気があるのかないのか、そこのところを知りたい――と、こんなことを、その日本人の人物は、電話で僕に言った。

まず最初に、即座に僕は、眉に唾をつけた。

なぜなら、もし〈マタドール〉が真剣にそう考えたのだったら、まずは日本の〈ポリドール〉か〈りぼん〉のオフィスに、直接連絡をすればいい。それだけの話だ。自社の社員でもない、ましてや公式なエージェントでもない日本人をあいだに立てるというのは、ごく普通のビジネス・マナーとして、少々あやしげなものだと言えた。

よしんばそれが、その日本人が、〈マタドール〉の意志を代弁する立場だったとしても、「なんで」僕などのところに最初に電話をよこすのか。それがまず、そもそも、妙な話だ。僕は佐藤の電話番号を知ってはいるが、レコード契約によらず、彼のミュージシャンとしての全活動にかんしては、なにひとつ、直接的なかかわりは持ってはいない。関与する立場にはない。

そこで僕は、こう推測した。

おそらく、〈マタドール〉がフィッシュマンズに興味を持っている、ということは、あるのだろう。この当時、すでに同社では、ピチカート・ファイヴをアメリカでヒットさせた実績があった。ギター・ウルフの作品もリリースしていた。「つぎなる日本人アーティストを」という流れがあったとしても、おかしくはない時期だった。

電話をかけてきたその人物は、たまたま僕の連絡先を知っていた。だから、僕を動かすことによって、「フィッシュマンズと〈マタドール〉のあいだを取り持った」というような、そんな功績を挙げたかのように見せたいのだな、と僕は推測した。〈ポリドール〉や〈りぼん〉に、その日本人が直接連絡をとらない理由はただひとつ。「〈マタドール〉から公式なる委任を受けたわけではない」からではないか。つまり「正式な代理人ではない」ということだ。だから、まともなビジネスの話にその日本人は関与することはできないし、する気もない。要するに、ただただ、なんらかの形で「自分が役に立った」ということを、〈マタドール〉に対してアピールをしたかったのではないか、と――。

　音楽業界では、洋の東西を問わず、いかがわしい話が多い。だれかが「あいつのことは、よく知っているぜ」と言うとき、その約八十パーセントほどは、はったりだ。あるいは、当人の願望がないまぜとなった虚言の場合も多い。「俺がつないでやるぜ」と言った奴が、前渡し金を手にした途端、そのまま消えてしまうことも、よくある話だ。

　そうしたひどい例と比較すると、この日本人の言うことには、真実も含まれているような感触はあった。であるなら、僕としては――本来、なんの関係もないのだが――巻き込まれてしまった以上は、そう無下にもできない。

　僕はその人物に、こう言った。「〈マタドール〉がそう考えている、ということは、伝えるべき人に、伝えます」と。そして電話を切った。

　それから僕は、すこし考えた。どうしたものか。

　三十秒ほどで、結論は出た。僕は佐藤に、電話をすべきではない、と。

　レコード契約というのは、ミュージシャンにとって「米の飯」とでも呼ぶべきものだ。生命線となるべき、デリケートなものだ。そこにかんするようなことで、妙に手順をたがえると、きわめてよくない事態が出来することも、容易に想像できる。こんな場合には、かつてのような「おせっかい」をすべきではない、と。

　そこで僕は〈ポリドール〉の佐野さんに電話をした。電話の向こうで彼は、開口一番、こう言った。

「よくぞ、こちらに、お電話してくださいました！」深々と、彼がお辞儀をする音までが、受話器から聞こえたような気がした。

　佐野さんいわく「ことはそう単純ではない」のだという。だから、もし僕が不用意に佐藤に電話をして、変なふうに彼の期待が高まってしまって「アメリカでやりたい！　やりたい！」と盛り上がってしまったとしたら、悪くすると、やはり「収拾不可能」な事態もあり得たかもしれない……佐野さんはそんな話を僕に伝えたあと、また「ありがとうございます」と言った。「いやほんと、こちらに電話してくださって」と。

お礼なんかいいですよ、と僕は言った。筋道として、これは所属レーベルがまず関与すべきお話ですし、と。

佐野さんの説明によると、こういうことだった。

日本の〈ポリドール〉に所属するミュージシャンの原盤を、海外のべつのレーベルからリリースすることは、原則むずかしい。なぜなら〈ポリドール・レコード〉とは、ワールド・ワイドな配給網を持つ、メジャー・レーベルだからだ。ゆえに、たとえばフィッシュマンズをアメリカでリリースするならば、それは自動的に〈ポリドール・アメリカ〉が第一優先権を持つことになる。言い換えると、その地域を管轄する〈ポリドール〉が、まず最初に「そのレコードは、絶対にうちではやりません」ということを決定しないかぎりは、他社への原盤供給というものは、あり得ない。可能性はゼロ——という確固たるシステムがあるのだという。しごくもっともな話として、僕はそれを聞いた。

さらに言うと〈ポリドール・アメリカ〉が、フィッシュマンズを「リリースしたいのか、したくないのか」ということを、問い合わせたとしても、すぐにはっきりした答えをもらえるかどうかは、やってみないとわからない、とのことだった。時間がかかる可能性もある、とのことだった。

そんな大枠があるにもかかわらず、もしミュージシャンのほうの気持ちが先に盛り上がって、「アメリカ、アメリカ」となってしまったとすると、さすがにこれは、ややこしそうだ。悪くすると、とくにミュージシャンの側に、禍根を残しそうでもある。

「よくお知らせいただきました」と、佐野さんは重ねて僕に言った。

そして彼は、自分の責任において、この件を引き継ぐとも言った。だから僕は、件の日本人に、佐野さんの連絡先を教えた。

そこから先、この話がどうなったのか、僕はわからない。

ただ気がついたときには、コーネリアスの『ファンタズマ』が、〈マタドール〉から全米リリースされることがアナウンスされていた。さすがにちょっと、それは口惜しいというか、まったくもう、なんでこういちいち、フィッシュマンズと元フリッパーズの二人は、いたるところでかちあうのかね、と僕は思った。

この何年かあとに、僕は、まさにこの件が持ち上がっていた時期に〈マタドール〉でインターンをしていたというアメリカ人の男性と知り合った。彼はかつて日本に住んでいたこともあって、未成年だったくせに〈ZOO〉で酒を飲んだりしていたらしい。僕は彼に、フィッシュマンズとコーネリアスの話を訊いてみた。

「聴いてましたねー。どちらも。よくオフィスで流していましたね」と、流暢な日本語で彼は答えた。『空中キャンプ』と『ファンタズマ』が、当時ヘヴィー・ローテーションされていたのだという。件の日本人のことは、僕は訊かなかった。


佐野さんのオペレーションが、どんな具合に進んだのか、停滞したのかは、すでに書いたとおり、僕にはわからない。ただ、この「〈マタドール〉の噂」以降、逆に佐藤は、あまりアメリカには興味を示さなくなったように、僕には感じられた。バッファロー・ドーターが過酷きわまる「両コースト・サイドを外した、アメリカ・ツアー」をやった直後だったから、その話を聞いて、嫌気がさしたのかもしれない。北米のど真ん中を、自らが運転するクルマで縦断をしたその旅の模様は、たしかに僕が聞いても、ぞっとさせられるものだった。

また佐藤は「外国人にフィッシュマンズがわかるのかな」とも言っていた。彼いわく、「やっぱ、詞の内容がわかんないとさ」とのことだった。たしかに、そうした観点を、彼が持ってもおかしくはない。

しかし僕は、佐藤に「そうではないよ」と言える証拠を、サンフランシスコで発見していた。この時期、盛んに渡米していたときに、それを見つけた。九七年の十月あたりではなかったか。現地の二大フリー・ペーパーのひとつ〈サンフランシスコ・ベイ・ガーディアン〉紙上のコラムに、フィッシュマンズの『宇宙　日本　世田谷』が取り上げられていたのだ。黄変したその切り抜きは、いまも手元にある。作家・映画評論家のアルヴィン・リュウという書き手による「シティ・ゴッド」という連載コラムがそれで、「Night cruising」というのが、この回のタイトルだった。

もちろんこの時点では、『宇宙　日本　世田谷』どころか、フィッシュマンズの作品は一枚たりともアメリカ盤としては発売されていなかった。記事によると、彼はジャパン・タウンの〈紀伊國屋書店〉に勤めていた日本人の友人から、フィッシュマンズを教えてもらったのだという。また記事の上からは、筆者のアルヴィンが、日本語の歌詞を理解しているという形跡は、とくになかった。つまりほぼ、徹頭徹尾の印象批評だけだ、と言ってもいい。にもかかわらずそれは、じつに「わかってるな」と思わせられるものだった。なにしろ、デビュー以来、このころにいたってもなお、なぜか日本の大半の評論家から無視をされつづけていたポイント、「フィッシュマンズはレゲエを基本としたバンドだ」というところを、アルヴィン・リュウは当たり前のようにきちんと把握していた。なによりもまず、フィッシュマンズとはビート・ミュージックなのだ、という彼らの最重要点をとらえて、記事の主軸としていた。

その一部を、ここに訳出してみよう。


「時計のチックタック音――フィッシュマンズの最新スタジオ・アルバム『宇宙　日本　世田谷』のすべてを支配するテーマは、これだ。音楽的モチーフはもちろん、スリーヴ・アートや、ＣＤの盤面イラストとしても登場するその時計のアイコンは、バンドのサウンド・スタイルにも見事に合致している。『Weather Report』『In the Flight』『Walking in the Rhythm』『Daydream』――といったアルバム収録曲は、フィッシュマンズの特異性を体現している。そのなんとも名状しがたい、レゲエ、ダブ、エレクトロニカ、ファンクのブレンドは、一日において時が過ぎゆく経路の詳細な記録だ。といってもこれは、だれにとってもあるだろう『重要な時間』を指しているわけではない。そうした時間と時間のあいだ、息つぎのようなときに生じる奇妙な形状の『瞬間』の数々をこそ、表現している。だれかのスケジュールからたちのぼる蜃気楼と言えばいいだろうか。たとえばそれは、こんなことをしているときの『時間』だ……天気予報を見る。飛行機の座席でフライトの残り時間を数える。歩く。夢見る。

昨年いっぱいぐらい、僕はフィッシュマンズをクルマのなかで聴きつづけていた。たいていそれは、渋滞につかまったときに。ベースとシンセをバックグラウンド・ミュージックに、ギターのいたずら書きが光を放って、まるで時をワープするかのようにして聴いた。そしてあの、猫が『にゃーっ』と啼くようなファルセット・ヴォイス……この感覚――つまり、閉じ込められた場所で、時が過ぎていくことを感じているとき、フィッシュマンズの音楽もまた、ひとつの小宇宙となる。ニュー・アルバムのタイトルは、座標の詳細だ。宇宙（the universe）、日本（Japan）、世田谷（a residential neighbourfood in south-west Tokyo）という意味だ」

「彼らが最初に〈ポリドール〉からリリースした『空中キャンプ』を聴いて、静かに、徐々に、僕はそのとりこになっていった。一度聴いて、即座に反応したわけではなかった。なぜなら、かつてのこのバンドは、ほかに選択肢がないときに『変わって聴こえる』音楽で時間つぶしをさせてくれるだけのものであって、最も下世話な意味でのニュース性に値するようなものはなかったからだ。こうして彼らについて記事を書くことを、自らに強いるようになろうとは、思いもよらかなった（『強いる』というのは、フィッシュマンズにはそぐわない）。ヴィデオ・ゲーム・ミュージックやスロット・マシーンから流れる曲について触れるみたいに、すこしだけ書けば、と思っていた。だがしかし、『空中キャンプ』以降のフィッシュマンズは、あたかも僕に、いまさらながら挑戦を始めたかのようだった。言葉による要約に失敗せよ、と。意味のある言葉を我々に与えてみよ、と。それはビートの断片について、その定率と減衰についての音楽だ」

「(リッチモンド地区の劇場でクンフー映画の名作『聾啞剣』を観た帰りに)僕はクルマのなかにいた。(映画があまりに素晴らしかったので)一時間にわたって、僕は運転のほかはなにもする気にはならず、夢見心地だった。もちろん、フィッシュマンズはそのときも流れていた。そのビートは、あたかも、なにもかもが停止しようとするときまで、カウント・ダウンをつづけているかのようだった」

歌詞が日本語だろうが、〈マタドール〉がなにをしようが、しなかろうが、すでにこの時点で、フィッシュマンズの音楽は、「日本の外」へも広がり始めていた。そのひとつの証左が、このコラム記事だ。もちろんそれは、か細い糸であり、人づての口コミ程度のものではあっただろう。しかしもともと、「いい音楽」なんて、そんな方法でこそ、まずは広がっていくものだ。

それを止めることは、だれにもできない。フィッシュマンズ自身の来歴が、まずもってそれを証明しているように。

佐藤と下北沢のかかわりについて、すこし書こう。

なぜならば、『宇宙　日本　世田谷』は、その発表以降、あの街のサウンドトラックと化してしまったようなところがあるからだ。佐藤から僕が聞いたところによると、『宇宙　日本　世田谷』は、〈HMV〉ではなく、〈タワーレコード〉ではなく、〈レコファン下北沢店〉こそが、全国のレコード店のなかで、最も多くの枚数を販売したそうだ。

「すごいよね」と佐藤は笑っていた。

たしかに、このアルバムの発売直後の異様な光景は、僕も目撃していた。そのとき、〈レコファン下北沢店〉の一階では、壁という壁の、最も目立つところではすべて、『宇宙　日本　世田谷』が並べられていた。そして、どう考えても店頭演奏には適していなかっただろう、「静かで地味な」と佐藤も言った『宇宙　日本　世田谷』の音が、一日中、大音量で流されつづけていた。たしかに、あの状況であれば「日本一」ということも、あり得たという気がする。

だから、こう言うこともできるだろう。佐藤はこのとき、「下北沢の象徴」となった、と。本人はきっと、かなり強硬に嫌がるだろうが。

彼はこの周辺に、長く住みつづけていた。何度か転居をしながらも、下北沢駅から徒歩圏内という条件を堅守しつつ、このころでたぶん、十年近くは居座っていたのではないか。そして、いつもいつも「そこらへんのどこか」に、よくいた。

「いた」という言いかたは変かもしれないが、それはちょうど、どこかの街でよく見かける野良猫のように、下北沢のそこかしこで――そこかしこの、彼なりの「気に入った場所」に――よく「いた」。

そんな「佐藤スポット」のなかで、僕が知るひとつが、北沢公園だった。ともにラジオ番組をやっていたころ、送ってもらったクルマから、いつも彼はそこで降りた。そして公園のなかを抜けて、夜明け前の薄暗闇のなかへと消えていった。

この公園で、佐藤はよく、曲を書いていたそうだ。彼が楽器もなしでさらさらと譜面を書けたとは思わないので、おそらくは詞を書いたり、その詞をもとにメロディを思い浮かべたりしていたのではないか。どうやら彼は、そうした作業を屋外でおこなうことが、ことのほか好きだったようで、天気がいい日には、公園や、あるいは街のなかのどこかに坐って、作曲をしていたそうだ。

こういったテリトリーのなかに、彼は点在していた。どこにでもいた、わけではない。彼なりの理由で「お気に入り」の場所があり、そこに前ぶれもなく、ひょっこりとあらわれるという感じだった。街の妖精というと、ちょっと彼には似つかわしくないように思うから、妖怪というか、戸外好きの座敷わらしというか、とにかくそういった形で、限定された空間の、いろんなところに彼はいた。

こんなこともあった。

九八年の春ごろだったはずだ。そのころはまだ、下北沢駅の南口に広場があった。広場には、低いコンクリート・ブロックで囲まれた小さな一角があった。郊外の私鉄の駅前には、ときに噴水や、人工的な池や、築山のようなものがあるが、それの極小版といった趣の場所だ。

ふと目をやると、その一角に佐藤がいた。そのとき僕は、知人と待ち合わせをしていた。低いブロックの上に、佐藤はひとりで坐っていた。

なにしてるの、こんなところで?と僕は訊いた。

「いや、天気が、よかったからさ」と彼は答えた。

そのとき佐藤はカセット・ウォークマンを持っていて、どうやらそこに坐って、テープを聴いていたようだった。彼が言うには、フィッシュマンズのライヴを録音したテープを聴いていたのだという。このすこしあとに、ライヴ・アルバム『8月の現状』がリリースされたから、僕が思うに、そこで使用するトラックなどを聴いて、なにか整理したり、確認をしていたのだろう。

それにしても、場所が場所なので、僕はつづけてこう訊いた。

「こんなところにいると、声かけられるんじゃないの? 『フィッシュマンズの佐藤さんですか』って」

すると佐藤はこう言った。

「や、大丈夫。『違います』って言うから。俺」

違いますもないだろうと僕が思っていると、彼はさらに話をつづけた。なにか面白い話題でも思い出したかのように、含み笑いをしながら、こんなことを言った。

「この前さあ、カジくん（カジヒデキ）がいたんだよ。〈ファースト・キッチン〉の前に。だから俺、訊いたんだよ。『こんなところいたら、やばいんじゃないの？』って。そしたらカジくん、『大丈夫大丈夫』って言うんだけどさ。それ言い終わるか、終わらないかのうちに、女の子たちにぶわーっと囲まれちゃって。大変ことになってたよね」

じつに楽しそうに、佐藤はそう言った。決して自分自身は、そんな目には遭わないと思い込んでいるようでもあった。

たしかに、佐藤のようなキャラクターの人物に、「違います」なんて憮然と言われてしまったら、声をかけた人も二の句を継げなくなるだろうことは、容易に想像できる。

しかしそれ以上に、きっと彼のなかでは、下北沢のこのあたりは「自分のテリトリーなんだ」という認識があって、それで安心しきっていたところが、あったのではないか。猫に縄張りがあるように、ここは自分が普通に「いる」場所なんだ、という感覚が。

縄張りなのだから、彼はなんでもよく知っていた。

この日の僕は、知人と昼食をとるため、南口を突き抜けた先にあった、さぬきうどんの店に行くつもりだった。しかし佐藤は「あそこ、いま、閉まってるはずだよ」と言うのだった。彼いわく、さっき店のおばさんが歩いていくのを見かけたのだという。「醤油買いに行ったんだな、きっと」と彼は決めつけるように言った。たしかに、そのうどん屋じたい、佐藤に教えてもらった店だったから、彼の言うとおりだという気が、しないでもなかった。結局僕と知人は、違う店で食事をすることにした。

佐藤は、このあたりに長くいた。しかし、たとえばかつての〈ZOO〉のなかでは、彼は知られていなかった。下北沢という小さな街にもいくつかの界面があって、佐藤が歩いたり坐ったりしていた地平と、〈ZOO〉のそれは、交わるものではなかった。

しかしこのころには、つまり『宇宙　日本　世田谷』が鳴り響いたあとでは、まるで街じゅうが「佐藤の縄張りだ」ということを、喜んで受け入れたかのように感じられた。本人がいくら「違います」と嘘をつこうが、佐藤がそこに「いる」ということが、なにかとても重要なことでもあるかのように、僕には感じられていた。

八月十九日、ライヴ・アルバム『8月の現状』が発売された。これはフィッシュマンズにとって、九八年最初のリリース作だった。より正確に言うと、新作リリースとしては、これが「最初」だった。

この年の三月より、〈ポニーキャニオン〉から、フィッシュマンズの旧作が続々と再発売されていた。これは嬉しいニュースだった。なぜなら、彼らがかつて所属していた〈メディア・レモラス〉は、この前年の九七年に会社を解散していた。つまり、『空中キャンプ』以前のフィッシュマンズ全作品が、一瞬ではあるのだが、すべて廃盤となってしまっていたのだ。それがここで一転して、全アルバムとミニ・アルバム、マキシ・シングルまで、順次再発売されていったのだ。これはじつにいいタイミングであり、新しく彼らを知ったお客さんも、旧作へと興味や食指を伸ばすきっかけにもなるだろう、よかった、と僕は思った。

よかったといえば、またしてもここで、「フィッシュマンズの強運ぶり」が発揮されていたことも、見逃してはならない。もし、あの九四年の時点で、あのまま〈メディア・レモラス〉との契約を継続するほうを選んでいたら……そう考えると、まさに「紙一重だったなあ」と思わずにはいられない。土俵際においては――もしかしたら「土俵際でだけは」――フィッシュマンズは、ことのほかの勝負強さを発揮するのだ。おそろしいことに、かならず、そこで「残る」。そんなひとつの例が、これだったと言えるだろう。

偶然かもしれないが、かつて〈メディア・レモラス〉との関係が悪化して、結果「素浪人」となった時期にリリースされた一枚も、ライヴ・アルバムだった。そこまでのキャリアを、一度総まとめにするかのようなタイミングのとき、彼らは本能的に「ライヴ盤を出したくなる」のかもしれない。「世田谷三部作」が完結して、旧作もすべて復活したこの時期に、自分たちの「現状」となっている地点を再確認したような一作が、この『8月の現状』だったのではないだろうか。

これは、じつにいいアルバムだった。制作方法としては、前回のライヴ・アルバム『オー！　マウンテン』とほぼ同じだ。つまり「ライヴ・レコーディング、スタジオ・トリートメント」だったということだ。観客の歓声も、佐藤たちのステージ・トークも、できるかぎり排除されている点も、ほぼ同じだ。にもかかわらず、両アルバムの手触りが、かなり違うというところが、面白い。

『オー！　マウンテン』は、聴き手に緊張感を強いるような一枚だった。「ステージ上のフィッシュマンズとの真剣勝負」を求めるような、そんな感触のアルバムだった。しかしこの『8月の現状』からは、もっと「あたたかい」ものを僕は感じた。「演奏しかない」のは同様ながら、勝負を仕掛けるのではなく、「こっちに来なよ」と、まるでステージ上から誘いかけられているかのような、そんな雰囲気すらする作品だった。

この違いが生まれた最大のポイントは、ZAKが去ったあと、フィッシュマンズのエンジニアリングを一手に引き受けていた、西川一三の個性だということは、言えるのかもしれない。収録されているライヴ音源のレコーディング時期は、九六年からこの直前のツアーにいたるまでの期間にわたっているので、現場ではZAKがエンジニアリングしたものも多数収録されている。しかしそれが、「スタジオ・トリートメント」された時点で、フィッシュマンズと西川による新たなる化学反応の結果、そうした手触りとなった、という見立てが、僕にはひとつある。

もうひとつは、フィッシュマンズの「現状」が、とくにライヴ・バンドとしてのそれが、もはや国内では敵はいないのではないかと思えるようなレベルでの、圧倒的な強者となっていた、ということも、大いに関係したのではないか。「ぴりぴり」していた『オー！　マウンテン』も、あそこにいたフィシュマンズも、あれはあれで、もちろん得がたい個性ではあったのだが、この『8月の現状』においては、いい意味での余裕すら感じさせられた。たとえば武術の達人が、余力を残したままにもかかわらず、ばったばったと敵を投げたおしていく様を見ているかのような、そんなイメージとでも言おうか。

そんな余裕は、選曲にもあらわれていた。かつてのような「思うところあり」なセレクションではなく、ここでは〈ポリドール〉移籍後のフル・アルバム二作からのものを中心に、バランスよく選曲されている。シングル曲も、きちんと収録されている。ほぼこれは、この時期の彼らのステージ、その大まかな流れをまるごとパックしたものだ、と言えるだろう。

なによりも、ここで聴くことができる、堂々たる「バンド・サウンド」こそ、彼ら全員が、いついかなるときも、最も重要視していたものだったはずだ。およそ佐藤の口から、一度たりとも僕は「ライヴ、やりたくないな」など、聞いたこともない。「ライヴ最高！　俺ら、ライヴが一番！」これこそがフィッシュマンズであり、そうした「現場の息吹き」までもが、ありありと伝わってくるようなところが、僕がこのアルバムを誉める最大の理由だ。

聴きどころは、いろいろある。「Weather Report」「ナイトクルージング」「ずっと前」「それはただの気分さ」「SEASON」「JUST THING」あたりを僕はとくに好むが、なんと言っても、最終トラックの「新しい人」。とにかくこれが、素晴らしい。厳密にはこれは、ライヴ・ショウからの録音ではなく、収録を目的としたスタジオ・ライヴからの音源ではあるのだが、この、とろっとろにとろけて、もはや原型をもほとんど留めてはいないアレンジ、そのリラックスした演奏の間合いから生じてくる、「あたたかく、やさしい」波動というものに、とても強く僕は惹かれた。猫のような声で「なんにもなーい」と佐藤が歌っているにもかかわらず、その音楽たるや、なんと豊穣であることか。

この「新しい人」を聴きながら、「おかえりなさい」と、僕は口走ったかもしれない。長きにわたって――つまり『LONG SEASON』から『宇宙　日本　世田谷』へと、レコードの盤上にてぎりぎりの修羅の世界をくぐり抜けてきた佐藤という男が、あのなんとも独特なにやにや笑いを口元にたずさえながら、人間界に舞い戻ってきてくれたような気がしたのだ。

この『8月の現状』がリリースされるすこし前、七月の末に、フィッシュマンズは新しく書きおろされた楽曲のレコーディングをしていた。そこではその一曲だけが録られた。「ゆらめき IN THE AIR」と題されたそのナンバーは、十二月十日にシングルとして発売される、とのことだった。なぜかこのとき、僕はぴんときた。これだけの情報で「佐藤に話を聞かなければならない」と思った。あとから振り返ると、僕以外には、このときに佐藤を取材したメディアはなかったそうだ。「ゆらめき IN THE AIR」について、だれもインタヴューしてはいなかった。

僕だけがインタヴューをした、というのも変な話なのだが、想像するに、このときは正規の「取材期間」といったものではなかったのではないか。アルバムにも関連づかず、ぽつんと突然発売されるシングルだったから、レコード会社側も、メディア側も、とくに取材を組む必要もないだろう、と考えていたのではないか――そんなことを、あとになってから僕は推測した。

それはまあ、わからないでもない。みんな仕事なのだから、力を入れるところ、抜くところ、休日やアフター・ファイヴ、そのほか、いろいろとあるのだろう。

ただ僕が本当に不思議でしょうがないのは、この「ゆらめき IN THE AIR」は、書きおろしの新曲だったのに、なぜだれも騒がなかったのか、ということだ。だってこれは、『宇宙　日本　世田谷』以来、約一年半ぶりに発表される、フィッシュマンズの「新しい曲」なのだ。それに心が動かされなかった理由というのを、逆に聞いてみたい気がする。

そんなの、まるで『チャッピー・ドント・クライ』のころみたいじゃないか。「100ミリちょっとの」

ころ、みたいじゃないか。ここ最近のフィッシュマンズは、なにをやっても大絶賛だったのに。「たまたま」なのか、なんなのか。この「ゆらめき IN THE AIR」は、すこしばかりのディスク・レヴューであつかわれるぐらいで――この当時すでに、「シングル盤をレヴューする」という慣習は、あらゆる雑誌から、どんどんと失われつつあった――大方のメディアからは、なぜかその前を「素通り」されていた。「ぽつん」とリリースされた、当面は「アルバムと関連づかない」シングルだということで。おそらくは。

しかし逆に僕は、そこにこそ、つまり「ぽつん」と突然にシングルを出す、というところにこそ、最も大きな興味を抱いた。「なにかあるな」と思った。それで、イレギュラーながら――まるで、かつての「おせっかい」時期のように、取材を申し込んだというわけだ。長年の経験のせいか、一日の長というやつで、僕の鼻がきいたのだと、ここは自画自賛したい。なぜならこれは、きわめて重要な一枚だったからだ。

全般的にこれは、じつに「妙な」行動だったのだ。佐藤伸治にしては、そうだった。そこにまず、僕の鼻は動いたのだろう。

妙なところの第一点としては、「彼が自主的に」シングルを出したい、などと申し出た、というところ。第二に「書きおろしの新曲を録って、それをシングルにしたい」とまで言ったこと――こんなものは、まさに、前代未聞の出来事だ。そこに僕は「変化のきざし」を嗅ぎつけた。『8月の現状』から、薄々は漂っていたものが、形になり始めたのだ、と感じたのだ。

もとよりフィッシュマンズにとって、シングルとは「レコード会社に言われて作るもの」という側面が強かった。一にライヴ、二にアルバム、あとは、まあ「言われたら」必要に応じて、やる。そんな感じだ。だからこれまで、なにかのタイアップ曲か、あるいはアルバムに関連づいたもの以外のシングル盤というのは、フィッシュマンズには、なかった。例の「渋谷侵攻作戦」期のマキシ・シングルですら、レコード会社主導で進められたものだ。

つまりこれまでの佐藤伸治は、「シングルを出したい」などと、ほんのかけらも考えるような人間ではなかった、ということだ。

であるから「書きおろし」でシングルなど、「録りおろし」でシングルなど、あるわけがない。そんなことを、自ら申し出るわけがない……これこそが「それまでのフィッシュマンズ」だった。

この変わりように、僕は反応したというわけだ。なおかつ、しかもその曲名が、なんとも「そそる」ではないか。「ゆらめき IN THE AIR」——素晴らしい。素晴らしく、個性的だ。ユーモラスで、「なにかありそう」で、しかしどっちつかずで、「よくわかる」ようでいて、やっぱりわからない……ようでもある。なによりもこのタイトルは、ポップだ。ひとめ見ただけでTシャツにしたくなるようなフレーズだ。

僕の嗅覚は、ものの見事に、正しかった。

果たして、この「ゆらめき IN THE AIR」は、フィッシュマンズの新たなる変化の予兆を、はっきりと感じさせてくれる一曲だった。「意外にポップなんだよね」と佐藤本人も言っていたのだが、まあもちろんポップなのだが、そこに「意外に」がつく、という、その「どっちつかず感」がまた、たまらない一曲でもあった。

まず、この「ゆらめき IN THE AIR」は、十三分もある。それが８ｃｍＣＤに、一曲だけ収録されている。『LONG SEASON』がワン・トラック・アルバムと呼ばれたことにならうと、これは「ワン・トラック・８ｃｍＣＤ」とでも、なるのだろうか。しかし、たかが「８ｃｍＣＤ」をワン・トラックでいっぱいいっぱいにしてみたところで、だれも誉めてくれやしない。だから「素通り」されてしまったとも言える……のだが、しかし、そのなんともいえない「中途半端さ」こそが、重要なのだ。それこそが、この作品のキー・ポイントなのだ。スリーヴもきわめて「中途半端」であり、「どっちつかず」だった。

8cmCDが、マキシ・シングル用のケースにおさめられていた。

「中途半端でどっちつかず」というのは、トラックの内容そのものについても言えた。もちろんこれは全部、いい意味で言っている。

まず、カーティス・メイフィールドの流儀に軽く沿ったような、ポップなメロディのコンパクトな一曲――のようにして、このナンバーは始まる。あたかも「それはただの気分さ」あたりのような雰囲気から、スタートする。そしてそこから、曲想がどんどん広がっていく。長く長く、それらがつづいていく……というところも「中途半端」だ。ポップなのか、サイケデリックなのか、どっちつかずだ。キャッチーなのか、エクスペリメンタルなのか、どっちつかずだ。どっちなんだ！――というとつまり、「どちらでもある」というのが、この「ゆらめき IN THE AIR」という一曲なのだった。

これまでのフィッシュマンズの楽曲には、「LONG SEASON」と、たとえば「忘れちゃうひととき」が一曲のなかで共存しているものなど、当たり前だが、なかった。それがここに、突然に「ぽわん」と誕生していた、というのが「ゆらめき IN THE AIR」だったというわけだ。もちろんそこは、「LONG SEASON」と比べると、かなりダウンサイジングされてはいる。しかしあれを「LONG SEASON」を――フィッシュマンズの、例によっての――ひとつの「実験」ととらえたならば、ここからが「実践の場」だった、と見ることもできる。

なぜならば、どこからどう見ても「中途半端でどっちつかず」であるはずのこのナンバーが、すでに見事なる吸引力と、そして説得力をそなえていたからだ。来たるべきニュー・スタイルの萌芽として、すでにひとつの明確な像を結び始めていたからだ。

こうした特徴は、歌詞においても同様だった。つまり、一見「中途半端でどっちつかず」と思えるような言葉「ばかり」を、このときの佐藤は、執拗に使用していた。

なにしろ歌い出しが素晴らしい。「ゆらめき IN THE AIR　ゆらゆら IN THE AIR」――これほどに玉虫色で、そして「玉虫色だ」ということ、そのこと自体で耳目を引くような一行には、なかなか出会えるものではない。そして詞は、こうつづいていく。「何度もおんなじ話をしてる　さっきとおんなじ／夕暮れがやってこない　夕暮れがやってこない」——天才じゃなかろうかこの男は、とこのとき僕は真剣に思った。「具象性が低いモチーフで、明瞭なイメージを伝える」という彼の手法は、ここでほぼ至芸の域にまで達していた、と言うほかない。

また、ここで「こない」と言われつづける「夕暮れ」というモチーフも、興味ぶかかった。『宇宙日本　世田谷』の最終曲だった「DAY DREAM」は、徹頭徹尾「夕日のなかにいる」情景をこそ描いていたものだった。そこから考えると、あからさまに佐藤は「新しいフェーズ」へと突入している、ということが感じられた。

そして「ゆらめき IN THE AIR」で最も印象的なフレーズは、「君が今日も消えてなけりゃいいな」だった。これもまた、きわめて明瞭な「いまこのままであれ！」という主張であって、そんなものを僕は、佐藤の詞のなかに発見したことはなかった。

サウンド面も、これも「中途半端」だっただろう。しかも、ラフだった。思いついたことをさくさくとレコーディングして、そしてミックスして仕上げたかのようで、そこにも僕は衝撃を受けた。なぜならば、ほんのついこのあいだまでは「作り込み強迫症」の典型的な患者だったような男が、突然にして、これなのだ。たとえば、一分の隙もない着こなしが決まらないと一歩も部屋を出られなかったはずの男が、だらしないパジャマ姿で電車に乗っている姿を目撃したときのような衝撃、とでも言えばいいだろうか。

そういったわけで、僕にとって、あらゆる意味で、驚きの一枚と言えるのが、この『ゆらめき IN THE AIR』だったというわけだ。

そして最も重要なポイントが、「中途半端でどっちつかず」というのは、当然だが、「そのままでは安定しない」ことをも意味する。遠からずそれは「より安定する状態」へと、重力そのほかの法則にのっとって、変化していかざるを得ない。これは大いなる、しかも突然なる過渡期をフィッシュマンズが迎えた、ということの証明にほかならない一曲だった。そして、ここにおいて「すこしだけポップ」な方向へと、舵は切られたわけだ。これに盛り上がるなというほうが、どうかしているだろう。

あの「世田谷三部作」をも、完全なる過去として、またしても突然に、フィッシュマンズはつぎなる段階へと跳躍を始めようとしていた。まるでそれは、「いかれたBaby」が飛び出してきた、あの直前のころのように。

以下、九八年十一月に発売された〈米国音楽〉第十二号に掲載された佐藤の発言をここに引く。このときは、彼が僕の家までやってきた。そこで僕は、さしむかいで、彼のこのときの心境について聞いた。おそらくこれは、『8月の現状』ツアーの途中、九月の終わりごろだったはずだ。ツアー中の気分のまだったせいか、佐藤はやけに元気いっぱいで、機嫌がよかった。

「(シングル制作の経緯は、という質問に) ん? 俺がね『出そう』って言ったの、会社の人に。『今度シングル出すから』って、積極的に打って出たんだけどさ。ほとんど初めて (笑)。そんで、最初3分ぐらいの、フツーの曲書こうとしたんだけど……そうだよな、思ってたんだよ! 思い出した! なんか、なんとなくアルバムに飽きたんだよな。つーかさ、シングルってこう、明らかになんか違うじゃん。力具合がさ。キレがあるっつうか」

——アルバムだと、曲書いてから、発表するまでにどうしても時間かかるじゃない。それがイヤだとか。

「そうそう! フットワークがね、重すぎるんだよ。アルバムってなんだかんだで1年がかりになるし。もっと、手っ取り早くさ。ポンポンやりたい」

——毎回ツアーで新曲試して、それ録音してそのまま出せればいいのにね。

「いいよね。それ、3日前にTDやりながら思った。こないだのライヴ盤で、もうやりかたわかったからさ」

——佐藤くんてさ、ライヴ好きじゃない？

「うん、好き好き」

——ライヴのどういうところが好きなのかな？　バンドによっていろいろあるじゃん。お客さんとコール＆レスポンスして、終わったら握手して、とか。そういうふれ合い重視とか。

「ちょっと違うよね。一体感とかはいいと思うけど。完成度がほしいかな、俺は。聴く側も『イェー！　楽しかったぜ！』だけじゃないと思うからさ。もっとデカいものを望んでるから、やるほうも聴くほうも。そうなると、生でやってるならではのハプニングとかも大事だけど、完成度が大切かな、最近は」

——じゃあ、お客さんの反応も重要だよね。

「うん。つつみ込むような感じにも、なったりするじゃん。いいときは、会場全体がさ……なかなかなんねえや（笑）。でも、いいときは。いい日はさ」

——何でそんなこと聞いたかっていうと、佐藤くんってよく「聴き手のことは考えてない」って言うけど、だからといって閉じてるわけでもないと思うのね。それってのは、自分自身の精神の底のほうを掘っていけば、必ず多くの人が共感できる光景に行き当たるはずだ、って確信があるからだと思うんだよ。で、それを確認する場がライヴなのかな、と。

「うーん、それはね、ちょっと違うんだよな。俺、『空中キャンプ』作る前に、自分の中でその確信ができたからさ。それでもうなんか、こわいものはなくなった……的なとこはあるよね。だから、ライヴで確認するってのも、小さいところではあっても、大ワクではないかな。曲作ってるときもそうだけど、自分の確信の部分をさ、出すときに俺、すごい親切に作るから。『聴いてる人が、飽きないように』って。それはずっと変わらないから、もう。『何でも好きなことがやれる』って確信あっても、あんまりヤケクソなことはやんない。シンセが2時間鳴ってるとか（笑）」

――ポップだもんね。

「根はね。でも、やり口がさ、狭いからさ。俺らがやろうとしている音楽は。パッと聴くと全然よくないじゃん、俺たちの音楽って」

――（笑）よくないっつうか、引っ掛かりにくいかもね、聴き流されちゃうと。

「プロレスでいうと、ＵＷＦ作ったころの前田っていうかさ。高度なんだけど、どこで拍手していいかわかんないようなさ（笑）。馬場じゃなくってさ」

――そのわりに、いや、そのせいなのかもしんないけど、最近さあ、フィッシュマンズ大絶賛ブームってない？　「俺はちゃんとした評論家なんだから、フィッシュマンズを誉めなくては！」みたいなさ。

「ってとこ、あるよね（笑）。思う思う。俺も思う。もっとフツーにっていうか。この前のにしても『たかがライヴ盤』じゃん。いままでの曲を編集した。それをみんなが、いままでと同じように誉めるのが、イヤだったんだ、俺なんか。『ロング・シーズン』ぐらいまでかな、『作品がよくなれば、評価が上がる』って、実感としてあったのは。そのあとはなんか、惰性で誉められてるような。取材のときとか、イライラすることあるよね」

――なんか黒澤天皇化してるよね。

「でもね、来年はね、そういった意味で（フィッシュマンズは）変わるんじゃないかな。なんとなくポンポンやりたい。どこ行くか全然わかんない感じで。失敗もあると思うしね。（バンドの）みんなの気持ちがうまく重ならないとね。でも、それが健全だと思うしさ。精神的に正しいっていうか。行き当たりばったりに。誉められたから、またそんなことをやるとか、そういうんじゃなくってさ」

――普通、バンドって二番煎じやるもんだけどね。

「そういうものなんだろうね。でも俺ら、幸運にも会社からのプレッシャーないから。めちゃめちゃインディーズっぽい精神的環境っていうか。俺が『バンドをこうしようとか、プロデュースしようとしてた時期もあるんだけど」

――そうなんだ？　それはいつ？

「（笑）一応あったんだよ！　でも、そういう『プロデュース指向』って、ある日なくなって。舵取りとかね、なくなった。だからときどき『俺はプロか？』と思うんだけど。まあ、ファンとしては大変かもね。俺たちは大変じゃないけど（笑）」


この日、インタヴューが終了して、テープレコーダーを止めてから、まるで力いっぱいに地雷を踏みつけるような発言を、僕はした。よっぽど馬鹿だったたか、勇気があったたか、それとも、この「ゆらめきIN THE AIR」を聴いたがために、舞い上がっていたのかもしれない。僕は佐藤に、このように言った。今回の「ゆらめきIN THE AIR」は、半歩ポップに戻ったような感じだね、と。

「そういう感じだよね」と佐藤は応えた。

つぎに僕はこう言った。「ここのところのフィッシュマンズは、あまりにもアレンジや演奏力が高度になり過ぎて、煮詰まり過ぎていたように思う」と――これは明らかに、完全に、「地雷」の信管を、ものの見事に踏み抜いたような発言だっただろう。いつもの佐藤に対して、だったとしたら。

「そうだね。それはそうだと思う」

意外なことに、このときの佐藤は、あっさりそう答えた。

そこで僕は、かさにかかって、さらに踏み込んだ。コーネリアスの話をした。それはこんな話だ。コーネリアスは、『69／96』では、まるでオーケストラを指揮するようにして、大人数でレコーディングしていた。しかし『ファンタズマ』では一転して、ハードディスク・レコーダーを駆使して、最小人数で制作をしたところ、リフレッシュされて、とてもいい効果を生んだように思う、と。発想の転換が功を奏したのだと思う、と。

これまた意外なことに、佐藤はそれを、すんなりと認めた。「それはわかる」と。「そういうやりかたに変化して、いい結果が出るということは、よくわかる」と。

非常に僕は、驚いた。小山田圭吾がしたことについて、佐藤が肯定的な言葉を口にしたのを、このとき初めて僕は聞いた。いつもの「テヤンデエ」が出なかった。大地雷を踏んずけてしまったはずが、そうはならなかった。

こんな話題を、なぜ僕が佐藤に振ったのかということについては、伏線がある。

フィッシュマンズが〈ワイキキ・ビーチ・スタジオ〉を手に入れたころのことだ。なにかの拍子で、僕は小山田圭吾といっしょにいた。そのとき彼が「専用スタジオって、いいよねえ」と、フィッシュマンズのそれについて、うらやましがっていた、ということがあったのだ。もちろん僕は、すぐに佐藤に、その話を、小山田圭吾の発言を伝えた。そのとき佐藤はこう言った。

「いやー、でもさ、あの人だったら、すぐにスタジオぐらい、建てられるんじゃないの？」と、そんなことを言いながらも、最後の「じゃないの」のあたりで、佐藤の声は、ほとんど裏返りそうになっていた。完全に目が笑っていた。よっぽど、嬉しかったのだろう。「小山田圭吾にうらやましがられた」ということが。コーネリアスよりも、創作上優位な環境を、フィッシュマンズが手にしている、という事実が。

そして――ここからは、僕の勝手な想像でしかないのだが、もしかしたら、『ファンタズマ』における小山田圭吾の一大刷新、自らとエンジニアで、まずはやれるところまでやって、「間引いた」あげくの引き締まったスタイルを獲得する、という手法は、〈ワイキキ・ビーチ・スタジオ〉におけるフィッシュマンズのやりかた――なかでも『空中キャンプ』のそれに、影響されたということは、あり得たのではないか、と。もちろんこれは、僕が勝手にそう思っただけで、本人に確認をとったことはない。しかし、「もし」そのとおりであるとするならば、その仮定の上に立つならば、今度はフィッシュマンズが『ファンタズマ』から、新しい「やりかた」を発想するきっかけを得ることも、可能なのではないか――と、そんなふうに僕は考えたのだ。それゆえ僕は、佐藤が機嫌を悪くすることも覚悟の上で、前述のように言ったというわけだ。

しかし、このときの佐藤は、爆発しなかった。そして、とても真面目な顔で、僕の発言に対して、こう応えた。

「わかるんだけどさ、それは。でも、俺らには、できないんだよ。ソロの人は、それができるんだろうけど。俺らバンドだからさ」

俺らはバンドだから、これまでに蓄えてきたものを、捨てることはできない、と、佐藤はつづけて、きっぱりと言った。おごることなく、たかぶることなく、落ち着いた口調で、そう答えた。

佐藤伸治という男が、ちょっとばかり、大きく見えた。ごくごく自然な態度でありながら、彼は自信に満ち満ちていた。よっぽどこれは、調子がいいんだろうなあ、と、長年この男を見つづけてきた僕でも、そう思わざるを得ない、風格のようなものまであった。

やっぱライヴはいいねえ、と、この日の佐藤は、まるで銭湯帰りのおやじが風呂の話をするかのように繰り返していたから、気力体力ともに充実していたのだろう。それはそうだったのだろう。しかし、だとしても、小山田圭吾のことすら「わかるよ」などと言ってしまえるようになった「でっかい」佐藤伸治の姿に、僕の期待はより高まった。「ゆらめき～」のそのつづきが、まるでいま、この部屋のなかの空気中に、すでに漂っているようにすら、感じられた。それこそ、ゆらゆら、ゆらゆらと。

去り際に佐藤は、「これ貸してよ」と、一冊の本を手にとった。「ツアー中に、読むものがないんだよね」と。

彼が手にとったのは、ソファの脇に積み上げられていた本のなかにあった一冊、『フィル・スペクター／甦る伝説』の初版本だった。大瀧詠一が監修した、日本語で読めるフィル・スペクター評伝本の決定版でありながら、このときは絶版になっていたものだ。

とても了見が狭い話だとは思うのだが、僕はだれかに本やレコードを貸すことが、好きではない。借りることも、好きではない。だからやんわりと、断った。

「これ、ハードカヴァーだから、重いよ」と僕は言った。「旅先で読むには、きっと、よくないよ」と。

「や、だいじょぶだいじょぶ」佐藤はそう言いながら、ページをぱらぱらやり始めた。くりくりとした罪のなさそうな目が、流れるページを追っていた。それ以上はこばむわけにもいかず、僕はその五百ページほどもある一冊を、佐藤に貸した。

これが僕にとって、最後の佐藤伸治インタヴューとなった。


十二月二十八日、赤坂〈BLITZ〉に僕はいた。

どうもここ数年、毎年十二月の、しかも年の瀬が押し迫ったころにフィッシュマンズを観ているなあ、と僕は思った。考えてみれば、最初に彼らのライヴを観たのも、クリスマスの直前だった。

この夜は、『男達の別れ』と題されたツアーの、最終日だった。柏原譲は、この夜を最後に、フィッシュマンズを脱退する、ということが、すでに発表されていた。彼の勇退ツアーとして、これは『男達の別れ』と題されたものだった。

柏原の脱退を知ったとき、もちろん僕は、ショックを受けた。あのベースなくして、どうやってフィッシュマンズが、あり得るというのか、と。

そして同時に、こうも思った。「またか」と。フィッシュマンズが、余人には想像がつかないようなジャンプをするとき、かならずメンバーが欠ける。メンバーが欠けたから、ジャンプするのか。それとも、その逆なのか。どっちが先なのかはわからないが、いつもいつも、それが起こる。「ゆらめきIN THE AIR」を思い出しながら、これもまたいい結果につながるはずだ、と――なんの説得力もないのだが――僕は自分に言い聞かせていた。これまでも、そういった点では、予測不可能なバンドだったじゃないか、と。

そんなことを考えながら、僕はこの夜、ライヴ会場に入った。

場内は、異様な雰囲気だった。これまでのフィッシュマンズどころか、どんなライヴの会場でも、一度たりとも体験したことがないような空気が、そこにはあった。

ドアを開けた途端、圧迫されるような空気の層を全身に感じた。息苦しいような熱気だった、というわけではない。お客さんはいっぱいだったが、静かに開演を待っているかのようだった。しかしまるで、この場所では空気の密度と重量が変わってしまったかみたいに、濃密なゼリーのようになったそれが、会場じゅうに充満していた。場内のほぼ全員が、柏原譲の脱退に衝撃を受けて、別れを惜しみ、ツー・ピースとなるフィッシュマンズを案じて、ものすごく高周波の脳波を発していたのではないか。ここにいる、それぞれ、ひとりひとりの、感情の波のようなものが、ひとつの大きな波形を成して、物質化したかのようだった。〈BLITZ〉のホールのなかで、それが渦を巻いていた。

不思議なことに、それは不快なものではなかった。僕はそこに、ほっとする安心感すらかんじた。そしてこれが、これこそが、佐藤が言っていたことなのか、と気づいた。

「つつみ込むような感じ」になる。会場全体が、そうなることがある。佐藤はそう言っていた。「つつみ込まれたい」と、あの男は言っていたわけだ、つまり。まるでさびしがり屋の子どものように。およそこの世の「何とも」つながりがない、と毎日普通に感じている彼は、「心のふるえ」を求めて、それをライヴで得ることを、観客の全員とそれを共有するということをこそ、希求しつづけていた。「いいライヴ」をやって、共感の渦のなかに「つつみ込まれて」、世界と自分の「つながり」を感じたい、と願いつづけていた。そのためにこそ、体を張りつづけていた。

音が鳴り始める前から、演奏が始まる前から、この夜の〈BLITZ〉には、すでにそれが、満ちあふれていたように思う。佐藤伸治という、特大のさびしんぼうが率いる、フィッシュマンズという希有なバンドへと寄せる、観客ひとりひとり、それぞれの想いが、ホールの隅々までを満たして、まだ壇上にもいない彼らをも、つつみ込んでいた。

まるで家族みたいじゃないか、と僕は思った。このホールにいる、この空気のなかにいる人たちの全員に、とても近しい気持ちを、僕は抱いた。そんなことを初めて感じた。

「Oh Slime」「ナイトクルージング」「なんてったの」「Thank You」「幸せ者」「頼りない天使」「ひこうき」「IN THE FLIGHT」「WALKING IN THE RHYTHM」「Smilin' Days, Summer Holiday」「MELODY」「ゆらめき IN THE AIR」「いかれた Baby」「LONG SEASON」、全十四曲が演奏された。

もう二度と、この演奏でこの音楽を聴くことができないことは、わかっていた。一秒一秒、ビートの小数点以下までもが、かけがえもなく愛おしかった。それらすべてが腕のなかをすり抜けていった。鳴り止まないでくれ、鳴り止まないでくれ、と僕は、「LONG SEASON」の演奏中、ずっとそればかりを願いつづけていた。

第11章

1999年3月15日、3月20日

それを僕は、電話で知った。三月十六日の午後だった。

かかってきた電話を、僕がとった。はい、ブラッディー・ドルフィンズです、と、そのとき僕は社名を告げたはずだ。そこは渋谷区の神南にある古いビルの一室だった。〈米国音楽〉の新しいオフィスだった。作業デスクのすぐ脇にある窓のブラインドのあいだを抜けて、薄い板ガラスのようになった西陽が斜めに差し込んでくる時間帯だった。

電話の主は、よく知った人だった。〈りぼん〉の植田さんだった。

このとき僕は、相手が植田さんだとわかって、いつもお世話になっています、と、普通こういう場合にするあいさつを口にしたはずだ。彼女がそれに応えたか、応えなかったのか、それは憶えていない。憶えているのは、植田さんの口からそれまでに聞いたことのなかったような声のトーンで、さとうしんじがせいきょしました、と告げられたことだ。

最初僕は、なにを聞いたのか、理解できなかった。

「逝去」という言葉に僕は、なじみがなかった。日常的に口にしたり、耳にしたりするものではなかった。だからそのとき、「せいきょ」という音を聞いても、即座にそれがなにを意味するものなのか、反応ができなかったのだ。ちょっと勉強しただけで、結局は投げ出してしまった外国語の単語のような響きですらあった。

しかし不思議なことに、このとき、植田さんが伝えようとしたことは、僕のなかへと一瞬のうちにすとんと入ってきた。彼女の声のトーンから、それを感じ取ることができたのだろう。「せいきょ」という言葉そのものは、僕のなかでまだ、正しい漢字へと変換されてはいなかったにもかかわらず、そしてもちろん、伝えられたことの内容が、非常に唐突な事柄だったにもかかわらず、佐藤伸治が死んだということが、僕はわかった。佐藤が死んだということを、いま自分が告げられているのだということは、どこも疑いようのない事実だということを、僕はそのとき理解した。

「佐藤伸治が逝去しました」そんな言葉によって、僕はその事実を知らされた。

植田さんが言うには、佐藤は風邪がこじれて、この日の前日、十五日に他界したということだった。

彼が風邪をひいていたことは、僕も知っていた。

この二か月ほど前に電話で話をしたときにも、佐藤は風邪をひいていた。そのとき僕が電話をかけた先にたまたま彼がいて、途中で電話口にあらわれたのだった。

「相変わらず、風邪ひいてるんだよね」と佐藤は言っていた。また、こうも言っていた。

「いま？　なーんも、してないよね」と。

彼に貸しっぱなしになっている本について、僕は佐藤に言った。もし読み終わってるんなら、あれ返してよ、と。わかった、今度返しに行くよ、と彼は言った。新しい事務所、渋谷なんだって？　この前、近くまで行ったんだよ。だから探したんだけどさ、わかんなかったんだよね、と佐藤は言った。

なんだ、だったら電話ぐらい、かけてくればいいじゃないか、と僕は言った。そうだね、つぎはそうするよ、と佐藤は応えた。

それが彼と交わした、最後の会話となった。

なにしろ佐藤は、ツアーをしていないときは、年がら年じゅう、風邪をひいているような男だった。それが普通のことだったので、僕は佐藤から風邪の話を聞いても、またか、と思っただけだった。そんなことぐらいで、命にかかわるようなことになるなんて、ほんのすこしも想像しなかった。

植田さんからの電話は、短いものだった。要件だけを、世間にニュースが出回る前に知らせようとしてくれたものだった。その要件を理解したあと、僕は大変動揺してしまったようで、「えっ」と言ったあとは、ほとんどなにも、ろくに話すことができなかった。きわめてありきたりで、しかし要領を得ない文言を——僕になにかできることがあれば、なんでも言ってください、といったようなことを——つっかえながら、たどたどしく伝えようとした。

電話を切ってから、室内にいた二人のスタッフに、そのことを伝達した。佐藤が死んだんだって、と僕は言った。スタッフのひとりは、すこし涙ぐんだような表情をした。二人とも、この唐突なニュースを、いっさいの疑念を差し挟まずに信じたようだった。きっと僕の声は、植田さんのようなトーンになっていたのだろう。

そのあと、僕は日常的な業務に戻った。さして忙しい時期ではなかったので、早く帰ろうと思っていたのだが、結局のところは、そのまま深夜まで作業をつづけた。電車もなくなる時刻にオフィスを出て、新大久保まで行った。そして韓国料理店で食事をした。あまりにもふらふらしてきたので、肉を食べて、身体のなかになにか強い力が湧き出してくるようなものをこしらえないといけない、と思ったのだろう。鍋をつつきながら、初めてすこし泣いた。くやしくて、腹が立って、しょうがなかった。そして同時に、こわかった。家に帰りたくなかった。ものすごい速度で回転する地球にしがみついていたはずのひとりの人物が、こらえ切れずにはじき飛ばされてしまったように感じた。だとしたら、自分がここにいられる理由なんて、あるわけがない。そんなものはなにひとつ、思いつかなかった。

下北沢には、近寄りたくなかった。あのあたりすべてが、NATOかなにかに空爆されてしまったように感じた。そんなこわいところには、帰りたくないと思った。

それから数日間は、きわめて日常的なことだけを、僕はロボットのように繰り返した。朝日新聞の朝刊に佐藤の訃報が載ったことは憶えている。ほう、フィッシュマンズも、偉くなったもんだねえ、と、そのとき思ったことも憶えている。「新聞見たよ。偉くなったもんじゃん」などと、軽口を叩く相手がまだいるかのような気分だったのだろう。歯を磨いたり、顔を洗ったり、ご飯を食べたり、トイレに行ったりするようなレベルの行動をとるときですら、すべてどこかに霞がかかって、感覚が麻痺しているかのようだった。

告別式は二十日だった。佐藤の実家がある葛西の斎場がその場所だった。

いやな天気だったことを憶えている。コンクリートのような色ののっぺりした雲が低い位置で空を覆いつくしていて、そこから粒の大きい水飴のような重い雨が落ちていた。ぱつん、ぱつん、とその雨が、駅から斎場まで向かうタクシーの屋根を叩きつづけていた。煙は空に上がるはずだよな、と僕は窓の外を眺めながら思った。この曇天のどこかに、その煙はまだ捕らえられているんじゃないかという気がした。

斎場では、見知った顔が多くいた。小山田圭吾もいた。彼が来るということは、僕は共通の知人から聞いていたので知っていた。佐藤の訃報に接して、なんでだよ、と彼が怒っていた、という話も聞いていた。

フィッシュマンズの関係者は、もちろん多くいた。何年も会っていない、僕にとってはなつかしく感じる人もいた。見慣れた顔ぶれが、一度も見たことがないような表情をしていて、そのことが一番つらかった。

告別式の会場は、建物の二階か三階にあった。細い階段を上っていくと、大広間のような部屋に出て、そこに花で覆われた大きな台があり、その中心に大判のプリントで佐藤の写真があった。いい笑顔の写真だった。

その部屋の隅っこのほうに、ＺＡＫがいた。なにかセッティングしている様子なのは横目で見ていたのだが、献花が始まったのと同時に、そこでバンドの演奏がスタートして、音が鳴り出した。それは「チャンス」のイントロだった。驚いてそっちを見ると、そこに小嶋謙介がいた。フィッシュマンズの初代ギタリストの彼が、ギターを弾いていた。ドラムスは茂木欣一で、柏原譲がベースを弾いていた。ヒックスヴィルの木暮晋也もいた。歴代のフィッシュマンズ・メンバーとサポート・メンバーの全員がいるかのようだった。ハカセもいた。なんだハカセいるじゃん、と思った途端、込み上げてくるものがあった。

この演奏を、ずっと聴きつづけていたいと思った。これまでに何度も何度も、数えきれないほど聴いたことがある、観たことがあるこの音楽が、これで最後になるのなら、その最後の最後まで、この場にいたいと僕は思った。

しかし場内には、あとからあとから、人が入ってきて、息苦しいほどになっていた。先に部屋のなかに入った者から、つぎつぎに出て行かないと、にっちもさっちもいかないような、そんな状況にまでなっていた。だからそれ以上は立ち止まっているわけにもいかず、人の波に押されるがままに、僕はその広間をあとにした。

告別式の会場で、演奏を観ながら、僕は妙なことを想像していた。なぜそうなったのかというと、基本的に、ほとんどの感覚がなにもかも麻痺していたせいなのだろう。

夢を見ているような気分だった。あるいはまた、これまでのすべてが夢だったような気もした。

あそこに突然、佐藤伸治があらわれるような気がして、しょうがなかったのだ。フィッシュマンズの歴代メンバーが、ああして演奏をつづけていると、献花台のうしろあたりから「いやいやいや」などと言いながら、ひょろりひょろりと彼が歩み出てくるのではないか、と、そんなことを考えていたのだ。

その空想の内容については、きっと最初に彼の姿を見たときのことが、影響していたのだと思う。〈ラママ〉のあの夜の、奇妙なステージングが、記憶のなかにあったのだと思う。

あのときも佐藤伸治は、当初ステージ上にその姿はなく、演奏の途中で、ふらふらふらと、きわめて面妖な足どりで、僕らの目の前にあらわれ出たのだった。へらへらと笑いながら。いやいやいや、などと、言いながら。

このときも、そんなことがあるんじゃないか、という気がしていた。

あの〈ラママ〉の夜、暗い坂をひとりで歩いていたときのことを、ときどき僕は思い出す。佐藤が「あの坂が好きだ」と言っていたことも、合わせて思い出す。「〈ラママ〉を目指して、あの坂を上っていると、気合いが入るんだよな」といったことを、彼は言っていた。

僕はまだ、坂の途中にいるのかもしれない。あのときは真っ暗だったから見えなかっただけで、坂の上の空には、やはり雲があったのかもしれない。それは飛行機雲で、いまも消えずに残っているのかもしれない。

W
F

それから

こうして九〇年代のことを思い出してみると、あらためて、今日との著しい違いに、ひとつの感慨を僕はいだく。あれは不思議な時代だったのだな、と。

日本レコード協会の統計によると、音楽産業界の「右肩上がり」が終わったのは、九八年だ。CDの生産枚数ベースでも、生産金額ベースでも、その頂点となったのが九八年で、翌九九年には、がくんと減少した。まさにそれは「底が抜けた」とでも言うべき、劇的な大減少だった。8cmCDシングルも、CDアルバムも、九五年当時の水準へと、一気に後退した。たった一年で、そこまで落ちてしまったわけだ。

そしてこのあとも、「稼ぎ頭」のCDアルバムについて言うと、一度たりとも、「九八年の水準」を回復することはなかった。順調に「右肩下がり」をつづけて、〇九年度の統計数によると、アルバム生産枚数で言うなら七八年のレベルにまで、後退した。生産金額ベースで言うなら、八八年のLPレコードとCDアルバムの合計に近い。

僕の実感で言うならば、おそらく「日本レコード産業最高の一年」とは、九八年ではなく、その前年の九七年か、もしくは前々年の九六年あたりではなかったか、と思う。なぜならば、一度書いたとおり、日本においてCDは指定再販商品だからだ。店頭から卸しへ、卸しからメーカーへ、返品できる商品だからだ。

容易に想像できることは、この「底抜け」の引き金となったのは、「川下」側からの悲鳴だったのだろう、ということだ。結局はその少なからぬ数が返品となるものを、形式的に流通させることへの、限界点というのは、かならずある。「それはもう無理だ」と、おそらくは小売店や卸しからの拒絶反応が顕在化した結果、メーカー側が「無駄に刷る」ことを急遽手控えることになったのが、この九九年だったのではないか。特殊な流通システムであるだけに、メーカーが生産調整に入った段階で、すべての様相は決していたはずだ。傷口は、広がるだけ広がっていたはずだ。

つまりは、これもまた、バブルだったということなのだろう。日本における、そのほかの産業、なにもかもと同じことが、音楽産業にも起こった、ということだ。規制とその解除、利権と談合、特権的立場からの情報操作などなどを背景とした「音楽バブル」のようなものが、九〇年代の全体をとおして、ふくらみにふくらんでいったのだろう。

僕はこれが、他人事だと思っていた。要するに、甘かった。隙があった。それは僕だけではなく、僕が親しんでいた小さなネットワーク、そのほとんどすべての関係者について、同じことが言えたはずだ。鉄壁の防御を固めていなければいけなかったのが、甘く考えていた。「欧米だったら六〇年代から当たり前」の文化体系のなかに自分たちはいるのだから、国際的な標準に依っているのだから、と、自信満々ですらあった。よもやそれが、まるで暴徒の集団に焼き打ちにあうかのように攻撃されるとは、想像もしていなかった。

「渋谷系」という言葉は、九六年あたりを頂点として、メディア上での露出は減少していった。そのなかにカテゴライズされていて、ある程度のビッグ・ネームとなっていた者それぞれは、順調に作品を重ねていた。しかしそれらすべてに対して、まるで魔女狩りのような、言うなれば「渋谷系狩り」とでも呼べるような、おぞましい攻撃が仕掛けられた、と僕が感知できたのは、これも九九年だった。

音楽専門雑誌だけではなく、新聞の文化欄、週刊誌の音楽欄、いたるところで、ひとつの論調が、まるでだれかに検閲でもされているかのように、いっせいに、急激に、流布されていった。新しくデビューした「J」のミュージシャンを褒めそやすことがその論の主旨だとしても、そこでは枕詞としてかならず、「渋谷系的なるもの」を攻撃しなければならない、ことになっていた。まるでもの言わぬサンドバッグであるかのように、カジヒデキが嗤われ、侮蔑されるようになったのも、やはりこのころだ。

つまり、僕が親しみを感じていたネットワークのすべてが、あたかもバンド・ブームのときのように、「収穫が終わった焼き畑」として、見捨てられたということだ。実際に、そのとおりのことを、楽しげに原稿に書いている音楽評論家すらいた。

そこからは、こっちは、撤退戦の一方だった。撤退につぐ撤退だった。落ち武者狩りの伝統なのか、なんなのか、凄惨な掃討戦を仕掛けてくる無数の追っ手から、なんとか逃れるかのような、そんな日々が始まったのが、僕にとっての九九年だった。

佐藤が他界したから、それが始まったのだ、とは思わない。フィッシュマンズにそれほどの影響力はない。しかし、なにか重要な領域での小さなバランスが、あそこから狂ってしまった、のかもしれない。

あれから、多くのミュージシャンが世を去った。親しかった人、あまり知らなかった人、いろいろだったが、僕と同世代か、あるいはもっと年下の者もいた。常識的に言って、それは若過ぎる死だった。なぜそんなことがつづくのか、僕にはとても理解できなかった。ただひとつ、ふと思ったのは、ロックを聴き始めた子どものころに感じたことだった。

「六〇年代末から七〇年代初頭のアメリカでは、どうしてこれほど多くのすぐれたミュージシャンが、若くして他界したのだろう」

子どものころ、そんなことを感じたことを、僕は思い出した。まるでそれと同様であるかのように、のちに伝説として語られるべき時代を生きていたかのように、僕のまわりでは、訃報が相次いで、そして連鎖していくかのようだった。自分たちが、まるでなにかの物語のなかにいたかのように感じられた。

九九年の三月以降、僕はフィッシュマンズを聴いてはいなかった。聴くことができなかった。映像作品については、いまだにそのほとんどを観てはいない。

とはいえ、レコーディングされたフィッシュマンズ・ナンバーなら、すべて記憶のなかにある。だからなにかというと、それは自動的に頭のなかで鳴り出していた。

佐藤のことも、毎日のように、思い出した。たとえば、テレビの音楽チャンネルで、できが悪い楽曲を演奏するバンドをつい見てしまったときなどに、こんなふうに思う。やれやれ、佐藤がこれ見てたら、怒るぜ、きっと——そんな感じで、彼のことを思い出すことは、あれ以来ずっと、僕の日常の一部となっている。

僕にとって、佐藤伸治とは、彼のやったこと、彼の人柄というのは、ひとつの価値判断基準となっている。

「佐藤だったら、こう言うね」

「佐藤だったら、こんなもんじゃないぜ」

そんなふうにして、ものを考えることが、僕は多い。真面目に音楽に取り組むミュージシャン、魂を芸術に捧げたアーティストは世にたくさんいるだろう。しかし、あそこまであからさまに「自分自身にきびしかった」男を、僕はほかに直接知らない。いつもいつも、彼はまず、自分自身に問うていたように思える。「もっとやれるはずなんだよ、お前は！」と。そしてそれを実現するために、たゆまぬ努力をつづけることが、ごく普通の日課となっていたような男だったのだと思う。

まったくもって、僕はそうではない。であるがゆえに、「佐藤だったら」と考えることが、自分にとってなにかしら重要なことであるかのように、感じているのだろう。

本書を執筆するにあたって、僕はフィッシュマンズの作品を、すべて聴き直した。それを流しっぱなしにして、原稿を書いた。過去に書いた自分の原稿も読み直した。そこにひとつの傾向を、僕は発見した。どうやらこの川﨑大助という男は、「フィッシュマンズを評論する」という意識が、まったくなかったのだな、と。

どうやら彼は、「フィッシュマンズはいい」と思ったことを、「いいんだぜ」とだれかに薦めることを主眼とするばかりで、それがどう「いい」のか、きちんと解析したり、説明したりすることには、ほぼ手をつけてはいなかった、という特徴に気づいた。どこからどう見ても、音楽評論家としては失格だな、こいつは、と思った。

たしかに、それはそうだった。僕は自分自身が「フィッシュマンズをどうとらえているか」ということには、さして興味がなかった。フィッシュマンズのリスナーに、あるいは、潜在的なリスナーに、僕が知り得たことを伝達したい、情報のパイプとなりたい、と考えていただけだった。いいレコードを聴いたら、いいバンドを発見したら、友だちに教えたくなるでしょう？　それとほぼ同じ行動原理だけで、長年やってきたことに、やっといまごろ、気がついた。我ながらそれは、あまりにも頭が悪いなと、あぜんとするほかないのだが。

本書において、僕はほとんど初めて、要所要所で、「フィッシュマンズを評論すること」を試みた。うまくいったかどうかは、わからない。そして――こう言うと、ちょっと差し障りがあるかもしれないが――やはり相も変わらず、自分の評論が正鵠《せいこく》を射ているかどうかを、最重要視しているわけではない。

僕にとって、最も興味があることは、できるかぎりあるがままのフィッシュマンズが、聴き手であるあなたに、できるかぎりあるがままに受け取ってもらえるよう、なんらかの役に立ちたい、ということにつきる。「立派な音楽評論家」になるぐらいだったら、「フィッシュマンズのこぼれ話を教えてくれた奴」と思われたほうが、僕は嬉しい。

また、こうも思う。九六年に「ドミノが倒れた」あと、フィッシュマンズはありとあらゆる評論家から絶賛されるバンドとなった。しかしそのせいで、煙たく感じて、聴く気にならなかった、という人の話を、僕は耳にしたことがある。その人の気持ちが、僕にはわかる。洋楽において、同様の体験は僕にもあったからだ。そのバンドが、そのレコードがどうであるかではなく、「それを誉めている奴ら」が嫌いだから、あんなもん聴くもんか、といったような姿勢だ。

しかし当たり前だが、フィッシュマンズは、そういった「聴かずぎらいの姿勢」によって、はじかれていいバンドではない。たんにそれは、彼らが「評論家から無視されつづけたバンド」だったから、だけではない。佐藤伸治の姿勢を見てみればいい。彼はつねに「俺のことはいいから」と言いつづけていた。「これは、聴き手である『あなたのための歌』なのだから」と。だから、僕をも含めた「途中に立った奴ら」のせいで、本来フィッシュマンズを必要とする人のもとに、フィッシュマンズが届かないで終わるとしたら、そのことが僕は、最も悲しく、おそろしい。

ボブ・マーリーとまったく同じ意味で「誇り高き」バンドが、フィッシュマンズだった。それを「聴いている」ということを、あなたはまず、誇りに思うべきだ。この音楽が、胸のうちに、頭のなかにしみ込んでいるということを、誇りの源泉とすべきだ。なぜならば、元来「音楽にやられてしまう」というのは、そんなことをこそ意味するものだったからだ。

俺は、わたしは、「こんなにすごい音楽を聴いている」——だから、教師や、上司や、親兄弟や、そのほかいろいろの「これを知らない」奴らとは、もう違う人間なんだ……そんな突っ張った感情を、あなたは持っていい。ちょっとばかりそれは、幼稚な感情かもしれない。ときには、はた迷惑な奴とも、なってしまうかもしれない。しかし古来、狭義のロックンロールとは、まさにそんな「プライド」の消えぬかがり火を胸の奥に燃やしつづける者によって、手渡しで継承されてきたものだった。

どんなにすぐれた音楽でも、聴く者がいないと、それは存在しないに等しい。聴き手のなかで、なんらかの波紋が広がって、そこで初めて、ロックンロールならロックンロールは、完結する。であるから、聴き手とミュージシャンは、正しく対当だ。きびしい聴き手は、へぼなミュージシャンよりも、はるかに丁重に敬われるべき存在だ。そして日本において、空前の規模で「きびしい聴き手」が音楽に没頭し、そしてときには自らの手で音楽を作り始めた時代こそが、フィッシュマンズが活躍した九〇年代だった。

英語において、数ある音楽ジャンルのなかで、ただひとつ「ロック」だけは、人物のありかたなどを形容する際にも使用される。「He's rock!」といった形で、ごく普通に誉め言葉として使われる。そしてこれは、なにもミュージシャンのみを指す言葉ではない。ロックが好きな人はもちろん、ロックな生きかたをしている人、なんだかかっこいい人、いろんな人が、そう形容される。

「俺はフィッシュマンズを聴いているんだぜ」と、ちょっと突っ張って思うときの感覚と、その「Rock」という語感とは、すごく近いものだと僕は思う。

本書の冒頭で、僕はこんなことを書いた。日本のポップ音楽史におけるフィッシュマンズは、ロック音楽におけるヴェルヴェット・アンダーグラウンドのような位置づけのバンドとなったのではないか、と。バンド・ブームの残り香があった時代にデビューしたことを考えると、おそらくレコード会社からは、言うなればモンキーズのような存在になることを望まれていたのだと想像できる。であるならフィッシュマンズは、「モンキーズになるかと思ったら、ヴェルヴェッツになってしまった」バンドだということだ。アイドルになることを期待されたのに、不滅のカルト・ヒーローとなってしまった、ということだ。

ちょっと想像しにくいかもしれないが、そのような歩みをしたバンドが、ポップの歴史上皆無だった、というわけではない。たとえば、ビートルズがそうだ。アイドル・バンドとして出発して、前人未踏の音楽領域を開拓する巨星となった。しかし、そのどの面も——初期も中期も後期も——まぎれもない「ビートルズ」でしかない。たとえば、もし、こんな人がいたとしたら、どうか。「レボリューション9」は認めるけれども、「プリーズ・プリーズ・ミー」は認めない……なんて人が、いたとしたら？　当たり前の話だが、その人は「ビートルズがわかっている」とは言えないだろう。というか、正直なところ「耳の穴かっぽじってから出直してこい」とすら、言いたくなるだろう。

フィッシュマンズについても、同じことが言える。だから僕は、日本のいかなる音楽評論家よりも、たんに「フィッシュマンズを聴きつづけている」あなたのほうが、ずっとずっと、比べものにならないぐらい、かっこいいと思う。それは「Rock」な行為であり、佐藤伸治や、フィッシュマンズの「誇り高さ」と通じるものを、すでに魂の所定の位置に、しっかりとそなえているはずだと思う。

ここで得られた「誇り」は、あなたを裏切らない。「誇り」を与えてくれた音楽が、あなたを裏切ることはない。それは無形の財産として、至上の宝石として、あなたの魂のすぐそばで、生涯にわたってつねに寄り添いつづけてくれる無二の親友となるはずだ。

そしてまた、僕はこう思う。「フィッシュマンズが、レゲエでよかった」と。

レゲエとは、「生命のビート」を宿した音楽だ。ブルーズ、ソウル音楽など、アフリカ起源のリズム、その遺伝子の直系である音楽にはすべて、むせ返るように濃厚な「いのち」の鼓動がある。ときにはタナトス的な指向性をも発揮する、音楽形態としてのロックとは、そこが大きく違う。これは悲観的、楽観的といった話をしているわけではない。目の前の現実がひどかろうが、楽ちんだろうが、だれの人生であっても、それは確実に、いずれ終焉を迎えるわけだから、そんなことをいちいち勘定しても、しょうがない。

そこに「いのち」があったとき。その鼓動そのものから、最大限のビートをつかみとって、そして見果てぬほど高い天へと飛翔していこうとするような機能が、「アフリカ起源のリズム」にはある。だからレゲエのバックビートは、あれほどまでに開放的に、聴く者すべてをいざなうのだ。運転席の窓を下げて「乗ってきなよ」と、それはあなたを誘う。強靭に、深くしなやかに、うねるベース・ラインは、グルーヴを刻みつづける。「Groove」という語には、「轍《わだち》」という意味もある。それは先行者の車輪が残すものであり、そしてだれもが、その跡をたどっていけるものでもある。

この音楽の力を、「レゲエ」における、ぶっとい芯がとおった「考えかた」を、キャリアの当初よりフィッシュマンズが一貫して追い求めてくれていたことが、それがなによりもの僥倖《ぎょうこう》であったように、僕には思える。

自らのその人生をまるごと託してしまえるような音楽――それは、いろんな種類のものがあるだろう。フィッシュマンズについて言うならば、彼らがレゲエを選び、そしてその信徒として修行に明け暮れていた、ということが、まずもって「そんな音楽を生み出す」有資格者であったことの、なによりもの証明だったのではないか、と僕は思う。

本書を執筆することになった経緯について書きたい。

最初のきっかけは、三田格さんのひとことだった。彼にまず謝意を表したい。インファスから刊行されたファン・ブック『すばらしいフィッシュマンズの本』に収録するために、三田さんと僕は対談をした。じつはこのときまで、僕は三田さんと会ったことも、話したこともなかった。この対談をセッティングした、前田毅さんにも感謝したい。

対談の終了後、〈米国音楽〉の連載を一冊の本としてまとめることを、三田さんから提案された。即座に僕が思ったことは「嫌だな」だった。意欲がないわけではなかった。だがしかし、あまりにもそれは荷が重過ぎて、正直、逃げたいという気持ちにすらなった。僕にとってのそれは、ティム・オブライエンやデニス・ジョンソンが、ヴェトナム戦争について書く行為と、ほぼ同義のものだったからだ。

三田さんから、河出書房新社の坂上陽子さんを、僕は紹介された。彼女の情熱なくして、この本が形になることはなかっただろう。その情熱によって、僕は目を覚まされた。担当編集者としてだけではなく、職業人としてだけではなく、個人としての奥深いところで、彼女はフィッシュマンズとの接点を大事にしている人だった。ティーンエイジャーのころ、〈米国音楽〉も読んでいたそうだ。行き当たりばったりの自分が期せずして残してきた、よろよろした轍そのものから、きびしく叱咤され、怠惰を戒められたかのようにも、僕は感じた。

ラスト・スタンディング・フィッシュマンである茂木欣一、〈りぼん〉の奥田義行社長、フィッシュマンズのマネージャーだった植田亜希子さんにも最大級の感謝を捧げたい。本書の執筆を彼らが応援してくれたことは、最大の励みとなった。自主的に、勝手に、だれに意見を求めるでもなく書き進めていた〈米国音楽〉連載原稿をリライトするにあたって、当事者のかたがたからの賛意や支援を得られたことは、僕にとって、分不相応の恩寵とでも呼ぶべきものだった。

そのほか、本書に登場してくる、あるいはしなかった、フィッシュマンズにかかわる、そのすべての人々にも感謝したい。あなたの手元にある、フィッシュマンズのオリジナル・アルバムの、そのどれでもいい。スリーヴのクレジット欄を見てみれば、これらの人々の名前が並んでいるはずだ。

子どものころから、僕はレコードのクレジット欄を眺めることが好きだった。どう発音していいかわからない名前も、洋楽の場合は多かったのだが、それらを前にして「エグゼクティヴ・プロデューサーというのは、なにをする人なのか」などと考えることが、好きだった。いかなるバンドでも、どんなレコードでも、それを支えるスタッフや関係者の人的ネットワークなくして、社会と接点を持つことはない。そんなダイナミズムの一端を、僕は目撃した。これほど近い距離で、また長期間にわたって、ひとつのバンドと、そのネットワークを見つめつづけることは、僕の人生においてはもうないだろう。そのダイナミズムの幾ばくかを、本書の記述のなかから感じとってもらえたら、と思う。

僕のあやふやな記憶を検証してくれた、〈現音舎〉の横田太朗さんにも感謝したい。

さらにもし、本書においてなにか誤記や事実誤認、あるいは不当に偏向した記述などがあった場合は、その責はすべて、筆者である僕に帰する。

そしてもちろん、フィッシュマンズを聴きつづけて、本書をいま手にとってくれている、あなたにも感謝したい。あなたがいたからこそ、本書はここにある。


最後にちょっと小話というか、余談というか、妄想というか、日々つらつらとフィッシュマンズについて考えているうちに、頭に浮かんだことを、ここに書いておきたい。それは、バンド名の由来にかんするものだ。

フィッシュマンズという名前について、公式には「佐藤が釣り好きだったから」名付けられたものだ、という説がとられている。または「佐藤が『魚に似ていた』から」という説もある。どちらにしても、まあ、あまり深く考えた末につけられた名前ではないな、ということは鑑みられる。だいいち、変な名前だ。普通に英語として考えると。

最近僕は、ここに新説を加えたい、と考えている。というのも、「フィッシュマン」というプロレスラーの存在を知ったからだ。彼はメキシコの覆面レスラー、つまり「ルチャ・ドール」であったから、まさにそのイメージは「魚男」だったのだろう。このレスラー・フィッシュマンは、何度か世界タイトルを獲っているし、さらには八一年には来日して、新日本プロレスのマットに参戦もしている。タイガーマスクや藤波辰爾とも対戦している。佐藤はかなり筋金入りのプロレス好きだったから、この「レスラー・フィッシュマン」が暴れていた時期に、おそらく間違いなく、プロレス中継や、プロレス雑誌などで、彼の勇姿を目にしていたはずだ。

そこにちなんだか、それとも、偶然の一致かはわからないが、佐藤がバンド名を「フィッシュマンズにしよう」と思ったとき、このレスラーの姿は、彼の脳裏のどこかに浮かんでいたに違いない。フィッシュマンの緑地に金色のパイピングのマスクが、ふっと浮かんだはずだ、と僕は思うのだが、どうだろうか。ちなみに、フィッシュマンの日本でのニックネームは「怪魚仮面」だったそうだ。

そのほか、「フィッシュマン」と言われて思いつくべきなのは、「これは人の姓（surname）ではないか」ということだ。「フィッシュマンさん」という人が、欧米には数多くいる。おそらくは、ゴールドマンさんとか、ニューマンさんといったユダヤ系、あるいはドイツ系の名字なのではないか、と僕は思うのだが、これには確証はない。音楽界において有名な「フィッシュマンさん」というと、フィッシュ（Phish）のドラマー、ジョン・フィッシュマンだろうか。

であるから、ここで少々、面白いことが生じる。フィッシュマンズの表記には、元来、冠詞はつかない。しかし、ライヴなどで興が乗ってくると、佐藤はよく「ザ・フィッシュマンズです！」と言っていた。こうなると、定冠詞の「ザ」がつくと、これは英語的には「フィッシュマンさん一家」という意味になってしまう。僕の家族が、英語なら「The Kawasakis」となるのと同様だ。

もちろん、そんなことは、佐藤は意識していなかったとは思う。しかしもし仮に「ザ・フィッシュマンズ」であるとするならば、それはつまり、ラモーンズみたいなことになる。ラモーンズのメンバーがみんな「ラモーン姓」を名乗っていたのと同様に、「シンジ・フィッシュマン」「キンイチ・フィッシュマン」「ユズル・フィッシュマン」「ケンスケ・フィッシュマン」──ハカセだけは「ドクター・フィッシュマン」と名乗ってほしいが──であるから「俺たちフィッシュマンズ」という意味であるかのように、とれなくもない。ラモーンズもつねに定冠詞を省略していたから、そもそもはフィッシュマンズには「ザ」がついていて、「フィッシュマン一家」というニュアンスがあったのではないか、と考えると、面白い。

なぜなら、「一家」であると考えると、その成員がひとり減ろうが、二人減ろうが、やはりそれでも、「一家は一家」だからだ。子どもが成長して、家を出ていっても「一家は一家」。日本なら盆や正月、アメリカなら感謝祭とクリスマスには、いっしょにご飯でも食べればいい。フィッシュマンズが、どんどんとメンバーが欠けていっても、それでもなおかつ「この集団こそが」フィッシュマンズである、という強いアイデンティティを存続させつづけたことと、「フィッシュマンさん一家なのだ」というアナロジーは、とてもしっくりとくる、という気がする。これも佐藤の言う「冗談から駒」なのだとは思うが、まさに「たまたまにしては、でき過ぎた話」であるように思う。

しかし最も「でき過ぎ」なのは、「それが魚だった」ということではないか。「魚のモチーフ」というと、世界中で最も有名なものは、キリスト教におけるそれだ。これは「クリスチャン・フィッシュ」と呼ばれるもので、二本の曲線の一方の端をくっつけて、もう一方を交差させることで示される、シンプルな図形を指す。このシンボルは、おもに、迫害されていた初期キリスト教徒が、自らの信仰を「わかる人にだけ」わからせる場合に用いられたものだ。であるから、たとえば「Weather Report」のなかで、「まるで魚になった気分だよ」と佐藤はしれっと歌っているが、そんなふうに「魚」と発語された瞬間に、僕ならずともふと、この図形を思い浮かべてしまう人も、多いのではないか。

僕の知るかぎり、佐藤は信仰を持ってはいなかったはずだし、キリスト教の知識もあったのかどうかは、わからない。とはいえ、芸術というものは、作った当人が思いもよらなかった意味をそなえてしまうことは、よくある話だ（＝冗談から駒）。キリスト教とロックにおける関係性は、そのさわりのところを、本書のなかで僕は書いた。レゲエにおけるラスタファリズムも、キリスト教からの影響はきわめて大きい。音楽をとおして、その文化体系の最も上段に控えている背後の領域へと、佐藤の想像力は延びていっていたのでは、と僕は思うのだが。

メンバーのひとりひとりが、「フィッシュマン」。まるでマスクド・レスラーのように、バットマンみたいなスーパーヒーローのように、それぞれが自立している強い個人が、疑似家族的集団として、杯をかわして旗揚げした「一家」こそがフィッシュマンズなのだ――どうも僕には、そんなふうに思えてしょうがない。そして彼らが掲げていた旗、あるいは家紋のようなものには、きっと「魚」のモチーフがあったに違いない。もっともその魚には、足なども生えていたのかもしれないが。

本書のなかで記したレコード店のほとんどは、もう街のなかにはない。また一方、「渋谷系」なり、九〇年代のストリートから生じた音楽ムーヴメントなりを否定し、駆逐することで栄えようとした、九九年あたりに登場してきた「J」にまつわるビジネスの数々も、そのほとんどが消え去った。

日本の音楽産業界全体は、百年一日のごとく焼き畑農業をつづけているが、そろそろ「焼き払うべき土地」すらなくなってしまった、ということなのか。年々その規模を縮小しつつ、斜陽しつつ、それでもなお、決して過去だけは振り返らずに、輝くばかりの遺産がそこにあることを自覚しないまま、少なくとも今日にまでいたっている。

そんななか、こうして僕がフィッシュマンズについての本を書いているということは、かなり奇妙なことだ、と感じざるを得ない。これはもう、彼らお得意の「土俵際で残る」どころの話ではないのではないか。願わくば、この不気味な粘り腰のまま、だれかが必要としたときには、振り返ればそこにかならず「フィッシュマンズがある」という状態でありつづけてほしい、と僕は切に思う。

相変わらず、僕はレコードを買っている。新譜を買う量はぐっと減ったが、しかし世界中、どこの街に行ったとしても、同じような店ばかりを覗いている。中古レコード店、古書店、古着店などがそれだ。

また、相変わらず僕は世田谷に住んではいるのだが、かつては毎日歩いていた、渋谷や下北沢からは、離れた場所にいる。なにか用事があって、それらの街を訪れるたびに、現在進行形で進んでいる、その著しい変化を目撃する。

しかしたとえば、下北沢の商店街から一本横道に入ると、途端にその空気は変わる。ひとつふたつの角を曲がってみたとき、ふとこんなことを、思うこともある。その先の角をもし曲がったなら、そこで〈喫茶・佐藤〉が営業中なのではないか、という妄想だ。あるはずはないのだが、あってもいいような空間は、まだどこか、あの街の隅っこのほうには残っているのではないか、と思うときがある。

この僕もまた、望むと望まざるとにかかわらず、この東京の「囚われ人」のひとりだということなのだろう。いまもなお、この狭い空の下で、遠くにまたたく星空を眺めたり、天上の理想郷を思い浮かべたりしては、日々を過ごしている。

さらに、それから

旧版の『彼と魚』の奥付を眺めてみると、二〇一一年二月二十八日初版発行と記されている。だからそこから、話を始めてみよう。

同書は僕にとって初めての、いわゆる単著だった。だから普通に著者がやるようなことを、見よう見真似で、いくつかこなした。そのひとつに、宣伝目的でのラジオ出演というのがあった。茂木欣一がパーソナリティをつとめる番組『ジャスタ・レイディオ』に、僕がお邪魔することになった。

同番組は、このころ毎週、土曜日の深夜二十四時ちょうどから三十分間放送されていた。放送局は〈TOKYO FM〉だった。だからかつてよく訪れていた半蔵門のビルへと、僕は赴いた。二月の末か、三月に入ってすぐのころだったろうか。すでに本は手元にあったはずだ。リスナーへのプレゼントということで、茂木とともに、何冊かに僕はサインをした。茂木のような、つまり昭和の西城秀樹みたいなかっこいい筆跡ではなく、小学生男子が体操服の名札に記したがごとき署名しか書けない僕は、こちらもローファイな猫の顔のマンガ絵をその脇に添えた。

このときの出演は、ずいぶんひさしぶりの、茂木との再会だった。そして僕にとっては、ひとつ、心理的に大きな区切りともなるものだった。すでに書いたとおり、同書の底本となった〈米国音楽〉での連載は、だれに相談するでもなく、許諾をとるでもなく、僕が勝手に書き進めていたものだったからだ。

番組は生ではなく、スタジオで収録された内容が後日放送されることになっていた。茂木との会話は、楽しいものだった。彼のそもそもの「ラジオ向き」の天分が、経験を重ねて熟成の域に入り始めていた。かつての、九〇年代の、ときどき「波の音」が聞こえてくるかのような、佐藤伸治とやっていたあぶなっかしいものでは、まったくなかった。

そして収録内容の放送日は、じつにたまたま、僕の誕生日だということだった。だから収録中に、おめでとうと茂木から言われ、僕はありがとうと応えたり、していた。三月十二日が、僕の誕生日だった。放送予定日の一日前、その午後に、僕は自宅近くの駅前で編集者と待ち合わせしていた。その場所へと至る近道である、急な坂をひとりで上っていたときのことだ。突然強いめまいを覚えて、思わず前方につんのめりそうになる。バランスを取り戻して顔を上げると、大きく大きく、電線が揺れている。電柱も、揺れている。なにもかもが揺れていて、這うようにして坂を上りきったあとで、ようやく僕は、これがめまいではなく、想像を絶する規模の地震だと理解した。

なんとか駅前まで達してから、携帯電話で幾度か編集者に連絡しようとした。しかし電話はつながらず、メールにも返信はなかった。このころ急速に普及し始めていたツイッター内を検索してみて始めて、編集者がこのとき、小田急線の列車のなかに閉じ込められていたことを知った。これが三月十一日だった。

だから茂木といっしょに収録した内容は、翌十二日に放送されることはなかった。〈TOKYO FM〉のみならず、あらゆる放送が、媒体が、それどころではなかったからだ。収録されたものは、そのままお蔵入りとなった。

ここで僕は、ひとつの感慨を抱く。「フィッシュマンズは、なぜに非常時にばかり遭遇するのか」と。まず最初、九五年の阪神・淡路大震災と一連のオウム事件が、それだった。デビュー二十周年を祝して日比谷野外音楽堂でライヴが予定されていた一一年にも、これだ。

とはいえもちろん、「遭遇する」のは、本当は、当たり前だがフィッシュマンズだけではない。そのときに生きとし生けるもの全部、少なくとも日本列島の上にいるならば、みんな等しく「それ」に遭遇せざるを得なかった、はずなのだ。しかし——すでに記したとおり——フィッシュマンズほど「もろに」それらと正面衝突「できる」日本のアーティストを、僕はほかに知らない。

もっとも、災厄や悲劇を、具体的に歌詞のなかに織り込んだりするわけではない。逆だ。「とくになにも『おそろしい』事態には触れていない」歌であるように見えながらも、しかし、どれほど衝撃的な社会的大事件を聴き手がくぐり抜けたあとでも「まったく変わらずに」鳴りつづけるものこそがフィッシュマンズの音楽だと、言い切っていい。

このことを、一一年のあの暗い春、とても強く僕は痛感した。旧版の読者からの反応も、そうした意見が多く見られたという。「まるで、3・11のあとの世の中を見越していたかのように」佐藤が歌っていたように思える、という声もあった。じつは正直、僕もそう感じた、ところがある。

彼が未来予測かなにかやっていたとは、全然思わない。そんなキャラクターじゃない。佐藤伸治は、ただただ愚直なまでに「人生の真実」に向き合おうとしていたのだと、僕は考えている。「世間の」大事ではなく、「聴き手であるあなたの心」に起きる、いかなる反応にも万事対応できるような——対応した上で「いつも役に立てる」だけの強度があるポップ・ソングをこそ作ろうと、彼は日々淡々と、努力していたのだと思うのだ。

恋人ができた直後、ハッピーきわまりないときに聴く「いかれたBaby」は、そりゃあ最高だろう。しかし、なにかに「打ちのめされた」あとだったとしても——これは、聴ける。同曲の批評をおこなった際、死のまぎわにあるジャマイカン・ギャングの例などを僕が挙げたのは、そもそもそうした意図からだった。

だから、ごくごく「当たり前のこと」として、二〇一一年の三月以降も、フィッシュマンズの音楽は、鳴り止むことはなかった。それどころか、「その本質」に多くの人々が気づき、より一層、彼らの作品を愛好することになったのではないか。

なぜならば、人生に困難があったとき、心くじけそうになったときに役に立つものこそが「ほんものの」芸術だからだ。フィッシュマンズの音楽には、その一端へと通じる回廊が、佐藤伸治の手によって、あらかじめ備えつけられていると言っていい。

とはいえ、さすがに僕も、まさか昨年二〇二〇年から今年にかけて、世界がこんなふうになるとは、一切予想していなかった。

人類はおそらく、ここでまた、不可逆的な変化を受け入れざるを得ない。文化風俗的には、たとえばエイズの流行によって、カウンターカルチャー由来の「フリー・セックス」の時代が完全に終わってしまったのと同程度の傷跡は、最低でも残るだろう。第二次大戦以降、最も大きな「人類の共通体験」となるとの社会分析もある。もちろん「好ましくない」類のものとしての。

そんなときに、フィッシュマンズはデビュー三〇周年なのだ。ドキュメンタリーの『映画：フィッシュマンズ』もある。そして、本書だ。だからつくづく、前出の感慨を抱かざるを得ない。そして加えて、こうも思う。

「なんとフィッシュマンズの音楽とは『災禍の際に』無類の強さを発揮するのか」と。ある意味、救急箱や非常持ち出し袋のなかに入っているべき音楽なんじゃないか、とも。

話を戻そう。件の「ボツになった番組収録」から、ひとつの話題をここに書き起こしてみたい。本来ならば、一一年の三月十二日深夜に放送されていたはずのものだ。佐藤についての、話題だった。

このエピソードを電波に乗せてもいいかどうか、まず僕は、収録前の打ち合わせで茂木に訊いた。なぜならばこれは、茂木に関係するものであり、しかも、そのときまで一度も僕は、公の場で口外したことがないものだったからだ。ゆえに彼の許諾を求めたのだが、「いいよいいよ」とのことだったので、本番中の話題とした。だからつまり、以下に書き起こすエピソードは、ここで初めて文章化することになる。

それは、茂木の結婚披露パーティーにおけるひとこまだった。まだ〈ワイキキ・ビーチ・スタジオ〉があったころの話だ。スタジオからほど近い住宅地のなかに隠れるかのように、小さなイタリアン・レストランがあった。白を基調とした、清潔でかわいらしい内装の、心地いい空間のその店内にて、パーティーは開催された。招待された僕は、妻である堀口麻由美とともに、そこを訪れた。もちろん佐藤もいた。フィッシュマンズ関係者が、多くいた。

なごやかな、いいパーティーだった。料理もおいしかったが、なにより新郎が茂木だから、音楽がいっぱいだった。彼自身も演奏した。ドラムスを叩きながら、加山雄三の「君といつまでも」を茂木はほがらかに歌った。もちろん「語りの部分」つきでだ。そんな流れのあとに、佐藤がスピーチをする段となった。

そして、場は凍りついた。

たしかに、あとになって考えてみれば、あの男は容易に「こういうことを言う」奴だったのだ。しかしあのときはみんな——あまりにも「いい雰囲気」の宴の最中だったもので——本来やっているべき注意を、つい怠っていたのだろう。そこに隙があった。「佐藤地雷」を避けるための、事前の注意が……。

マイクを握った佐藤は、なんとも言えない、奇妙な表情をしていた。なにが気に入らないのか、固まったような、いまにも爆発するかのような、そんな顔つきだ。手のあたりが、ぷるぷると小刻みに震えていたかもしれない。ほがらかさも、あたたかさも、かけらもない。どちらかというと、いまそこで人を刺してきたばかりの人間みたいな顔で、どもりながらも、彼はひと息にこんなことを言った。

「ミミュージシャンはぁ、結婚すると、よくなくなる人が、いるんでぇ。欣ちゃんには、そうなってほしくないなって思います！」

そして僕の記憶では、マイクを床に落としたかのようなブツ切り状態で、彼はスピーチを終えた。

ついさっきまでの場内にあった空気は、この一瞬ですべて「破壊」された。あちゃー、あちゃー、と僕の脳内では自分の思考が反響していた。やっちゃったよぉ、と……。

だって結婚披露パーティーなのだから、茂木の親族も奥さんの親族も、そこには多くいたのだ。つまり音楽業界とは遠い、ごくごく「普通の」世界の人も、かなりいた。「にもかかわらず」佐藤はやってしまった、のだった。

収録のなかで、このときにどう思ったのか、率直に僕は、茂木に訊いてみた。「なんだあの、佐藤って奴は！」なんて、親戚の人が怒ってたりしなかったの?とか。茂木は大きく笑ったあと、こんなふうに快活に、受け流してくれた。

「いやあ、まあ、大丈夫だったよ。ああいうところある人だからさあ、サトちゃんは」

彼のこの懐の深さあってのフィッシュマンズなんだよな、と僕は我が意を強くした。感謝しろよ佐藤、などとも、思った。

さらに、僕自身の体験も、このとき初めて茂木に話した。だからこのエピソードも、文章にするのは、ここが初めてだ。

『アザラシアワー・ニジマスナイト』が放送中だった九三年に僕は結婚した。妻の親戚が住むハワイのオアフ島にて小さな式を挙げ、そのあとニューヨークへ短い旅行をした。その間の二週間ほど、ラジオはお休みさせてもらった。一回ぐらい、国際電話で出演したかもしれない。いずれにせよ、そこから帰ってきて最初の放送日、生番組を終えたあと、明け方の午前四時過ぎの〈ＴＯＫＹＯ ＦＭ〉にて、その事件は起こった。

スタジオを出てすぐの、廊下のあたりだったと思う。そこには、佐藤と僕だけがいた。帰りのクルマを待っていたのかもしれない。やることもなく、立ち話があるようなないような、そんな時間帯だった。そこで佐藤が、ぽつりと言うのだ。

「よく結婚とか、するよね」

はあ?と、僕は聞き返したかもしれない。佐藤は、僕のほうを見てはいなかった。廊下の壁のどこか、あらぬところに目を泳がせていたのか。あるいは、なにも見ていなかったのか。そんな調子で、ぼそりと彼は、そう言った。

だから僕は、即座にこう思った。おいおい、人によっちゃ怒るぜ、そんなこといきなり言われたら、と。一般的には、新婚旅行から帰ってきたばかりの人なんだよ、俺はいま? そんな奴をつかまえて、お前、なにやら揶揄するかのような……とかいったような文言が、一瞬で脳裏を駆け巡った。

だから僕は、つとめて冷静に、佐藤に訊いてみた。

「なに、つまり、ひとりの相手とずっといっしょに暮らしていく、というのが想像できない。『よくわからない』とか、そういう感じなわけ?」と。

こくり、と彼は小さくうなずいた。声は出さずに、頭が揺れた。顔のほうはまだ、ずっとどこか遠い、あらぬ方角を向いたままだった。

という話を、僕は茂木にした。そして2人で、なるほどねえ、やっぱりねえ、と、一種の感嘆を噛み締めた。佐藤伸治とは、そういう人だったよなあ、と。まあ正直と言えば、正直きわまりないところがあって……などと。

誤解のないように言っておくと、佐藤にも愛に満ちた、おだやかなプライヴェート・ライフがあった。それはずっと、継続していた。だから茂木や僕が「地雷」を炸裂させられた、言うなれば「結婚過敏症」みたいな佐藤の反応は、愛を求めるのにそれを得られないゆえのひがみとかいった類のものでは、まったくない。そしてだからこそ、とてもややこしい。ゆえに（爆発が）読みにくい……。

つまるところ「彼はまだその時期じゃなかった」のだと、僕は考える。ステディなカップルとなり、結婚して、子どもとともに「ひとつの家族」となる——あるいは、そうなることも予想できる態勢となる——ことについて、あのころの佐藤はまったくもって、心理的な準備ができていなかった、のではないか。

もちろん、そんな「準備」など、一生できなくっても構わない、という人もいる。独身主義とか、いろいろある。しかし佐藤がそっちのタイプだったら、こんな面倒くさい話には、そもそもならない。「結婚なんか、どうでもいい」と腹をくくっていたような奴だったら。だから少なくとも、このときの佐藤は「まだ」と「もう」のはざまにいたことは間違いなく、その「どっちつかずの状態」が、ときに自爆を招く一因となっていた——のだと僕は考える。

そして、彼のこの「結婚過敏症」から、ひとつ見えてくることがある。僕のほうはさて置いて、重要な「仲間」であるはずのバンド・メイトの茂木が、結婚してしまうなんて！という動揺が、あのときの佐藤の精神を襲っていたわけだから。

つまり、どうやら佐藤の頭のなかにある「かくあるべきバンド像」というのは、メンバーそれぞれの結婚生活によって、ある種「おびやかされてしまう」ようなものだった、様子なのだ。どうやったら平和裡に共存できるのかわからない、というか。ゆえに彼は、混乱した——というところを、より掘り下げてみよう。なぜならば、この「混乱の様子」から、佐藤伸治謹製の「バンド哲学」が垣間見えてくるからだ。

たとえば、こんな例を思い浮かべてほしい。スティーブン・キングの原作を映画化した大ヒット作『スタンド・バイ・ミー』（八六年）の少年たちを、ご記憶だろうか。ティーンエイジャーになる寸前の、少年四人組だ。誓いによって結束し、団結して、ひとつの旗のもとに集う「チーム」にも近いものと言っていい。そして、これこそが——「佐藤が理想としていたバンドの姿」であるように、僕には思えてならないのだ。ゆえに「たかが結婚ごときが」それに優先するなんてことは、あってはならない！と、固く信じ込んでいたかのような風情が、彼にはあった。

しかし一方でまた、『スタンド・バイ・ミー』の少年たちは、まさに「初恋適齢期」でもあった。ゆえに、同作をネタのひとつとしたネットフリックスの大ヒット・ドラマの『ストレンジャー・シングス』（一六年から）では、少年チームのメンバーに、ひとり、またひとりと、ガールフレンドができてしまうという展開があった。だからそこでは「友だちどうしの誓い」が、ないがしろになってしまう！——などと、蒼白になって恐慌状態に陥るメンバーが、やはり登場してくる。

佐藤の場合は、まぎれもなく「そっち側」だったわけだ。しかも結構、たちが悪かった。自分は自分で「愛のある生活」は十二分に重視していながらも、バンド・メンバーが結婚すると「困ってしまう」なんて、どんなワガママなのか！とは、さすがに僕も思う。

だが、ここにこそ彼が「バンドにこだわっていた」理由の、根幹に近いところがある。佐藤伸治にとってのバンドとは、たんに音楽を演奏する集団を意味するだけではなかったからだ。「これ以上ない」忠誠をお互い誓い合うような、そんな関係性の「チーム」でなければならなかったのだ。

なぜならば、そのチームには、少年や少女の集団には「やらなければならない」目的が明確にあるからだ。崇高なる任務が、あるからだ。『スタンド・バイ・ミー』の少年たち四人は、死体捜しの小旅行に出かける。『ストレンジャー・シングス』では、当初は地下室に集まってはゲームをやることだったかもしれないが、それだって立派な「目的」だ（そして結果的には、行きがかり上、幾度も町を救う）。

だからそれら少年の集団は、往々にして「親にもきょうだいにも言えない／言ってはならない」秘密を抱えてしまうことにもなる。なぜならば「チームの一員である」ことが、なによりも重要で、貴いものだからだ……といった具合になる。「俺らは××だ。お前らは違う」と、自分たち以外の「世界全体」を切り離して、（イメージ上は）自律していく集団こそが、ここで僕が例に挙げた「チーム」というもののの本義にほかならない。

だがしかし、音楽を作る集団としてのバンドが、いつもいつも、かならずしも、この意味のチームとイコールであるわけはない。というか、じつは「かなりレア」なはずだ。

なぜならば、前述の例はどちらも「ティーンになるかならないか」の年代の、つまりは「まだ子どもの段階の」少年たちを描いたものだからだ。海賊ごっこ遊びとか、ハロウィンにお菓子をもらったりできるような年齢の子どもたちには「あってもいい」関係性でしかない。ゆえにごく普通に言って、人生のそんな時期と同等の結束をずっと保ちつづけながら成長していくことは、とても難しい。下手をすると、いわゆる暴走族、ストリート・ギャングといった、また別種の「秩序」に支配された集合体となってしまう。上下の関係性や「上から下への」圧力が、秩序の基盤となっているような集団だ。

この意味において、僕が例に挙げたような少年集団は「日本においては、難しい」と言うことも、できるかもしれない。日本の子ども集団の典型例のひとつは、たとえば『ドラえもん』にあるようなものだ。ジャイアンとのび太には、明らかに上下関係がある。昭和の中期あたりまでは存在したという、ガキ大将とほかの子どもたち、といった「秩序」の戯画化だ。そして読者は基本的に、のび太に感情移入するように仕向けられる。なにかあると、彼はドラえもんに泣きつく。ただただ、未来から来たロボット、面倒見がいいお母さんみたいな存在に救いを求めることが肯定的に描かれる。つまりこの子ども集団のだれひとりとして、のび太にとっての「親友」ではない。寄せ集めの、かりそめの「たまたま近所にいた」同年代の子どもたち、といったほどの意味しかない。そして、このような内面のまま育った「大きくなったのび太」こそが、僕が第五章で指摘した、日本型の「僕ちゃん」ソング世界にぴったりの住人となる。ゆえに、のび太たちの集団における内部構造は、その絆は、『スタンド・バイ・ミー』などの例とは、果てしなく遠い。

そうではなく。だれも支配せず。だれからも支配されず。成員の全員が、きわめて「横並び」に近い立場でもって、お互いに尊重し合うこと。だから「結束の誓い」や「集団のルール」は、だれから押し付けられたものではない。「自分たち全員の合意」でもってのみ、決したものだ。だからこそこれは、「絶対に」死守されねばならない。達成すべき「目的」のために——僕がここで述べている「少年のチーム」とは、およそこのようなものだ。

そして広い世界には、長じてもなお、こうした少年集団における精神性を抱えながら大人になる例もある。かなり「レア」ではあるけれども、バンドの世界にも、なくはない。

ビートルズが、その典型例のひとつだ。彼らの関係性のなかに「少年チーム」としての結束と、友情を核にしたつながりの延長線上のものが濃厚に、明確にあったことが、いかに歴史上大きな意味を持ったか、いまさら僕がここで指摘するまでもない。

そして佐藤がイメージする「俺ら」というのが、どうやら愚直なまでに「この意味」だったようなのだ。それこそが「フィッシュマンズという集団」でなければならない、と、彼は考えていたのだと僕は思う。

なぜならば、そうでないと、とてもじゃないが「達成できない」目的があったから。目的とは、言うまでもない。フィッシュマンズの、あの無二の、音楽の数々だ。あれらの音楽をもって「たどり着かねばならない」そんな場所が、あったからだ。そのためのチームこそが彼らの全員であり、その探索行における足跡の一端が、レコーディング作品や各種の媒体に記録されているものにほかならない。

「言い換えると、佐藤が遠く見据えた目的さえ失わなければ「この集団」はいつでも再結集することができる。ふたたびスティーブン・キングの小説（および映画）に倣って言うならば、『ドリーム・キャッチャー』のような「リユニオン」ものがこれにあたる。少年チームの「その後」を描いた作品もまた、ひとつのサブジャンルを成している。そしてキングの同作では、再結集することによって、かつての少年たちは、そもそもの事件の真相へとたどり着く（そして宇宙人と対決する！）。

おわかりだろうか？　こうしたスティーブン・キング作品的少年チームとそのリユニオン、その先にある冒険として、僕は佐藤の没後のフィッシュマンズの活動を見ている。この冒険とは「謎解き」も含むはずだ。なぜその「目的」が佐藤のなかに芽生えたのか。なぜそれが「少年チームのみんな」が目指していくものになり得たのか――この謎解きは、まだ終わってはいない。ここから先も、まだまだ結構、時間がかかるのかもしれない。

この点が、たとえばフレディ・マーキュリーなきあとのクイーンあたりの再結成バンドと、フィッシュマンズが大いに違うところだ。（当たり前だが）あちらも立派だとは思う。しかし、フィッシュマンズはいまだに「鋭意任務遂行中」なのだから、比較のしようがない。目的が、任務があるからこそ、茂木の周囲には人が集まってくる。これらの人の輪はすべて「佐藤が打ち立てた」遠い目的という旗印のもとに参集しては、助力を惜しまぬ「仲間たち」にほかならない。

いつもいつも、べったりと「つるんでいる」わけではない。しかし必要なときはいつも、三々五々、「あの旗のために」集まることができる。これがじつは、佐藤ですらもその一部でしかない、フィッシュマンズという巨大なる体系の全体像なのだ。

それをもってして、佐藤はこう言っていたのだと僕は思う。

「バンドは、つづければ、つづけるほど、よくなるんだよ」と。

だからフィッシュマンズは、いまもなお、つづいている。

この章のひとつ前、「それから」のなかで僕は「モンキーズになることを期待されたのに、ヴェルヴェット・アンダーグラウンドのようになってしまったバンド」がフィッシュマンズだと書いた。そこにひとつ、付け加えることがある。この変わったバンドは、ひとつふたつ、モニュメンタルな成果を刻印した作品をすでに残しているからだ。言うまでもなく、世田谷三部作がそれにあたる。だから、こうも言うことができる。

「ヴェルヴェット・アンダーグラウンドのようなバンドが、自己流でビーチ・ボーイズの『ペット・サウンズ』と『グッド・ヴァイブレーション』を作り上げてしまった」

それこそがフィッシュマンズなのだ、と。さすがにそんなバンド、洋の東西を問わず、ほかにただのひとつも僕は知らない。

九九年七月、『フィッシュマンズ的組合』と題されたライヴが、新宿〈リキッド・ルーム〉で開催された。十五日のそれを、僕は観た。要するにこれは、告別式会場での演奏の延長線上にあるものなのだな、と感じた。あの場にいられた人は、フィッシュマンズ・リスナーのほんの一握りでしかなかった。だから彼らしく、「フィッシュマンズというチームらしく」音楽を実演することによって、お客さんも広くまじえて葬送をとりおこなったのだろう、と、そう思った。

終演後だったか、リキッドのホールの外で、僕はばったりと、小嶋謙介と顔を合わせた。この日彼は演奏に参加していたのだが、出ずっぱりではなかったので、そんなところにもいたのだろう。ひさしぶりじゃない！と、いかにも彼らしい笑顔を見せてくれた。これもまた、葬送にふさわしい光景であるように思えた。

その後のフィッシュマンズは、二〇〇五年にふたたび動き出す。僕は十一月の『ロング・シーズン・レヴュー』ツアーを〈SHIBUYA-AX〉で観た。クラムボンの原田郁子、ハナレグミの永積タカシといった、このあとのフィッシュマンズ・ライヴでも常連となるヴォーカリストに加えて、UAの熱演が光った。「頼りない天使」が、とてもよかった。しかし同年八月の『ライジング・サン・ロックフェスティヴァル』は、見逃した。そこで忌野清志郎が「メロディ」を歌ったことをのちに知り、はげしく悔やんだ。

ここでまたひとつ、フィッシュマンズに試練がのしかかってくる。〇七年九月二十七日、HONZIの病没がそれだ。ハカセ脱退後のフィッシュマンズを支えたのはもちろん、とくに『空中キャンプ』後の彼らにとって「なくてはならない」もののひとつが、能弁にして縦横無尽な彼女のヴァイオリンだった。それを欠いてしまったことは、きわめて、大きい。だってたとえば「エルのいない『ストレンジャー・シングス』」なんて、あり得るか？

しかしそれでも、フィッシュマンズはつづいていく。その「反撃ののろし」は、よりにもよって、あの一一年に打ち上げられた。五月三日、雨中の日比谷野音がそれだ。ここらあたりから、まさに八面六臂にもっと面と臂を増やしたぐらいの、茂木の大車輪回転が本格化していく。彼は〇一年から、東京スカパラダイスオーケストラのドラマーでもある。つまり日本屈指で「忙しい」バンドのメンバーでありながら、「フィッシュマンズを動かしていく」という離れ技が、大きく展開していく。

野音のライヴは『A Piece of Future』と題されていた。同名のナンバーも演奏された。これは『8月の現状』ツアーでもプレイされていた曲で、九九年の『フィッシュマンズ的組合』のオープニングSEとして、場内に流されていたものでもある。「ゆらめき IN THE AIR」のつぎに佐藤が書き上げたナンバーであり、つまり結果的に、生前の彼が最後にまとめ上げた一曲だった。つぎなるレコーディング作品となる予定だった。このときの茂木は、ついにそれを完成させる。野音に参加したメンバーがレコーディングの中心となった。いつもの顔ぶれに加え、ヴァイオリンの勝井祐二から七尾旅人、BOSE、やくしまるえつこ、飴屋法水、バッファロー・ドーターの大野由美子、UAから小山田圭吾といった顔ぶれの豪華布陣だ。「ゆらめき〜」にもしサイドBがあったなら、そこに入るとぴったりな一曲という印象のこれは、フィッシュマンズ+という名義にて発表された。

そこからも時折、茂木はフィッシュマンズとしてライヴをおこなった。折に触れて、僕もそれを観た。しかし特筆すべき瞬間は、二〇一九年の『闘魂2019』にあった。二月十九日、セロ（cero）を対バンに迎え、むかしなつかし「闘魂」の名を冠したライヴにて、なんと茂木は、思い切ったことをやる。それは「佐藤の歌と、HONZIのヴァイオリンと『いまのフィッシュマンズ集団』が共演する」というアイデアだ。

つまり、過去に録音された両者のプレイをSEのように流しながら、ステージ上の実演者がそれに合わせていく、という方式だ。曲は「ゆらめき IN THE AIR」。ZAKが発案したということだったのだが、これは僕の目には、まさに「闘魂」らしい試みとも映った。なぜならば、（もちろん佐藤の命名による）この企画とは、一種の勝負めいたバンド対決を意味したからだ。であるなら「過去の佐藤とHONZI」と、いまの茂木率いる面々が「舞台上で合奏する」という形で「対決」を試みたっていいはずだ。結果、この夜の「ゆらめき〜」は、なかなかに趣ぶかい仕上がりとなっていた。

とはいえじつは、この日僕が最も感嘆したのは「そっち」ではないところだ。いつになく茂木のヴォーカルが映えていたのだ。まるでイーグルスのドン・ヘンリーみたいな、一級品の「歌うドラマー」の地位に、茂木も近づいているかのようだった。さらに言うと「フィッシュマンズ・ナンバーを歌うにあたって」最も適した人物が彼なのではないか、とすら思えた。テクニックや声質うんぬんよりも、やはり「この歌をどう歌うべきなのか」だれよりも熟知しているところが大きい。つまり佐藤のヴォーカルとは、茂木のプレイが背後にあったからこそ、成り立っていたのだ。茂木が、あるいは柏原らとのアンサンブルが、あんなふうに佐藤に歌わせていた、とも言える。そんな茂木の「歌心」が、それがついに、花開いたのか。

少なくとも僕の耳には、この夜の「対決」においては、録音された佐藤のヴォーカルよりも「いまそこで」叩きながら歌っている茂木のそれのほうが優っていると感じられた。だからもしかしたら、長き冒険の旅も、新しい段階を迎えたのかもしれない。

リリース作についても触れよう。各種あるフィッシュマンズ・コンピレーション作品のなかで、僕が最も評価するのは、茂木が（またしても）なにからなにまで手をかけた二枚、『空中』と『宇宙』の、それぞれ「ベスト・オブ・フィッシュマンズ」だ。前者はポニーキャニオンの（つまりヴァージン・ジャパンからメディア・レモラス期の）ナンバーを中心に、後者はポリドールのそれを中心に、編まれている。茂木による選曲と、曲間の「アキ」まで計算されつくした仕事っぷりは見事のひとこと。百戦錬磨のフィッシュマンズの、しかし「ただひとりの」ドラマーらしいライヴ感とダイナミズムあふれる構成は、入門者のみならず、彼らの全曲を聴き飽きるほど聴いた人にこそ、ぜひ一度試してもらいたい。なぜならば、九九年の三月以降、フィッシュマンズを聴けなくなっていた僕が、ほとんど例外的に「これだけは」聴くことができた、そんな二枚だったからだ。茂木による「フィッシュマンズの対象化」が、その異化作用が、功を奏してくれたのだと思う。

今年、二一年に公開の『映画：フィッシュマンズ』も、ぜひ観てほしい。フィッシュマンズ・ファンなら、これを見逃がすことはあり得ない。〈米国音楽〉でおこなった九六年の「九十九里フォト・セッション」の写真を、あんなふうに見ることができるとは。「映画ならでは」のその方法に、そもそものあの撮影の発案者だった僕自身が、驚いた。そして自分が初めてフィッシュマンズを観た〈ラママ〉ライヴの、しかし「見たことがない」瞬間の映像を、いまになって目撃できるとは。「三十年後に、そんなことがある」なんて、一度も想像したことはなかった。これが人生というものか、と感じ入った。「記録」の勝利と呼ぶべき一作だ。

最後にひとつ、またオマケというか、つい気づいてしまった余談をひとつ、お伝えしたい。それは（またしても）フィッシュマンズという妙なバンド名の由来についてだ。謎に包まれたこの出自について、僕はひとつ、ここで新たな仮説を唱えてみたい。

それは「もしかして〈Oshman's〉から来た？」というものだ。カタカナ書きすると「オッシュマンズ」となる、あのお店のことを、僕は言っている。スポーツ関連衣料などを販売するアメリカ発祥の同店は、八四年に日本上陸。原宿駅前に大きなショップがあったことを、ご記憶の人も多いだろう。その後、いろんな場所のファッション・ビルのなかへと、店舗網を広げていった。

だって、すごく似ているじゃないか。「オッシュマンズ」と「フィッシュマンズ」ほとんど、同じだ。「Oshman's」「Fishmans」と英語書きしても、ほぼいっしょ。だから僕は「もしかして」佐藤はこの店名から影響を受けたのではないか、とあるとき気づいた。

そもそも佐藤の服装の好みから考えると、原宿の〈オッシュマンズ〉の存在を知らないほうがおかしい。だからあるとき、彼は同店のロゴなどを見ていて、つい思いついてしまったのではないか。

「この語感、なんかいいかもしれない」と。

「『オッシュ』の『ッシュ』というところ」とか。

そしてつぎに、例のプロレスラーの「フィッシュマン」だ。「フィッシュマンに『ズ』をつけたら、字面がいいんじゃないか？」と、佐藤が思った理由のひとつは「オッシュマンズ」という巨大な（？）前例があったから、なんじゃないか。そして最後に「アポストロフィは、いらない」と決めた……とかいった秘話がもしあったとしたなら、とても興味ぶかいと僕は思うのだが、どうだろうか。


だれの人生にも、一度しかない「とくべつな」夏休みがある。しかし、「それ」が過ぎ去ったあとにも、まだまだ人生がつづいていく、場合もある。

そこからの長い日々を、いかに過ごしていくのか。単調かもしれない。平坦かもしれない。だがそれでもなお、そこを「生き抜いていく」際に、どうにかこうにかやっていくところにこそ、フィッシュマンズの音楽にも通じる「妙味」のようなものがある、ような気が僕はする。それこそ『宇宙 日本 世田谷』の音楽世界にも通じるものが。

というのはきっと、歳を重ねた人間ならではの考えかただろう。老人くさいと自分でも思う。だがしかし、たとえば小説を書くという行為は、まぎれもなく老人の、老生した人の得意分野だ（その逆に、詩とは元来、若者のためにある）。ゆえに僕は、きわめて優秀なアメリカ文学の掌編小説を思わせる文体の切れ味を誇る「詞」を書く佐藤が、ときに「おじいさん」のようであり、しかし全体的には小学生のように純真無垢だったことを思い出す。あの夏の記憶とともに。

同種の記憶を、どこか魂の種火として抱えた担当編集者、圓尾公佑さんの熱さによって、本書の書きおろし部分を僕は引き出された。彼は〇五年の『ライジング・サン』の場で、忌野清志郎の「メロディ」を体験したそうだ（うらやましい）。圓尾さんを紹介してくれた、TBSラジオの長谷川裕さんにもお礼を申し上げたい。音楽のみならず、出版や放送、映像、そのほかのクリエイティヴのプロの現場で僕は、数えきれないと言っていいほどのフィッシュマンズ・ファンと出会った。当時「たったあれだけしか」売れていなかったのに、奇妙なるこの現象に僕は、やはりヴェルヴェット・アンダーグラウンドの逸話を思い出さざるを得ない。彼らのデビュー作は当時三万枚しか売れなかった。でも「買った人が全員、バンドを始めた」という、例のあれだ。パンク・ロックもアート・ロックもオルタナティヴも、なにもかも全部、そこから生まれた。

そして僕は、相も変わらず、世田谷の片隅の、地面の上にいる。音楽を聴いているときと、もしかしたら書いているときだけは、地表からちょっぴり上昇できている、のかもしれない。ほんのすこしだけは、「空中」に――。

参考文献

『米国音楽』バックナンバー各号

『ロングシーズン　佐藤伸治詩集』

『公式版・すばらしいフィッシュマンズの本』

『宇宙語　日本語　世田谷語辞典』

片岡義男『日本語の外へ』『日本語で生きるとは』

グリール・マーカス『ミステリー・トレイン』

川﨑大助　Daisuke Kawasaki

1965年生まれ。88年、ロック雑誌〈ロッキング・オン〉にてライター・デビュー。93年、インディー・マガジン〈米国音楽〉を創刊。編集／発行／グラフィック・デザインを手掛ける。レコード・プロデュース作品も多数。2010年より、ビームスが発行する文芸誌〈インザシティ〉に短篇小説を継続して発表。おもな著書に長篇小説『東京フールズゴールド』（河出書房新社）、講談社現代新書『日本のロック名盤ベスト100』、光文社新書『教養としてのロック名盤ベスト100』などがある。

巻末P1-10　マキシ・シングル『MELODY』発売時（1994年6月17日）にレコード・ショップにて配布されたフリーペーパー「after GO GO ROUND THIS WORLD」より（デザイン：山本ムーグ）。第6章「渋谷は燃えているか？」参照
巻末P11-15　アルバム『空中キャンプ』発売時（1996年2月1日）にレコード・ショップにて配布されたフリーペーパー「Stop-Action Fishmans」より（デザイン：山本ムーグ）。第9章「空中のシーズン」参照

menu

02 Opinion Part One Wild...Pop...Birth

爆心地の新生児
～無自覚にワイルドなポップの誕生について～

いまをときめくクエンティン・タランティーノと、彼がプロデュースする新人監督ロジャー・エイヴァリー、そして米ゲフィン今年イチオシの期待の新星ベック、この3者には意外な共通項ある。「ビデオ・ショップでバイトしてた」というのがそれで（しかもタランティーノとエイヴァリーはおなじ店でのバイト仲間）、なるほどなー、とか思いません？

タランティーノの出世作『レザボア・ドッグス』の特徴的な点のひとつに、人がポンポンポンポン死んでって、しかもそこになんの感興もドラマもないところ、があげられる。でもだからといってアンリアルな「絵に描いたような暴力」かというとそうでもなく、あーこの人は「街にあふれる暴力」について、その程度の感興でうけとめてるんだな、ということ。それはLA地区のラッパーたちのあいだで「（挽歌シリーズの）ジョン・ウーってGRAND ROYAL!」という評価も高いといった話と無縁じゃないんだろうし、もと同僚のエイヴァリーが撮ったのも銀行強盗モノだ。ビデオ屋でつちかった、香港映画ダイナミズムを戸外に持ち出した、ということなんでしょうか。ここらへんのノリを僕は個人的に「男子中学生的アナーキズム」と呼んでいて、体力ありあまってるからプロレス技かけたらこいつ死んじゃったよー、みたいなどーしょーもないレベルで投げ出された無自覚な暴力性がこの人らの作品にはうずまいてて、それが空恐ろしいぐらい爽快。8トラックの宅録でしこしこ作ったロウファイなナゾ・テープが全米チャート蹂躙しちゃったんですけど……のベック『メロウゴールド』についてかんじたのもそういうことで、最新型のダメ白人ってジャマイカン・ギャングスター(の下っぱ)に似てる——とかむかし観た『ハーダー・ゼイ・カム』思い出したりしてる今日このごろ。

なんかすごく自由になれるかも!って時代なんじゃないか、って気がすこし。

カート・コバーンがショットガンで自らの頭をふっとばす約半年前にリリースされたアルバム『イン・ユーテロ』のインナー・スリーヴには、ニルヴァーナの作品としてはかなり異例の、長々としたサンクス・クレジットが記されていることをご存じだろうか。ヴァセリンズから両親にいたるまで謝意を捧げげられた総花的顔ぶれがアルファベット順にならぶ中、昨日はじめてクエンティン・タランティーノの名前があることを発見して、それで上記のようなことを考えたわけです。

いまカート・コバーンについて言及するのは卑怯なので避けたいのだけれど、これだけはいっておきたい。僕は、彼は生き続けると思っていた。カートや J・マスシスは中年になっても生き続け、ぶくぶく太ってのほほんとした趣味的作品を思いついたときにリリースするような人になるだろう(なってほしい)と思っていた。そこらへん、僕の認識が甘かったわけだ。それにしても…… それにしても、こんなことはこれで終わりにしたい。

僕が夢想する光景はこんなものだ。土曜日の夜、市内のメインストリートに、街じゅうの若い奴らが改造車に乗ってやってくる。クルマ業界でいえば、ヨーロッパの高額車がエラかったり、F1レーサーがもっともリスペクトされるべき存在、なのかも知れない。でもそれはそれで、またちがった世間の話で、今夜の主役は俺!みたいな。友だちの修理工場で格安チューンしてもらったクローム・メッキの旧型車ころがして、信号で隣にならんだヤツがいたら迷わずレース!みたいな——そんな、まるで『アメリカン・グラフィティ』の1コマみたいなかんじで土着・拡散してゆくようなものに、どうしてポップ・ミュージックはなれないのか?

というようなことについて、ひとつのヒントとなるのがインディペンデントな音楽の生産・流通形態というもので、『米国音楽』という雑誌の編集を通して僕はそれを模索してるんですけど(読んでね)、そこで思うのがいわゆるポップ音楽産業のメインストリームというのは、頭が痛くなるぐらい古いスタイルの資本主義と密接にむすびついてる、ということ。「いいものなんだけど、あまり広くは支持されない」てのはオカシイ!とかいうのが金科玉条だとかさ。えー、そっちのがよっぽどオカシイよッ!ってことを実証するためにはまだすこし時間が必要なんですけども、産業構造と周縁人たちがたちおくれてるだけで、消費者と送り手はずーっと先行ってますわよすでに——ってことを最近よく思う。

渋谷地区を例にとるまでもなくレコード店がバコバコ開店して、DJでもないのに月に10万単位でレコード買う奴はめずらしくもない。いまぐらい消費者の力が強くなってる時代はなく、で、その「動向」をこそ平たくいうと「ストリート・カルチャー」というモンではないかと。90年代になって、おこづかいの平均額に反比例してソフト価格が下落、同時にアイテム数の大膨張——てなことがおこって、この国にもはじめてそういうものが芽生えはじめたんじゃないか、とか思うのです。サブカル、とかいうモンもむかしあったよねー、ってすでにそんなの笑い話。ちょっとしたおこづかいと知恵さえあれば、僕らは簡単に「自由」だって買える(はず)。

ポップ音楽(あるいはポップ・カルチャー全般)は、そうしたことを体感するためのツールとして使用されるべきものって段階にさしかかってて、だから自殺なんかする必要ない。ホントに。ほんとうにそう思う。

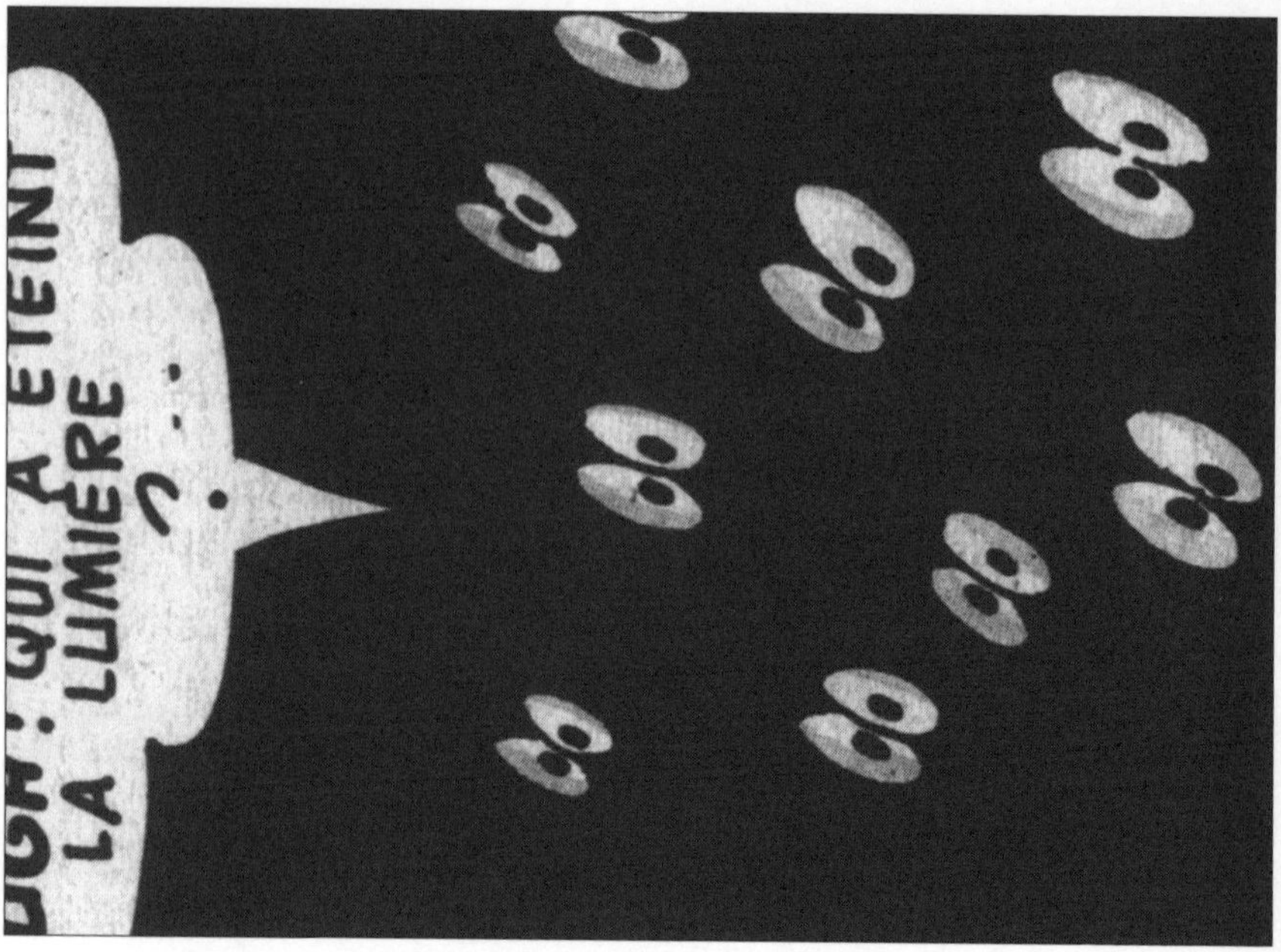

佐藤伸治という人は、僕の知るかぎり、現在の日本でもっとも「ダメ白人〜ジャマイカン」ラインのかほりを体現してる人で、行くたびに思うのだけど、ほんとに妙なところに住んでいる。下北沢にほど近いにもかかわらず、昭和30年代で時間が止まったような場所。ひなびた部屋の外には夏草がおいしげり、どこぞのDJがそこらへんに捨ててたダンボール箱いっぱいのレコード(ジャケなし)がひろわれてきてたりする。なぜかシャツ・コレクションが豊富で、古着屋で千円どころかひと山いくらにちがいないようなチェックのシャツが無造作にクローゼットを占領してるような、そんな部屋の中には似つかわしくない巨大なTVモニターがベッド足元には配置されていたりする——まるで、爆心地の跡に急成長した闇市(まあ、東京の繁華街なんてみんなそうだけど)の周辺に、そこだけぽっかり発展からとり残されたような場所に彼はいる。硝煙の匂いやら残留放射能なんかも、もしかするとただよっているのかも知れない(でも気にしてない)。

そんな場所に住みながら、ふたことめには「いやいやいや。だって、これから長く続けるんだしさ」と、自分が一生音楽をやってくことをなんのうたがいもなく信じているようなところ。中学生のときには、プロレスラーになるか文房具屋になるか迷ってた、というようなところ——そういったところから生じるヴァイヴが、僕がフィッシュマンズの作品と荒涼とした音楽を並列に聴ける理由なんじゃないか、という気がするのです。

朝、目がさめる。それでお腹がすく。そしたら、それはもうそれだけで「生きぬいてこう!」という強烈な意志のあらわれなんだ、ってふうに考えても、いいよね?

川崎大助<米国音楽>

08 Collection Back Tracks of Fishmans

ダメなヤングのビートは夏でゴーゴーなフリー!
～川崎大助のBACK TRACKS OF FISHMANS～

前項を受けまして、「体内バランスがフィッシュマンズになってるとき、僕こんなん聴いてるんですけど」というのを一例としておとどけします（とどいてね）。

まずはブライテスト・ダメ白人ホープ! のベック(**1**)。アルバム『メロウゴールド』は捨て曲なしのグーな1枚ですが、この人のナゾ度は動機不明にリリースされたインディー作品にその真価を発揮してまして、この7インチもそれ（ジャケ買い）。で、ベックのタフなとこ、（貧乏でも）自由なとこに僕はブルーズ・フィーリングをかんじるんですけど——てなところでこれに続く。「ダーティ」と称される横山やっさん印のゴーカイなスライド・ギターがほえるハウンドドッグ・テイラー『ナチュラル・ブギー』(**2**)。ダメ息子の頭上に君臨するケアレス・ガンコ親父ってんですか。パンチきくきく2イン1で日本盤CDも出てます。

続いてレゲ。佐藤伸治おすすめレゲエその1、ジャケがいいよねプリンス・ジャズボ(**3**)。この明る暗いかんじが「くらいメロディ」ってヤツ? 佐藤おすすめその2は先ごろ日本盤CD化されたマトゥンビ『ポイント・オブ・ビュー』(**4**)。ルーツ半分、ラヴァーズ半分で音はタイト。ここらへん、「ラスタはちょっと……」とレゲエ食わずぎらいなあなたに

1 BECK
"steve throw up" EP (BONG LOAD)

2 *Hound Dog Taylor and the HouseRockers*
『*Natural Boogie*』
(ALLIGATOR)

3 *Price Jazzbo*
『ITAL CORNER』
(CLOCKTOWER)

4 MATUMBI
『POINT OF VIEW』
(EMI)

7 *cymande*
『SECOND TIME ROUND』
(JANUS)

5 *NEW AGE STEPPERS*
『*ACTION BATTLEFIELD*』
(*STATIK*)

6 *Moonflowers*
『*From whales to Jupiter, and beyond the stars to Rainbohemia*』(POP GOD)

8 ERROL DUNKLEY
『*darling ooh*』
(ATTACK)

も安心(のハズ)。そのマトゥンビのデニス・ボヴェルという人はなぜかエドウィン・コリンズ(ex.オレンジ・ジュース)のバックでツアーしたりと、ニオアーコ系のみならず英NW勢のよき後見人として活躍。最近けっこう忘れさられてますけど、パンク/ニューウェイヴとレゲエはイトコどうしでしかも結婚してた!のでして、それが70年代後半から80年代前半。ザ・クラッシュはラスタファリズムの預言「77クラッシュ(××77年になにか革命的なコトがおこる、という意味)」を実行にうつすために結成された――んだと称するレゲエ・ファンもいるぐらいで。そんな時代の名盤がエイドリアン・シャーウッド率いるニュー・エイジ・ステッパーズの 2nd(**5**)。作り手側がワクワクしながらダブに挑戦してるところ、そしてなによりアリ・アップ(ex.スリッツ)とネナ・チェリーがカワイイ! ところがよし。自由になってく人を見るのはいいもんです。

じゃあ度を超した自由はどうだ! というのが現代の全英代表・ムーンフラワーズ(**6**)。ザ・ポップ・グループを生んだ街・ブリストルを本拠にヒッピーヒッピーでジャズ・ソウルでサイケでトラヴェラーズな音楽世界を構築(して流通させる)思想生活音楽集団。脳グニュグニュにして聴くべきグルーヴ! ラジカルな音楽がコミュニティ・ミュージックに端を発する、というのはポップ界においては伝統で、逆をいうと街と人のネットワークなくしてバンドもクラブも雑誌も(ホントは)ない。てなとこでサイマンデの2nd (**7**)。70年代初期、在英の西インド諸島移民コミュニティで咲いた R&B/ジャズ/カリビアン/アフリカンのハイブリッド「Nyah Rock」の始祖。レゲエ/NWの婚姻以前に、こんなとんでもないものがはぐくまれてたわけだ町内で。アナログは3千円以上するけど血を流して買え!(CDも出てるけど)。そして佐藤おすすめ3が、サイマンデが暮らしてた街に流れてただろうエロール・ダンクレィ(**8**)。トランペットが絶品のインスト"ハイ・

9 Jonathan Richman & The Modern Lovers「Rock'N'Roll with The Modern Lovers」(Beserkley)

10 The Velvet Underground「loaded」(Atlantic)

11 ZOMBIES「ODESSEY AND ORACLE」(RHINO)

13 digable planets「reachin'(a new refutation of time and space)」(PENDULUM)

12 Michael Jackson「BEN」(MOTOWN)

14 ARTHUR LYMAN「Cast Your Fate To The Wind」(GNP CRESCENDO)

ライフ”なんかに代表的な独特のタイム感が、フィッシュマンズを思いおこさせます。

ここで突然、青春です。「青春感」てのはフィッシュマンズの作品における魅力の突端のひとつだと私、思うんですけど、だからといって演ってる人間がキャピッ! としてるかというとあまりにもそうじゃない、というところ。デビュー当時から老人めいた佇まいだった約1名、というところ(←タイム感)。で、その「青春感」つーものの正体なんですが、一般論でのそれはノスタルジアの変形であり、虚構性の強いものでもあり……でもそれはそれで悪いこっちゃなく、ものすげー武器にしてるのがジョナサン・リッチマンの超名作(**9**)。青白暗いレア・パンク男が、まるでチャールズ・M・シュルツのピーナツ・コミックスみたいなアメリカ少年現風景をうたう、スーパーディフォームドなポップ。ここのねじれかた、こわれかたが昨今のダメ白人に彼が絶大なリスペクトうける由縁……で、ジョナサンのバックボーンとなったのがここらへん。ヴェルヴェット・アンダーグラウンド『ローデッド』(**10**)。この盤、彼のフェイヴァリットでして、“フー・ラヴズ・ザ・サン”の「明る暗さ」が青白い青春感となってたちのぼるところ。千回聴いてもうつくしい……で、この「たちのぼりかた」ってけっこうフィッシュマンズのそれと近いと思うのね。虚構じゃないノスタルジア? いや、ノスタルジアというよりも、もっと痛みをともなった……ゾンビース『オデッセイ・アンド・オラクル』(**11**)。これもそう。60年代末期という時代だからこそ生まれ得た、そういう種類の名盤。日本盤でCDリイシューされたんで、一生に最低1回は買うべし。

自らの手ににぎった夢や真情に、どーしてもついてまわってしまう「はかなさ」に対しての、愛憎いりまじったような「感触」——コトバにしちゃうとメンドクサイですけども、当為にもとづかない「青春感」てのはそういうもんじゃないかと。20世紀屈指のスーパーディフォーマー・ MJの変声期前ギリギリの『BEN』(**12**)なんかもその点ビミョーなバランスがたまらんわけで、あとダメ白人に対するハイセンス黒人代表ディゲブル・プラネッツ(**13**)。まるで「はかなさ」をすら対象化したような、水に溶けちゃいそうな静かな静かなライミングでのつぶやき「Where I'm from?」——いまから21年前に、サイマンデもおなじことをつぶやいた。どこかへいってしまうことは間違いないけれど、それはわかってるけれど、それにしても僕(ら)は「どこからやってきたんだろう?」。どこなんでしょうね。わりとマジメに、俺もさがしてんスけど。

ダメなヤングのビートは夏でゴーゴーなフリーなのさ! ——とかいってっと息が続かなくなって、エキゾチック・ミュージックの巨星/アーサー・ライマン(**14**)でなごんだりして。

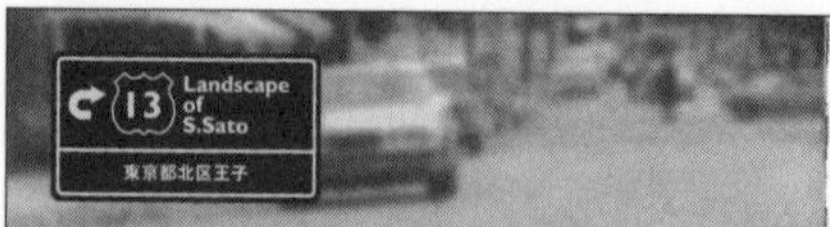

13 Landscape of S.Sato

東京都北区王子

俺、小さいころ、ずっといたのが王子ってとこなのね。赤羽って知ってる? あの近くで、ゴミゴミした、バタくさいところっていうかさ、北区。俺は好きでさ。

東京って好きなんだけどさ。すげえ好きなんだけど。でも東京的な文化、ってあるじゃん? 俺、ああいうのがすげえキライなんだよな。もう、すべて。なんかオピニオン・リーダーみたいな奴がいたりとか。東京はかっこいい場所っていうのが、なじまなくってさ。だからさ、「東京!」ってものとかに対して、「なにいってんだよこの」みたいなかんじなんだよね。逆に下町ってのも、うざったいしさ、俺にはね。

だからまー、いちばん好きな場所はウチの近所だな。当時の。消防署があって、王子公園があって。そのへん一帯。王子四丁目っていうあたり。

14 Opinion Part Two

フィッシュマンズ・佐藤伸治の意見広告

こんにちは、佐藤です。今回またマキシ・シングルを出すんですけど、まあ取材とかではさ、なかなかつたえにくいようなことを、また自分で説明します。

今回の4曲は、いちおう僕が中心になってディレクションしてね。一発録りっぽくやろう! ってもう、仮歌からマジでうたってさ。死ぬかと思いましたけど。いまは打ち込みとかよりも、もっとバンドっぽいグルーヴに興味があって――あ、グルーヴとかをチェックしてたのは譲なんですけど。俺はもっとノリというか、勢いについて見てて。そんで「もう1回!」とかね。ヘトヘトになりましたけど。

1曲目の"メロディ"。これは15回ぐらい録ったかな。2曲目の"静かな朝"っていうのも、わりと似た内容の歌ですね。ひさしぶりにこんだけ平和な歌作ったな、っていうか。な一んも他意のない歌――っていうと、意外そうな顔する人いるんだよね。とくに1曲目とか。「音楽はマジックを呼ぶ」「あと2時間だけ、夢を見させて」とかいう詞とか、「ミュージック!」とかいうコーラスとか、旗幟をまねくようで。「RCっぽい」とかさ。聴く人にむかって「さあ、音楽の力を信じよう!!」って主張してる、とかさ……まあ、信じてくれてもいいんだけどさ。でも、人にむかってどうこう、ってもんじゃないんだよね。悪いけど。

きわめて個人的な歌なんだよね。"ウォーキン"と似てるっていうか。「いい一日だったな」っていうさ。それを記録しておきたい、っていう気持ちで書いたんですよ。"メロディ"っていうのは、部屋の中にいる歌なのね。人んちでさ。そこでいろんなレコードをかけてもらってるんだけど、それが全部、俺がすごい好きな音楽ばっかで――みたいな光景。いや、実際にそういうことがあったんだけど。で、「紙くれ」とかいって。その場で9割方ぐらい歌詞書いちゃって。だから素直な意見なわけさ。「音楽はマジックを呼ぶ」ってのは。俺にとってはね。

たまにあるんだけどさ、そういう感情になるときってのが。年に何回もないんだけど。もう、お腹のこのへんからグアーッて涙が出るっていうかさ。うれし涙。あまりの充実感に涙出るっていうか、マジ泣いちゃうの。声は出さないんだけどね。こう、ボロボロと。もうなんつーか、心が真っ白になるようなかんじ。「……はァ〜……」って。俺、日ごろはわりと、どっちかっていうと感動屋さんじゃないからさ。「あー、そう」「それで?」っていうタイプだから。でもたまにあるんだよ。何かの条件が揃ったときにね。

ライヴとかでは、わりによくあるかな。さすがに泣いたりはしないけどさ、はずかしいから。でも、けっこうグーッ! ってきてるときあるんですよ。レコーディングで歌入れしてるときとか。で、その手の感情を歌にするってパターン、わりと多いのね。じつは。1stのころからそう。"ひこうき"とか。まあそれが、「フワフワしたナントカ」とかいわれちゃうと……まあいいんだけどさ。他人には伝わりにくい感情についてうたってるわけだから。でまあ、「信じろ!」とかいえないってのは、そういうわけなんですよね。

でも、よく考えてみると、そういう「平和」みたいな感情が重要だってことは、ふだんはそんなに楽しくないの? っていう話でさ。いやー。やっぱ、くもりがちですね。眉間にタテジワ入っちゃう、みたいな。でもそんな感情があってもさ、次の日が始まるわけじゃん、また。そうすっと「かなしい」っていうより、「いや、フツーフツー」ってなっちゃうわけさ。もう。だから、落ち込むこともあんまりないよ。わりと平坦な。「つまんねえな」とか思ったら、そっから先、な一んも考えないし。なげやりっつーか。そういう気持ちを盛り上げようとも思わないし、感情をコントロールしたくないし。まあ、さすがに幼年時代は、もっと喜怒哀楽あった気がすんだけど。

だから、いつも夢みてるっていうとヘンだけどさ。そういう「平和」をつかみたい、って感情はあるのね。それはいつも。で、前回のマキシ・シングルってのは、「キャッチ段階」っていうかさ。"ゴー・ゴー・ラウンド・ディス・ワールド"っていうタイトルもそういう意味で。こう、人が立ってるとするじゃん? そしたらまずその場で360度ぐるっと回って、まわりを見わたす。それで準備するっていうかね。全体の感触がちょっとクールなのは、そういうわけだったんですよね。

今回はもっとハッピー・テイストというか。いま現在のいいムードを形にしたくってさ。1、2曲目がそんな感じで、3曲目の"オアシスへようこそ"。これは詞、曲ともハカセで、彼の詞が採用されたのは初でね。「しあわせってうつろいやすいものだ」っていうかさ、ほんといい詞で。選曲のとき、僕が積極的に推しました。で、4曲目の"いかれたベイビー"。これはアナログ盤では"ナイアビンギ・ベイビー"っていう、ハカセ作のリミックスなんですけど、CDのほうはハカセのピアノにあわせて僕がうたった弾き語りスタイルのものを入れました。これ録ったとき僕、酔っ払ってまして。すぐ酔っ払うんだけどさ。それって、友だちの結婚式での演奏でね。すっごいいいかんじだったんですよね。

ところで最近俺、オッサンみたいになりたくって。文章にすると「そんなバンド見たくねー!」ってかんじだけどさ、いやホントホント。なんかさ「少年のような」とかいってっと、それだけでピュアだ、みたいなとこってあるじゃん? あと逆に、人生の年輪を経たナントカが、とか――なんかヤラセくせーじゃん、そういうの。でもたとえば、イッセー尾形とかダウンタウンの松っちゃんとか、俺大好きでさ。ああいうオッサンくささって、なんか「解き放たれてる」っていうか。若さとか年輪とか、そういうとこじゃない、もっと美化されないピュアなところがあるようなかんじ。それを目指しててさ。だいたい俺ら、ロックスターになんのやだし。だからその場その場で責任感もたず、でもテキトーなことはいわない、っていうの? 柔軟というよりいいかげんにさ、ほんと世間の動きに影響うけないようなかんじで、何かになりきることもなく、やってきたし。そんなかんじがやっぱ、ラクだなとか。ラクにしてれば、毎日つまんなくってもなんとかなるっていうか……あ、この「ラク」ってのも、かっこよくいうと「自由」ってことなんですけどね。

佐藤伸治

20 COMMENTS
Go Go Around the Fishmans

✪僕は今フィッシュマンズが好きだ。それは、フィッシュマンズがイイバンドだからだ。この3年間で良質のアルバム発表しつづけてきているフィッシュマンズ。まあ、焦らなくてもきっとそのうち分かるだろう。「フィッシュマンズってこんなにすごいバンドだったの？」ってね。（小玉和文）✪フィッシュマンズのみなさまへ。ステキなレゲエのグルーヴありがとうございました。ハカセと欣ちゃんまた一緒にお酒でも飲みましょう。ピラニアンズは、リハが終わるといつも大宴会をやっております。（ピアニカ前田）✪なぜピンクレディーは女の子2人のグループなのにピンクレディーズにならないのでしょうか？なぜフィッシュマンズは男の子5人のグループなのにフィッシュメンじゃないのでしょうか？なぞはふかまるばかり…頑張ってください。（The Collectors 加藤ひさし）✪**1.**徹底的にぐうたらぐうたら、レゲエのおじさんのように暮らしてみよう。**2.**徹底的に世の中を恨んだり嫉んだりしよう。**3.1**と**2**に飽きて腹が減ったらメシを食おう。何？メシを喰うかねがない？誰もカネを貸してくれない？仕方ないから歌でも歌おうよ。（メディアレモラス社長　横澤彪）✪初期の「無印良品」的な世界からどんどん濃密になっています。傍観者から、主観的な書き方に変わってきていると言えるかも知れません。その辺が、今楽しみです。（ロッキング・オン・ジャパン編集長　山崎洋一郎）✪フィッシュマンズのメンバーはそれ

ぞれにうるさいところはあるけれどみんな気さくな連中だなと僕は思います。「本当に良い音楽は心ある本当に良い人間にしか生みだせない。」良く言われることですがこれって大事なことですよね。いろんなことがこれからもあるだろうけど、くじけずにその人柄を大切にして頑張って良い歌聞かせて下さい。（フィッシュマンズラジオ番組ディレクター／現音社　横田太朗）✪レゲエ、特にダブの「宇宙に飛んで行くような感覚」と、宇宙がどうとかじゃなくて、単に唄える「メロディー」を一度に満たし、おまけに「日本語」でやってくれたフィッシュマンズは、実は超カラオケ向きのバンドなんじゃないかなって思った。そう、ダブはもともとカラオケのことなんだなって、こじつけてるみたいだけど、自分がフィッシュマンズの曲をエコーびんびんで唄ってたら多分「ブレジネフ・スイッチオン！」で宇宙に行ってしまう気がする。（下北沢スリッツ代表　山下直樹）✪すごいことやってるバンドなんだから、もっとそれ相応に態度をデカクしていただきたい。見知らぬ家庭の夕げの団欒にいきなり土足で上がり込み、無言のままで3杯目の茶碗を差し出すようないけ図々しさを身に付ければ、世界は佐藤のものだ。（ロッキング・オン・ジャパン編集部　兵庫慎司）✪フィッシュマンズには高円寺の街がよく似合う。それも夜。70年代後半の日テレ系ドラマの感じ。時に楽しく、時にどこかものがなしい。そしてシブくてカッコイイ。高円寺を歩けば、ご家庭向け商店街へ向いてしまう私は、いつもフィッシュマンズをアコガレと羨望のまなざしで見つめています。ライブも、もう絶好調でたまらん！てのが、ありありのフィッシュマンズの一挙一動を楽しみにしています。（米国音楽　小出亜佐子）✪私が思うところのフィッシュマンズの魅力は、メンバーそれぞれの持ち味が一つになったときに生まれるなんとも言葉にしがたいちょと切ない不思議なあの感じだと思う。（聞いたことがある人は何となく分かってもらえると思います。）特に今回のマキシ・シングルのタイトルソングの「メロディー」には、それを感じる。「音楽はマジ

ックを呼ぶ」という詞が飛び出す佐藤伸治のヴォーカルと繰り返されるピアノのフレーズが印象的な名曲で、この曲が持つ吸引力や毒性は音楽でありながら音楽を越えてしまった魔法であると言える。（渋谷WAVE　斉藤光輝）✪新しいヤツも良かったです。車で聴いてます。タマシイけずって作品つくってるって感じですね。佐藤君長生きしてください。（スピッツ　草野マサムネ）✪フィッシュマンズ様。あなた方が奏でるあの切ない「哀愁のメジャーレゲエ」と「悲しいまでに陽気なラヴソング」にもうメロメロでございます。愛しています。LOVE。（TOKYO FM　森田 太）✪フィッシュマンズの写真を撮るためにレコード会社へうかがったとき、待っていたメンバーが5人てんでバラバラに時間をツブしていたのがすごく印象に残っています。会議室にあったステレオにはダブ関係のレコードが何枚か。それらをかけながら、ただボーとしたり、ウロウロしたり、ゲームボーイをしたり…ちょうど「Go Go Round This World!」をリリースするときでしたが、そのあまありにもバンドっぽい統合感と心地良いグルーヴを、こんなアンちゃんたちが生みだしたのかと思うと、ちょっと不思議な感じがしました。その時、初めて佐藤伸治君と話をしました。ON-Uレーベルのファンで（しかも近年のニューウェイヴよりの音より、以前のレゲエよりの音が好きだとか）、プロレスの大ファンで（東京ドームでの猪木ー天龍戦を見て泣きそうになったとか）、後でテープを起こしてみると、40分位のインタビューのうち1/3はそんなので占められていて、そんなとき、無償に「この男は正しい」と感じました。何故なら、僕もそうだからです。フィッシュマンズは正しいので、頑張ってください。（ぴあ編集部　野口 勉）✪にくったらしくなるくらいの「幸せ」をCDに詰め込んで、届けてくれる奴ら。（音楽と人 編集部　田村浩一郎）✪生きてるなあ、回ってるなあ、という感じがすごくして、だからフィッシュマンズは好きです。（川崎和哉）

AFTER GO GO ROUND THIS WORLD-MELODY ○ PRODUCE;AKIHIKO YAMAMOTO for MEDIA REMORAS
○EDIT;DAISUKE KAWASAKI & MOOG YAMAMOTO ○ DESIGN;PHONIC

Aloha Polydor!

from waikiki beach to everyone who loves Fishmans.

an original handbook featuring fishmans
Stop-Action Fishmans
if you're old and you lose, they say you're outmoded,
if you're young and you lose, they say you're green. so don't lose.

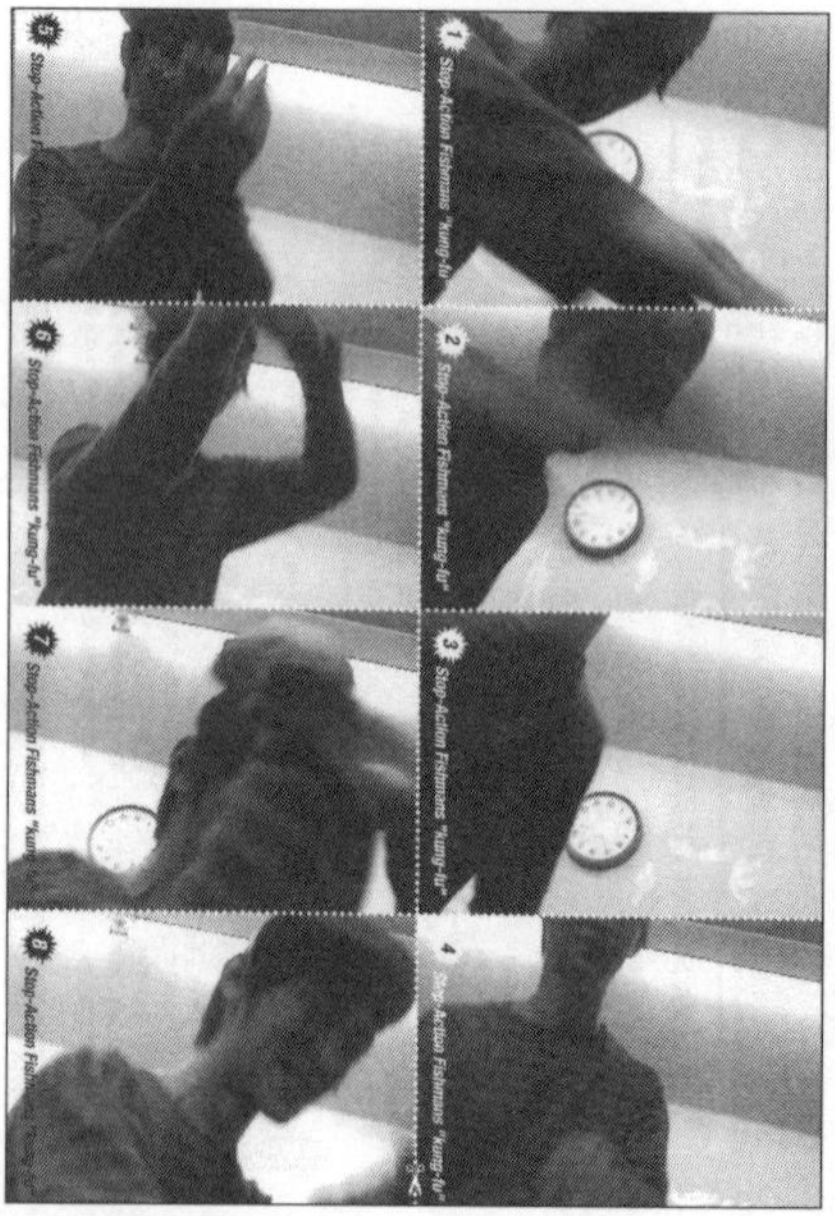

Stop-Action Fishmans

POCH-1550

3

Introduction

If you're old and you lose, they say you're outmoded, if you're young and you lose, they say you're green. so don't lose.

フィッシュマンズ／空中キャンプ

もういまさら聞きたかねえやってぐらい、1995年の日本ではいろいろなことが起こりましたけども、ちょっとみなさん、こんな話を想像してみてください。

たとえば、94年の年末あたり。こう夢枕に白髪の神様かなんかが降りてくるのね。で、あなたに向かって「95年にはこんなことが起こるぞよ」てなお告げがあったとしたら——ねえ、どうスかね？ けっこうメゲちゃいそうだよね。俺なんかもー、えーそれマジー？ そんなんなったら雑誌(『米国音楽』です)とか作ってる場合じゃないでしょ、シブヤケイなんて壊滅的な打撃受けて、売れるのは防災グッズとセルフディフェンス用品ばっかで、なんか暗ーい人心不安な世間に戦後50年目にして突入かぁ……ぐらいのことは思って不思議じゃないよね？ 前もって言われたりすると一応。

それがまあ、現実にいま(って95年の年末ね)レコード買いに街歩いてみると、少し前の東京とさして変わってないように見えるから、すごいよね。いや、「変わってないから『すごい』」じゃなくって。そんなの、変わってないわけないじゃない、深層心理的には。絶一っ対に、95年に起こった「こわいこと」のヒフ感覚ってのはインプットされたはずなんだけど、それがあったうえで「今日は月曜だからヤンマガ買わなきゃ」って平気で思えるところとか——すごくない？ 僕らの淡々とした日常って。べつに必死こいて「日常」守ろうとしてるわけじゃないと思うのよ。ただ、だれもが押し流されてしまうところ。「人生なんて、そんなドラマチックなわけがない」っていうドラマの脚本どおりに演じてるのが日本人っていうか。だから「ドラマらしいドラマ」求めると安い宗教や安いメッセージや安い娯楽消費にハマっちゃうんだろうな……とか。じゃあこの、だれもが抱えてて不思議はない、奥底の「こわいこと」って、一体どうやって覗いて見ればいいんだろう？ とか——。

そういうわけで、90年代も半ばの日本人って、とても奇妙な街に住む奇妙な生き物になってると思うんですけど、どう？

「『ぜんぜん』ってことを歌にしようと思ってるんだよ。ドラマじゃない感じ。『つまんねー』って怒ってるんじゃなくって、まあちょっと腹立たしいことも含めて『ぜんっぜん♪』。楽しいこともいっぱいあるけど『ぜんっぜん』」「世界のとらえかただと思うんだけど、サラエボだかなんだか、たとえばロシアで食べるものない人とかでも、毎日『ぜんっぜん』て風に、ドラマチックじゃなく生きてる人、いると思うんだよ」「だから、その『ぜんっぜん』には、ある人にとっては『こわい』ようなことも入ってるんだけどね。ま、フツーに生きててあること。商売考えるといらないんだけどね。でも、外国の絵でも写真でも音楽でも『すごくいいけど、こわい』みたいなのって、基本っていうかさ。日本の音楽が特殊っていうか、日本の『いまの音楽』が特殊なんだよね」。

以上、以前(93年末ぐらいに)フィッシュマンズ・佐藤伸治を米国音楽掲載の広告用にインタヴューしたときのコメントなんですが、いやー、この人、昔

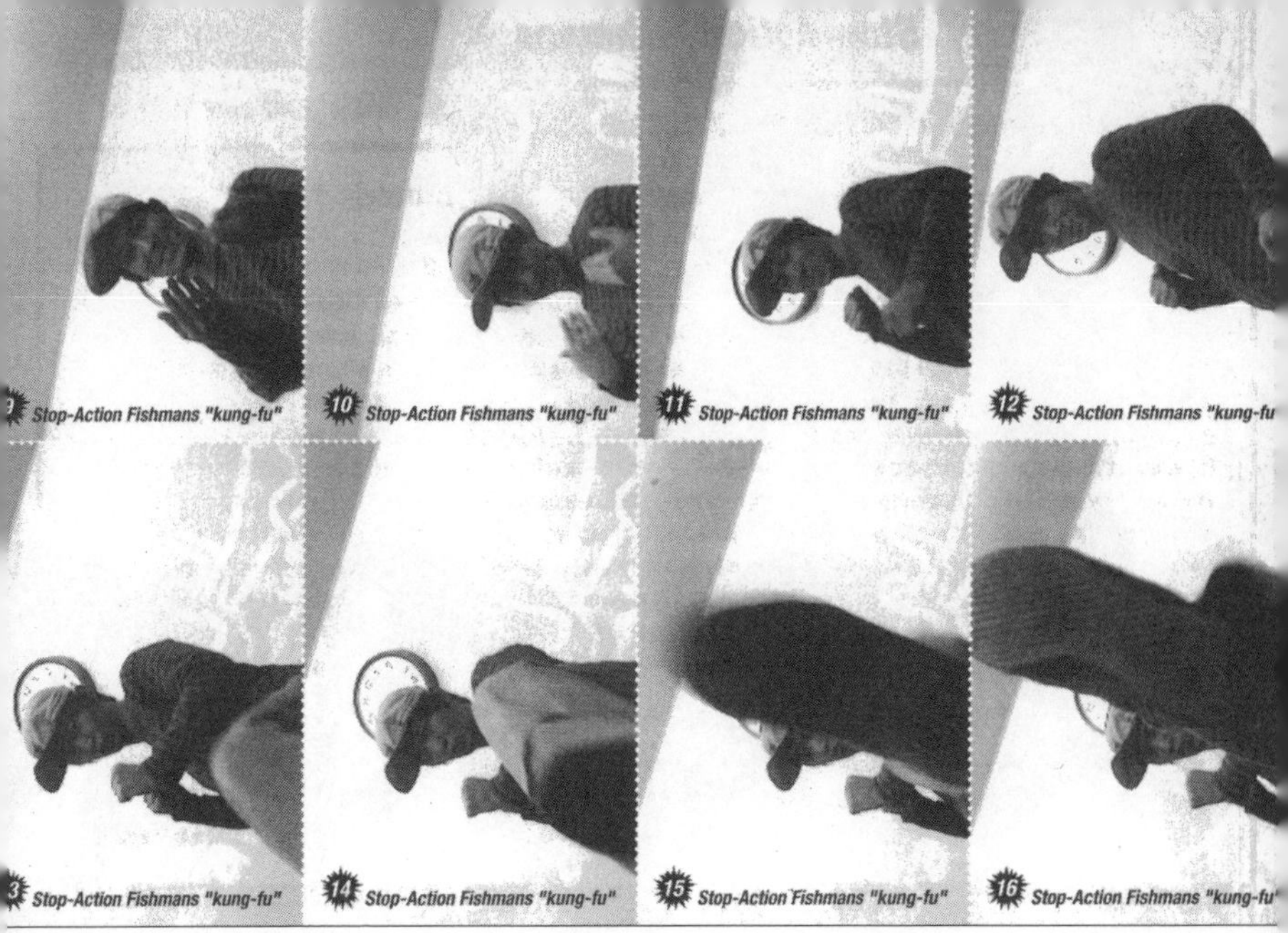

Stop-Action Fishmans

POCH-1550

5 **Introduction** *if you're old and you lose, they say you're outmoded, if you're young and you lose, they say you're green. so don't lose.*

フィッシュマンズ／空中キャンプ

からこんなこと考えてたんですねぇ。で、この95年を(みんなと同じように)経て、それで形になったのが、新作『空中キャンプ』なんだと思うんですけど、そう、これはとても「こわい」アルバムだと思うのです。だからこそ、同時にとても「やさしい」音楽だとも思う。

　フィッシュマンズにとっては通算5枚目(ライヴ盤もふくめると6枚目)になるこのアルバム、巷間(orギョーカイの?)期待としては移籍第一弾らしいブワーッと派手なのを一発——とかあったと思うんですけど、んー、そういうレコードじゃないと思います。一聴すると、地味に聞こえるかもしれない。しかしこれは、フィッシュマンズ最高作の1枚でしょう。個人的にはけっこう原稿が書きづらい種類のレコードというか、筆先の放出量を感情の絶対量が上回ってしまう作品というか……いや、すごいアルバムだと思います。ただ、かなり絞り込まれた内容の作品だとは思う。これまで(場合によっては)かわい一曲の奥のほうとかに配置されてた、佐藤曰く「こわいこと」の世界へ全身で入って行ってる作品だと思うのです。まさに「闇夜の世界をクルーズする」ように。感触としては——話だけ聞くとピンとこないでしょうが——ストーンズの『ベガーズ・バンケット』なんかに近いものを僕は感じました。ひとつの時代のフシ目に、血が流れた時のひと区切りのタイミングで世に送り出されような作品。音のほうは、ゆるやかなループ・ビート中心に組み立てられた、起伏の少ない構成が多く、かなりヒップホップ的なアプローチが多く見られ、だから、"GO GO ROUND THIS WORLD!"や"MELODY"みたいなキャッチーなアップ・チューンはないし、"感謝(驚)"や"MY LIFE"みたいな口ずさめる系もないかも。さらには "SMILIN' DAYS,SUMMER HOLIDAY"みたいな爆発ナンバーもない。あるのはそう、"いかれたBABY"の系譜上にある黄金メロディのミディアム・スロー。今回のアルバムに先行してリリースされた移籍第一弾シングル"ナイトクルージング"がこれですね。そう、闇の世界の旅だからといって、暗ーい殺伐としたトーンが基調かというとそうではなく、"ナイトクルージング"に代表されるような「やさしさ」が——っていうとヘンか。「許し」が——ってのもヘンだし。そう、「慈愛」あふれる視線がここにはあると思うのです。

「彼女のことだけを　よく知っている／そして音楽が胸の中でいつでも鳴っている／そんな感じでいい」(『空中キャンプ』収録、"幸せ者"より)

　いま聴くべき音楽って、これしかないでしょう。とても奇妙だけど、それはとても心地よく、人を支えるものだと僕は思う。

川崎大助／米国音楽

17 Stop-Action Fishmans "king kong"

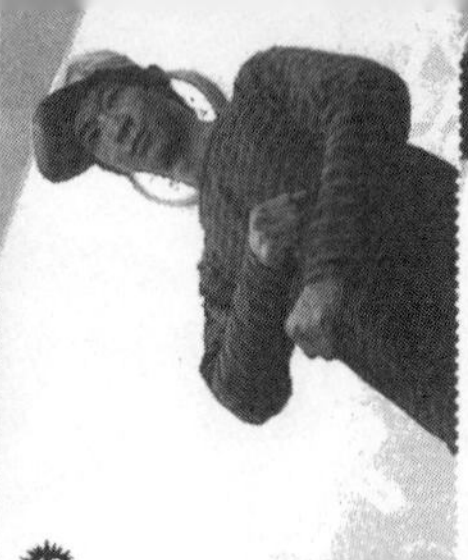

18 Stop-Action Fishmans "king kong"

19 Stop-Action Fishmans "king kong"

20 Stop-Action Fishmans "king kong"

21 Stop-Action Fishmans "king kong"

22 Stop-Action Fishmans "king kong"

23 Stop-Action Fishmans "king kong"

24 Stop-Action Fishmans "king kong"

Stop-Action Fishmans

POCH-1560

7

Member Profile

we neither get better or worse as we get older, but more like ourselves.

フィッシュマンズ/空中キャンプ

shinji sato

佐藤伸治

vocal & guitar & cornet/1966.2.16生まれ(リス好き)

いわずと知れたフィッシュマンズの顔。背伸びしません、カッコつけません、ホントのことだけ歌います。

ただ、それだけ…。

yuzuru kashiwabara

柏原　譲

bass/1968.12.20生まれ(僧侶顔)

フィッシュマンズにおけるリズムの要。冷静なアレンジメントはバンド·サウンドに空間と奥行きをあたえます。

多くは語りません、ライブでも寡黙です、でもやることはきっちりやり遂げます(本当)。

kin-ich motegi

茂木欣一

drums & chorus/1967.12.15生まれ(喰いしん坊)

プレイヤーらしいプレイヤー、ドラマーらしいドラマー、練習熱心です。で、センチな一面も垣間見せます、
歌詞を情感でとらえてます。だから曲に対する思い入れは誰にも負けません。

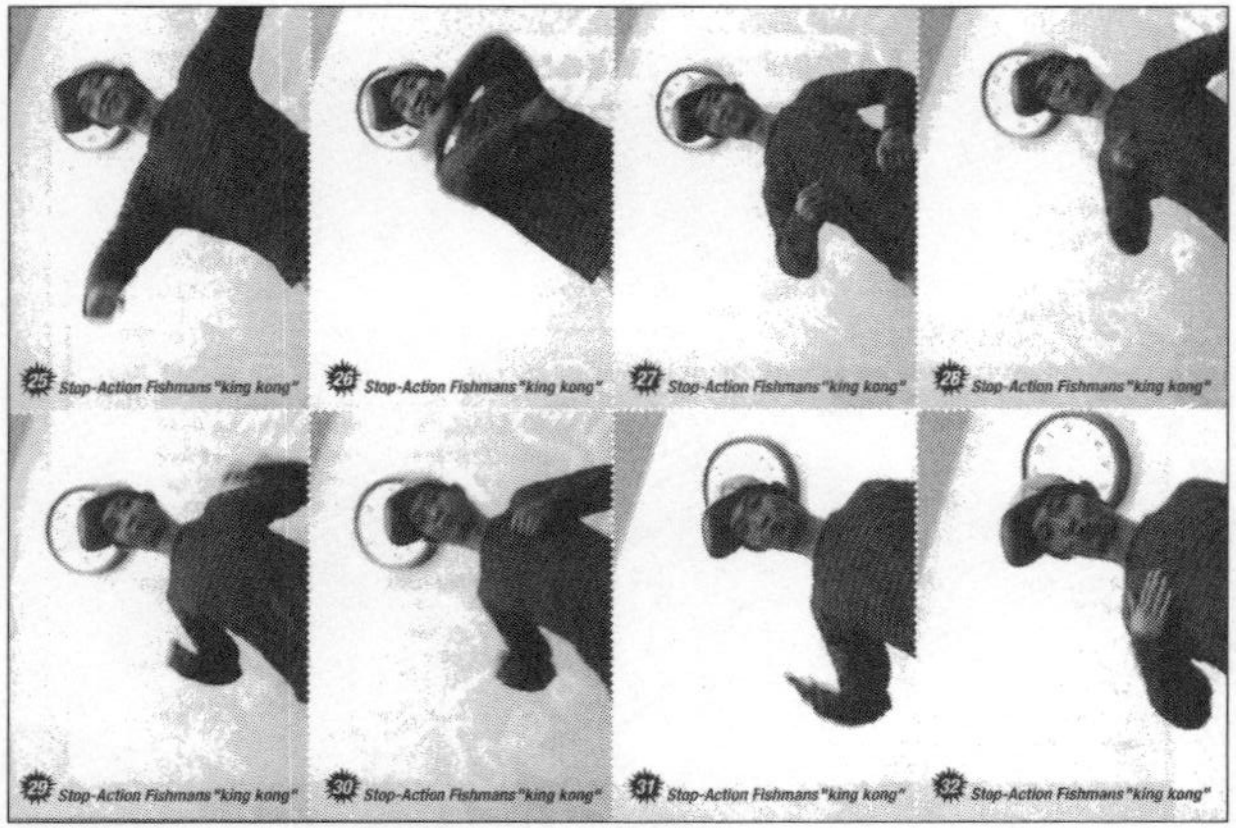

POCH-1550

Stop-Action Fishmans

フィッシュマンズ/空中キャンプ

Compact-Discography & Tour Information

2

a creative artist works on his next composition because he was not satisfied with his previous one.

eighty percent of success is showing up.

released by POLYDOR

single	ナイトクルージング　POCH-1288　1995.11.25　POLYDOR K.K.
album	空中キャンプ　1996.2.1　POLYDOR K.K

released by Media Remoras

album	Chappie,Don't Cry　MRCA-20007　1991.4.21　Media Remoras,inc.
	KING MASTER GEORGE　MRCA-10001　1992.10.21　Media Remoras,inc.
	NEO YANKEES' HOLIDAY　MRCA-10007　1993.7.21　Media Remoras,inc.
	ORANGE　MRCA-10019　1994.10.21　Media Remoras,inc.
	Oh! Mountain(ライブ盤)　MRCA-10024　1995.3.17　Media Remoras,inc.
mini album	Corduroy's Mood　MRCA-20009　1991.11.7　Virgin Japan ltd.
maxi single	GO GO ROUND THIS WORLD!　MRCA-10010　1994.2.2　Media Remoras,inc.
	MELODY　MRCA-10016　1994.6.17　Media Remoras,inc.
analogue	MELODY(12")　MRJA-08001　1994.6.17　Media Remoras,inc.
	ORANGE(12")　MRJA-08002　1994.11.18　Media Remoras,inc.
	Oh! Mountain(10"×2)　MRJA-08003　1995.3.17　Media Remoras,inc.
single	ひこうき　VJDA-00002　1991.4.21　Virgin Japan ltd.
	いなごが飛んでいる　VJDA-00004　1991.7.21　Virgin japan ltd.
	100ミリちょっとの　VJDA-00008　1992.2.5.　Virgin japan ltd.
	Walkin'　MEDA-00009　1993.2.19　Media Remoras,inc.
	いかれたBaby　MRDA-000014　1993.6.18　Media Remoras,inc.
	MY LIFE　MRDA-00043　1994.10.21　Media Remoras,inc.

Live Tour

"若いながらも歴史あり"

2/1（木）京都ミューズホール
2/2（金）神戸チキンジョージ
2/4（日）岡山ペパーランド
2/5（月）広島ばっど・らんず
2/7（水）福岡DRUM Be-1
2/22（木）名古屋クラブクアトロ
2/24（土）25（日）心斎橋クラブクアトロ
3/1（金）2（土）新宿リキッドルーム

☎りばんインフォメーション
03-3406-5541

Stop-Action Fishmans

POCH-1550

9

History of the Band

we prefer to remember the happy things over 9 years, the things that went well, let me see, what did go well?

フィッシュマンズ/空中キャンプ

1987年の初夏のある日、大学のサークル主催のライブの為、仲間内で急遽結成。1989年にキャプテンレコードより発売されたオムニバス「PANIC PARADISE」(CAP-1022-CD)に2曲参加。

1991年ヴァージンジャパン邦楽(現メディアレモラス)よりメジャー・デビュー。フルアルバム5枚(ライブ盤1枚含む)、シングル6枚、マキシシングル2枚、ミニアルバム2枚、アナログ3枚をリリース。

ライブ活動は渋谷ラ・ママから。デビュー後は渋谷クラブクアトロを中心に活動。特にライブサーキットが好調で早くからブレイグス、ウルフルズ、エレファントラブ、バッファロー・ドーターを初めとしたゲストを迎えてのライブを数多く行い、音楽的にも嗅覚の鋭いバンドとして高い評価をうける。そして1994年6月、ついに渋谷クラブクアトロ公演が1カ月前にして完売。急遽10月にオンエアー・ウエスト公演を行い、こちらも発売1カ月半でソールドアウト。その後オンエアー・イースト、リキッドルームと確実に動員が上昇。また1995年春、初の全国ツアー "Oh! Mountain tour"も大成功をおさめる。

1995年、レコード会社を株式会社ポリドールに移籍。フィッシュマンズのプライベートスタジオ(ワイキキビーチ・ハワイスタジオと命名)にてレコーディング開始。

同年11/25、シングル「ナイトクルージング」をリリース。オリコン赤丸初登場65位、渋谷クアトロWAVE、心斎橋HMV、心斎橋タワーレコードでは売上げ1位を記録。その他外資系レコード店を中心に好セールスを上げている。

「ナイトクルージング」発売記念ツアー "Nice Choice tour"では心斎橋クラブクアトロ公演がソールドアウト、新宿リキッドルーム公演も9月に行った同会場のライブ同様ほぼ(笑)完売。
そして1996年2月1日、待望のフルアルバム「空中キャンプ」のリリースが決定。あわせて行う "若いながらも歴史あり" ツアーでは大阪、東京ともに2daysライブが決定している。アチョーッ!!

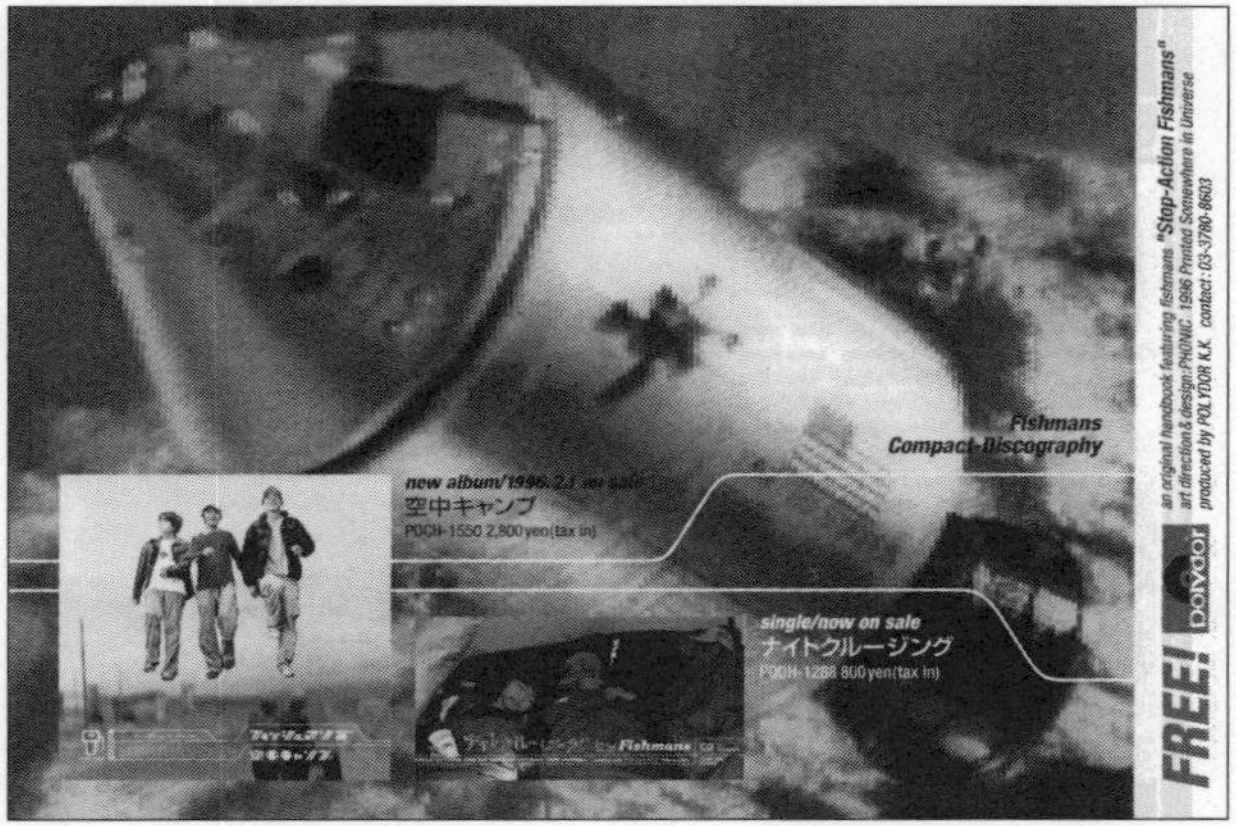

僕《ぼく》と魚《さかな》のブルーズ

評伝《ひょうでん》フィッシュマンズ

2021年6月25日　初版第1刷発行

著　者　川﨑大助《かわさきだいすけ》

デザイン　川名潤＋五十嵐ユミ
D T P　臼田彩穂
編　集　圓尾公佑

協　力　植田亜希子（フィッシュマンズ的組合）
株式会社ポニーキャニオン
ユニバーサル ミュージック合同会社

発行人　永田和泉
発行所　株式会社イースト・プレス
〒101-0051
東京都千代田区神田神保町2-4-7 久月神田ビル
TEL　03-5213-4700
FAX　03-5213-4701
https://www.eastpress.co.jp/

印刷所　中央精版印刷株式会社

ISBN978-4-7816-1987-3